建筑施工安全技术资料系列丛书

建筑工程施工
安全资料表格填写范例

主编单位 北京土木建筑学会

北 京
冶 金 工 业 出 版 社
2016

内 容 提 要

本书依据《建筑工程施工质量验收统一标准》GB 50300－2013 及《危险性较大的分部分项工程安全管理办法》建质［2009］87 号等相关法规、标准规范要求，编制安全资料表格填写范例，本书具有很强的实用性、可操作性和指导性，是建筑业安全管理人员和现场资料人员必备的工具书。主要内容建筑分部分项工程施工、建筑工人安全操作、施工机械安全操作、现场管理及文明施工等施工现场用的安全资料类表格。

本书内容广泛、插图精致，是施工管理人员和施工技术人员必备的工具书，也可作为培训教材和参考书。

图书在版编目(CIP)数据

建筑工程施工安全资料表格填写范例／北京土木建筑学会编．—北京：冶金工业出版社，2016.1

（建筑施工安全技术资料系列丛书）

ISBN 978-7-5024-7154-5

Ⅰ．①建…　Ⅱ．①北…　Ⅲ．①建筑工程—安全管理—技术档案—档案管理　Ⅳ．①G275.3

中国版本图书馆 CIP 数据核字（2016）第 010790 号

出 版 人　谭学余

地　　址　北京市东城区嵩祝院北巷 39 号　邮编　100009　电话　(010)64027926

网　　址　www.cnmip.com.cn　电子信箱　yjcbs@cnmip.com.cn

责任编辑　肖　放　美术编辑　李达宁　版式设计　付海燕

责任校对　齐丽香　责任印制　李玉山

ISBN 978-7-5024-7154-5

冶金工业出版社出版发行；各地新华书店经销；固安华明印业有限公司印刷

2016 年 1 月第 1 版，2016 年 1 月第 1 次印刷

787mm×1092mm　1/16；30.75 印张；820 千字；477 页

75.00 元

冶金工业出版社　投稿电话　(010)64027932　投稿信箱　tougao@cnmip.com.cn

冶金工业出版社营销中心　电话　(010)64044283　传真　(010)64027893

冶金书店　地址　北京市东四西大街 46 号(100010)　电话　(010)65289081(兼传真)

冶金工业出版社天猫旗舰店　yjgycbs.tmall.com

建筑工程施工安全资料表格填写范例
编 委 会 名 单

主编单位： 北京土木建筑学会

主要编写人员所在单位：

中国建筑业协会工程建设质量监督与检测分会
中国工程建设标准化协会建筑施工专业委员会
北京万方建知教育科技有限公司
北京筑业志远软件开发有限公司
北京建工集团有限责任公司
北京城建集团有限责任公司
中铁建设集团有限公司
北京住总第六开发建设有限公司
万方图书建筑资料出版中心

主　　审： 吴松勤　葛恒岳

编写人员：

温丽丹	申林虎	刘瑞霞	张　渝	杜永杰	谢　旭
徐宝双	姚亚亚	张童舟	裴　哲	赵　伟	郭　冲
刘兴宇	陈昱文	崔　铮	刘建强	吕珊珊	潘若林
王　峰	王　文	郑立波	刘福利	丛培源	肖明武
欧应辉	黄财杰	孟东辉	曾　方	腾　虎	梁泰臣
张义昆	于栓根	张玉海	宋道霞	张　勇	白志忠
李连波	李达宁	叶梦泽	杨秀秀	付海燕	齐丽香
蔡　芳	张凤玉	庞灵玲	曹养闻	王佳林	杜　健

前　言

建筑工程资料是在工程建设过程中形成的各种形式的信息记录。它既是反映工程质量的客观见证，又是对工程建设项目进行过程检查、竣工验收、质量评定、维修管理的依据，是城市建设档案的重要组成部分。工程资料实现规范化、标准化管理，可以体现企业的技术水平和管理水平，进而提升企业的市场竞争能力，是适应我国工程建设质量管理改革形势的需要。

为促进建筑企业的项目经理、安全员、班组长、各工种工人及有关人员学习、执行现行标准，提高施工现场的安全管理水平，减少施工现场安全事故的发生，北京土木建筑学会组建了《建筑施工安全技术资料系列丛书》编写委员会，依据现行国家现行行业规范标准，例如：《建筑施工安全检查标准》(JGJ 59－2011)、《建筑基坑支护技术规程》(JGJ 120－2012)、《建筑施工模板安全技术规范》(JGJ 162－2008)、《建筑深基坑工程施工安全技术规范》(JGJ 311－2013)、《建筑工程施工现场安全资料管理规程》(CECS 266：2009)、《危险性较大的分部分项工程安全管理办法》建质［2009］87 号等规范标准为原则，编写了《建筑施工安全技术资料系列丛书》。

本分册《建筑工程施工安全资料表格填写范例》共分为四章，分别对施工现场安全资料管理要求及建设单位、监理单位、施工单位施工现场安全管理资料的要求及填写作了归纳与总结。本书资料全面，贴近现场，并将新规范的内容融会贯通，做到通俗易懂，具有较强的指导作用和使用价值，可视为规范实施的技术性工具书。本书适用于工程施工、建设、监理、设计等广大技术人员，可供其在编制工程资料时以有益的借鉴、学习、参考和指导。

限于时间，也限于编者的水平，本丛书难免有疏漏和错误之处，恳请读者批评指正，并望共同交流，以便改进。

编　者

2016 年 1 月

目　　录

第1章 施工现场安全资料管理要求

本章内容包括下列资料

- 施工现场安全管理资料内容及要求
- 安全管理资料的管理职责及体制

1.1 施工现场安全管理资料内容及要求

1.1.1 安全管理资料的主要内容

施工现场安全管理资料是建设工程各参与方在工程建设过程中,为加强生产安全和文明施工管理所形成的各种形式的信息记录,包括纸质和音像资料等。

安全管理资料是企业和工程项目在安全生产过程中的产物和结晶,资料管理工作的科学化、标准化,可不断地推动施工现场施工安全管理向更高的层次和水平发展。安全技术资料的有序管理,是工程实行安全报告监督制度、贯彻安全监督、分段验收、综合评价全过程管理的重要内容;真实有效的安全技术管理资料对指导安全生产工作以及管理层决策提供依据,可以进一步规范安全生产技术,提高劳动生产效率,减少伤亡事故发生。真实有效得安全技术管理资料为施工过程中所发生的伤亡事故处理,提供可靠的证据,并为今后的事故预测、预防提供依据。

建筑施工安全管理资料主要包括各种证件、规章制度和操作规程、施工组织设计、分部(分项)工程安全技术交底、安全检查等内容。具体如下:

(1)施工企业的安全生产许可证复印件;企业法人、企业经理、生产经理、安全处(科)长、项目部经理、项目部专职安全员等安全管理人员的考核合格证复印件。这些证件是施工单位的生产是否合法的重要依据,同时也是施工的前提条件。

(2)现场安全生产责任制、安全管理规章制度和各工种安全技术操作规程。

(3)职工伤亡事故月报表、工伤事故登记表、发生工伤事故之后的一些相关记录、事故事件统计台账、工伤事故报告、工伤事故档案、工伤事故处理记录。

(4)办理意外伤害保险有关单据。

(5)现场安全投入台账及购物单据复印件。

(6)安全生产教育培训相关记录。

安全教育要求对全体从业人员,尤其是新职工进行普遍的、深入全面的安全生产和劳动保护方面的教育。包括职工年度培训计划、接受培训人员名单、培训台账及培训记录;对新进场从业人员的三级安全教育记录卡、教育内容的记录、分工种进行的考试试卷。

(7)特种作业人员名单、特种作业操作证或 IC 卡的复印件。

(8)施工组织设计、专项施工方案、专家论证审查方案和论证审查报告、安全标志平面图、排水平面图。

施工组织设计是规划和指导施工全过程的综合性技术文件。要根据工程特点、施工方法、劳动组织、作业环境、新技术、新工艺、新设备等情况,在防护、技术、管理上制定针对性的安全措施。施工组织设计和专项施工方案应由技术人员编制,经企业技术负责人审批,并报项目总监理工程师审批。

(9)施工现场重大危险源清单。

按照规定进行重大危险源的识别和控制,并建立台账。

(10)安全检查记录、事故隐患整改通知单。

安全检查是施工单位落实各项技术标准、规范和施工组织设计中提出的各项安全技术措施、消除各种隐患的重要手段，主要包括：

1)项目部应按建设部《建筑施工安全检查标准》(JGJ 59—2011)、工程建设强制性标准(施工安全部分)及相关标准、规范进行检查；

2)安全检查记录应真实反映各项检查后发现的安全问题和事故隐患，并按“三定”要求实施整改，对整改事项应进行复查、销案，并有相应记录；

3)工程基础、主体、结顶、装饰四个阶段须进行安全检查评分，并附上评分表；

4)项目部组织的定期和不定期安全检查均应在检查记录表中反映；

5)行业安全管理部门、相关部门和企业检查的有关资料(事故隐患通知书、整改回执等)应附入本档案内。

(11)现场临时用电组织设计、安全技术交底、验收记录、接地电阻测试记录、漏电保护器测试记录、验收记录。

(12)“三宝”、“四口”防护：安全帽、安全带、安全网的合格证、检测报告；楼梯口，电梯口，通道口，预留洞口的安全技术交底、验收记录。

(13)基坑支护施工方案、安全技术交底、验收记录、监测或观测记录。

(14)脚手架施工方案、搭设安全技术交底、验收记录、拆除安全技术交底。

(15)模板工程的施工方案、支设的安全技术交底、模板验收记录、混凝土强度报告、模板拆除的安全技术交底。

(16)塔式起重机的专项施工方案、安装的安全技术交底、验收记录、拆除的安全技术交底。

(17)施工机具的安全技术交底、验收记录、维修记录。

(18)起重吊装施工方案、安全技术交底、验收记录。

(19)物料提升机的施工方案、安全技术交底、验收记录。

(20)外用电梯安装方案、安全技术交底、验收记录、检测记录、拆除安全技术交底。

(21)现场应急救援预案、应急演练记录、应急情况(事故)处理记录。

(22)劳保用品的采购计划、发放台账、合格证、检测报告或检测记录。

(23)违章处理记录：是根据企业或本项目的安全生产奖惩制度，对遵章守纪人员和违章人员进行奖罚的记录，并应将票据复印件附后。

(24)动火审批手续。

(25)主管部门及企业下发的有关文件及落实资料。

(26)其他安全管理资料；与同在一个施工现场的其他施工队伍的安全管理协议；与分包队伍的安全管理协议；与安全生产相关文件、通知、安全会议记录、安全监督手续等。

1.1.2　安全管理资料的管理要求

(1)施工现场安全管理资料的管理应为工程项目施工管理的重要组成部分，是预防安全生产事故和提高文明施工管理的有效措施。

(2)建设单位、监理单位和施工单位应负责各自的安全管理资料管理工作，逐级建立健全的施工现场安全资料管理岗位责任制，明确负责人，落实各岗位责任。

(3)建设单位、监理单位和施工单位应建立安全管理资料的管理制度，规范安全管理资料的收集、整理、形成、组卷等工作，并应随施工现场安全管理工作同步形成，做到真实有效、及时完整。

(4)施工现场安全管理资料应字迹清晰,签字、盖章等手续齐全,计算机形成的资料可打印、手写签名。

(5)施工现场安全管理资料应为原件,因故不能为原件时,可为复印件。复印件上应注明原件存放处,加盖原件存放单位公章,有经办人签字并注明日期。

(6)施工现场安全管理资料应分类整理和组卷,由各参与单位项目经理部保存备查至工程竣工。

1.1.3 安全管理资料的管理制度

(1)建筑企业、工程项目安全管理资料应按岗位职责分工由相关部门、技术人员和安全技术操作责任人具体进行编写、填写,企业安全生产主管经理、项目经理对企业、项目安全技术管理资料的真实性负责。

(2)填写时应随工程进度及时整理,不得提前或滞后填写。

(3)安全技术管理资料应做到项目齐全,内容准确真实;所有验收表应填写全面,不得缺项;字迹工整,不得伪造证件和资料;手续完备,不得漏项。

(4)有关人员签字必须由本人填写,不得代签。

(5)验收结果一栏根据验收内容要求量化。

(6)各种合格证必须与现场所用材料相对应。

(7)所有验收记录"谁验收、谁签字、谁负责"。

(8)各种安全技术管理资料经具体的保管人员进行审查后,归档保管。

1.1.4 施工现场安全资料的分类

按照工程建设过程中参建单位的不同,将建设工程施工现场安全资料划分为三大类:建设单位施工现场安全资料(A类),监理单位施工现场安全资料(B类),施工单位施工现场安全资料(C类)。

1. 建设单位施工现场安全资料(A类)

建设单位在工程建设过程中形成的安全文件,包括向施工单位提供的施工现场及毗邻区域内的供水、排水、供电、供气、供热、通信、广播电视等地上、地下管线资料,气象和水文观测资料,毗邻建筑物和构筑物、地下工程的有关资料;在编制工程概算时确定建设工程安全作业环境及安全施工措施所需费用统计支付的情况资料;在申请领取施工许可证时提供建设工程有关安全施工措施的资料;监督和检查各参建单位工程施工现场安全检查时所形成的资料。

2. 监理单位施工现场安全资料(B类)

监理单位在工程监理过程中形成的各种安全资料包括监理管理资料、监理工作记录等。

3. 施工单位施工现场安全资料(C类)

施工单位在工程施工过程中收集、形成的各种安全资料,包括:工程项目施工现场安全管理资料,工程项目生活区资料,工程项目现场料具资料,工程项目环境保护资料,工程项目脚手架资料,工程项目安全防护资料,工程项目施工用电资料,工程项目塔式起重机、起重吊装资料,工程项目机械安全资料,工程项目保卫消防资料和其他资料。

1.2　安全管理资料的管理职责及体制

1.2.1　建设单位的管理职责

(1)建设单位应负责本单位施工现场安全管理资料的管理工作,并监督施工、监理单位施工现场安全管理资料的管理。

(2)建设单位在申请领取施工许可证时,应提供该工程安全生产监管备案登记表。

(3)建设单位在编制工程概算时,应将建设工程安全防护、文明施工措施等所需费用专项列出,按时支付并监督其使用情况。

(4)建设单位应向施工单位提供施工现场供电、供水、排水、供气、供热、通信、广播电视等地上、地下管线资料,气象水文地质资料,毗邻建筑物、构筑物和相关的地下工程等资料。

1.2.2　监理单位的管理职责

(1)监理单位应负责施工现场监理安全管理资料的管理工作,在工程项目监理规划、监理安全实施细则中,明确安全监理资料的项目及责任人。

(2)监理安全管理资料应随监理工作同步形成,并及时进行整理组卷。

(3)监理单位应对施工单位报送的施工现场安全生产专项措施资料进行重点审查认可。

1.2.3　施工单位的管理职责

(1)施工单位应负责施工现场施工安全管理资料的管理工作,在施工组织设计中列出安全管理资料的管理方案,按规定列出各阶段安全管理资料的项目。

(2)施工单位应指定施工现场安全管理资料责任人,负责安全管理资料的收集、整理和组卷工作。

(3)施工现场安全管理资料应随工程建设进度形成,保证资料的真实性、有效性和完整性。

(4)实行总承包施工的工程项目,总包单位应督促检查各分包单位施工现场安全管理资料的管理。分包单位应负责其分包范围内施工现场安全管理资料的形成、收集和整理工作。

(5)施工单位的安全生产专项措施资料应遵循“先报审、后实施”的原则,实施前向建设单位和监理单位报送有关安全生产的计划、方案、措施等资料,得到审查认可后方可实施。

1.2.4　安全资料管理体制

安全资料的管理应严格遵循科学管理的原则,需要各级相关部门管理人员通力协作,搞好安全生产,确保施工现场安全资料的收集、整理与施工同步进行,保证上级安全监督部门同步网络监督与控制,使建筑工程施工实现安全生产。

1. 市建筑工程施工安全监督总站对安全资料的管理

市建筑工程施工安全监督总站负责施工现场安全资料管理规程的制定与管理工作。

2. 区县建筑工程施工安全监督站对安全资料的管理

安全资料所反映的内容应真实、准确,符合现行工程建设相关规范、标准规定,并满足合同和设计要求,不符合规定或要求的,应由直接责任人(单位)限期完成整改。

3. 总包单位对安全资料的管理

安全资料的报验、报审及验收应有时限性要求。工程各相关单位宜在合同中约定报验、报审资料的申报时间、审批时间以及验收资料的审核时间,并约定应承担的责任。当无约定时,工程资料的申报、审批或审核不得影响正常施工或验收。

4. 分包单位对安全资料的管理

安全资料应真实、有效,对安全资料进行涂改、伪造、抽撤、损毁或丢失的,应按有关规定予以处罚,情节严重的,应依法追究法律责任。

第2章

建设单位施工现场安全管理资料（A类）及表格填写范例

本章内容包括下列资料

- 建设单位施工现场安全管理资料内容及要求
- 建设单位施工现场安全管理资料填写范例

2.1 建设单位施工现场安全管理资料内容及要求

(1)施工现场安全生产监管备案登记表。

应由建设单位形成报当地住房和城乡建设主管部门备案。

(2)施工现场变配电站、变压器、地上、地下管线及毗邻建筑物、构筑物资料移交单。

建设单位应在工程施工现场场地平整及槽、坑、沟土方开挖、打桩施工前,向施工单位提供施工现场及毗邻区域内变配电站、变压器、地上、地下管线资料,毗邻建筑物和构筑物的有关资料,交施工单位使用。

对一些资料不完整或有疑义时,建设单位应委托相关部门进行探查,并做好记录,经建设单位签字盖章认可后,交施工单位使用。

(3)建设工程施工许可证。

建设单位应在工程开工前到当地住房和城乡建设主管部门办理领取建设工程施工许可证。

(4)夜间施工审批手续。

如需夜间施工,建设单位应在夜间施工前到当地住房和城乡建设主管部门办理。

(5)施工合同。

(6)施工现场安全生产防护、文明施工措施费用支付统计。

建设单位应按施工合同约定,及时支付安全防护、文明施工措施费用,并应对其实施情况进行检查。

(7)建设单位向当地住房和城乡建设主管部门报送的《危险性较大的分部分项工程清单》。

建设单位应督促施工单位提出危险性较大的分部分项工程专项施工方案,建设单位将工程项目填表报当地住房和城乡建设主管部门备案。

(8)上级主管部门、政府主管部门检查记录。

包括建设单位上级主管部门、当地住房和城乡建设主管部门或其委托的机构的检查记录。

2.2　建设单位施工现场安全管理资料填写范例

2.2.1　建设工程施工许可证

1. 建筑企业安全施工许可证

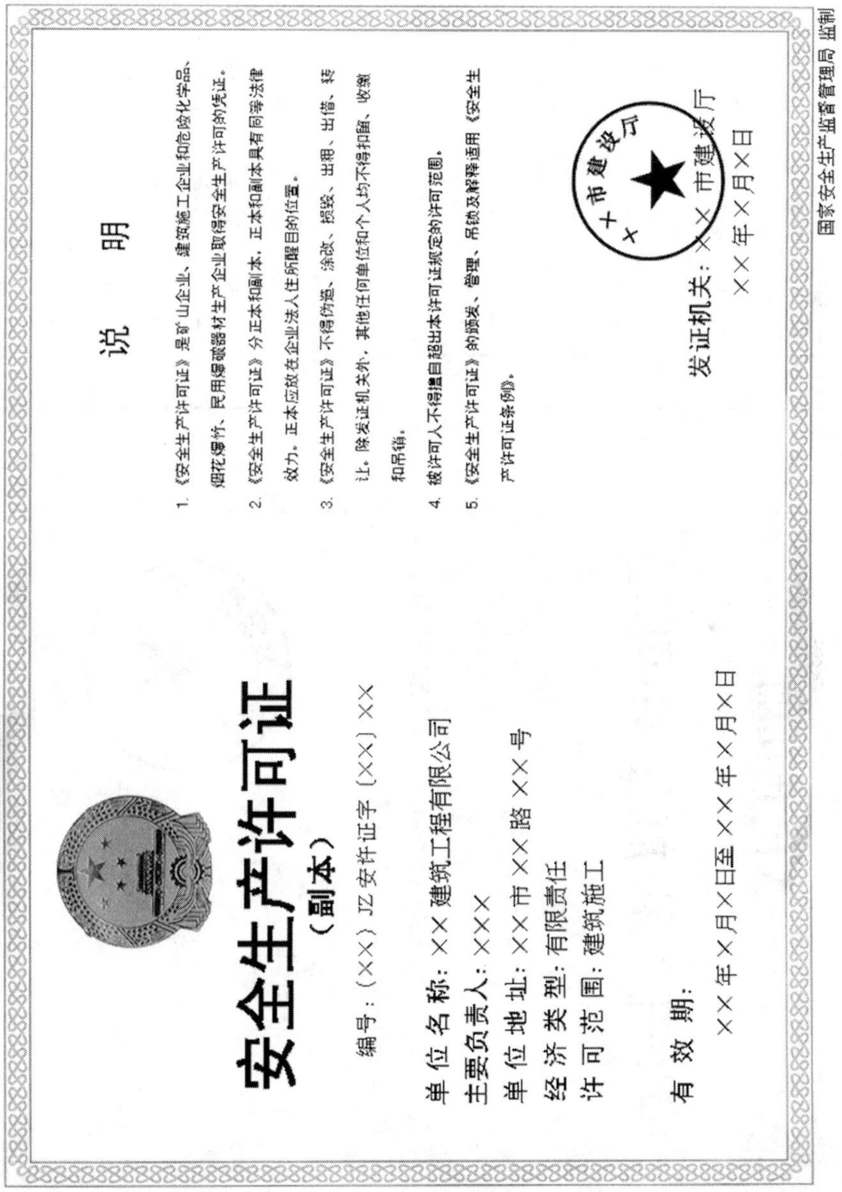

安全生产许可证

（副本）

编号：（××）JZ 安许证字〔××〕××

单位名称：××建筑工程有限公司

主要负责人：×××

单位地址：××市××路××号

经济类型：有限责任

许可范围：建筑施工

有效期：

××年×月×日至××年×月×日

说　明

1.《安全生产许可证》是矿山企业、建筑施工企业和危险化学品、烟花爆竹、民用爆破器材生产企业取得安全生产许可的凭证。

2.《安全生产许可证》分正本和副本，正本和副本具有同等法律效力。正本应放在企业法人住所醒目的位置。

3.《安全生产许可证》不得伪造、涂改、损毁、出租、出借、转让。除发证机关外，其他任何单位和个人均不得扣留、收缴和吊销。

4. 被许可人不得擅自超出本许可证规定的许可范围。

5.《安全生产许可证》的颁发、管理、吊销及解释适用《安全生产许可证条例》。

发证机关：××市建设厅

××年×月×日

国家安全生产监督管理局 监制

2. 建筑工程施工许可证

中华人民共和国

建筑工程施工许可证

编号：××

根据《中华人民共和国建筑法》第八条规定，经审查，本建筑工程符合施工条件，准予施工。

特发此证

发证机关 ××市规划建设委员会

日　　期　××年×月×日

建设单位	××大学		
工程名称	××大学综合楼工程		
建设地址	××市××路××号		
建设规模	××m²	合同价格	××万元
设计单位	××建筑设计院		
施工单位	××建筑工程有限公司		
监理单位	××建设监理有限公司		
合同开工日期	××年×月×日	合同竣工日期	××年×月×日
备注			

注意事项：

一、本证放置施工现场，作为准予施工的凭证。

二、未经发证机关许可，本证的各项内容不得变更。

三、建设行政主管部门可以对本证进行查验。

四、本证自核发之日起三个月内应予施工，逾期应办理延期手续，不办理延期或延期次数、时间超过法定时间的，本证自行废止。

五、凡未取得本证擅自施工的属违法建设，将按《中华人民共和国建筑法》的规定予以处罚。

2.2.2　分包单位企业执照、资质证书

1. 分包单位企业营业执照

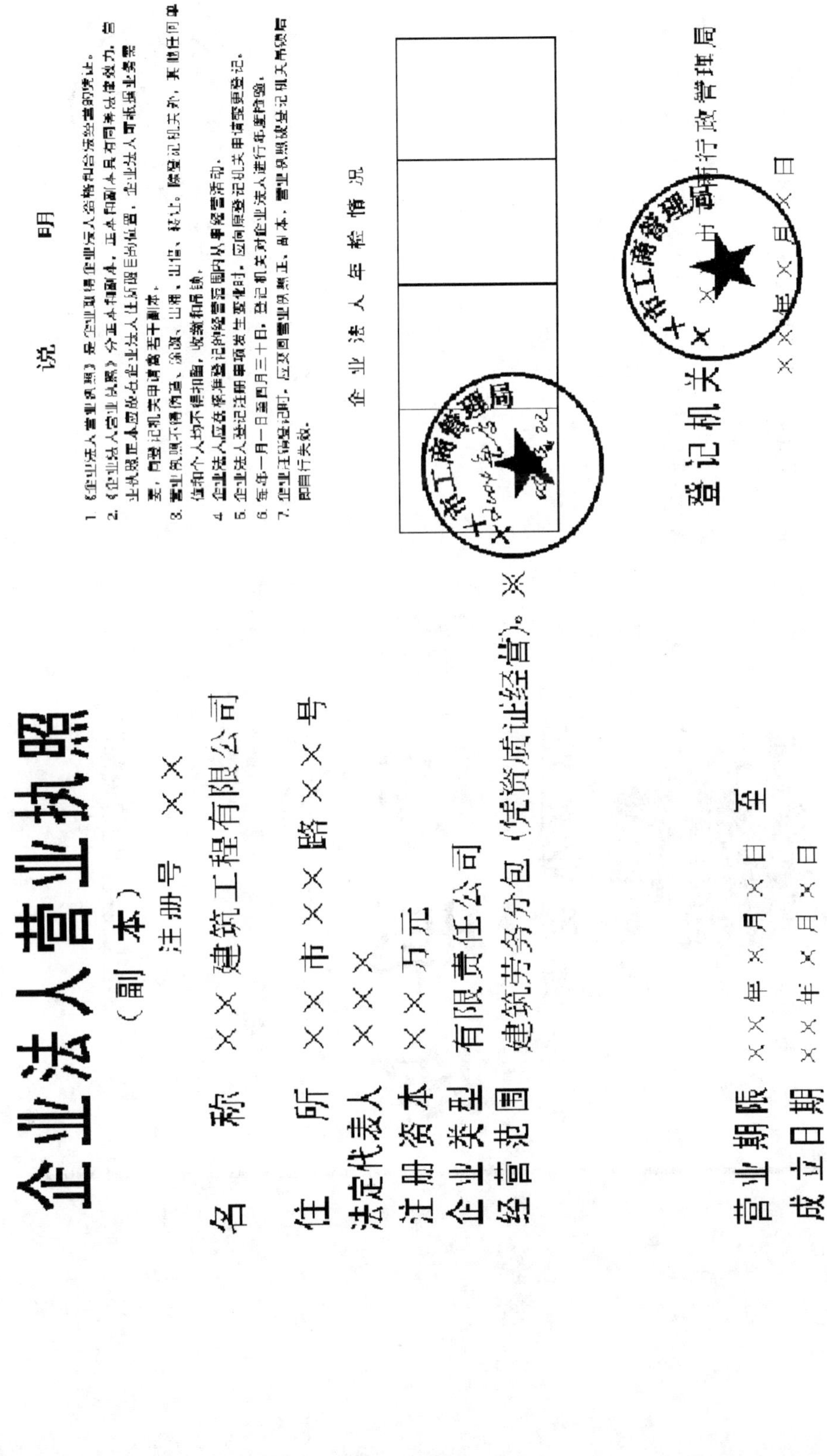

企业法人营业执照

（副　本）

注册号　××

名　　称　××建筑工程有限公司

住　　所　××市××路××号

法定代表人　×××

注册资本　××万元

企业类型　有限责任公司

经营范围　建筑劳务分包（凭资质证经营）。※

营业期限　××年×月×日　至

成立日期　××年×月×日

说　　明

1. 《企业法人营业执照》是企业取得企业法人资格和合法经营的凭证。
2. 《企业法人营业执照》分正本和副本，正本和副本具有同等法律效力。营业执照正本应放在企业法人住所醒目的位置，企业法人可根据业务需要，向登记机关申请核发若干副本。
3. 营业执照不得伪造、涂改、出租、出借、转让。除登记机关外，其他任何单位和个人均不得扣留，收缴和吊销。
4. 企业法人应在核准登记的经营范围内从事经营活动。
5. 企业法人登记注册事项发生变化时，应向原登记机关申请变更登记。
6. 每年一月一日至四月三十日，登记机关对企业法人进行年度检验。
7. 企业注销登记时，应交回营业执照正、副本，营业执照被登记机关吊销后即自行失效。

企业法人年检情况

登记机关　××市工商行政管理局

××年×月×日

2. 分包单位企业资质证书

建筑业企业

资质证书

证书编号：××

中华人民共和国建设部制

企业名称：XX工程设备安装有限公司

资质等级：电梯安装工程专业承包贰级

起重设备安装工程专业承包贰级

发证机关

××市建设和管理委员会

××年×月×日

2.2.3 《施工现场安全监督备案登记表》填写范例

施工现场安全监督备案登记表

××市
×××区县　建安[200×]×××号

工程编码:×××

<table>
<tr><td rowspan="4">工程概况</td><td>工程名称</td><td colspan="2">××小区×号楼</td><td>工程地址</td><td colspan="3">××市××路××号××小区</td></tr>
<tr><td>工程规模</td><td colspan="2">43210　m²</td><td>结构类型</td><td>框架剪力墙</td><td>层数</td><td>19</td></tr>
<tr><td>工程总造价</td><td colspan="2">××万元</td><td>工程类型</td><td colspan="3">民用建筑</td></tr>
<tr><td>计划开工日期</td><td colspan="2">××年×月×日</td><td>计划竣工日期</td><td colspan="3">××年×月×日</td></tr>
<tr><td rowspan="3">建设单位(盖章)</td><td rowspan="3">××房地产开发有限公司</td><td>法定代表人</td><td>×××</td><td>电话</td><td colspan="3">×××</td></tr>
<tr><td>项目负责人</td><td>×××</td><td>电话(手机)</td><td colspan="3">×××</td></tr>
<tr><td>经办人</td><td>×××</td><td>电话(手机)</td><td colspan="3">×××</td></tr>
<tr><td rowspan="4">施工单位(盖章)</td><td rowspan="4">××建筑工程有限公司</td><td>法定代表人</td><td>×××</td><td>电话</td><td colspan="3">×××</td></tr>
<tr><td>项目负责人</td><td>×××</td><td>电话(手机)</td><td colspan="3">×××</td></tr>
<tr><td>项目安全负责人</td><td>×××</td><td>电话(手机)</td><td colspan="3">×××</td></tr>
<tr><td>资质等级</td><td>特级</td><td>证书编号</td><td colspan="3">×××</td></tr>
<tr><td rowspan="3">监理单位(盖章)</td><td rowspan="3">××建设监理有限公司</td><td>法定代表人</td><td>×××</td><td>电话</td><td colspan="3">×××</td></tr>
<tr><td>项目负责人</td><td>×××</td><td>电话(手机)</td><td colspan="3">×××</td></tr>
<tr><td>资质等级</td><td>甲级</td><td>证书编号</td><td colspan="3">×××</td></tr>
<tr><td>项目安全员</td><td colspan="2">岗位证书编号</td><td colspan="5">备　注</td></tr>
<tr><td>×××</td><td colspan="2">×××</td><td colspan="5"></td></tr>
<tr><td>×××</td><td colspan="2">×××</td><td colspan="5"></td></tr>
<tr><td></td><td colspan="2"></td><td colspan="5"></td></tr>
<tr><td></td><td colspan="2"></td><td colspan="5"></td></tr>
<tr><td>监督单位</td><td colspan="2">××安监站</td><td colspan="5" rowspan="2">监督注册受理机构
(盖章)

经办人:×××
××年×月×日</td></tr>
<tr><td>备注</td><td colspan="2"></td></tr>
</table>

注:本表由施工单位填报(采用 A4 纸打印),建设单位、监理单位、施工单位各存一份。

2.2.4 《地上、地下管线及建(构)筑物资料移交单》填写范例

<table>
<tr><td colspan="2">地上、地下管线及建(构)筑物资料移交单</td><td>编号</td><td>×××</td></tr>
<tr><td>工程名称</td><td>××小区×号楼</td><td>建设单位</td><td>××房地产开发有限公司</td></tr>
<tr><td>施工单位</td><td>××建筑工程有限公司</td><td>移交日期</td><td>××年×月×日</td></tr>
<tr><td colspan="4">移交内容:
列出所移交的地上、地下管线及建(构)筑物资料。
(编者:具体内容略)</td></tr>
<tr><td colspan="2">移交人:×××
建设单位 (章)</td><td colspan="2">接受人:×××
施工单位 (章)</td></tr>
<tr><td colspan="4">监理单位(章): 总监理工程师(签字):××× ××年×月×日</td></tr>
</table>

注:本表由建设单位填写,建设单位、监理单位、施工单位各存一份。

2.2.5 《安全防护、文明施工措施费用支付统计》填写范例

安全防护、文明施工措施费用支付统计

××小区×号楼工程项目部××年度安全生产资金计划

序号	内　容	计划金额(元)	备　注
1	安全防护用品和用具费	×××	
2	安全教育培训费	×××	
3	安全技术改造费	×××	
4	施工用电设施费	×××	
5	消防设施设备费	×××	
6	专项活动经费	×××	
合计			

注:上述费用分类要求按公司《安全生产资金保障制度》规定执行。

编制人:×××　　　　审批人:×××

××年×月×日　　　　××年×月×日

××小区×号楼工程项目部安全生产、文明施工费用支付统计表

项目名称：××小区×号楼工程××项目部

明细		会计		本季											自开工累计										
				安全防护用品和用具		消防设施和设备		施工用电		安全教育培训	安全技术改造		专项活动经费		安全防护用品和用具		消防设施和设备		施工用电		安全教育培训	安全技术改造		专项安全活动经典	
		自年初累	本月	周转	新增	周转	新增	周转	新增		周转	新增	周转	新增	周转	新增	周转	新增	周转	新增		周转	新增	周转	新增
防护用具用品	安全帽																								
	安全带																								
	安全网																								
	竹笆																								
	脚手板																								
	防护栏																								
消防设施设备	灭火器																								
	消防桶																								
施工用电	五芯线缆																								
	配电箱																								
	漏电开关																								
	绝缘手套																								
安全教育培训	宣传品																								
安全技术改造																									
专项活动经费	安全月																								

项目经理：×××　　安全员：×××　　财务主办：×××

××年×月×日

第3章

监理单位施工现场安全管理资料（B类）及表格填写范例

本章内容包括下列资料

- 监理单位施工现场安全管理资料内容及要求
- 监理安全管理资料(B1)
- 监理安全审核工作记录(B2)

3.1 监理单位施工现场安全管理资料内容及要求

3.1.1 监理安全管理资料

1. 监理合同

监理单位与建设单位签订监理合同时，应将安全监理工作作为一项重要内容，在合同中明确。

2. 监理规划、安全监理实施细则

项目监理部在制订监理规划时，应包括安全监理方案，并应编制专项安全监理实施细则。

3. 安全监理专题会议纪要

项目监理部应定期召开安全监理例会及安全生产专题会议，并形成会议纪要。

3.1.2 监理安全审核工作记录

1. 工程技术文件报审表

施工单位应填写《工程技术文件报审表》，报送施工组织设计、安全生产管理体系及有关人员执业资格证书、危险性较大的专项施工方案等，项目监理部应及时进行审核。

2. 施工现场施工起重机械安装/拆卸报审表

项目监理部应对施工单位报送的塔式起重机、施工升降机、电动吊篮、物料提升机械等安装/拆卸方案、机械性能检测报告、安装/拆卸人员及操作人员上岗证书、安装/拆卸单位资质等进行复核。

3. 施工现场施工起重机械验收核查表

项目监理部应对施工单位报送的施工现场施工起重机械验收表进行核查。其中:塔吊、物料提升机、升降机应有安装告知手续。

4. 施工现场安全隐患报告书

监理人员在实施监理过程中，发现施工现场存在重大安全隐患，施工单位不及时进行有效整改的，项目监理部应填写《施工现场安全隐患报告书》，向建设单位和工程所在地住房和城乡建设主管部门报告。

5. 工作联系单

监理人员在施工监理过程中发现安全措施不到位，可能产生安全隐患，认为口头指令不足以引起施工单位重视时，可填写《工作联系单》，要求施工单位进行整改，凡发出工作联系单的监理人员应按时复查整改结果，并在监理日记中记录说明。施工单位整改后应及时书面回复。

6. 监理通知

监理人员在施工监理过程中，发现安全隐患，及时签发《监理通知》，要求施工单位限期整改，并抄报建设单位。施工单位整改后应有书面回复，监理人员应按时复查整改结果。

7. 工程暂停令

监理人员在施工监理过程中,发现施工现场存在重大安全隐患,总监理工程师应及时签发《工程暂停令》,暂停部分或全部在施工程的施工,责令限期整改,并抄报建设单位。施工单位整改后应书面回复,经监理人员复查合格,总监理工程师批准后,方可复工。

8. 工程复工报审表

项目监理部发出《工程暂停令》后,施工单位应立即停止施工,组织人员查找原因制订措施,进行整改。自行检查合格后,填写《工程复工报审表》,报项目监理部,经监理复查合格,总监理工程师批准后方可复工。

9. 安全生产防护、文明施工措施费用支付申请表

施工单位应按合同约定向监理单位提出安全生产防护、文明施工措施费用支付申请。

10. 安全生产防护、文明施工措施费用支付证书

项目监理部收到施工单位申请支付《安全生产防护、文明施工措施费用表》,审查后应填写《安全生产防护、文明施工措施费用支付证书》,向建设单位提出安全生产防护、文明施工措施费用支付证书。

11. 施工单位安全生产管理体系审核资料

项目监理部应审查施工单位报送的安全生产管理机构、安全生产责任制、安全管理规章制度等资料。

12. 施工单位专项安全施工方案及工程项目应急救援预案审核资料

项目监理部应及时进行审查。

3.2 监理安全管理资料(B1)

3.2.1 《监理合同》实例

甲方：××房地产开发有限公司(以下简称“业主”)

乙方：××建设工程监理有限公司(以下简称“监理单位”)

业主与监理单位就××小区×号楼工程项目监理相关事宜、经双方协商一致，签订本合同。

一、业主委托监理单位监理的工程(以下简称“本工程”)概况如下：

工程名称：

工程地点：

工程规模：

总投资：

投资性质：

监理范围：

二、本合同中的措词和用语与所属的监理合同条件及有关附件同义。

三、下列文件均为本合同的组成部分：

(一)监理委托函或中标函；

(二)工程建设监理合同标准条件；

(三)工程建设监理合同专用条件；

(四)在实施过程中共同签署的补充与修正文件。

四、监理单位同意，按照本合同的规定，承担本工程合同专用条件中议定范围内的监理业务。

五、业主同意按照本合同注明的期限、方式、币种，向监理单位支付酬金。

本合同的监理业务自____年__月__日开始施，至____年__月__日完成。

本合同正本一式两份，具有同等法律效力，双方各执一份。副本____份，各执____份。

业　　主：(签章)	监理单位：(签章)
法定代表人：(签章)	法定代表人：(签章)
地　　址：	地　　址：
开户银行：	开户银行：
帐　　号：	帐　　号：
邮　　编：	邮　　编：
电　　话：	电　　话：
____年__月__日	____年__月__日

(编者：相关附件略)

3.2.2 《建设工程监理规划》实例

编者:此处列举《××高层写字楼工程监理规划实例(含安全、监理方案)》,仅供参考。考虑到“监理规划”中例如“工程项目概况、监理工作依据……”等其他内容较多,因此,本处只撷取其中“安全生产管理工作管理要点”一节内容。

××高层写字楼工程监理规划案例

××小区×号楼工程

监　理　规　划

单位技术负责人：×××

总监理工程师：×××

××建设监理有限公司

××项目监理部

××年×月×日

安全生产管理工作监理要点

一、安全监理的依据

(1)消防部门批准的有关文件。

(2)施工设计图纸及文件。

(3)监理合同中有关安全的委托内容。

(4)经过安全监理人员审定的施工组织设计或分部分项施工方案中涉及安全施工的有关内容。

(5)《建筑工程安全生产管理条件》、《建筑安装工程安全技术规程》、《建筑安装工人安全技术操作规程》、《建筑施工安全检查评分标准》、《建筑施工临时用电安全技术规范》及其他建筑施工安全技术规范和标准。

(6)施工单位的安全管理网络。

(7)施工单位安全生产规章制度。

(8)施工单位安全生产责任制度。

(9)安全文明工地评选标准。

(10)施工现场安全施工管理规定。

(11)有关建筑施工安全法律、法规、法令、政策、规定和通知。

二、工程安全监理的任务

工程安全监理是工程监理的任务之一,它的主要内容是监理人员根据与业主所签订的监理合同,贯彻执行国家及地方有关安全生产的法律、法规及方针政策,督促施工单位按照有关建筑施工安全生产的标准及法规进行施工,克服施工中可能出现的随意、冒险、盲目及不规范行为,对安全技术措施予以落实,最大可能地避免及控制各类伤亡事故的发生,保证实现安全施工。

三、工程安全监理的目标

监理方在工程施工过程中将采取消除事故隐患的措施和安全监控手段,做到三级重大事故为“零”,下大力气减少一般事故,伤亡事故控制在万人率0.7以内,确保安全生产,达到文明安全工地标准。施工现场要严格监控明火作业,采取有针对性的措施,杜绝重大火灾事故,杜绝重大刑事案件发生。

四、安全监理控制的主要措施

(1)在项目监理部组建由总监理工程师为组长、各相关专业监理工程师为组员的安全管理小组,对施工安全生产措施提出明确和具体的要求。

(2)仔细审查施工单位的施工现场总体安全管理措施、各分部分项工程的技术方案和组织措施,要求其都必须分别配以相对应的安全技术措施和必要的计算书。要求施工单位制定紧急情况的处理预案,特殊专业工程还应制定专项安全施工组织设计等等;需要制定安全措施的方面包括各类基坑支护结构、各类临时支撑体系、大型施工机械(塔式起重机等的安装、使用和拆除)、各类脚手架、作业平台、临时用电系统和电动机具、设备、“四口五临边”防护、现场消防安全、高空作业(防高空坠落和坠物打击)、现场周边环境安全等。

(3)要求施工单位明确安全生产管理组织,配备专职的安全管理人员:对总包单位承建的建筑工程在20000m^2以下的配备1名专职的安全管理人员;20000～50000m^2配备2人;50000～100000m^2配备3人;100000m^2以上设安全管理机构,对于分包单位人员如果超过50人的,必须配备专职安全员。明确责任人和岗位职责。

(4)对特殊工种人员(电工、架子工、电焊工等)及施工机械操作人员(起重车司机、塔吊司机等)要求必须持证上岗,并进行必要的岗前安全教育,提高作业人员安全生产意识。

(5)建立安全生产会议制度,利用召开监理例会的时机进行现场安全形势教育、安全状况分析,必要时举行安全工作专题会议,以引起施工单位的重视。

(6)利用监理审批工程款的手段,将项目安全达标及现场安全状况良好作为签发工程款的一个条件,使安全工作与经济直接挂钩,以保证安全监理工作的有效开展。

(7)对于安全生产中存在的问题,必要时可约见施工单位负责人,就安全问题进行交流。如屡次处理未果,必要时征得业主同意后,可责令施工单位退场。

(8)对下列施工部位进行重点监控,督促施工单位安全管理人员对工作面全过程监控,只要有人施工必须有监管人员在场。

具体部分包括:地下暗挖作业;基坑、沟槽施工作业;人工挖孔桩作业;脚手架、模板、水平网搭设和拆除作业;塔吊、外用电梯、整体提升架、吊篮架安装、升降、拆除作业;起重吊装作业;地下管道清理维修作业;建筑物拆除、爆破作业等。

(9)根据现场巡视的安全情况,及时发出有关安全的监理工程师通知单、指令单,并及时报送业主。对符合停工指令的安全违规行为及时下达停工指令。

五、安全监理下达停工指令的条件

(1)擅自变更设计图纸进行施工的;

(2)安全技术措施未经批准擅自施工的;

(3)施工中已出现安全隐患,经指出后施工单位未予整改或整改后仍未达到要求的;

(4)对已发生的事故未经处理或未处理完就继续施工的;

(5)擅自变更、代换材料或使用未经报验合格的材料;

(6)未经安全资质审查认定的分包单位擅自进场的;

(7)其他。

六、工程安全监理的程序

1.招投标阶段的安全监理

参与检查施工单位的如下资料:

(1)企业资质证书(含安全资质证书、资质证书);

(2)营业执照;

(3)施工许可证;

(4)企业安全生产管理机构的设置及其安全专业人员的配备;

(5)企业安全保证体系的建立;

(6)安全生产责任制度;

(7)特殊工种操作人员的资质、培训上岗情况;

(8)主要施工操作机械的状况、安全条件;

(9)安全生产规章制度的建立;

(10)专职安全员的资质、培训上岗情况;

(11)安全管理部门对企业安全业绩评审记录。

参与签订安全协议书;包括业主与施工单位的安全协议书及总包施工单位与分包施工单位的安全协议书。

2. 施工前的安全监理

(1)检查施工单位的安全网络

1)对施工单位投标时承诺的安全网络组成人员与现场实际安全人员进行比照,以避免不相符合情况发生;

2)检查施工单位安全网络动作的可行性,有无层次不分、越级现象;

3)现场安全员是否专职。

(2)审核施工单位的安全检查操作程序

1)施工单位的安全检查是否延伸至工序;

2)施工单位的自检程序是否流畅、合理;

3)施工单位工序安全检查后应向监理出具自检报告。

(3)制定安全监理细则

安全监理人员应针对不同的分部分项或部位,结合监理程序,按照工程施工的工艺流程制定出相应的安全监理细则,作为在施工过程中安全监理人员操作的准绳。

安全监理细则应突出安全控制重点,具有可操作性、针对性和实用性,编写依据为各类安全规范、规程,其内容包括:

1)施工工艺流程;

2)监理安全控制工程流程;

3)监理安全组织机构及人员配备;

4)进度的安排;

5)安全控制的程序;

6)安全检查的方法、时间;

7)检查记录的表式;

8)检查评分标准;

9)安全监理人员签认的规定;

10)安全监理资料的整理、归档要求;

11)安全文明工地的达标要求、标准;

12)本分部分项安全控制的关键点;

13)安全事故的处理方法及程序;

14)对安全不规范行为的处罚措施。

(4)审查施工单位的安全技术方案

1)有无人、财、物各方面的保障;

2)有无针对各分部分项工程的特殊安全控制措施,如针对油漆工程、外墙涂料工程等;

3)安全措施是否具有可行性;

4)有无针对易出现问题的安全控制点的防止方法;

5)对所采用的新技术、新工艺、新材料有无安全保证措施;

6)安全控制目标设置的合理性。

(5)根据工程特点,消除事故隐患

工程的安全监理,应根据其特点,将可能产生安全问题的事故隐患消灭于萌芽状态。安全监理人员应依据安全施工规范,结合自身在以往工程中积累的经验和教训,调查梳理安全薄弱点,并重点予以监控，达到安全预控的目的。

(6)检查施工单位项目部安全组成人员

在施工开始前，安全监理人员应该时施工单位项目部安全组成人员进行检查，检查的内容主要应包括项目部安全人员是否与投标文件相符，安全检查人员是否与投标文件相符，安全检查人员是否专职或是否有多工程兼职现象。

(7)对进场机械、材料进行验收检查

1)进场机械的出厂合格证明、安全警示说明；

2)材料的合格证明、准用证明、产品使用说明书，着重检查其有无毒性或对环境有无污染现象；

3)如有必要，应对某些材料进行取样检验，保证安全使用。

3.施工阶段的安全监理

(1)审查分包单位的安全资质证明文件；

(2)检查施工单位安全组织体系的运行状况、专职安全人员的工作质量如何；

(3)签署有关安全技术施工的证明文件；

(4)审查施工单位报送的工序、分项、分部安全检查记录，并进行验收确认；

(5)现场巡视检查，及时发现安全薄弱环节，发出口头整改指令、书面整改通知直至停工令；

(6)认真做好安全监理日志记录；

(7)检查现场操作人员是否按照安全操作规程进行施工；

(8)对重要的安全控制点进行旁站监理；

(9)对违反安全操作规程的人和事予以处理；

(10)处理发生的安全事故。

3.2.3 《监理实施细则》填写范例

序号	监理实施细则	备注
1	监理实施细则的编制	
2	土方工程施工质量监理实施细则	
3	土层锚杆及土钉墙支护工程施工质量监理实施细则	
4	深基坑降水工程施工质量监理实施细则	
5	泥浆护壁成孔灌注桩工程施工质量监理实施细则	
6	地下连续墙工程施工质量监理实施细则	
7	地下防水混凝土工程施工质量监理实施细则	
8	地下卷材防水工程施工质量监理实施细则	
9	地下涂料防水工程施工质量监理实施细则	
10	混凝土结构工程施工质量监理实施细则	
11	钢结构工程施工质量监理实施细则	
12	木结构工程施工质量监理实施细则	
13	建筑地面工程施工质量监理实施细则	
14	建筑装饰装修工程施工质量监理实施细则	
15	屋面工程施工质量监理实施细则	
16	建筑给水排水及采暖工程施工质量监理实施细则	
17	建筑电气工程施工质量监理实施细则	
18	智能建筑工程施工质量监理实施细则	
19	通风与空调工程施工质量监理实施细则	
20	电梯工程施工质量监理实施细则	

编者:各监理实施细则范例略。

3.2.4 《安全生产管理人员的岗位证书》填写范例

No. ×××

序号	×××	所属单位	××建筑工程有限公司	项目部名称	××项目部	岗位	项目经理
项目经理上岗证复印件粘贴处							

序号	×××	所属单位	××建筑工程有限公司	项目部名称	××项目部	岗位	安全员
项目安全员上岗证复印件粘贴处							

填表人:×××　　日期:××年×月×日

可根据需要,另增加页面

3.2.5 职业健康安全管理体系认证证书

中质协质量保证中心

职业健康安全管理体系认证证书

注册号：××

兹证明

××建筑工程有限公司

中国·××省·××市××路

职业健康安全管理体系符合

GB/T 28001-2001

该职业健康安全管理体系适用于

位于××省××市××路××大厦的××建筑工程有限公司从事的各类火力发电厂建筑安装工程；各类工业建设项目的土建、机械、电气、仪表等方面的建筑安装工程；各种防腐保温工程、环保和钢结构网架制作与安装工程；长输管道（GA类）、公用燃气管道和热力管道（GB类）、工业管道（GC类）安装工程相关的职业健康安全管理活动。

本证书有效期：××年×月×日至××年×月×日

中质协质量保证中心　　代表签字：×××

颁证日期：××年×月×日

认可注册号：×××

3.2.6　施工单位的安全生产责任制

根据国务院颁发的《关于加强企业生产中安全工作的几项规定》和建设部颁发的《建筑企业安全生产工作条例》文件精神要求，结合公司具体情况，制订本公司安全生产责任制，使公司的安全生产工作层层负责，责任明确，做到齐抓共管，实行全员安全目标管理。安全生产责任制是整个安全生产规章制度中的中心环节，根据“管生产必须管安全”、“安全生产、人人有责”的原则，从责任制度上固定下来，使安全责任制度覆盖整个生产运行中。各级领导、各部门必须认真做好劳动保护工作，保证安全生产，使安全管理工作“纵向到底、横向到边”专管成线，层层有专职，保证各项规章制度得到贯彻落实，真正把安全工作落到实处。

安全责任制制订做到有法可依，有法必依，决不能发生“有令不行、有禁不止”的现象或疏于管理、不善管理，决不姑息迁就，从根本上杜绝违章指挥、违章作业、违反劳动纪律的现象和责任事故发生。

(1) 各级领导的安全生产责任是：贯彻执行国家有关安全生产的方针政策，对安全生产工作坚持“五同时”。

(2) 各职能部门的安全责任是：必须确保所管辖的范围内的安全生产，确保施工现场的安全。

(3) 安全部门和专职安全员责任是：当好各级领导在安全生产方面的助手，协助领导搞好安全生产各个方面的管理工作。

(4) 班组长的安全责任是：抓好班组安全生产工作，配合领导和专职安全员的安全管理工作，在班组中督促工人遵章守纪、遵守安全生产操作规程，纠正阻止违章作业，及时发现各种事故隐患，立即处理，遇到不能解决的问题及时上报。

(5) 工人的安全责任是：遵章守纪，劝阻他人违章作业，有权拒绝违章指挥，做到“三不伤害”原则。

3.2.7　施工现场安全管理规章制度

(1) 建筑施工现场安全管理，具有高度的政策性、复杂的技术性、广泛的群众性，做好这项工作，对于保障劳动者在生产中的安全和健康，促进施工良好的发展和提高经济效益有着非常重要的意义。

(2) 切实提高职工对安全生产法律、法规的认识，自觉地贯彻执行安全生产的方针、政策、规章制度和各项劳动保护条例，掌握安全技术知识，确保安全生产。

(3) 对调换新工作岗位的工人、生产实习人员、技能低的工人，在上岗之前实行岗位教育和安全知识的培训。

(4) 对架子、电气、起重、机械操作、焊接、车辆驾驶等特殊工种的工人，进行专门的安全操作技术教育训练，持证上岗。

(5) 现场施工的临时用电，大型机械设备(如塔式起重机等)安装、拆卸，脚手架、高压线下的防护架等搭设拆除均应编制施工方案，经批准后方可实施。

(6) 进入施工现场的各种机械设备、材料、构件、临时设施等必须按照施工平面图进行有序布置，保证现场道路和排水畅通；高压线路和防火设施要遵照供电局和消防部门的规定，设施应完备可靠，使用方便。

(7) 施工现场应做好可靠的防护措施，在楼梯口、阳台口、电梯井口及预留洞口处，必须安装防护措施，以及各种安全标志，确保作业安全。

(8) 凡进入施工现场的作业人员、管理人员(包括外来现场参观检查人员)，必须戴好安全帽，系好帽带，高空作业人员必须系好安全带。

(9) 严禁高空作业人员由高向低或由下向上抛投任何物料。

(10) 进行安装吊装时，吊具必须牢固，严禁吊臂下站人。

(11) 进入施工现场的操作人员，必须认真执行和遵守安全技术操作规程，严禁违章指挥、违章作业。

(12) 严禁在六级以上的强风或大雨、雪、雾等恶劣天气环境中从事高空作业。

(13) 对患高血压、心脏病等不适于高空作业的人员，严禁从事高空作业，严禁酒后作业。

(14) 凡在交通要道、公共场所、人员进出集中处施工，必须搭设防护棚，张设安全网。施工组织设计在编制时，必须明确规定安全防护的部位及要求。项目经理必须按方案，明确布置架子工搭设，架子工必须按方案、按操作要求搭设防护棚、张设安全网。

(15) 所有劳动保护用品要有合格证，按规定期限使用，在使用前要做强度质量试验，符合有关规定方可使用。

(16) 起重设备必须有保险装置，不准带病运转、不准超负荷作业、不准在运转中维修保养。

(17) 现场施工使用的机械、保险装置必须逐台进行检查，验收试运转合格后，方可使用。

(18) 大、中型机械设备必须固定操作工，必须持上级颁发的上岗证，严禁无证操作。

(19) 机械设备防护装置一定要齐全有效，在安装机械设备时，必须将防护装置一同安装，否则不能运转，严禁一闸多机、一闸多用，做到一机一闸、一箱一锁，禁止用钢丝代替保险丝。

(20) 现场电动机和电动手持工具要设置漏电保护装置。

(21) 在施工中使用具有毒性的材料要严加保管，限量使用，并做好防中毒措施。

(22) 对从事高温和夏季露天作业人员要做防暑降温，对不适合高温露天作业人员要调离。对高温季节露天作业人员，工作时间应适当调整，避开气温高峰。

(23) 在有取暖火炉的场所，要保持一定的通风，预防一氧化碳中毒和火灾发生。

(24) 现场施工人员应在规定的施工区域内安全施工、文明施工，不得随处乱走动，随地大小便，上班时间不得随便躺地休息。

(25) 特殊作业人员，一定要按特种工种作业的安全规定进行施工。特殊作业一定要向安全管理机构部门请示，待方案批准后才能施工。

3.2.8 《专项安全施工方案报审资料》填写范例

专项安全施工方案报审资料

工程名称:××小区×号楼工程　　　　编号:×××

致:××监理公司　　　　(监理单位): 我方已完成了××小区×号楼工程×××施工安全方案的编制,并经公司技术负责人批准,请予以审查。 附:《××小区×号楼工程×××施工安全方案》 承包单位(章):××建筑工程有限公司 项 目 负 责 人:××× 日　　　期:××年×月×日
专业监理工程师审查意见: 同意按该施工方案组织施工 专业监理工程师:××× 日　　　期:××年×月×日
总监理工程师审核意见: 同意按该施工方案组织施工 项目监理机构:××监理有限公司 总监理工程师:××× 日　　　期:××年×月×日

3.2.9 《工程项目应急救援预案报审资料》填写范例

工程项目应急救援预案报审资料

工程名称:××小区×号楼工程　　　　编号:×××

<table>
<tr><td>致:××监理有限公司
我方已完成了××小区×号楼×××应急救援预案的编制,并经公司技术负责人批准,请予以审查。

附:《××小区×号楼×××应急救援预案》

承包单位(章):××建筑工程有限公司
项目负责人:×××
日　　期:××年×月×日</td></tr>
<tr><td>专业监理工程师审查意见:
同意按该预案组织实施

专业监理工程师:×××
日　　期:××年×月×日</td></tr>
<tr><td>总监理工程师审核意见:
同意按该预案组织实施

项目监理机构:××监理有限公司
总监理工程师:×××
日　　期:××年×月×日</td></tr>
</table>

3.2.10 《安全监理专题会议纪要》填写范例

安全监理专题会议纪要

工程名称:××小区×号楼工程　　　　**编号**:×××

<table>
<tr><td>分部工程</td><td colspan="2">××工程</td><td>主持人</td><td>×××</td></tr>
<tr><td>会议地点</td><td colspan="2">××项目部会议室</td><td>会议日期</td><td>××年×月×日</td></tr>
<tr><td>主要议题及会议内容</td><td colspan="4">略</td></tr>
<tr><td>签到者</td><td>工作单位</td><td>职务</td><td>联系地址</td><td>电话</td></tr>
<tr><td>×××</td><td>×××</td><td>×××</td><td>×××</td><td>×××</td></tr>
<tr><td>×××</td><td>×××</td><td>×××</td><td>×××</td><td>×××</td></tr>
<tr><td>×××</td><td>×××</td><td>×××</td><td>×××</td><td>×××</td></tr>
<tr><td>×××</td><td>×××</td><td>×××</td><td>×××</td><td>×××</td></tr>
<tr><td>×××</td><td>×××</td><td>×××</td><td>×××</td><td>×××</td></tr>
<tr><td>×××</td><td>×××</td><td>×××</td><td>×××</td><td>×××</td></tr>
<tr><td>×××</td><td>×××</td><td>×××</td><td>×××</td><td>×××</td></tr>
</table>

注:本表一式多份,参加会议单位各留一份,表后附会议记录内容。

3.3 监理安全审核工作记录(B2)

3.3.1 《工程技术文件报审表》填写范例

<table>
<tr><td colspan="3">工程技术文件报审表</td><td>编号</td><td>×××</td></tr>
<tr><td>工程名称</td><td colspan="2">××小区×号楼</td><td></td><td></td></tr>
<tr><td colspan="5">现报上关于 ××小区×号楼 工程技术文件,请予以审定。</td></tr>
<tr><td>序号</td><td>类 别</td><td>编制人</td><td>册 数</td><td>页 数</td></tr>
<tr><td>1</td><td>××小区×号楼安全施工组织设计</td><td>×××</td><td>1</td><td>××页</td></tr>
<tr><td>2</td><td>××小区×号楼外脚手架施工安全方案</td><td>×××</td><td>1</td><td>××页</td></tr>
<tr><td></td><td></td><td></td><td></td><td></td></tr>
<tr><td colspan="5">编制单位(章):××小区×号楼工程项目部
技术负责人(签字):××× 申报人(签字):×××
××年×月×日</td></tr>
<tr><td colspan="5">施工单位审核意见:
经审核各文件编制合理
☑有/□无 附页
施工单位(章): 审核人(签字):××× ××年×月×日</td></tr>
<tr><td colspan="5">监理单位审核意见:
所指文件编制合理,方案可行,同意按方案执行
审定结论:☑同意 □修改后再报 □重新编制
监理单位(章): 总监理工程师(签字):×××
××年×月×日</td></tr>
</table>

注:本表由施工单位填报,建设单位、监理单位、施工单位各存一份。

要求:施工单位应在施工前向项目监理部报送施工组织设计,并填写《工程技术文件报审表》本表;施工单位在危险性较大的分部分项工程施工前向项目监理部报送专项施工方案,并填写《工程技术文件报审表》本表。

3.3.2 《施工现场起重机械拆装报审表》填写范例

施工现场起重机械拆装报审表		编号	×××
工程名称	××小区×号楼	总包单位	××建筑工程有限公司
租赁单位	××机械设备租赁有限公司	拆装单位	××机械设备安装有限公司
起重机械名称及型号	H3/36B	起重机械统一编号	×××

致：××建设工程监理有限公司（监理单位）

我方已完成对××小区×号楼工程起重机械拆装方案及安装资质、定期检测报告、人员上岗证等资料的审查，请你单位复核。

附：1. 专项拆装方案；　有☑　无□
2. 起重机械检测报告及合格证；　有☑　无□
3. 操作人员及拆装人员上岗证书；　有☑　无□
4. 拆装单位资质；　有☑　无□
5. 群塔作业施工方案；　有☑　无□
6. 安装/拆卸应急预案；　有☑　无□
7. 其他资料

项目机械设备管理负责人(签字)：×××　××年×月×日

项目安全负责人(签字)：×××　××年×月×日

项目经理(签字)：×××　××年×月×日

监理单位复核意见：

复核合格，同意施工

监理工程师(签字)：×××　总监理工程师(签字)：×××

××年×月×日

注：本表由施工单位填报，监理单位、施工单位、租赁单位各存一份。

要求：起重机械(主要指塔式起重机、施工升降机、电动吊篮、物料提升机等)拆装前，总承包单位应对起重机械的拆装方案，检测报告、操作人员和拆装人员上岗证书、拆装资质及其他有关资料进行审查，并按照本表的要求报项目监理部核验，合格后方可进行安装或拆卸。

3.3.3 《施工现场起重机械验收核查表》填写范例

<table>
<tr><td colspan="3">施工现场起重机械验收核查表</td><td>编号</td><td>×××</td></tr>
<tr><td>工程名称</td><td>××小区×号楼</td><td>总包单位</td><td colspan="2">××建筑工程有限公司</td></tr>
<tr><td>租赁单位</td><td>××机械设备租赁有限公司</td><td>拆装单位</td><td colspan="2">××机械设备安装有限公司</td></tr>
<tr><td>起重机械名称及型号</td><td>H3/36B</td><td>起重机械统一编号</td><td colspan="2">×××</td></tr>
<tr><td>统一编号</td><td>×××</td><td></td><td colspan="2"></td></tr>
<tr><td colspan="5">致：××建筑工程有限公司（监理单位）
根据本市建设工程安全监理工作要求 ××小区×号楼 工程的 H3/36B 等施工起重机械已验收合格，验收手续已齐全，现将 起重机械安全检查记录 报送给你们，请查收。

附件：1. 起重机械拆装统一验收表格；
2. 塔式起重机检测报告；
3. 塔式起重机、物料提升机、施工升降机等应有安装告知手续；
4. 其他资料

施工现场项目机械或安全负责人（签字）：××× 项目经理（签字）：×××
××年×月×日</td></tr>
<tr><td colspan="5">监理单位意见：
经核查，××小区×号楼工程起重机安装符合安全要求，同意投产使用

符合相关法规要求，验收手续齐全，同意使用 ☑
不符合相关法规要求，验收手续不齐全，整改后再报 □

监理工程师（签字）：××× 总监理工程师（签字）：×××
××年×月×日 ××年×月×日</td></tr>
</table>

注：本表由施工单位填报，监理单位、施工单位、租赁单位各存一份。

要求：起重机械（主要是指塔式起重机、施工升降机等）使用前，承包单位应填写本表报项目监理部对验收程序进行核验，核验合格后方可使用。

3.3.4 《安全隐患报告书》填写范例

安全隐患报告书	编号	×××

××安监站：(建设行政主管部门)

由 ××建筑工程有限公司 单位施工的 ××小区×号楼 工程，存在下列严重安全隐患：

1. 主楼西侧外部脚手架没有按要求用密目安全网封闭。
2. 现场南侧的架空电线约 20 米有老化破皮现象

我单位已×××年×月×日发出~~《监理通知》~~/《工程暂停令》编号 ××× ，但施工单位拒不整改/~~停止~~。

特此报告！

总监理工程师(签字)：×××　　××年×月×日

签收人(签字)：×××　　××年×月×日

注：本表由施工单位填报，建设单位、监理单位、施工单位各存一份。

要求：监理单位在实施监理过程中，发现存在重大安全隐患的，应当要求施工单位停工整改，并及时报告建设单位。施工单位拒不整改或者不停止施工的，项目监理部应当填写本表，向工程所在地建设行政主管部门报告。

3.3.5 《工作联系单》填写范例

工作联系单		编号	×××
工程名称	××小区×号楼	日期	××年×月×日

致 ××建筑工程有限公司 (单位):

事由:

经检查,你单位承建的××小区×号楼工程在进行三层墙体钢筋绑扎时,操作工人没有按要求搭设操作平台,而直接站在墙体钢筋上

内容:

责令你单位组织工人进行安全教育,并对违章工人进行相应处罚

发出单位(章):××建设监理有限公司　　　　单位负责人(签字):×××

注:本表由发出单位填报,监理单位、施工单位各存一份。

要求:如口头指令发出后施工单位未能及时消除安全隐患,或者监理人员认为有必要时,应发出《工作联系单》,要求施工单位限期整改,监理人员按时复查整改结果,并在项目监理日志中记录。

3.3.6 《监理通知》填写范例

<table>
<tr><td colspan="2">监理通知</td><td>编号</td><td>×××</td></tr>
<tr><td>工程名称</td><td>××小区×号楼</td><td>日期</td><td>××年×月×日</td></tr>
<tr><td colspan="4">致　××建筑工程有限公司　(施工单位):

事由:
经检查,你单位承建的××小区×号楼工程存在安全隐患,请接通知后,限×月×日之前整改完毕,并经公司复查后,将整改情况反映给我方

内容:
1. 主楼结构顶层施工,外部无防护脚手架及密目安全网封闭。
2. Ⓐ～Ⓒ/①～⑩轴内脚手架的堆砌块量过大,超过规定荷载 3.0kN/m^2。
3. 现场东面焊接护栏件,操作点距木料、油桶约 1m。
4. 现场南侧的架空电线约 20m 处有老化、破皮、漏电现象

监理工程师(签字):×××
监理单位(章):　　总监理工程师(签字):×××
项目经理(签字):×××</td></tr>
</table>

注:本表由施工单位填报,监理单位、施工单位各存一份。

要求:当发现安全隐患,安全监理人员认为有必要时,应及时签发《监理通知》本表,要求施工单位限期整改并书面回复,安全监理人员应按时复查整改结果。《监理通知》应抄报建设单位。

3.3.7 《工程暂停令》填写范例

工程暂停令		编号	×××
工程名称	××小区×号楼	日期	××年×月×日

致 ××建筑工程有限公司 (施工单位):

由于 你方未按《监理通知》(××号)要求落实整改 原因,现通知你方必须于××年×月×日×时起,对本工程的 以下 部位(工序)实施暂停施工,并按下述要求做好整改工作:

1. 结构工程顶层四周已搭设单排钢管脚手架,用密目封闭,距地 3m 位置的架体内设平网防护。
2. Ⓐ~Ⓒ/①~⑩轴内脚手架上砌块堆料问题,×队已完成专人负责处理,堆料做到随用随上,不超规定。
3. 电焊作业设专点,原木料、油桶问题已清退出场。
4. 现场南侧 20m 架空电线已换新线

监理工程师(签字):×××

监理单位(章):

总监理工程师(签字):×××

项目经理(签字):×××

注:本表由施工单位填报,监理单位、施工单位各存一份。

要求:当发现施工现场存在重大安全隐患时,总监理工程师应及时签发《工程暂停令》,暂停部分或全部在施工程的施工,并责令其限期整改;经安全监理人员复查合格,总监理工程师批准后方可复工。《工程暂停令》应抄报建设单位。

3.3.8 《工程复工报审表》填写范例

<table>
<tr><td colspan="2">工程复工报审表</td><td>编号</td><td>×××</td></tr>
<tr><td>工程名称</td><td>××小区×号楼</td><td>日期</td><td>××年×月×日</td></tr>
<tr><td colspan="4">致××建筑工程监理有限公司(监理单位)：

××小区×号楼工程，由总监理工程师签发的第(××)号工程暂停令指出的安全隐患已消除，经检查已具备了复工条件，请予复查并批准复工。

附件：具备复工条件的详细说明：

1. 结构工程顶层四周已搭设单排钢管脚手架，用密目封闭，距地3m位置的架体内设平网防护。
2. Ⓐ～Ⓒ/①～⑩轴内脚手架上砌块堆料问题，×队已完成专人负责处理，堆料做到随用随上不超规定。
3. 电焊作业设专点，原木料、油桶问题已清退出场。
4. 现场南侧20m架空电线已换新线

施工单位(章)：××建筑工程有限公司　　　　项目经理(签字)：×××</td></tr>
<tr><td colspan="4">复查意见：

检查合格，准予复工

总监理工程师(签字)：×××　　　　××年×月×日</td></tr>
</table>

注：本表由施工单位填报，建设单位、监理单位、施工单位各存一份。

要求：项目监理部签发《工程暂停令》后，施工单位应停工进行整改，自查合格后填写《工程复工报审表》(本表)，经安全监理人员复查合格，总监理工程师批准后方可复工。并将《工程复工报审表》报建设单位。

3.3.9 《安全防护、文明施工措施费用支付申请表》填写范例

安全防护、文明施工措施费用支付申请表		编号	×××
工程名称	××小区×号楼工程	在施部位	三层墙体钢筋绑扎

致 ××建筑工程监理有限公司 (监理单位):

我方已落实了 ××小区×号楼 安全防护、文明施工措施。按施工合同规定,建设单位在××年×月×日前支付该项费用共计(大写) ××× (小写) ×××,现报上安全防护、文明施工措施项目落实清单,请予以审查并开具费用支付证书。

附件:

安全防护、文明施工措施项目落实清单

施工单位(章):××建筑工程有限公司　　　　项目经理(签字):×××

××年×月×日

注:本表由施工单位填报,建设单位、监理单位、施工单位各存一份。

要求:施工单位填写本表,向监理单位提出安全防护、文明施工措施费用支付申请。

3.3.10 《安全防护、文明施工措施费用支付证书》填写范例

安全防护、文明施工措施费用支付证书		编号	×××
工程名称	××小区×号楼工程	在施部位	三层墙体钢筋绑扎

致 ××房地产开发有限公司 (建设单位):

根据施工合同规定,经审核施工单位的支付申请表,同意支付安全防护、文明施工措施费用,共计

(大写) ×××

(小写) ×××

请按合同约定付款。

附件:

1. 施工单位付款申请表及附件;
2. 项目监理部审查记录

施工单位(章): ××建筑工程有限公司　　项目经理(签字):×××

××年×月×日

注:本表由施工单位填报,建设单位、监理单位、施工单位各存一份。

要求:监理单位审核后填写本表,向建设单位提出安全防护、文明施工措施费用支付申请。

第4章

施工单位施工现场安全管理资料（C类）及表格填写范例

本章内容包括下列资料

- 施工单位施工现场安全管理资料内容及要求
- 工程项目安全控制管理资料
- 工程项目消防保卫安全管理资料
- 脚手架安全管理资料
- 基坑支护与模板工程安全管理资料
- 三宝、四口及临边防护安全管理资料
- 临时用电安全管理资料
- 施工升降机安全管理资料
- 塔吊及起重吊装安全管理资料
- 施工机具安全管理资料
- 文明生产（料具堆放、生活区、环境保护）安全管理资料

4.1　施工单位施工现场安全管理资料内容及要求

4.1.1　安全控制管理资料

1. 施工现场安全生产管理概况表

项目经理部应将工程基本信息、相关单位情况和施工现场安全管理组织及主要安全管理人员情况，填写《施工现场安全生产管理概况表》，向当地住房和城乡建设主管部门施工安全监督机构备案。并报建设单位、监理单位备案。

2. 施工现场重大危险源识别汇总表

项目经理部应对施工现场存在的重大危险源进行识别汇总，并报项目监理部备案。

3. 施工现场重大危险源控制措施表

项目经理部对施工过程中可能出现的重大危险源事前应进行评价，制定重大危险源控制措施，每张表格只记录一种危险源，按住房和城乡建设部建质[2009]87 号关于印发《危险性较大的分部分项工程安全管理办法》的通知，由项目经理批准实施，并报项目监理部备案。

4. 施工现场危险性较大的分部分项工程专项施工方案表

危险性较大的分部分项工程应编制专项施工方案。专项施工方案经施工单位技术负责人批准，报项目监理部审查认可后，报项目所在地住房和城乡建设主管部门施工安全监督机构。

需编制专项安全施工方案的危险性较大的分部分项工程，应按当地住房和城乡建设主管部门的规定执行，当地住房和城乡建设主管部门没有规定时，应按下列项目进行：

(1)基坑支护、降水工程。

开挖深度超过 3m(含 3m)或虽未超过 3m 但地质条件和周边环境复杂的基坑(槽)支护、降水工程。

(2)土方开挖工程。开挖深度超过 3m(含 3m)的基坑(槽)的土方开挖工程。

(3)模板工程及支撑体系。

1)各类工具式模板工程：包括大模板、滑模、爬模、飞模等工程。

2)混凝土模板支撑工程：搭设高度 5m 及以上；搭设跨度 10m 及以上；施工总荷载$10kN/m^2$及以上；集中线荷载 $15kN/m^2$ 及以上；高度大于支撑水平投影宽度且相对独立无联系构件的混凝土模板支撑工程。

3)承重支撑体系：用于钢结构安装等满堂支撑体系。

(4)起重吊装及安装拆卸工程。

1)采用非常规起重设备、方法，且单件起吊重量在 10kN 及以上的起重吊装工程。

2)采用起重机械进行安装的工程。

3)起重机械设备自身的安装、拆卸。

(5)脚手架工程。搭设高度 24m 及以上的落地式钢管脚手架工程，附着式整体和分片提升脚手架工程，悬挑式脚手架工程，吊篮脚手架工程，自制卸料平台、移动操作平台工程，新型及异型脚手架工程。

(6)拆除、爆破工程。建筑物、构筑物拆除工程，采用爆破拆除的工程。

(7)其他。建筑幕墙安装工程，钢结构、网架和索膜结构安装工程，人工挖扩孔桩工程，地下暗挖、顶管及水下作业工程，预应力工程，采用新技术、新工艺、新材料、新设备及尚无相关技术标准的危险性较大的分部分项工程。

专项施工方案编制应包括的下列内容：

1)工程概况：危险性较大的分部分项工程概况、施工平面布置、施工要求和技术保证条件。

2)编制依据：有关法律、法规、规范性文件、标准、规范及图纸(图集)、施工组织设计。

3)施工计划：施工进度、人员进场、材料及设备计划。

4)施工工艺技术：技术参数、工艺流程、施工方法、检查验收等。

5)施工安全保证措施：组织保障、技术措施、应急预案、监测监控等。

6)劳力计划：专职安全生产管理人员、特种作业人员等。

7)计算书及相关图纸。

5. 施工现场超过一定规模危险性较大的分部分项工程专家论证表

危险性较大的分部分项工程专项安全施工方案应经专家论证。项目经理部应编制专项安全施工方案，组织专家组进行论证，并按《施工现场超过一定规模危险性较大的分部分项工程专家论证表》进行记录。作为专项安全施工方案的附件，一并报项目监理部核查确认后，报项目所在地住房和城乡建设主管部门施工安全监督机构备案。

组织专家论证超过一定规模危险性较大的分部分项工程应按当地住房和城乡建设主管部门规定执行，当地住房和城乡建设主管部门没有规定时，应按下列项目进行：

(1)深基坑工程。

1)开挖深度超过5m(含5m)的基坑(槽)的土方开挖、支护、降水工程。

2)开挖深度虽未超过5m，但地质条件、周围环境和地下管线复杂，或影响毗邻建筑(构筑)物安全的基坑(槽)的土方开挖、支护、降水工程。

(2)模板工程及支撑体系。

1)工具式模板工程：包括滑模、爬模、飞模工程。

2)混凝土模板支撑工程：搭设高度8m及以上；搭设跨度18m及以上，施工总荷载$15kN/m^2$及以上；集中线荷载20kN/m及以上。

3)承重支撑体系：用于钢结构安装等满堂支撑体系，承受单点集中荷载700kg以上。

(3)起重吊装及安装拆卸工程。

1)采用非常规起重设备、方法，且单件起吊重量在100kN及以上的起重吊装工程。

2)起重量300kN及以上的起重设备安装工程；高度200m及以上内爬起重设备的拆除工程。

(4)脚手架工程。

1)搭设高度50m及以上落地式钢管脚手架工程。

2)提升高度150m及以上附着式整体和分片提升脚手架工程。

3)架体高度20m及以上悬挑式脚手架工程。

(5)拆除、爆破工程。

1)采用爆破拆除的工程。

2)码头、桥梁、高架、烟囱、水塔或拆除中容易引起有毒有害气(液)体或粉尘扩散、易燃易爆事故发生的特殊建、构筑物的拆除工程。

3)可能影响行人、交通、电力设施、通讯设施或其他建、构筑物安全的拆除工程。

4)文物保护建筑、优秀历史建筑或历史文化风貌区控制范围的拆除工程。

(6)其他。

1)施工高度 50m 及以上的建筑幕墙安装工程。

2)跨度大于 36m 及以上的钢结构安装工程;跨度大于 60m 及以上的网架和索膜结构安装工程。

3)开挖深度超过 16m 的人工挖孔桩工程。

4)地下暗挖工程、顶管工程、水下作业工程。

5)采用新技术、新工艺、新材料、新设备及尚无相关技术标准的危险性较大的分部分项工程。

专家论证应包括下列内容:

(1)方案内容是否完整、可行;

(2)方案计算书和验算依据是否符合有关标准;

(3)安全施工的基本条件是否满足现场实际情况。

6. 施工现场安全生产检查汇总表

项目经理部根据当地住房和城乡建设主管部门的规定,对施工现场的一些安顿措施、设施定期进行检查评价,并督促整改。用《施工现场安全生产检查汇总表》进行汇总。

各项检查内容按专项表格进行。专项检查评分表,保证项目为 60 分,一般项目为 40 分。当保证项目中有一项不得分或保证项目小计得分不足 40 分时,此项检查表不应得分。

各专项检查的实际得分填入《施工现场安全生产检查汇总表》各相应项目中,根据得分情况和保证项目达标情况分为优良、合格、不合格三个等级。

优良:保证项目达标,汇总表分值达 80 分及其以上;

合格:保证项目达标,汇总表分值达 70 分及其以上;

不合格:汇总表得分不足 70 分;有一份表未得分,且汇总表得分在 75 分以下;当起重吊装或施工机具分表未得分,且汇总表得分在 80 分以下都为不合格。

7. 施工现场安全技术交底汇总表

项目经理部应将各项安全技术交底按照作业内容及施工先后顺序依次汇总,存放施工现场,以备查验。并报项目监理部备案。

8. 施工现场安全技术交底表

分部分项工程施工前及有特殊风险项目作业前,应由项目技术负责人对施工作业人员进行书面安全技术交底,并填写《施工现场安全技术交底表》。存放施工现场,以备查验。

9. 施工现场作业人员安全教育记录表

项目经理部对新入场、转场及变换工种的施工人员必须进行安全教育,经考试合格后方准上岗作业;同时应对施工人员每年至少进行两次安全生产培训,并对被教育人员、教育内容、教育时间等基本情况按《施工现场作业人员安全教育记录表》进行记录。

10. 施工现场安全事故原因调查表

施工现场凡发生生产安全事故的,应按照《施工现场安全事故原因调查表》的要求进行原因调查与分析并记录。报项目监理部备案。

11. 施工现场特种作业人员登记表

电工、焊(割)工、架子工、起重机械作业工(包括司机、安装/拆卸、信号指挥等)、场内机动车驾驶等特种作业人员上岗前,项目经理部应审查特种作业人员的操作证,核对资格证原件后在复印件上盖章并由项目经理部存档,填入《施工现场特种作业人员登记表》。并报项目监理部核查。

12. 施工现场地上、地下管线保护措施验收记录表

施工现场应在平整场地、槽、坑、沟土方开挖前,编制地上、地下管线保护措施,由项目技术负责人组织相关人员进行审查,填写《施工现场地上、地下管线保护措施验收记录表》。并报项目监理部审查。

13. 施工现场安全防护用品合格证及检测资料登记表

项目经理部对采购和租赁的安全防护用品和涉及施工现场安全的的重要物资应认真审核生产许可证、产品合格证、检测报告等相关文件,按《施工现场安全防护用品合格证及检测资料登记表》予以登记存档。

14. 施工现场施工安全日志表

施工安全日志应由专职安全员按照日常安全活动和安全检查情况,逐日按《施工现场施工安全日志表》记录。

施工安全日志应装订成册(防拆的),页次、日期应连续,不得缺页缺日,填写错可划"×"作废,但不能撕掉。工程项目部安全负责人应定期对安全日志进行检查,并签名示以负责。

15. 施工现场班(组)班前讲话记录表

各作业班(组)长于每班工作开始前必须对本班(组)全体人员进行班前安全交底,并填写《施工现场班(组)班前讲话记录表》。

本表可以班(组)为单位或工程项目为单位装订成册。由安全员将班(组)活动记录,以天装订,然后按日期顺序成册。定期对其内容、活动情况进行讲评。

16. 施工现场安全检查隐患整改记录表

项目安全负责人组织检查过程中,针对存在的安全隐患填写《施工现场安全检查隐患整改记录表》。其中应包括检查情况及安全隐患、整改要求、整改后复查情况等内容,并签字负责。

17. 监理通知回复单

项目负责人接到监理通知后应积极组织整改,整改自行检查符合要求后,填写此表,报项目监理部复查。

18. 施工现场安全生产责任制

项目经理部应将现场安全机构设置、制度、生产安全目标、管理责任书形成文字,并公布在施工现场。并报项目监理部备案。

19. 施工现场总分包安全管理协议书

总分包应签订安全管理协议书,落实有关安全事项,并形成文件。并报项目监理部备案。

20. 施工现场施工组织设计及专项安全技术措施

项目经理部应针对工程项目编制施工组织设计及专项安全技术措施。并报项目监理部备案。

21. 施工现场冬雨风季施工方案

项目经理部应对冬雨季、台风季节施工的项目，制订针对性的专项施工方案，即冬季施工方案、雨季防雨防涝方案、防台风方案等，并应有检查记录，以保证工程质量和施工正常进行。并报项目监理部备案。

22. 施工现场安全资金投入记录

项目经理部应在工程开工前编制安全资金投入计划，并取得项目监理部的认可，并以月为单位对项目安全资金使用情况进行小结，并报项目监理部备案。

23. 施工现场生产安全事故应急预案

项目经理部应编制生产安全事故应急预案，成立应急救援组织，配备必要的应急救援器材和物资。对全体施工人员进行培训，定期组织演练，并有相应的记录，并报建设单位、项目监理部备案。

24. 施工现场安全标识

施工现场各类安全标识发放、使用情况应进行登记；现场安全标识设置应与施工现场安全标识布置平面图相符，使安全标识起到应有的效果。

25. 施工现场自身检查违章处理记录

施工现场的违章作业、违章指挥及处理整改情况应及时进行记录，建立违章处理记录台帐。

26. 本单位上级管理部门、政府主管部门检查记录

本单位上级管理部门、政府主管部门来施工现场检查的有关情况，检查出的不足之处，整改建议等。

4.1.2　施工现场消防保卫安全管理资料

1. 施工现场消防重点部位登记表

项目经理部应根据施工总平面图中消防设施布置将施工现场消防重点部位进行登记。如施工现场消防重点部位发生变化后，应重新进行登记，登记表应保持与现场实际情况一致。并报建设早位、项目监理部备案。

2. 施工现场用火作业审批表

作业人员每次用火作业前，必须到项目经理部办理用火申请，并填写《施工现场用火作业审批表》，经项目经理部审批同意后，方可用火作业。

3. 施工现场消防保卫定期检查表

项目经理部安全负责人应根据施工消防的要求，定期组织有关人员对施工现场消防、保卫设施进行检查，并按《施工现场消防保卫定期检查表》进行记录。

4. 施工现场居民来访记录

施工现场应设置居民来访接待室，对居民来访内容进行登记，并记录处理结果。

5. 施工现场消防设备平面图

施工现场消防设施、器材平面图应明确现场各类消防设施、器材的布置位置和数量。并报项目监理部核查。

6. 施工现场消防保卫制度及应急预案

项目经理部应制定施工现场的保卫消防制度、现场消防保卫管理方案、重大事件、重大节日管理方案、现场火灾应急救援预案和消防安全操作规程等相关技术文件，并将文件向相关人员进行交底。并报项目监理部审查。

7. 施工现场消防保卫协议

建设单位与总包单位、总包单位与分包单位必须签订现场保卫消防协议，明确各方相关责任，协议必须履行签字、盖章手续。并报项目监理部备案。

8. 施工现场消防保卫组织机构及活动记录

施工现场应设立消防保卫组织机构，成立义务消防队，定期组织教育培训和消防演练，各项活动应有文字和图片记录。并报项目监理部备案。

9. 施工现场消防审批手续

项目经理部应在工程施工前，到当地消防部门进行申报登记，以便消防部门了解施工现场的消防布置，取得审批手续。并将消防安全许可证存档，以备查验。并报项目监理部核查。

10. 施工现场消防设施、器材维修记录

施工现场各类消防设施、器材，应经项目经理部验收合格，并应定期对消防设施、器材进行检查。以及按使用期限及时更换、补充、维修等。并应形成文字记录。

11. 施工现场防火等高温作业施工安全措施及交底

施工现场防火等高温作业施工时，应制定相关的防中暑、防火灾的安全防范技术措施，并对所有参与防火作业的施工人员进行书面交底，所有被交底人必须履行签字手续。并报项目监理部备案。

12. 施工现场警卫人员值班、巡查工作记录

施工现场警卫人员应在每班作业后填写警卫人员值班、巡查工作记录，对当班期间主要事项进行登记。

4.1.3 脚手架安全管理资料

1. 施工现场钢管扣件式脚手架支撑体系验收表

钢管扣件式脚手架支撑体系应根据实际情况分段、分部位，由施工单位项目技术负责人组织相关单位人员验收。六级以上大风及大雨后、停用超过一个月均要进行相应的检查验收。并报项目监理部备案。

2. 施工现场落地式(悬挑)脚手架搭设验收表

落地式或悬挑脚手架搭设完成，施工单位项目技术负责人应组织有关单位人员验收。六级以上大风及大雨后、停用超过一个月均要进行相应的检查。并报项目监理部备案。

3. 施工现场工具式脚手架安装验收表

包括门式外挂脚手架、吊篮脚手架、附着式升降脚手架、卸料平台等。由施工单位项目技术负责人组织有关单位验收。并报项目监理部备案。

4. 施工现场脚手架、卸料平台和支撑体系设计及施工方案

落地式钢管扣件式脚手架、工具式脚手架、卸料平台及支撑体系等应在施工前编制相应专项施工方案。应按施工方案进行搭设、安装,保证脚手架安全。施工方案应存放施工现场备查。并报项目监理部备案。

4.1.4　基坑支护与模板工程安全管理资料

1. 施工现场基坑支护验收表

基坑支护完成后施工单位应组织相关单位按照设计文件、施工组织设计、施工专项方案及相关规范进行验收。并报项目监理部审查。

2. 施工现场基坑支护沉降观测记录表

3. 施工现场基坑支护水平位移观测记录表

基坑支护沉降观测和水平位移观测,施工单位和专业承包单位应按规定指派专人对基坑、土方、护坡开挖及开挖后的支护结构进行监测,并按《施工现场基坑支护沉降观测记录表》或《施工现场基坑支护水平位移观测记录表》进行数据记录。项目监理部对监测的程序进行审核。如发现监测数据异常,应立即采取必要的措施纠正。

4. 施工现场人工挖孔桩防护检查表

人工挖孔桩工程应编制专项施工方案。超过 16m 时应进行专家论证。项目经理部应每天派专人对人工挖孔桩作业进行安全检查。项目监理部应定期对检查表及实物进行抽查。并用《施工现场人工挖孔桩防护检查表》进行记录。

5. 施工现场特殊部位气体检测记录表

对人工挖孔桩和密闭空间等施工中,可能存在有害气体的场所应有专项施工方案。应在每班作业前进行气体检测,按《施工现场特殊部位气体检测记录表》进行记录。并报项目监理部备案。

6. 施工现场模板工程验收表

模板工程应按工程施工质量验收规范进行验收。对一些特殊的模板工程;高度大于 8m,如跨度 18m 以上梁的模板、施工总荷载 $15kN/m^2$ 及以上,集中荷载 $20kN/m^2$ 及以上;及大面积满堂红支模等,在施工组织设计、专项施工方案中应明确进行稳定性、强度等安全验收时,除按规范验收外,还应专门对安全性进行验收,按《施工现场模板工程验收表》进行记录。并报项目监理部审查。

7. 施工现场基坑、土方、护坡及模板施工方案

基坑、土方、护坡、模板施工必须按有关规定做到有方案、有审批;模板工程还应有设计计算书。方案报项目监理部审查认可。

4.1.5 “三宝”、“四口”及“临边”防护安全管理资料

1. 施工现场“三宝”、“四口”及“临边”防护检查记录表

施工现场“三宝”、“四口”及“临边”防护应按当地住房和城乡建设主管部门的规定定期进行检查。当地没有具体规定的，每周至少应检查一次。凡出现风、雨天气过后及每升高一层施工时，都应及时进行检查。并报项目监理部备案。

每发现一个人、一处存在安全防护措施不到位的情况应及时做出处理，并责成立即改正。

2. 施工现场“三宝”、“四口”及“临边”防护措施方案

项目经理部应在施工组织设计或有关专项安全技术方案中对“三宝”、“四口”及“临边”防护做出详细规定，包括材料器具的品种、规格、数量、安装方式、质量要求及安装时间、责任人等。

4.1.6 临时用电安全管理资料

1. 施工现场施工临时用电验收表

施工现场临时用电架设安装完成后必须由总包单位组织验收，合格后方可使用，验收时可根据施工进度分项、分回路进行。

项目监理部对验收资料及实物进行核查。

2. 施工现场电气线路绝缘强度测试记录表

电气线路绝缘测试包括临时用电动力、照明线路等绝缘强度测试，可按系统回路进行测试，测试结果报项目监理部备案。

3. 施工现场临时用电接地电阻测试记录表

临时用电接地电阻测试包括临时用电系统、设备的重复接地、防雷接地、保护接地以及设计有要求的接地电阻测试。将测量结果报项目监理部备案。

4. 施工现场电工巡检维修记录表

施工现场电工应按有关要求进行巡检维修，并由值班电工每日填写记录表。项目安全负责人要定期进行检查，以保证巡检维修的到位有效。

5. 施工现场临时用电施工组织设计及变更资料

临时用电设备在5台及以上或设备总容量在50kW及以上者，均应编制临时用电施工组织设计，并按《施工现场临时用电安全技术规范》(JGJ 46－2005)的要求进行审批手续。如发生变更应重新办理审批手续。并报项目监理部备案。

6. 施工现场总、分包临时用电安全管理协议

总包单位、分包单位必须订立临时用电管理协议，明确各方相关责任，协议必须履行签字、盖章手续。并报项目监理部备案。

7. 施工现场电气设备测试、调试技术资料

电气设备的测试、检验单和精度记录应由设备生产者或专业维修者提供。

4.1.7 施工升降机安全管理资料

1. 施工现场施工升降机安装/拆卸任务书

施工升降机械安装/拆卸均应有明确的任务书,以保证安装质量和落实安装/拆卸的安全责任。

2. 施工现场施工升降机安装/拆卸安全和技术交底记录表

施工升降机安装/拆卸任务书下达后,安装/拆卸单位安全负责人、技术负责人应对升降机安装/拆卸的安全、技术措施进行详细的安全技术交底,以保证安装/拆卸质量和安全。

3. 施工现场施工升降机基础验收表

施工升降机基础验收应根据升降机安装技术要求的承载力、强度、基础尺寸、地脚螺栓规格数量等进行。基础完工后达到一定强度,升降机安装前应进行全面验收。

4. 施工现场施工升降机安装/拆卸过程记录表

施工升降机安装/拆卸施工中,应对各安装/拆卸环节情况进行记录,包括各项工作的分工,每个施工人员的工作内容以及周围环境安装/拆卸过程中的一些情况。以便验收时了解安装/拆卸全过程的情况。

5. 施工现场施工升降机安装验收记录表

施工升降机安装验收是在升降机安装完毕,由安装单位组织有关单位负责人进行全面验收,判定是否符合标准。特别是试运行及坠落实验以及安全装置,应经过实地实验和检查。报项目监理部核查。日常和定期检查参照此表执行。

6. 施工现场施工升降机接高验收记录表

施工升降机每次接高都应经过验收后才能运行使用。在接高过程中应按《施工现场施工升降机安装/拆卸过程记录表》进行记录,接高完成后应按《施工现场施工升降机接高验收记录表》的内容检查验收记录。并报项目监理部核查。

7. 施工现场施工升降机运行记录

施工升降机在使用过程中,每日应对运行情况进行记录,并对发生的事项详细记录。每周使用单位的负责人应检查记录。

8. 施工现场施工升降机维修保养记录

施工升降机应由产权单位负责定期维修保养。

9. 施工现场机械租赁、使用、安装/拆卸安全管理协议书

出租和承租双方应签订租赁合同和安全管理协议书,明确双方安全责任和义务。并报项目监理部备案。

10. 施工现场施工升降机安装/拆卸方案

施工升降机安装前,应编制设备的安装/拆卸方案,经安装/拆卸单位技术负责人审核批准后方可进行作业。

11. 施工现场施工升降机安装/拆卸报审报告

施工升降机安装/拆卸报审报告,按当地住房和城乡建设主管部门规定执行。

12. 施工现场施工升降机使用登记台帐

施工单位应建立施工升降机使用台帐，每台机械使用情况应详细记录。

13. 施工现场施工升降机登记备案记录

内容有设备登记编号、使用情况登记资料、安装告知手续等。

4.1.8 塔吊及起重吊装安全管理资料

1. 施工现场塔式起重机安装/拆卸任务书

塔式起重机安装/拆卸均应有专项任务书，以保证安装质量和落实安装/拆卸的安全责任。

2. 施工现场塔式起重机安装/拆卸安全和技术交底

塔式起重机安装/拆卸任务下达后，安装/拆卸单位的安全负责人、技术负责人应对塔式起重机安装/拆卸的安全和技术措施进行详细交底。以确保安装/拆卸的质量和安全。

3. 施工现场塔式起重机基础验收记录表

塔式起重机基础验收应根据塔式起重机安装技术要求的承载力、场地环境、固定支脚、基础的尺寸、平整度及预埋螺栓情况、接地电阻等，在塔式起重机安装前进行一次全面验收，以保证塔式起重机安装和使用期间的安全。

4. 施工现场塔式起重机轨道验收记录表

轨道行走式塔式起重机轨道验收应根据安装技术要求进行全面检查验收。对其路基碎石厚度、钢轨接头、轨距、轨顶面倾斜度及接地装置等在钢轨铺设完成塔吊安装前进行全面检查验收。

5. 施工现场塔式起重机安装/拆卸过程记录表

塔式起重机安装/拆卸过程中，应对安装/拆卸过程中的有关环节情况进行记录，包括各项工作的分工、每个人员的工作内容、重点环节的检查等一些情况，以便验收检查时了解安装/拆卸过程的情况。

6. 施工现场塔式起重机附着检查记录表

塔式起重机安装过程或安装后，或每次提升后增加的附着都应进行全面检查合格。

7. 施工现场塔式起重机顶升检验记录表

塔式起重机需要顶升的委托原安装单位或具有相应资质的安装单位按照专项施工方案实施。每次顶升完毕，使用单位组织有关人员进行检查验收，合格后才能投入使用。并报项目监理部备案。

8. 施工现场塔式起重机安装验收记录表

塔式起重机安装完成后，安装/拆卸单位应先自行检查合格。总包单位应组织施工单位、有关分包单位等有关人员进行全面检查验收，须进行检测的应委托有相应资质的检测单位检测合格后才能投入使用。并报项目监理部审查。日常和定期检查参照此表执行。

9. 施工现场塔式起重机安装垂直度测量记录表

由安装单位测量，按《施工现场塔式起重机安装垂直度测量记录表》记录，报施工单位及租赁单位。

10. 施工现场塔式起重机运行记录表

这是一张通用表格。施工现场使用的塔式起重机、施工电梯、移动式起重机、物料提升机等起重机械操作人员应在每班作业后填写,运行中如发现设备有异常情况,应立即停机检查报修,排除故障后方可继续运行。运行记录通常是装订成册,连续编页码,不得缺页数。起重机械运行记录每个台班都必须填写。产权单位安全负责人至少应每周审查一次,签字负责。运行记录由设备产权单位和使用单位存档。

11. 施工现场塔式起重机维修保养记录表

塔式起重机在使用过程中,应按设备使用说明书要求定期请专业人员对设备进行维修保养。

维修保养工作应由设备租赁单位或产权单位负责按期进行。机械设备都应在维修保养的有效期内使用。

12. 施工现场塔式起重机检查记录表

由施工单位组织有关人员定期或雨、风天、停用一周之后进行检查。

13. 施工现场塔式起重机租赁、使用、安装/拆卸安全管理协议书

租赁的塔式起重机等施工机具,出租和承租双方应签订租赁合同,并签订使用、安装/拆卸过程中的安全管理协议书,明确双方在租赁、使用期间、安装/拆卸过程中的安全责任和义务。委托安装/拆卸单位安装/拆卸塔式起重机时,还应签订安装/拆卸合同,也应明确安装/拆卸安全责任。塔式起重机的安装/拆卸单位资质、相关人员的资格证书,及设备统一编号存档备查。并报项目监理部备案。

14. 施工现场塔式起重机安装/拆卸方案及群塔作业方案、起重吊装作业专项施工方案

塔式起重机安装/拆卸、起重吊装作业等必须编制专项施工方案,涉及群塔(2 台及以上)作业时必须制定相应的方案和措施,确保每个相邻塔式起重机之间的安全距离。制定起重作业的安全措施,并绘制平面布置图。并报项目监理部核查。

15. 施工现场塔式起重机安装/拆卸报审报告

报审报告按当地住房和城乡建设主管部门规定执行。

16. 施工现场塔吊机组与信号工安全技术交底

塔式起重机使用前,总承包单位与机械出租单位应共同对塔吊机组人员和信号工进行联合安全技术交底,并做好记录。

4.1.9　施工机具安全管理资料

1. 施工现场施工机具检查验收记录表

施工机具有物料提升机械、电动吊篮、龙门吊、打桩及钻孔机械、挖掘机、装载机、混凝土泵、混凝土搅拌机、钢筋机械、木工机械等中小型机械。

施工机具检查验收由租赁单位主动向施工单位提供有关资料,提供已经过检查的有关资料及必须现场检查的部位情况。并按《施工现场施工机具检查验收记录表》进行记录,签字负责。报项目监理部。(其中 1～8 每台一验,9～10 可每棚、每房一验)

2. 施工现场施工机具安装验收记录表

为保证施工机具正常运行和使用安全，凡进入施工现场需安装的机具都应根据实际情况进行安装验收。

3. 施工现场施工机具维修保养记录表

施工单位自有施工机具，由项目经理部负责；租赁的由出租单位负责，建立机械设备的检查、维修和保养制度，编制设备保修计划。

4. 施工现场施工机具使用单位与租赁单位租赁、使用、安装/诉卸安全管理协议

施工机具凡是租赁来的，使用单位与租赁单位签订租赁、使用、安装/拆卸过程中的安全管理协议，明确双方责任和义务。

凡由租赁单位负责维修保养及责任安全管理的，由租赁单位建立施工机具检查、维修和保养制度，编制保修计划，保证施工机具的安全使用。

5. 施工现场施工机具安装/拆卸方案

施工机具凡需安装/拆卸的，都必须由安装单位编制安装/折卸施工方案。并经技术负责人批准，按施工方案进行安装/拆卸。

4.1.10　施工现场文明生产(现场料具堆放、生活区)安全管理资料

1. 施工现场施工噪声监测记录表

施工现场作业过程中，各类设备产生的噪声在场界边缘应符合国家有关标准。项目经理部应定期在施工现场场地边界对噪音进行监测，将监测结果填入《施工现场施工噪声监测记录表》，并报项目监理部备案。

2. 施工现场文明生产定期检查表

项目经理部项目安全负责人应根据施工安全制度及施工现场文明施工的情况，组织有关人员定期对(第 10.1 条～第 10.10 条)各项内容等进行检查。并按《施工现场文明生产定期检查表》记录。

3. 施工现场办公室、生活区、食堂等卫生管理制度

办公区、生活区、食堂等各类场所应制定相应的卫生管理制度、卫生设施布置图，明确各区域负责人。

4. 施工现场应急药品、器材的登记及使用记录

施工现场应配备必要的急救药品和器材，并对药品、器材的配备品种、数量及使用情况进行登记。

5. 施工现场急性职业中毒应急预案

施工现场应编制急性中毒应急预案，发生中毒事故时，应定期演练，保证有效启动。

6. 施工现场食堂卫生许可证及炊事人员的卫生、培训、体检证件

施工现场设置食堂时，必须办理卫生许可证和炊事人员的健康合格证、培训证，并将相关证件在食堂明示，复印件存档备案。

7. 施工现场各阶段现场存放材料堆放平面图及责任区划分,材料保存、保管制度

施工现场应绘制材料堆放平面图,现场内各种材料应按照平面图进行堆放,并明确各责任区的划分,确定责任人。

各种材料建立材料保存、保管、领取、使用的各项制度。抄报项目监理部备案。

8. 施工现场成品保护措施

施工现场应制定各类成品、半成品的保护措施,并将措施落实到相关管理部门和作业人员。并报项目监理部审查。

9. 施工现场各种垃圾存放、消纳管理制度

项目经理部应对施工现场的垃圾、建筑渣土建立处理制度,并对处理结果进行检查,并及时对运输和处理情况进行记录。并报项目监理部审查。

10. 施工现场环境保护管理方案

项目经理部应识别和评价作业过程中可能出现的环境危害因素,制定环境污染控制措施,编制项目环境保护管理方案。成立由项目经理负责的环境保护管理机构,制定相关责任制度,明确控制对象及责任人,并报项目监理部审查。

4.2 工程项目安全控制管理资料

4.2.1 《施工现场安全生产管理概况表》填写范例

<table>
<tr><td colspan="5">施工现场安全生产管理概况表</td><td>编号</td><td>×××</td></tr>
<tr><td>工程名称</td><td colspan="2">××小区×号楼</td><td>工程地点</td><td colspan="3">××市×路×号××小区</td></tr>
<tr><td>建筑面积（m²）</td><td>43210</td><td>层数/幢数建筑物总高(m)</td><td>19层/85m</td><td>结构类型</td><td colspan="2">框架剪力墙</td></tr>
<tr><td>工程总造价（万元）</td><td>×××</td><td>施工许可证号及发证机关</td><td>×××
××市建委</td><td>施工企业安全生产许可证号</td><td colspan="2">(京)JZ安评证字(××)×××</td></tr>
<tr><td>合同工期</td><td colspan="2">××天</td><td>实际开工日期</td><td colspan="3">××年×月×日</td></tr>
<tr><td colspan="2">单位名称</td><td colspan="2">主要负责人</td><td colspan="3">联系电话（办公、手机）</td></tr>
<tr><td>建设单位</td><td>××房地产开发有限公司</td><td colspan="2">×××</td><td colspan="3">×××</td></tr>
<tr><td>勘察单位</td><td>××建筑勘察设计院</td><td colspan="2">×××</td><td colspan="3">×××</td></tr>
<tr><td>设计单位</td><td>××建筑勘察设计院</td><td colspan="2">×××</td><td colspan="3">×××</td></tr>
<tr><td>施工单位</td><td>××建筑工程有限公司</td><td colspan="2">×××</td><td colspan="3">×××</td></tr>
<tr><td>监理单位</td><td>××建设监理有限公司</td><td colspan="2">×××</td><td colspan="3">×××</td></tr>
<tr><td>施工安全监督机构</td><td>××市安监站</td><td colspan="2">×××</td><td colspan="3">×××</td></tr>
<tr><td colspan="2">主要安全管理人员姓名</td><td colspan="2">证书号</td><td colspan="3">联系电话</td></tr>
<tr><td>项目经理</td><td>×××</td><td colspan="2">×××</td><td colspan="3">×××</td></tr>
<tr><td>技术负责人</td><td>×××</td><td colspan="2">×××</td><td colspan="3">×××</td></tr>
<tr><td>项目安全经理或项目安全主管</td><td>×××</td><td colspan="2">×××</td><td colspan="3">×××</td></tr>
<tr><td>总监理工程师</td><td>×××</td><td colspan="2">×××</td><td colspan="3">×××</td></tr>
<tr><td></td><td></td><td colspan="2"></td><td colspan="3"></td></tr>
</table>

注：本表由施工单位填写，一式四份，报施工安全监督机构备案后，退回三份，建设单位、监理单位、施工单位各存一份。

要求：《工程概况表》是对工程基本情况的简要描述，项目经理应详细填写工程的基本信息，相关单位情况和主要安全管理人员情况。

4.2.2 《项目重大危险源识别汇总表》填写范例

项目重大危险源识别汇总表			编号	×××
工程名称	××小区×号楼			
编号	危险源名称、场所	风险等级	控制措施要点	
1	未经许可随意拆除安全防护设施和设备/施工全过程	重大	1)施工现场洞口、临边必须按规范进行防护。2)建筑物外围按规范设外架防护。3)禁止高空抛物,吊装物料按规程操作。4)特种作业人员必须持证上岗。5)专业性较强、被认为重大危险源的分项工程必须编制专项安全施工组织设计或应急预案	
2	现场动火无专人监护/施工现场动火部位	重大	1)配置专(兼)职消防保卫员。2)实行施工现场动火审批制度。3)绘制消防安全责任网络图、消防器材配置平面图;保证齐全有效,做到定部位、定种类、定专人负责、定期检查、定期换药。4)建立应预案,定期进行消防演习	
3	防水作业区域未保证空气流畅/防水作业区	重大	坑、洞内作业要有专项方案,加强检测与通风,减少作业时间,配戴防护用品	
4	挖土过程中土体产生裂缝/挖土现场	重大	1)对工人进行安全教育和安全技术交底,定期进行检查。2)机械挖方操作人员必须持证上岗。3)对土动态平衡工程施工应编制土石方工程作业指导书,严格按国家现行的《爆破安全规范》和其他要求执行。4)基础土方施工应编制有针对性、操作性强的开挖支护方案。5)基坑深度超过 5m 时,应编制专项支护方案,设置有效的排水措施。6)坑边堆土及料具的堆放距离,荷载必须符合规定。7)平地、架上堆放材料,必须符合规定	
5	现场缺乏相应的专业电工,电工不掌握所有的用电设备的性能/用电作业现场	重大	1)严格执行《施工现场临时用电安全技术规范》。2)编制有指导性和针对性的临时施工用电施工组织设计。3)用电线路的架设必须执行三相五线制标准。4)施工现场机械必须做到"一机一闸、一漏一箱"。5)用电线路的接、拆应由专业电工进行。6)漏电保护器必须灵敏有效。7)机具操作人员应按规定穿戴防护用品。8)建立、执行安全教育培训制度	
6	设备中使用的起重钢丝绳断丝磨损锈蚀超标未及时更换/施工机械	重大	1)机械设备安全装置 100%齐全有效,坚持"定机、定人、定岗位职责"制度。2)定期检修、保养设备,机械完好率 92%以上。3)定期进行机械设备的安全监督检查。4)特种作业人员持证上岗	
7	地下管线和地下障碍物未明或管线 1m 内机械挖土/挖土现场	重大	1)事先明确地下管线地下障碍物的走向。2)制定详细的挖土专项方案和相应的作业指导书。3)项目施工员安全按照作业指导书检查控制	

制表人	×××	技术负责人	×××	制表日期	××年×月×日

注:本表由施工单位填写,建设单位、监理单位、施工单位各存一份。

要求:项目经理部应依据项目重大危险源控制措施的内容,对施工现场存在的所有重大危险源进行汇总,按照本表的要求逐项填写,并由项目技术负责人批准发布。

4.2.3 《项目重大危险源控制措施》填写范例

<table>
<tr><td colspan="3">项目重大危险源控制措施</td><td>编号</td><td>×××</td></tr>
<tr><td>工程名称</td><td colspan="4">××小区×号楼</td></tr>
<tr><td>危险源名称</td><td colspan="4">地下管线和地下障碍物未明或管线(水、电、煤、话、光缆)1m内机械挖土</td></tr>
<tr><td>危险源出现的场所与部位</td><td colspan="4">××小区×号楼工程机械挖土现场</td></tr>
<tr><td>危险源的控制措施</td><td colspan="4">1.事先明确地下管线和地下障碍物的走向;
2.制定详细的挖土专项方案和相应的作业指导书;
3.项目施工员、安全员按照作业指导书进行检查控制</td></tr>
<tr><td>可能导致事故类别及危险程度</td><td>导致发生损坏地下管线的重大事故</td><td>风险等级</td><td colspan="2">重大</td></tr>
<tr><td colspan="5">制表人:××× 部门负责人:××× 制表日期:××年×月×日</td></tr>
</table>

注:本表由施工单位填写,监理单位、施工单位各存一份。

要求:项目经理部应根据项目施工特点,对作业过程中可能出现的重大危险源进行识别和评价,确定重大危险源的控制措施,并组织机关人员按照本表的要求记录,每张表格只能记录一种危险源。

4.2.4 《危险性较大的分部分项工程汇总表》填写范例

危险性较大的分部分项工程汇总表		编号	×××
工程名称:××小区×号楼			
施工单位:××建筑工程有限公司		监理单位:××建设监理有限公司	
危险性较大工程	1.基坑支护与降水工程　基坑支护工程是指开挖深度超过5m(含5m)的基坑(槽)并采用支护结构施工的工程;或基坑虽未超过5m,但地质条件和周围环境复杂、地下水位在坑底以上等工程。(√)		
	2.土方开挖工程　土方开挖工程是指开挖深度超过5m(含5m)的基坑、槽的土方开挖。(√)		
	3.模板工程　各类工具式模板工程,包括滑模、爬模、大模板等;水平混凝土构件模板支撑系统及特殊结构模板工程。(√)		
	4.起重吊装工程　a.大型构件　b.大型设备或设施。(a.b.)		
	5.脚手架工程　a.高度超过24m的落地式钢管脚手架　b.附着式升降脚手架,包括整体提升与分片提升　c.悬挑式脚手架　d.门型脚手架　e.挂脚手架　f.吊篮脚手架　g.卸料平台。(a.b.c.e.g.)		
	6.拆除、爆破工程　采用人工、机械拆除或爆破拆除的工程。(√)		
	7.其他危险性较大的工程　a.建筑幕墙的安装施工　b.预应力结构张拉施工　c.隧道工程施工　d.桥梁工程施工(含架桥)　c.特种设备施工　f.网架和索膜结构施工　g.6m以上的边坡施工。(a.b.)		
	8.大江、大河的导流、截流施工。(×)		
	9.港口工程、航道工程。(×)		
	10.采用新技术、新工艺、新材料,可能影响建设工程质量安全已经行政许可,尚无技术标准的施工。(√)		
应当组织专家组论证工程	1.深基坑工程　开挖深度超过5m(含5m)或地下室三层以上(含三层),或深度虽未超过5m(含5m),但地质条件和周围环境及地下管线极其复杂的工程。(√)专家论证情况。(√)		
	2.地下暗近代工程　地下暗挖工程及遇有溶洞暗河、瓦斯、岩爆、涌泥、断层等地质复杂的隧道工程,专家论证情况。(×)		
	3.高大模板工程　水平混凝土构件模板支撑系统高度超过8m,或跨度超过18m,施工总荷载大于10kN/m²,或集中线荷载大于1510kN/m的模板支撑系统,(×)专家论证情况。(×)		
	4.30m及以上的高空作业的工程,(√)专家论证情况。(√)		
	5.大江、大河中的深水作业工程,(×)专家论证情况。(×)		
	6.城市房屋拆除爆破和其他土石爆破工程,(×)专家论证情况。(×)		

注:本表由施工单位填报,建设单位、监理单位、施工单位各存一份。

要求:按照国务院建设行政主管部门或其他部门规定,必须编制专项施工方案的危险性较大的分部分项工程和其他必须经过专家论证的危险性较大的分部分项工程,项目经理部应在本表中进行记录。

4.2.5 《危险性较大的分部分项工程专家论证表》填写范例

<table>
<tr><td colspan="5">危险性较大的分部分项工程专家论证表</td><td>编号</td><td>×××</td></tr>
<tr><td colspan="2">工程名称</td><td colspan="5">××小区×号楼</td></tr>
<tr><td colspan="2">总承包单位</td><td colspan="3">××建筑工程有限公司</td><td>项目负责人</td><td>×××</td></tr>
<tr><td colspan="2">分包单位</td><td colspan="3">××建筑安装工程公司</td><td>项目负责人</td><td>×××</td></tr>
<tr><td colspan="3">危险性较大分项工程名称</td><td colspan="4"></td></tr>
<tr><td colspan="7">专家一览表</td></tr>
<tr><td>姓名</td><td>性别</td><td>年龄</td><td>工作单位</td><td>职务</td><td>职称</td><td>专业</td></tr>
<tr><td>×××</td><td>男</td><td>48</td><td>××建筑集团总公司</td><td>总工程师</td><td>高工</td><td>土建</td></tr>
<tr><td>×××</td><td>男</td><td>51</td><td>××建筑集团总公司</td><td>高级工程师</td><td>高工</td><td>土建</td></tr>
<tr><td>×××</td><td>男</td><td>47</td><td>××市政开发集团总公司</td><td>总工程师</td><td>高工</td><td>市政</td></tr>
<tr><td>×××</td><td>男</td><td>53</td><td>××建筑工程有限公司</td><td>总工程师</td><td>高工</td><td>土建</td></tr>
<tr><td>×××</td><td>女</td><td>48</td><td>××市政开发集团总公司</td><td>高级工程师</td><td>高工</td><td>市政</td></tr>
<tr><td>×××</td><td>男</td><td>45</td><td>××城乡建设委员会</td><td>高级工程师</td><td>高工</td><td>土建</td></tr>
<tr><td>×××</td><td>女</td><td>40</td><td>××建筑集团总公司</td><td>高级工程师</td><td>高工</td><td>土建</td></tr>
<tr><td colspan="7">专家论证意见：
××小区×号楼工程基坑支护与降水工程施工安全方案，编制合理，技术可行，符合安全要求

××年×月×日</td></tr>
<tr><td colspan="2">专家签名</td><td colspan="5">组长(签字)：×××
专家(签字)：××× ××× ××× ××× ××× ××× ×××</td></tr>
<tr><td colspan="2">项目经理部</td><td colspan="5">(章)：××建筑工程有限公司××小区×号楼项目部 ××年×月×日</td></tr>
</table>

注：本表由施工单位填报，建设单位、监理单位、施工单位各存一份。

要求：对应当组织专家组进行论证审查的工程，项目经理部必须组织不少于5人的专家组，对安全专项施工方案进行论证审查。专家组应按照本表的内容提出书面论证审查报告，并作为安全专项施工方案的附件。

4.2.6 《施工现场安全生产检查汇总表》填写范例

施工现场安全生产检查汇总表

<table>
<tr><td>工程名称</td><td colspan="3">××住宅小区×号楼</td><td colspan="2">监理单位</td><td colspan="5">××监理公司</td></tr>
<tr><td>施工单位</td><td colspan="3">××建筑工程有限公司</td><td colspan="2">建筑面积(m²)</td><td colspan="2">43210m²</td><td>结构类型</td><td colspan="2">框架剪力墙</td></tr>
<tr><td rowspan="2">总计得分(满分分值为 100 分)</td><td colspan="10">项　目　名　称　及　分　值</td></tr>
<tr><td>安全管理(满分分值为 10 分)</td><td>文明施工(满分分值为 20 分)</td><td>脚手架(满分分值为 10 分)</td><td>基坑支护与模板工程(满分分值为 10 分)</td><td>“三宝”、“四口”防护(满分分值为 10 分)</td><td>施工用电(满分分值为 10 分)</td><td>物料提升机与外用电梯(满分分值为 10 分)</td><td>塔吊(满分分值为 10 分)</td><td>起重吊装(满分分值为 5 分)</td><td>施工机具(满分分值为 5 分)</td></tr>
<tr><td>83.25</td><td>8.1</td><td>16.6</td><td>8.3</td><td>8.9</td><td>8.0</td><td>8.3</td><td>8.5</td><td>8.5</td><td>4.15</td><td>4</td></tr>
<tr><td>施工单位检查结果</td><td colspan="10">经过对施工现场安全检查符合《建筑施工安全检查标准》(JGJ 59－2011)标准及相关规范规定,各项指标达标

项目经理:×××　　　　××年×月×日</td></tr>
<tr><td>监理单位检查意见</td><td colspan="10">经检查,符合《建筑施工安全检查标准》(JGJ 59－2011)评分标准

总监理工程师(或专业监理工程师):×××　　　　××年×月×日</td></tr>
</table>

注:安全检查评分按照《建筑施工安全检查标准》(JGJ 59－2011)进行阶段评价检查应由总监理工程师签署意见,施工企业单独组织的日常检查也可用此表。

4.2.7 《施工现场安全生产管理检查评分表》填写范例

施工现场安全生产管理检查评分表

序号	检查项目		扣分标准		应得分数	扣减分数	实得分数
1	保证项目	安全生产责任制	未建立安全责任制的,扣10分		10		10
			各级各部门未执行责任制的,扣4～6分				
			经济承包中无安全生产指标的,扣10分				
			未制订各工种安全技术操作规程的,扣10分				
			未按规定配备专(兼)职安全员的,扣10分				
			管理人员责任制考核不合格的,扣5分				
2		目标管理	未制订安全管理目标(伤亡控制指标和安全目标、文明施工目标)的,扣10分		10	5	5
			未进行安全责任目标分解的,扣10分				
			无责任目标考核规定的,扣8分				
			考核办法未落实或落实不好的,扣5分	√			
3		施工组织设计	施工组织设计中无安全措施,扣10分		10	4	6
			施工组织设计未经审批,扣10分				
			专业性较强的项目,未单独编制专项安全施工组织设计的,扣8分				
			安全措施不全面,扣2～4分	√			
			安全措施无针对性,扣6～8分				
			安全措施未落实,扣8分				
4		分部(分项)工程安全技术交底	无书面安全技术交底,扣10分		10	2	8
			交底针对性不强,扣4～6分				
			交底不全面,扣4分				
			交底未履行签字手续,的2～4分	√			
5		安全检查	无定期安全的检查制度,扣5分		10	2	8
			安全检查无记录,扣5分				
			检查出事故隐患整改做不到定人、定时间、定措施,扣2～6分	√			
			对重大事故隐患整改通知书所列项目未如期完成,扣5分				
6		安全教育	无安全教育制度,扣10分		10	2	8
			新入厂工人未进行三级安全教育,扣10分				
			无具体安全教育内容,扣6～8分				
			变换工种时未进行安全教育,扣10分				
			每有一人不懂本工种安全技术操作规程,扣2分	√			
			施工管理人员未按规定进行年度培训的,扣5分				
			专职安全员未按规定进行年度培训考核或考核不合格的,扣5分				
		小计	现场未按安全标志总平面图设置安全标志的,扣5分		60	15	45
7	一般项目	班前安全活动	未建立班前安全活动制度,扣10分		10	2	8
			班前安全活动无记录,扣2分	√			
8		特种作业持证上岗	一人未经培训从事特种作业,扣4分		10	2	8
			一人未持操作证上岗,扣2分	√			
9		工伤事故处理	工伤事故未按规定报告,扣3～5分		10		10
			工作事故未按事故调查分析规定处理,扣10分				
			未建立工伤事故档案,扣4分				
10		安全标志	无现场安全标志布置总平面图,扣5分		10		10
			现场未按安全标志总平面图设置安全标志的,扣5分				
		小计			40	4	36
核查项目合计					100	19	81

检查人员:×××

××年×月×日

注:阶段检查评分时,专业监理工程师应参加检查,并签署意见。

4.2.8 《施工现场文明施工检查评分表》填写范例

施工现场文明施工检查评分表

序号	检查项目		扣分标准		应得分数	扣减分数	实得分数
1	保证项目	现场围挡	在市区主要路段的工地周围未设置高于 2.5m 的围挡，扣 10 分		10		10
			一般路段的工地周围未设置高于 1.8m 的围挡，扣 10 分				
			围挡材料不坚固、不稳定、不整洁、不美观，扣 5～7 分				
			围挡没有沿工地四周连续设置的，扣 3～5 分				
2		封闭管理	施工现场进出口无大门的，扣 3～5 分		10	3	10
			无门卫和无门卫制度的，扣 3 分				
			进入施工现场不佩戴工作卡的，扣 3 分	√			
			门头未设置企业标志的，扣 3 分				
3		施工现场	工地地面未做硬化处理的，扣 5 分		10	2	8
			道路不畅通的，扣 5 分				
			无排水设施、排水不通畅的，扣 4 分				
			无防止泥浆、污水、废水外流或堵塞下水道和排水河道措施的，扣 3 分				
			工地有积水的，扣 2 分				
			工地未设置吸烟处、随意吸烟的，扣 2 分	√			
			温暖季节无绿化布置的，扣 4 分				
4		材料堆放	建筑材料、构件、料具不按总平面布局堆放的，扣 4 分		10		10
			料堆未挂名称、品种、规格等标牌的，扣 2 分				
			堆放不整齐的，扣 3 分				
			未做到工完场地清的，扣 3 分				
			建筑垃圾堆放不整齐、未标出名称、品种的，扣 3 分				
			易燃易爆物品未分类存放的，扣 4 分				
5		现场住宿	在建工程兼作住宿的，扣 8 分		10	2	8
			施工作业区与办公、生活区不明显划分的，扣 6 分				
			宿舍无保暖和防煤气中毒措施的，扣 5 分				
			宿舍无消暑和防蚊虫叮咬措施的，扣 3 分				
			无床铺、生活用品放置不整齐的，扣 2 分	√			
			宿舍周围环境不卫生、不安全的，扣 3 分				
6		现场防火	无消防措施、制度或无灭火器材的，扣 10 分		10	5	10
			灭火器材配置不合理的，扣 5 分	√			
			无消防水源(高层建筑)或不能满足消防要求的，扣 8 分				
			无动火审批手续和动火监护的，扣 5 分				
		小计			60	12	48
7	一般项目	治安综合治理	生活区未给工人设置学习和娱乐场所的，扣 4 分		8		8
			未建立治安保卫制度的、责任未分解到人的，扣 3～5 分				
			治安防范措施不利，常发生失盗事件的，扣 3～5 分				
8		施工现场标牌	大门口处挂的五牌一图，内容不全、缺一项，扣 2 分	√	8	2	6
			标牌不规范、不整齐的，扣 3 分				
			无安全标语，扣 5 分				
			无宣传栏、读报栏、黑板报等的，扣 5 分				
9		生活设施	厕所不符合卫生要求，扣 4 分		8	3	5
			无厕所，随地大小便，扣 8 分				
			食堂不符合卫生要求，扣 8 分				
			无卫生责任制，扣 5 分				
			不能保证供应卫生饮水的，扣 10 分				
			无淋浴室或淋浴室不符合要求，扣 5 分				
			生活垃圾未及时清理，未装容器，无专人管理的，扣 3～5 分	√			
10		保健急救	无保健医药箱的，扣 5 分		8		8
			无急救措施和急救器材的，扣 8 分				
			无经培训的急救人员，扣 4 分				
			未开展卫生防病宣传教育的，扣 4 分				
11		社区服务	无防粉尘、防噪音措施，扣 5 分		8		8
			夜间未经许可施工的，扣 8 分				
			现场焚烧有毒、有害物质的，扣 5 分				
			未建立施工不扰民措施的，扣 5 分				
		小计			40	5	35
检查项目合计					100	17	83

检查人员：×××、×××、×××、×××、×××、×××、×××、×××

××年×月×日

4.2.9 《施工现场落地式外脚手架检查评分表》填写范例

施工现场落地式外脚手架检查评分表

序号	检查项目		扣分标准		应得分数	扣减分数	实得分数
1	保证项目	施工方案	脚手架无施工方案的，扣10分		10		10
			脚手架高度超过规范规定无设计计算书或未经审批的，扣10分				
			施工方案，不能指导施工的，扣5～8分				
2		立杆基础	每10延长米立杆基础不平、不实、不符合方案设计要求的，扣2分		10	3	7
			每10延长米立杆缺少底座、垫木的，扣5分				
			每10延长米无扫地杆的，扣5分				
			每10延长米木脚手架立杆不埋地或无扫地杆的，扣5分				
			每10延长米无排水措施的，扣3分	√			
3		架体与建筑结构拉结	脚手架高度在7m以上，架体与建筑结构拉结，按规定要求每少一处的，扣2分		10	2	8
			拉结不坚固每一处的，扣1分	√			
4		杆件间距与剪刀撑	每10延长米立杆、纵向水平杆、横向水平杆间距超过规定要求的，每一处扣2分		10		10
			不按规定设置剪刀撑的，每一处扣5分				
			剪刀撑未沿脚手架高度连续设置或角度不符合要求的，扣5分				
5		脚手板与防护栏杆	脚手板不满铺，扣7～10分		10		10
			脚手板材质不符合要求，扣7～10分				
			每有一处探头板，扣2分				
			脚手架外侧未设置密目式安全网或网间不严密的，扣7～10分				
			施工层不设1.2m高防护栏杆和18cm高挡脚板的，扣5分				
6		交底与验收	脚手架搭设前无交底，扣5分	√	10	5	5
			脚手架搭设完毕未办理验收手续，扣10分				
			无量化的验收内容，扣5分				
		小计			60	10	50
7	一般项目	小横杆设置	不在立杆与纵向水平杆交点处设置横向水平杆的，每有一处扣2分		10	3	7
			横向水平杆只固定一端的每有一处，扣1分	√			
			单排架子横向水平杆插入墙内小于24cm的，每有一处扣2分				
8		杆件搭接	立杆、纵向水平杆每一处搭接小于1米的，扣1分		5		5
			钢管立杆采用搭接的，每一处扣2分				
9		架体内封闭	施工层以下每隔10m未用平网或其他措施封闭的，扣5分		5		5
			施工层脚手架内立杆与建筑物之间未封闭的，扣5分				
10		脚手架材质	钢管直径、材质不合要求的，扣4～5分		5		5
			钢管弯曲、锈蚀严重的，扣4～5分				
11		通道	架体不设上下通道的，扣5分		5	3	2
			通道设置不符合要求的，扣1～3分	√			
12		卸料平台	卸料平台未经设计计算的，扣10分		10	3	10
			卸料台搭设不符合设计要求的，扣10分				
			卸料平台支撑系统与脚手架连接的，扣8分				
			卸料平台无限定荷载标牌的，扣3分	√			
		小计			40	9	31
检查项目合计					100	19	81

检查人员：×××、×××、×××、×××、×××、×××、×××、×××

××年×月×日

4.2.10 《施工现场悬挑式脚手架检查评分表》填写范例

施工现场悬挑式脚手架检查评分表

<table>
<tr><th>序号</th><th colspan="2">检查项目</th><th colspan="2">扣分标准</th><th>应得分数</th><th>扣减分数</th><th>实得分数</th></tr>
<tr><td rowspan="2">1</td><td rowspan="12">保证项目</td><td rowspan="2">施工方案</td><td>脚手架无施工方案、设计计算书或未经上级审批的,扣10分</td><td></td><td rowspan="2">10</td><td rowspan="2"></td><td rowspan="2">10</td></tr>
<tr><td>施工方案中搭设方法不具体的,扣6分</td><td></td></tr>
<tr><td rowspan="4">2</td><td rowspan="4">悬挑梁及架体稳定</td><td>外挑杆件与建筑结构连接不牢固的每有一处,扣5分</td><td></td><td rowspan="4">20</td><td rowspan="4">5</td><td rowspan="4">15</td></tr>
<tr><td>悬挑梁安装不符合设计要求的每有一处,扣5分</td><td>√</td></tr>
<tr><td>立杆底部固定不牢的每有一处,扣3分</td><td></td></tr>
<tr><td>架体未按规定与建筑结构拉结的每有一处,扣5分</td><td></td></tr>
<tr><td rowspan="3">3</td><td rowspan="3">脚手板</td><td>脚手板铺设不严、不牢,扣7～10分</td><td></td><td rowspan="3">10</td><td rowspan="3">4</td><td rowspan="3">6</td></tr>
<tr><td>脚手板材质不符合要求,扣7～10分</td><td></td></tr>
<tr><td>每有一处探头板,扣2分</td><td>√</td></tr>
<tr><td rowspan="2">4</td><td rowspan="2">荷载</td><td>脚手架荷载超过规定,扣10分</td><td></td><td rowspan="2">10</td><td rowspan="2"></td><td rowspan="2">10</td></tr>
<tr><td>施工荷载超载堆放不均匀每有一处,扣5分</td><td></td></tr>
<tr><td rowspan="3">5</td><td></td><td rowspan="3">交底与验收</td><td>脚手架搭设不符合方案要求,扣7～10分</td><td></td><td rowspan="3">10</td><td rowspan="3">5</td><td rowspan="3">5</td></tr>
<tr><td></td><td>每段脚手架搭设后,无验收资料,扣5分</td><td>√</td></tr>
<tr><td></td><td>无交底记录,扣5分</td><td></td></tr>
<tr><td></td><td></td><td>小计</td><td colspan="2"></td><td>60</td><td>14</td><td>46</td></tr>
<tr><td rowspan="2">6</td><td rowspan="8">一般项目</td><td rowspan="2">杆件间距</td><td>每10延米立杆间距超过规定,扣5分</td><td></td><td rowspan="2">10</td><td rowspan="2"></td><td rowspan="2">10</td></tr>
<tr><td>纵向水平杆间距超过规定,扣5分</td><td></td></tr>
<tr><td rowspan="2">7</td><td rowspan="2">架体防护</td><td>施工层外侧未设置1.2m高防护栏杆和未设18cm高的挡脚板,扣5分</td><td></td><td rowspan="2">10</td><td rowspan="2"></td><td rowspan="2">10</td></tr>
<tr><td>脚手架外侧不挂密目式安全网或网间不严密,扣7～10分</td><td></td></tr>
<tr><td rowspan="2">8</td><td rowspan="2">层间防护</td><td>作业层下无平网或其他措施防护的,扣10分</td><td></td><td rowspan="2">10</td><td rowspan="2">5</td><td rowspan="2">5</td></tr>
<tr><td>防护不严密,扣5分</td><td>√</td></tr>
<tr><td>9</td><td>脚手架材质</td><td>杆件直径、型钢规格及材质不符合要求,扣7～10分</td><td></td><td>10</td><td></td><td>10</td></tr>
<tr><td></td><td>小计</td><td colspan="2"></td><td>40</td><td>5</td><td>35</td></tr>
<tr><td colspan="3">检查项目合计</td><td colspan="2"></td><td>100</td><td>19</td><td>81</td></tr>
<tr><td colspan="8">检查人员:×××、×××、×××、×××、×××、×××、×××、×××

××年×月×日</td></tr>
</table>

4.2.11 《施工现场门型脚手架检查评分表》填写范例

施工现场门型脚手架检查评分表

序号	检查项目		扣分标准		应得分数	扣减分数	实得分数
1	保证项目	施工方案	脚手架无施工方案，扣10分		10		10
			施工方案不符合规范要求，扣5分				
			脚手架高度超过规范，无设计计算书或未经上级审批，扣10分				
2		架体基础	脚手架基础不平、不实、无垫木，扣10分		10	5	5
			脚手架底部不加扫地杆，扣5分	√			
3		架体稳定	不按规定间距与墙体拉结的每有一处，扣5分		10		10
			拉结不牢固的每有一处，扣5分				
			不按规定设置剪刀撑的，扣5分				
			不按规定高度作整体加固的，扣5分				
			门架立杆垂直偏差超过规定的，扣5分				
4		杆件、锁件	未按说明书规定组装，有漏装杆件和锁件的，扣6分		10		10
			脚手架组装不牢，每一处紧固不合要求的，扣1分				
5		脚手板	脚手板没满铺，离墙大于10cm以上的，扣5分		10		10
			脚手板不牢、不稳、材质不合要求的，扣5分				
6		交底与验收	脚手架搭设无交底，扣6分		10	4	6
			未办理分段验收手续，扣4分	√			
			无交底记录，扣5分				
		小计			60	9	51
7	一般项目	架体防护	脚手架外侧未设置1.2m高防护档杆和18cm高的挡脚板，扣5分		10		10
			架体外侧未挂密目式安全网或网间不严密，扣7～10分				
8		材质	杆件变严重的，扣10分		10	5	5
			局部开焊的，扣10分				
			杆件锈蚀未刷防锈漆的，扣5分	√			
9		荷载	施工荷载超过规定的，扣10分		10		10
			脚手架荷载堆放不均匀的每有一处，扣5分				
10		通道	不设置上下专用通道的，扣10分		10		10
			通道设置不符合要求的，扣5分				
		小计			40	5	35
检查项目合计					100	14	86

检查人员：×××、×××、×××、×××、×××、×××、×××、×××

××年×月×日

4.2.12 《施工现场挂脚手架检查评分表》填写范例

施工现场挂脚手架检查评分表

<table>
<tr><th>序号</th><th colspan="2">检查项目</th><th colspan="2">扣　分　标　准</th><th>应得分数</th><th>扣减分数</th><th>实得分数</th></tr>
<tr><td rowspan="3">1</td><td rowspan="15">保证项目</td><td rowspan="3">施工方案</td><td>脚手架无施工方案、设计计算书，扣 10 分</td><td></td><td rowspan="3">10</td><td rowspan="3">5</td><td rowspan="3">5</td></tr>
<tr><td>施工方案未经审批，扣 10 分</td><td></td></tr>
<tr><td>施工方案措施不具体、指导性差，扣 5 分</td><td></td></tr>
<tr><td rowspan="4">2</td><td rowspan="4">制作组装</td><td>架体制作与组装不符合设计要求，扣 17～20 分</td><td></td><td rowspan="4">20</td><td rowspan="4"></td><td rowspan="4">20</td></tr>
<tr><td>悬挂点无设计或设计不合理，扣 20 分</td><td></td></tr>
<tr><td>悬挂点部件制作及埋设不符合设计要求，扣 15 分</td><td></td></tr>
<tr><td>悬挂点间距超过 2m，每有一处，扣 20 分</td><td></td></tr>
<tr><td rowspan="2">3</td><td rowspan="2">材质</td><td>材质不符合设计要求，杆件严重变形、局部开焊，扣 12 分</td><td></td><td rowspan="2">10</td><td rowspan="2">5</td><td rowspan="2">5</td></tr>
<tr><td>杆件部件锈蚀未刷防锈漆，扣 4～6 分</td><td></td></tr>
<tr><td rowspan="3">4</td><td rowspan="3">脚手板</td><td>脚手板铺设不满、不牢的扣 8 分</td><td></td><td rowspan="3">10</td><td rowspan="3"></td><td rowspan="3">10</td></tr>
<tr><td>脚手板材质不符合要求的，扣 6 分</td><td></td></tr>
<tr><td>每有一处探头板的，扣 8 分</td><td></td></tr>
<tr><td rowspan="4">5</td><td rowspan="4">交底与验收</td><td>脚手架进场无验收手续，扣 12 分</td><td></td><td rowspan="4">10</td><td rowspan="4"></td><td rowspan="4">10</td></tr>
<tr><td>第一次使用前未经荷载试验，扣 8 分</td><td></td></tr>
<tr><td>每次使用前未经验查验收或资料不全，扣 6 分</td><td></td></tr>
<tr><td>无交底记录，扣 5 分</td><td></td></tr>
<tr><td></td><td>小计</td><td colspan="2"></td><td>60</td><td>10</td><td>50</td></tr>
<tr><td rowspan="2">6</td><td rowspan="8">一般项目</td><td rowspan="2">荷载</td><td>施工荷载超过 1KN 的 ，扣 5 分</td><td></td><td rowspan="2">15</td><td rowspan="2">10</td><td rowspan="2">15</td></tr>
<tr><td>每跨(不大于 2m)超过 2 人作业的，扣 10 分</td><td></td></tr>
<tr><td rowspan="3">7</td><td rowspan="3">架体防护</td><td>施工层外侧未设置 1.2m 高防护栏杆和未作 18cm 高的挡脚板，扣 5 分</td><td></td><td rowspan="3">15</td><td rowspan="3">10</td><td rowspan="3">5</td></tr>
<tr><td>脚手架外侧未用密目式安全网封闭或封闭不严，扣 12～15 分</td><td></td></tr>
<tr><td>脚手架底部封闭不严密，扣 10 分</td><td></td></tr>
<tr><td rowspan="2">8</td><td rowspan="2">安装人员</td><td>安装脚手架人员未经专业培训，扣 10 分</td><td></td><td rowspan="2">10</td><td rowspan="2"></td><td rowspan="2">10</td></tr>
<tr><td>安装人员未系安全带，扣 10 分</td><td></td></tr>
<tr><td></td><td>小计</td><td colspan="2"></td><td>40</td><td>10</td><td>30</td></tr>
<tr><td colspan="3">检查项目合计</td><td colspan="2"></td><td>100</td><td>20</td><td>80</td></tr>
<tr><td colspan="8">检查人员：×××、×××、×××、×××、×××、×××、×××、×××

××年×月×日</td></tr>
</table>

4.2.13 《施工现场吊篮脚手架检查评分表》填写范例

施工现场吊篮脚手架检查评分表

序号	检查项目		扣分标准		应得分数	扣减分数	实得分数
1	保证项目	施工方案	无施工方案，无设计计算书或未经上级审批，扣10分		10	5	5
			施工方案不具体、指导性差，扣5分	√			
2		制作组装	挑梁锚固或配重等抗倾覆装置不合格，扣10分		10		10
			吊篮组装不符合设计要求，扣7～10分				
			电动(手扳)葫芦使用非合格产品，扣10分				
			吊篮使用前未经荷载试验，扣10分				
3		安全装置	升降葫芦无保险卡或失效的，扣20分		20		20
			升降吊篮无保险绳或失效的，扣20分				
			无吊钩保险的，扣8分				
			作业人员未系安全带或安全带挂在吊篮升降用的钢丝绳上，扣17～20分				
4		脚手板	脚手板铺设不满、不牢，扣5分		5		5
			脚手板材质不合要求，扣5分				
			每有一处探头板，扣2分				
5		升降作业	操作升降的人员不固定和未经培训，扣10分		10		10
			升降作业时有其他人员在吊篮内停留，扣10分				
			两片吊篮连在一起同时升降无同步装置或虽有但达不到同步的，扣10分				
6		交底与验收	每次提升后未经验收上人作业的，扣5分		5	5	15
			提升及作业未经交底的，扣5分	√			
		小计			60	10	50
7	一般项目	防护	吊篮外侧防护不符合要求的，扣7～10分		10	4	6
			外侧立网封闭不整齐的，扣4分	√			
			单片吊篮升降两端头无防护的，扣10分				
8		架护顶板	多层作业无防护顶板的，扣10分		10		20
			防护顶板设置不符合要求，扣5分				
9		架体稳定	作业时吊篮未与建筑结构拉牢，扣10分		10		10
			吊篮钢丝绳斜拉或吊篮离墙空隙过大，扣5分				
10		荷载	施工荷载超过设计规定的，扣10分		10		10
			荷载堆放不均匀的，扣5分				
		小计			40	4	36
检查项目合计					100	14	86

检查人员：×××、×××、×××、×××、×××、×××、×××、×××

××年×月×日

4.2.14 《施工现场附着式升降脚手架整体提升架或爬架检查评分表》填写范例

施工现场附着式升降脚手架整体提升架或爬架检查评分表

序号	检查项目		扣分标准		应得分数	扣减分数	实得分数
1	保证项目	使用条件	未经建设部组织鉴定并发放生产和使用证的产品,扣 10 分		10		10
			无专项施工组织设计,扣 10 分				
			安全施工组织设计未经上级技术部门审批的,扣 10 分				
			各工种无操作规程的,扣 10 分				
2		设计计算	无设计计算书的,扣 10 分		10		10
			设计计算书未经上级技术部门审批的,扣 10 分				
			设计荷载未按承重架 3.0KN/m^2,装饰架 2.0kN/m^2,升降状态 0.5kN/m^2 取值的,扣 10 分				
			压杆长细比大于 150,受拉杆件的长细比大于 300 的,扣 10 分				
			主框架、支撑框架(桁架)各节点的各杆件轴线不汇交于一点的,扣 6 分				
			无完整的制作安装图的,扣 10 分				
3		架体构造	无定型(焊接或螺栓联结)的主框架的,扣 10 分		10		10
			相邻两主框架之间的架体无定型(焊接或螺栓联结)的支撑框架(桁架)的,扣 10 分				
			主框架间脚手架的立杆不能将荷载直接传递到支撑框架上的,扣 10 分				
			架体未按规定的构造搭设的,扣 10 分				
			架体上部悬臂部分大于架体高度的 1/3,且超过 4.5m 的,扣 10 分				
			支撑框架未与每个楼层设置连接点的,扣 10 分				
4		附着支撑	主框架未与每个楼层设置连接点的,扣 10 分		10		10
			钢挑架与预埋钢筋环连接点的,扣 10 分				
			钢挑架上的螺栓与墙体连接不牢固或不符合规定的,扣 8 分				
			钢挑架焊接不符合要求的,扣 10 分				
5		升降装置	无同步升降装置或有同步升降装置但达不到同步升降的,扣 10 分		10		10
			索具、吊具达不到 6 倍安全系数的,扣 10 分				
			有两个以上吊点升降时,使用手拉葫芦(导链)的,扣 10 分				
			升降时架体只有一个附着支撑装置的,扣 10 分				
			升降时架体上站人的,扣 10 分				
6		防坠落、导向防倾斜装置	无防坠装置的,扣 10 分		10	7	10
			防坠装置设在与架体升降的同一个附着支撑装置上,且无两处以上的,扣 10 分				
			无垂直导向和防止左右、前后倾斜的防倾斜装置的,扣 10 分				
			防坠装置不起作用的,扣 7～10 分	√			
		小计			60	7	53
7	一般项目	分段验收	每次提升前,无具体的检查记录的,扣 6 分		10		10
			每次提升后、使用前无验收手续或资料不全的,扣 7 分				
8		脚手板	脚手板铺设不严不牢的,扣 3～5 分	√	10	5	15
			离墙空隙未封严的,扣 3～5 分				
			脚手板材质不符合要求的,扣 3～5 分				
9		防护	脚手架外侧使用的密目式安全网不合格的,扣 10 分		10		10
			操作层无防护栏杆的,扣 8 分				
			外侧封闭不严的,扣 5 分				
			作业层下方封闭不严的,扣 5～7 分				
10		操作	不按施工组织设计搭设的,扣 10 分		10	5	5
			操作前未向现场技术人员和工人进行安全交底的,扣 10 分				
			作业人员未经培训,未持证上岗又未定岗位的,扣 7～10 分				
			安装、升降、拆除时无安全警戒线的,扣 10 分				
			荷载堆放不均匀的,扣 5 分	√			
			升降时架体上有超过 2000N 重的设备的,扣 10 分				
		小计			40	10	30
检查项目合计					100	17	83

检查人员:×××、×××、×××、×××、×××、×××、×××、×××

××年×月×日

4.2.15 《施工现场基坑支护安全检查评分表》填写范例

施工现场基坑支护安全检查评分表

序号	检查项目		扣分标准		应得分数	扣减分数	实得分数
1	保证项目	施工方案	基础施工无支护方案的，扣20分		20		20
			施工方案针对性差不能指导施工的，扣12～15分				
			基坑深度超过5m无专项支护设计的，扣20分				
			支护设计及方案未经上级审批的，扣15分				
2		临边防护	深度超过2m的基坑施工无临边防护措施的，扣10分		10		10
			临边及其他防护不符合要求的，扣5分				
3		坑壁支护	坑槽开挖设置安全边坡不符合要求的，扣10分		10	5	5
			特殊支护的作法不符合设计方案的，扣5～8分	√			
			支护设施产生了局部变形又未采取措施调整的，扣6分				
4		排水措施	基坑施工未设置有效排水措施的，扣10分		10		10
			深基础施工采用坑外降水，无防止临近建筑危险沉降措施的，扣10分				
5		坑边荷载	积土、料具堆放距槽边距离小于设计规定的，扣10分		10		10
			机械设备施工与槽边距离不符合要求，又无措施的，扣10分				
		小计			60	5	55
6	一般项目	上下通道	人员上下无专用通道的，扣10分		10		10
			设置的通道不符合要求的，扣6分				
7		土方开挖	施工机械进场未经验收的，扣5分、		10	6	4
			挖土机作业时，有人员进入挖土机作业半径内的，扣6分	√			
			挖土机作业位置不牢、不安全的，扣10分				
			司机无证作业的，扣10分				
			未按规定程序挖土或超挖的，扣10分				
8		基坑支护变形监测	未按规定进行基坑支护变形监测的，扣10分		10		10
			未按规定对毗邻建筑物和重要管线和道路进行沉降观测的，扣10分				
9		作业环境	基坑内作业人员无安全立足点的，扣10分		10		10
			垂直作业上下无隔离防护措施的，扣10分				
			光线不足未设置足够照明的，扣5分				
		小计			40	6	34
检查项目合计					100	11	89

检查人员：×××、×××、×××、×××、×××、×××、×××、×××

××年×月×日

4.2.16 《施工现场模板工程安全检查评分表》填写范例

施工现场模板工程安全检查评分表

序号	检查项目		扣分标准		应得分数	扣减分数	实得分数
1	保证项目	施工方案	模板工程无施工方案或施工方案未经审批的，扣 10 分		10		10
			未根据混凝土输送方法制订有针对性安全措施的，扣 8 分				
2		支撑系统	现浇混凝土模板的支撑系统无设计计算的，扣 6 分		10		10
			支撑系统不符合设计要求的，扣 10 分				
3		立柱稳定	支撑模板的立柱材料不符合要求的，扣 6 分		10	4	6
			立柱底部无垫板或用砖垫高的，扣 6 分				
			不按规定设置纵横向支撑的，扣 4 分	√			
			立柱间距不符合规定的，扣 10 分				
4		施工荷载	模板上施工荷载超过规定的，扣 10 分		10		10
			模板上堆料不均匀的，扣 5 分				
5		模板存放	大模板存放无防倾倒措施的，扣 5 分		10		10
			各种模板存放不整齐、过高等符合安全要求的，扣 5 分				
6		支拆模板	2m 以上高处作业无可靠立足点的，扣 8 分		10	4	6
			拆除区域未设置警戒线且无监护人的，扣 5 分				
			留有未拆除的悬空模板的，扣 4 分	√			
		小计			60	8	52
7	一般项目	模板验收	模板拆除前未经拆模申请批准的，扣 5 分		10		10
			模板工程无验收手续的，扣 6 分				
			验收单无量化验收内容的，扣 4 分				
			支拆模板未进行安全技术交底的，扣 5 分				
8		混凝土强度	模板拆除前无混凝土强度报告的，扣 5 分		10		10
			混凝土强度未达规定提前拆模的，扣 8 分				
9		运输走道	在模板上运输混凝土无走道垫板的，扣 7 分		10	3	7
			走道垫板不稳不牢的，扣 3 分	√			
10		作业环境	作业面孔洞及临边无防护措施的，扣 10 分		10		10
			垂直作业上下无隔离防护措施的，扣 10 分				
		小计			40	3	37
检查项目合计					100	11	89

检查人员：×××、×××、×××、×××、×××、×××、×××、×××

××年×月×日

4.2.17 《施工现场“三宝”、“四口”及“临边”防护检查评分表》填写范例

施工现场“三宝”、“四口”及“临边”防护检查评分表

序号	检查项目	扣分标准		应得分数	扣减分数	实得分数
1	安全帽	有一个不戴安全帽的，扣5分		20	3	17
		安全帽不符合标准的每发现一顶，扣1分				
		不按规定佩戴安全帽的有一个，扣1分	√			
2	安全网	在建工程外侧未用密目式安全网封闭的，扣25分		25		25
		安全网规格、材质不符合要求的，扣25分				
3	安全带	每有一人未系安全带的，扣5分		10	3	7
		有一个安全带系挂不符合要求的，扣3分	√			
		安全带不符合标准，每发现一条，扣2分				
4	楼梯口、电梯井口防护	每一处无防护措施的，扣6分		12	6	6
		每一处防护措施不符合要求或不严密的，扣3分				
		防护设施未形成定型化、工具化的、扣6分	√			
		电梯井内每隔两层（不大于10m）少一道平网的，扣6分				
5	预留洞口、坑井防护	每一处无防护措施的，扣7分		13		13
		防护设施未形成定型化、工具化的，扣6分				
		每一处防护措施不符合要求或不严密的，扣3分				
6	通道口防护	每一处防护不严的，扣2～3分	√	10	5	5
		每一处防护棚不牢固、材质不符合要求的，扣3分				
		每一处临边无防护的，扣5分				
7	阳台、楼板、屋面等临边防护	每一处临边防护不严、不符合要求的，扣3分	√	10	3	7
检查项目合计				100	20	80

检查人员：×××、×××、×××、×××、×××、×××、×××、×××

××年×月×日

4.2.18 《施工现场施工用电检查评分表》填写范例

施工现场施工用电检查评分表

序号	检查项目		扣分标准		应得分数	扣减分数	实得分数
1	保证项目	外电防护	小于安全距离又无防护措施的，扣 20 分		20	5	15
			防护措施不符合要求，封闭不严的，扣 5～10 分				
2		接地与接零保护系统	工作接地与重复接地不符合要求的，扣 7～10 分		10	5	5
			未采用 TN－S 系统的，扣 10 分				
			专用保护零线设置不符合要求的，扣 5～8 分				
			保护零线与工作零线混接的，扣 10 分				
3		配电箱开关箱	不符合"三级配电两级保护"要求的，扣 10 分		20		20
			开关箱(末级)无漏电保护或保护器失灵，每一处，扣 5 分				
			漏电保护装置参数不匹配，每发现一处，扣 2 分				
			电箱内无隔离开关每一处，扣 2 分				
			违反"一机、一闸、一漏、一箱"每一处，扣 5～7 分				
			安装位置不当，周围杂物多等不便操作的每一处，扣 5 分				
			闸具损坏、闸具不符合要求的每一处，扣 5 分				
			配电箱内多路配电无标记的每一处，扣 2 分				
			电箱下引出线混乱每一处，扣 2 分				
			电箱无门、无锁、无防雨措施的每一处，扣 2 分				
4		现场照明	照明专用回路无漏电保护的，扣 5 分		10	4	6
			灯具金属外壳未作接零保护的每一处，扣 2 分	√			
			室内线路及灯具安装高度低于 2.4m 未使用安全电压供电的，扣 10 分				
			潮湿作业未使用 36V 以下安全电压的，扣 10 分				
			使用 36V 安全电压照明线路混乱和接头处未用绝缘布包扎的，扣 5 分				
			手持照明灯未使用 36V 及以下电源供电的，扣 10 分				
		小计			60	14	46
5	一般项目	配电线路	电线老化、破皮未包扎的每一处，扣 10 分		15		15
			线路过道无保护的每一处，扣 5 分				
			电杆、横担不符合要求的，扣 5 分				
			架空线路不符合要求的，扣 7～10 分				
			未使用五芯线(电缆)的，扣 10 分				
			使用四芯电缆外加一根线替代五芯电缆的，扣 10 分				
			电缆架设或埋设不符合要求的，扣 7～10 分				
6		电器装置	闸具、熔断器参数与设备容量不匹配、安装不合要求的每一处，扣 3 分		10		10
			用其他金属丝代替熔丝的，扣 10 分				
7		变配电装置	不符合安全规定的，扣 3 分		5		5
8		用电档案	无专项用电施工组织设计的，扣 10 分		10	3	10
			无接地电阻测试记录的，扣 4 分				
			无电工巡视维修记录或填写不真实的，扣 4 分				
			档案乱、内容不全、无专人管理的，扣 3 分	√			
		小计			40	3	37
检查项目合计					100	17	83

检查人员：×××、×××、×××、×××、×××、×××、×××、×××

××年×月×日

4.2.19 《施工现场物料提升机(龙门架、井字架)检查评分表》填写范例

施工现场物料提升机(龙门架、井字架)检查评分表

序号	检查项目			扣分标准		应得分数	扣减分数	实得分数
1	保证项目	架体制作		无设计计算书或未经上级审批的,扣9分		9		9
				架体制作不符合设计要求和规范要求的,各7~9分				
2		限位保险装置		吊篮无停靠装置的,扣9分		9		9
				停靠装置未形成定型化的,扣5分				
				无超高限位装置的,扣9分				
				使用摩擦式卷扬机超高限位采用断电方式的,扣9分				
				高架提升机无下极限限位器、缓冲器或无超载限制器的每一项,扣3分				
3		架体稳定	缆风绳	架高20m以下时设一组,20~30m设二组,少一组,扣9分		9	5	4
				缆风绳不使用钢丝绳的,扣9分				
				钢丝绳直径小于9.3mm或角度不符合45°~60°的,扣4分				
				地锚不符合要求的,扣4~7分				
			与建筑结构连接	连墙杆的位置不符合规范要求的,扣5分				
				连墙杆连接不牢的,扣5分	√			
				连墙杆与脚手架连接的,扣9分				
				连墙杆材质或连接做法不符合要求的,扣5分				
4		钢丝绳		钢丝绳磨损已超过报废标准的,扣8分		8	2	6
				钢丝绳锈蚀缺油,扣2~4分				
				绳卡不符合规定的,扣2分				
				钢丝绳无过路保护的,扣2分				
				钢丝绳拖地,扣2分	√			
5		楼层卸料平台防护		卸料平台两侧无防护栏杆或防护不严的,扣2~4分		8		8
				平台脚手板搭设不严、不牢的,扣2~4分				
				平台无防护门或不起作用的每一处,扣2分				
				防护门未形成定型化、工具化的,扣4分				
				地面进料口无防护棚或不符合要求的,扣2~4分				
6		吊篮		吊篮无安全门的,扣8分		8		8
				安全门未形成定型化、工具化的,扣4分				
				高架提升机不使用吊笼的,扣4分				
				违章乘坐吊篮上下的,扣8分				
				吊篮提升使用单根钢丝绳的,扣8分				
7		安装验收		无验收手续和责任人签字的,扣9分		9		9
				验收单无量化验收内容的,扣5分				
		小计				60	7	53
8	一般项目	架体		架体安装拆除无施工方案的,扣5分		10	4	6
				架体基础不符合要求的,扣2~4分				
				架体垂直偏差超过规定的,扣5分				
				架体与吊篮间隙超过规定的,扣3分				
				架体外侧无立网防护或防护不严的,扣4分	√			
				摇臂把杆未经设计的或安装不符合要求或无保险绳的,扣8分				
				井字架开口处未加固的,扣2分				
9		传动系统		卷扬机地锚不牢固,扣2分		9		9
				卷筒钢丝绳缠绕不整齐,扣2分				
				第一个导向滑轮距离小于15倍卷筒宽度的,扣2分				
				滑轮翼缘破损或与架体柔性连接,扣3分				
				卷筒上无防止钢丝绳滑脱保险装置,扣5分				
				滑轮与钢丝绳不匹配的,扣2分				
10		联络信号		无联络信号的,扣7分		7		7
				信号方式不合理、不准确的,扣2~4分				
11		卷扬机操作棚		卷扬机无操作棚的,扣7分		7		7
				操作棚不符合要求的,扣3~5分				
12		避雷		防雷保护范围以外无避雷装置的,扣7分		7	4	3
				避雷装置不符合要求,扣4分	√			
		小计				40	8	32
检查项目合计						100	15	85

检查人员:×××、×××、×××、×××、×××、×××、×××、×××

××年×月×日

4.2.20 《施工现场外用电梯(人货两用电梯)检查评分表》填写范例

施工现场外用电梯(人货两用电梯)检查评分表

序号	检查项目		扣分标准		应得分数	扣减分数	实得分数
1	保证项目	安全装置	吊笼安全装置未经试验或不灵敏的,扣 10 分		10		10
			门连锁装置不起作用的,扣 10 分				
2		安全防护	地面梯笼出入口无防护棚的,扣 8 分		10	6	4
			防护棚材质搭设不符合要求的,扣 4 分				
			每层卸料口无防护门的,扣 10 分				
			有防护门不使用的,扣 6 分	√			
			卸料台口搭设不符合要求的,扣 6 分				
3		司机	司机无证上岗作业的,扣 10 分		10	5	5
			每班作业前不按规定试车的,扣 5 分	√			
			不按规定交接班或无交接记录的,扣 5 分				
4		荷载	超过规定承载人数无控制措施的,扣 10 分		10		10
			超过规定重量无控制措施的,扣 10 分				
			未加配重载人的,扣 10 分				
5		安装与拆卸	未制订安装拆卸方案的,扣 10 分		10		10
			拆装队伍没有取得资格证书的,扣 10 分				
6		安装验收	电梯安装后无验收拆装无交底的,扣 10 分		10		10
			验收单上无量化验收内容的,扣 5 分				
		小计			60	11	49
7	一般项目	分段验收	架体垂直度超过说明书规定的,扣 7～10 分		10		10
			架体与建筑结构附着不符合要求的,扣 7～10 分				
			架体附着装置与脚手架连接的,扣 10 分				
8		脚手板	无联络信号的,扣 10 分		10	5	15
			信号不准确的,扣 6 分				
9		防护	电气安装不符合要求的,扣 10 分		10		10
			电气控制无漏电保护装置的,扣 10 分				
10		操作	在避雷保护范围外无避雷装置的,扣 10 分		10	5	5
			避雷装置不符合要求的,扣 5 分	√			
		小计			40	5	35
检查项目合计					100	17	83

检查人员:×××、×××、×××、×××、×××、×××、×××、×××

××年×月×日

4.2.21《施工现场塔吊检查评分表》填写范例

施工现场塔吊检查评分表

序号	检查项目		扣分标准		应得分数	扣减分数	实得分数
1	保证项目	力矩限制器	无力矩限制器，扣13分		13		13
			力矩限制器不灵敏，扣13分				
2		限位器	无超高、变幅、行走限位的每项，扣5分		13	5	8
			限位器不灵敏的每项，扣5分	√			
3		保险装置	吊钩无保险装置的，扣5分		7		7
			卷扬机卷筒无保险装置，扣5分				
			上人爬梯无护圈或护圈不符合要求，扣5分				
4		附墙装置与夹轨钳	塔吊高度超过规定不安装附墙装置的，扣10分		10	3	7
			附墙装置安装不符合说明书要求的，扣3～7分	√			
			无夹轨钳，扣10分				
			有夹轨钳不用每一处，扣3分				
5		安装与拆卸	未制订安装拆卸方案的，扣10分		10		10
			作业队伍没有取得资格证的，扣10分				
6		塔吊指挥	司机无证上岗，扣7分		7		7
			指挥无证上岗，扣4分				
			高塔指挥不使用旗语或对讲机的，扣7分				
		小计			60	8	52
7	一般项目	路基与轨道	路基不坚实、不平整、无排水措施，扣3分		10	3	7
			枕木铺设不符合要求，扣3分				
			道钉与接头螺栓数量不足，扣3分	√			
			轨距偏差超过规定的，扣2分				
			轨道无极限位置阻挡器，扣5分				
			高塔基础不符合设计要求，扣10分				
8		电气安全	行走塔吊无卷线器或失灵，扣6分		10	4	6
			塔吊与架空线路小于安全距离又无防护措施，扣10分				
			防护措施不符合要求，扣2～5分				
			道轨无接地、接零，扣4分	√			
			接地、接零不符合要求，扣2分				
9		多塔作业	两台以上塔吊作业、无防碰撞措施，扣10分		10		10
			措施不可靠，扣3～7分				
10		安装验收	安装完毕无验收资料或责任人签字的扣10分		10		10
			验收单上无量化验收内容，扣5分				
		小计			40	7	33
检查项目合计					100	15	85

检查人员：×××、×××、×××、×××、×××、×××、×××、×××

××年×月×日

4.2.22 《施工现场起重吊装安全检查评分表》填写范例

施工现场起重吊装安全检查评分表

序号	检查项目		扣分标准		应得分数	扣减分数	实得分数
1	保证项目	施工方案	起重吊装作业无方案,扣 10 分		10	5	5
			作业方案未经上级审批或方案针对性不强,扣 5 分	√			
2		起重机械 起重机	起重机无超高和力矩限制器,扣 10 分		20		20
			吊钩无保险装置,扣 5 分				
			起重机安装后未经验收,扣 15 分				
		起重机械 起重扒杆	起重扒杆无设计计算书或未经审批,扣 20 分				
			扒杆组装不符合设计要求,扣 17～20 分				
			扒杆使用前未经试吊,扣 10 分				
3		钢丝绳与地锚	起重钢丝绳磨损、断丝超标的,扣 10 分		10	5	5
			滑轮不符合规定的,扣 4 分				
			缆风绳安全系数小于 3.5 倍的,扣 8 分				
			地锚埋设不符合设计要求,扣 5 分	√			
4		吊点	不符合设计规定位置的,扣 5～10 分		10		10
			索具使用不合理、绳径倍数不够的,扣 5～10 分				
5		司机、指挥	司机无证上岗的,扣 10 分		10		10
			非本机型司机操作的,扣 5 分				
			指挥无证上岗的,扣 5 分				
			高处作业无信号传递的,扣 10 分				
		小计			60	10	50
6	一般项目	地耐力	起重机作业路面地耐力不符合说明书要求的,扣 5 分		5	3	2
			地面铺垫措施达不到要求的,扣 3 分	√			
7		起重作业	被吊物体重量不明就吊装的,扣 3～6 分		6		6
			有超载作业情况的,扣 6 分				
			每次作业前未经试吊检验的,扣 3 分				
8		高处作业	结构吊装未设置防坠落措施的,扣 9 分		9		9
			作业人员不系安全带或安全带无牢靠悬挂点的,扣 9 分				
			人员上下无专设爬梯、斜道的,扣 5 分				
9		作业平台	起重吊装人员作业无可靠立足点的,扣 5 分		5	2	3
			作业平台临边防护不符合规定的,扣 2 分	√			
			作业平台脚手板不满铺的,扣 3 分				
10		构件堆放	楼板堆放超过 1.6m 高度的,扣 2 分		5		5
			其他物体堆放高度不符合规定的,扣 2 分				
			大型构件堆放无稳定措施的,扣 3 分				
11		警戒	起重吊装作业无警戒标志,扣 3 分		5	2	3
			未设专人警戒,扣 2 分	√			
12		操作工	起重工、电焊工无安全操作证上岗的每一个,扣 2 分		5		5
		小计			40	7	33
检查项目合计					100	17	83

检查人员:×××、×××、×××、×××、×××、×××、×××、×××

××年×月×日

4.2.23 《施工现场施工机具检查评分表》填写范例

施工现场施工机具检查评分表

序号	检查项目	扣分标准		应得分数	扣减分数	实得分数
1	平刨	平刨安装后无验收合格手续,扣5分		10	5	5
		无护手安全装置,扣5分				
		传动部位无防护罩,扣5分				
		未做保护接零、无漏电保护器的,各扣5分	√			
		无人操作时未切断电源的,扣3分				
		使用平刨和圆盘锯合用一台电机的多功能木工机具的,平刨和圆盘锯两项,扣20分				
2	圆盘电锯	电锯安装后无验收合格手续的,扣5分		10	3	7
		无锯盘护罩、分料器、防护挡板安全装置和传动部件无防护每缺一项的,扣5分				
		未做保护接零、无漏电保护器的,各扣5分				
		无人操作时未切断电源的,扣3分	√			
3	手持电动工具	Ⅰ类手续电动工具无保护接零的,扣10分		10		10
		使用Ⅰ类手持电动工具不按规定穿戴绝缘用品的,扣5分				
		使用手持电动工具随意接长电源线或更换插头的,扣5分				
4	钢盘机械	机械安装后无验收合格手续的,扣5分		10		10
		未做保护接零、无漏电保护器的,各扣5分				
		钢筋冷拉作业区及对焊作业区无防护措施的,扣5分				
		传动部件无防护的,扣3分				
5	电焊机	电焊机安装后无验收合格手续的,扣5分		10	4	6
		未做保护接零、无漏电保护器的,各扣5分				
		无二次空载降压保护器或防触电装置的,扣5分				
		一次线长度超过规定或不穿管保护的,扣5分				
		焊把线接头超过3处或绝缘老化的,扣5分				
		电源不使用自动开关的,扣3分				
		电焊机无防雨罩的,扣4分				
6	搅拌机	搅拌机安装后无验收合格手续的,扣5分		10	3	7
		未做保护接零、无漏电保护器的,各扣5分				
		离合器、制动器、钢丝绳达不到要求的,每项扣3分				
		操作手柄无保险装置的,扣3分				
		搅拌机无防雨棚和作业台不安全的,扣4分				
		料斗无保险挂钩或挂钩不使用的,扣3分				
		传动部位无防护罩的,各4分				
		作用平台不平稳的,扣3分	√			
7	气瓶	各种气瓶无标准色标的,扣5分		10		10
		气瓶间距小于5m、距明火小于10m又无隔离措施的,各扣5分				
		乙炔瓶使用或存放时平放的,扣5分				
		气瓶存放不符合要求的,扣5分				
		气瓶无防震圈、防护帽的,每一个扣2分				
8	翻斗车	翻斗车制动装置不灵敏的,扣5分		10		10
		无证司机驾车的,扣5分				
		行车载人或违章行车每发现一次,扣5分				
9	潜水泵	未做保护接零、无漏电保护器的,各扣5分		10		10
		保护装置不灵敏、使用不合理的,扣5分				
10	打桩机械	打桩机安装后无验收合格手续的,扣5分		10	5	5
		打桩机无超高限位装置的,扣5分				
		打桩机行走路线地耐力不符合说明书要求的,扣5分				
		打桩机作业无方案的,扣5分				
		打桩操作违反操作规程的,扣5分	√			
检查项目合计				100	20	80

检查人员:×××、×××、×××、×××、×××、×××、×××、×××

××年×月×日

4.2.24 《安全技术交底汇总表》填写范例

安全技术交底汇总表				编号	×××
工程名称		××小区×号楼	施工单位	××建筑工程有限公司	
序号	编号	安全技术交底名称	交底人	交底日期	备注
1	×××	木模板制作、安装安全技术交底	×××	××年×月×日	
2	×××	木料(模板)运输与码放安全技术交底	×××	××年×月×日	
3	×××	模板拆除施工安全技术交底	×××	××年×月×日	
4	×××	钢筋冷拉施工安全技术交底	×××	××年×月×日	
5	×××	钢筋加工机械操作安全技术交底	×××	××年×月×日	
6	×××	钢筋加工与绑扎施工安全技术交底	×××	××年×月×日	
7	×××	预应力钢筋张拉施工安全技术交底	×××	××年×月×日	
8	×××	混凝土拌制施工安全技术交底	×××	××年×月×日	
9	×××	混凝土运输安全技术交底	×××	××年×月×日	
10	×××	混凝土浇筑施工安全技术交底	×××	××年×月×日	
11	×××	混凝土养护安全技术交底	×××	××年×月×日	
12	×××	脚手架材料安全技术交底	×××	××年×月×日	
13	×××	架子工施工安全技术交底	×××	××年×月×日	
14	×××	搭设外脚手架安全技术交底	×××	××年×月×日	
15	×××	扣件式钢管脚手架安全技术交底	×××	××年×月×日	
16	×××	搭设里脚手架安全技术交底	×××	××年×月×日	
17	×××	马道搭设施工安全技术交底	×××	××年×月×日	
18	×××	脚手架拆除施工安全技术交底	×××	××年×月×日	
19	×××	起重工(挂钩工、信号工)施工安全技术交底	×××	××年×月×日	
20	×××	吊索具安全技术交底	×××	××年×月×日	
21	×××	起重机运输机械司机安全技术交底	×××	××年×月×日	
填表人		×××	××年×月×日		

注:本表由施工单位填写,监理单位、施工单位各存一份。

要求:工程项目应将各项安全技术交底按照作业内容汇总,并按照要求填写本表,以备查验。

4.2.25 《安全技术交底表》填写范例

<table>
<tr><td colspan="4">安全技术交底表</td><td>编号</td><td>×××</td></tr>
<tr><td>工程名称</td><td colspan="5">××小区×号楼</td></tr>
<tr><td>施工单位</td><td>××建筑工程有限公司</td><td>交底部位</td><td>脚手架搭设</td><td>工种</td><td>架子工</td></tr>
<tr><td colspan="6">安全技术交底内容</td></tr>
<tr><td colspan="6">应填写如下内容：
1.有关技术规程规范；
2.施工方案的安全防护措施、施工技术操作要求、工艺要求；
3.安全保证资料的要求；
4.其他补充内容</td></tr>
<tr><td colspan="6">针对性交底：
（编者：具体内容略）</td></tr>
<tr><td>交底人签名</td><td>×××</td><td>职务</td><td>安全员</td><td>交底时间</td><td>××年×月×日</td></tr>
<tr><td>接受交底人签名</td><td colspan="5">×××　×××　×××　×××　×××　×××
×××　×××　×××　×××　×××　×××</td></tr>
</table>

注：1.项目对操作人员进行安全技术交底时填写此表；

2.签名处不够时，应将签到表附后。

要求：分部分项工程施工前及有特殊风险的作业前，应对施工作业人员进行口头和书面安全技术交底，其内容应符合施工方案的要求。讲明操作者的安全注意事项，保证操作者的人身安全并按分部分项工程针对作业条件的变化具体进行。书面安全技术交底必须有交底时间、交底内容和交底人及所有被交底人签字方为有效。项目经理部应将安全技术交底按照交底内容分类存档。

4.2.26 《作业人员安全教育记录表》填写范例

作业人员安全教育记录表				编号	×××
培训主题	架子工岗前安全培训		培训对象及人数	架子工　20人	
培训部门或召集人	项目安全员	主讲人	×××	记录整理人	×××
培训时间	××年×月×日	地点	项目会议室	学时	20
培训提纲： 架子工岗位安全操作及班组安全制度、工作纪律教育的主要内容： 1.架子班组作业要点及安全操作规程； 2.架子工班组安全活动制度及工作纪律； 3.爱护和正确使用安全防护装置(设施)及个人防护用品； 4.架子工施工过程中容易发生事故的不安全因素及其防范对策； 5.架子工的作业环境及使用的工具设备的安全要求等					
参加培训教育人员(签名)					
××年×月×日					

注:1. 项目经理部对操作人员进行培训教育时填写此表。

2. 签名处不够时,应将签到表附后。

要求:项目经理部对新入场、转场及变换工种的施工人员必须进行安全教育,经考试合格后方准上岗作业;同时应对施工人员每年至少进行两次安全生产教育培训,并对被教育人员、教育内容、教育时间等基本情况进行记录。

4.2.27 《安全资金投入记录》填写范例

安全资金投入记录

项目名称：

明细		会计		本季											自开工累计										
				安全防护用品和用具		消防设施和设备		施工用电		安全教育培训	安全技术改造		专项活动经费		安全防护用品和用具		消防设施和设备		施工用电		安全教育培训	安全技术改造		专项安全活动经费	
		自年初累	本月	周转	新增	周转	新增	周转	新增		周转	新增	周转	新增	周转	新增	周转	新增	周转	新增		周转	新增	周转	新增
防护用具用品	安全帽																								
	安全带																								
	安全网																								
	竹笆																								
	脚手板																								
	防护栏																								
消防设施设备	灭火器																								
	消防桶																								
施工用电	五芯线缆																								
	配电箱																								
	漏电开关																								
	绝缘手套																								
安全教育培训	宣传品																								
安全技术改造																									
专项活动经费	安全月																								

项目经理：　　　　安全员：　　　　财务主办：　　　　年　月　日

4.2.28 《施工现场安全事故登记表》填写范例

施工现场安全事故登记表		编号	×××
工程名称	××小区×号楼	建筑面积 (工程造价)	43210m²/××万元
建设单位	××房地产开发有限公司	负责人及电话	×××/×××
总承包单位	××建筑工程有限公司	负责人及电话	×××/×××
施工单位	××建筑工程有限公司	负责人及电话	×××/×××
监理单位	××建设监理有限公司	负责人及电话	×××/×××
工程地址	××市××路×号	结构类型 (层数)	框架剪力墙(19 层)
施工许可证号	××××	事故类别	高处坠落
事故发生部位	××小区×号楼三层钢筋绑扎现场		

事故简要情况描述(包括事故经过、人员伤亡情况等):

××年×月×日,钢筋班副班长孙六安排张三跟随李四、王五等三人进行三层外墙钢筋绑扎施工,中午12 时 30 分李四等三名瓦工先上脚手架开始干活,张三后上脚手架,当从钢管脚手架第二层攀爬至第三层时坠落,坠落高度为 3.35m,当时张三头部受伤,工地负责人立即组织将张三送医院抢救,经医院诊断为脑震荡。直接经济损失为××元

事故原因及责任分析

1. 现场内脚手架未设爬梯,造成工人上架体时只能攀爬,是造成事故的主要原因。

2. 张三安全意识淡薄,违反安全技术操作规程,前日醉酒后无力仍从事生产,造成攀爬脚手架手软无力而坠落,安全帽未系帽扣致使坠落时飞离头部直接受伤,这是造成事故的直接原因。

3. 施工现场安全管理松懈、混乱,劳动用工手续不规范,施工中安全管理制度不落实,职工安全教育培训不到位,是造成这起事故的间接原因

安全负责人(签字):　×××　　　　项目经理(签字):×××

注:本表由施工单位填报,建设单位、监理单位、施工单位各存一份。

要求:凡发生安全生产事故的工程,应按照本表的要求进行记载。事故原因及责任分析应从技术和管理方面加以分析,明确事故责任。

4.2.29 《地上、地下管线保护措施验收记录表》填写范例

<table>
<tr><td colspan="3">地上、地下管线保护措施验收记录表</td><td>编号</td><td>×××</td></tr>
<tr><td>工程名称</td><td>××小区×号楼工程</td><td>施工单位</td><td colspan="2">××建筑工程有限公司</td></tr>
<tr><td>验收部位</td><td colspan="4">室外地下管线</td></tr>
<tr><td colspan="5">验收结果：

略

验收人员(签字)：×××

××年×月×日</td></tr>
</table>

注：本表由建设单位填写，建设单位、监理单位、施工单位各存一份。

4.2.30 《安全防护用品合格证及检测资料》填写范例

安全防护用品合格证及检测资料

序号	××	单位	××建筑工程有限公司××小区×号楼工程项目部	物资名称	安全帽
安全物资产品合格证 粘贴处					

序号	××	单位	××建筑工程有限公司××小区×号楼工程项目部	物资名称	安全网
安全物资产品合格证 粘贴处					

要求：所有进场安全物资的供货商或生产厂家都应提供产品合格证、质保书、检测资料等证明材料。此表可由本单位根据相关文件制订，每表只限一种物资，相关检测报告附后。

4.2.31 《施工安全日志》填写范例

施工安全日志
(××年×月～××年×月)

工程名称：××小区×号楼

施工单位：××建筑工程有限公司

安 全 员：×××

××市建设委员会制定

施工现场安全日志		**编号**	×××
××年×月×日		星期×	天气:晴
检查情况	南区 F2 层核心筒	垃圾	及时清理
	南区 F20 层南侧	碘钨灯没有支架	做好支架,方可使用
	南区 F19 层	电焊没开动火证	停止作业,必须开动火证
	××瓦工组	7 个未戴安全帽	执行项目规定,每人已罚款 5 元
专职安全员:×××			

注:本表由施工单位填写,施工单位存一份。

要求:施工现场安全日志应由专职安全管理人员按照日常检查情况逐日记载,单独组卷其内容应包括每日检查内容和安全隐患的处理情况。

4.2.32 《班组班前讲话记录》填写范例

班组班前讲话记录
(××年×月～××年×月)

工程名称：××小区×号楼

总包单位：××建筑工程有限公司

作业单位：××建筑安装公司

班组名称：水暖工

××市建设委员会制定

<table>
<tr><td colspan="4">班组班前讲话记录</td><td>编号</td><td>×××</td></tr>
<tr><td colspan="2">工程名称:××小区×号楼</td><td>操作班组</td><td>水暖工</td><td colspan="2">××年×月×日</td></tr>
<tr><td>当天作业部位</td><td>地下室</td><td>作业人数</td><td colspan="3">12 人</td></tr>
<tr><td>当天作业内容</td><td>配制地下室墙体钢管</td><td>安全防护用品配备、使用</td><td colspan="3">安全帽、安全带、防滑鞋</td></tr>
<tr><td>班前讲话内容</td><td colspan="5">(1)操作电焊机操作人员必须持证上岗,戴绝缘手套,穿绝缘鞋,做好个人安全保护,办理用火证,做好防火措施。
(2)拆接电气设备时,必须先拉闸断电,再操作。
(3)脚手架必须牢固、稳定,并按要求铺好脚板</td></tr>
<tr><td>作业人员名单</td><td colspan="5">×××　×××　×××　×××　×××　×××
×××　×××　×××　×××　×××　×××</td></tr>
</table>

注:本表由施工单位填写,施工单位存一份。

要求:各作业班组长于每班工作开始前必须对本班组全体人员进行班前安全活动交底,其内容应包括本班组安全生产须知、个人应承担的责任、本班组作业中的危险点和采取的措施。班组班前讲话记录应单独组卷。

4.2.33 《工程项目安全检查隐患整改记录表》填写范例

<table>
<tr><td colspan="3">工程项目安全检查隐患整改记录表</td><td>编号</td><td>×××</td></tr>
<tr><td>工程名称</td><td>××小区×号楼</td><td>施工单位</td><td colspan="2">××建筑工程有限公司</td></tr>
<tr><td>施工部位</td><td>施工现场临时用电</td><td>作业单位</td><td colspan="2">××建筑安装公司</td></tr>
<tr><td colspan="5">检查情况及存在的隐患：
1.总配电箱到钢筋加工厂电线架设不符合安全要求；
2.发现2个工人未戴安全帽</td></tr>
<tr><td colspan="5">整改要求：
1.总配电箱到钢筋加工厂电线改为埋深0.7m埋地敷设；
2.教育工人按要求正确佩戴安全帽
××年×月×日</td></tr>
<tr><td>检查人员签名</td><td colspan="4">×××、×××、×××、×××、×××</td></tr>
<tr><td>复查意见</td><td colspan="4">1.总配电箱到钢筋加工厂电线埋地敷设，已经落实；
2.经检查现场工人佩戴安全帽及其他安全防护用品均符合规范要求，未发现违章使用
复查人签名：××× ××× ××× ××× 复查日期：××年×月×日</td></tr>
</table>

注：本表由施工单位填写。

要求：工程项目安全检查人员在检查过程中，针对存在的安全隐患应填写本表。其中应包括检查情况及安全隐患、整改要求、整改后复查情况等内容，并履行签字手续。

4.2.34 《监理通知回复单》填写范例

<table>
<tr><td colspan="2">监理通知回复单</td><td>编号</td><td>×××</td></tr>
<tr><td>工程名称</td><td>××小区×号楼</td><td>日期</td><td>××年×月×日</td></tr>
<tr><td colspan="4">致　××建设工程监理公司　(监理单位):

我方接到第(××)号监理通知后,已按要求完成了　以下　整改工作,特此回复,请予以复查。

详细内容:

1. 结构工程顶层四周已搭设单排钢管脚手架,用密目封闭,距地 3m 位置的架体内设平网防护。
2. Ⓐ～Ⓒ/①～⑩轴内脚手架上砌块堆料问题,×队已完成专人负责处理,堆料做到随用随上不超规定。
3. 电焊作业设专点,原木料、油桶问题已清退出场。
4. 现场南侧 20m 架空电线已换新线

施工单位(章):　　　　项目经理(签字):×××</td></tr>
<tr><td colspan="4">复查意见:

检查合格

监理单位(章):　　监理工程师(签字):×××　　××年×月×日
总监理工程师(签字):×××　　××年×月×日</td></tr>
</table>

注:本表由施工单位填报,监理单位、施工单位各存一份。

要求:项目监理部签发有关安全的《监理通知》后,施工单位应立即进行整改,自查合格后填写《监理通知回复单》本表报项目监理部,安全监理人员应及时复查整改结果。

4.3.35 《工程作业人员安全知识考核登记》填写范例

工程作业人员安全知识考核登记

工程名称：××小区×号楼工程　　　　施工单位：××建筑工程有限公司

序号	姓名	性别	职务	培训单位	培训日期	培训学时	培训主要内容	考核成绩	发证单位	证件编号
1	××	男	电工	×××	××年×月×日	×	电气安全技术	××	×××	×××
2	××	男	电工	×××	××年×月×日	×	电气安全技术	××	×××	×××
3	××	男	电焊工	×××	××年×月×日	×	电焊安全技术	××	×××	×××
4	××	男	电焊工	×××	××年×月×日	×	电焊安全技术	××	×××	×××
5	××	男	机械工	×××	××年×月×日	×	卷扬机安全技术	××	×××	×××
6	××	男	机械工	×××	××年×月×日	×	卷扬机安全技术	××	×××	×××

填表人：×××　　　　填表日期：××年×月×日

填表说明：1. 施工单位应当对作业人员每年至少进行一次安全生产教育培训，其教育培训情况记入个人工作档案。安全生产教育培训考核不合格的人员，不得上岗。将开展作业人员安全教育培训的情况填写入登记表，证明材料另面附后，以备查验。

2. 附培训主要内容或教材。

4.2.36 《项目经理部安全生产责任制》填写范例

项目经理部安全生产责任制

序号	部门	安全生产责任制度	编号
1	各级管理人员安全生产责任制	企业经理安全生产责任制	×××
2		项目经理安全责任制	×××
3		项目部副经理安全责任制	×××
4		工程项目技术负责人安全生产责任制	×××
5		安全部部长安全生产责任制	×××
6		项目安全员安全生产责任制	×××
7		班组长安全生产责任制	×××
8		职工安全生产责任制	×××
9		电梯安装工长安全生产责任制	/
10	各部门安全生产责任制	技术部安全生产责任制	×××
11		财务部安全生产责任制	×××
12		动力设备部安全生产责任制	×××
13		物资部安全生产责任制	×××
14		安全部安全生产责任制	×××
15		材料部安全生产责任制	×××
16		劳资部安全生产责任制	×××
17	其他安全生产责任制	安全生产责任制度	×××
18		安全技术措施编制责任制	×××
19		机械设备使用、管理、保养责任制	×××
20		安全生产责任制	×××
21		安全教育责任制	×××
22		防火、防爆、防毒、防尘管理安全责任制	×××

(编者:各安全生产责任制具体内容略)

4.2.37　《安全生产责任制考核记录》填写范例

1.《项目经理安全生产责任制考核表》填写范例

项目经理安全生产责任制考核表

施工企业:××建筑工程有限公司

工程名称:××项目部　　　　No.×××

被考核人	×××	性别	男	年龄	××	职务	项目经理
职责范围	负责项目工程全面工作					考核日期	××年×月×日

责任制考核内容	责任制考核情况
项目安全管理管理保证体系的建立	该项目建立了安全组织机构,共×人,体系完整
项目管理人员安全责任制考核	制定安全生产责任制×个,×个制度,有定期的责任制考核,均合格
执行施工方案及安全技术交底的考核	按程序执行施工方案和安全技术交底,经公司考核均合格
各级安全指标完成的考核	各项安全指标有相应的考核记录
组织安全培训教育	组织了×次安全培训教育,培训×人次
定期组织安全例会,制定措施研究解决安全生产中的问题	有×次安全例会,有安全生产情况汇报,×技术措施等资料
组织安全检查、文明施工检查等活动	组织×次安全文明施工等检查,其中对查出×项次施工隐患问题已按期整改完毕
考核结果	×××同志,能落实各项安全生产责任制,考核合格 考核人:××× ××年×月×日

2.《项目工程师安全生产责任制考核表》填写范例

项目工程师安全生产责任制考核表

施工企业:××建筑工程有限公司

工程名称:××项目部 No.×××

被考核人	×××	性别	男	年龄	××	职务	项目工程师
职责范围	负责项目工程施工技术及相应管理工作					考核日期	××年×月×日

责任制考核内容	责任制考核情况
安全技术管理	审批各安全专项方案,严格把关,对“四新”使用编制安全措施,参加安全生产定期检查,对查出的隐患提出整改意见和措施,修订应急救援预案措施
目标管理	按安全生产管理目标的要求审批安全专项方案,审查职工劳动条件
安全教育	开展有关安全生产法规、法令、政策和规章制度的执行活动,对职工开展安全生产教育活动,参加安全生产评比活动
安全生产管理	严格进行安全生产管理,接受职工提出的各项合理化安全生产建议,参与各项重大事故隐患的防范方案的制订,审批各项安全管理制度和安全制作规程
工伤事故处理	参与各项重大事故的处理,进行工伤事故调查分析和处理,发生事故后及时对工人进行安全再教育,建立工伤事故档案
考核结果	×××同志,能落实各项安全生产责任制,考核合格 考核人:××× ××年×月×日

3.《项目工长安全生产责任制考核表》填写范例

项目工长安全生产责任制考核表

施工企业：××建筑工程有限公司

工程名称：××项目部

No.×××

<table>
<tr><td>被考核人</td><td>×××</td><td>性别</td><td>男</td><td>年龄</td><td>××</td><td>职务</td><td>项目工长</td></tr>
<tr><td>职责范围</td><td colspan="5">负责项目工程施工生产等工作</td><td>考核日期</td><td>××年×月×日</td></tr>
<tr><td colspan="3">责任制考核内容</td><td colspan="5">责任制考核情况</td></tr>
<tr><td colspan="3">贯彻安全生产制度、规程、规定</td><td colspan="5">落实上级有关的安全生产规程、规定、制度，并及时落实，组织生产杜绝违章指挥</td></tr>
<tr><td colspan="3">安全技术交底</td><td colspan="5">按要求组织实施安全技术措施，及时向班组进行安全交底，组织安全监督小组，随时进行安全监督</td></tr>
<tr><td colspan="3">安全保护装置验收</td><td colspan="5">对施工现场搭设脚手架、龙门架、安全网、安装的电气机械安全保护装置进行验收，验收合格后方可使用</td></tr>
<tr><td colspan="3">违章处理</td><td colspan="5">严格落实各项安全生产操作规程，杜绝违章指挥，经常检查施工现场安全设施，发现并及时排除安全隐患</td></tr>
<tr><td colspan="3">周一教育、周六检查及班前安全教育</td><td colspan="5">坚持周一安全教育，进行周六安全检查，坚持新工人入场安全教育，坚持对班组进行班前安全教育</td></tr>
<tr><td colspan="3">工伤事故处理</td><td colspan="5">及时进行事故调查，对工伤事故及时上报，并做好现场保护</td></tr>
<tr><td>考核结果</td><td colspan="7">×××同志，能落实各项安全生产责任制，考核合格

考核人：×××
××年×月×日</td></tr>
</table>

4.《项目技术员安全生产责任制考核表》填写范例

项目技术员安全生产责任制考核表

施工企业：××建筑工程有限公司

工程名称：××项目部　　No. ×××

<table>
<tr><td>被考核人</td><td>×××</td><td>性别</td><td>男</td><td>年龄</td><td>××</td><td>职务</td><td>项目技术员</td></tr>
<tr><td>职责范围</td><td colspan="5">负责项目工程技术指导工作</td><td>考核日期</td><td>××年×月×日</td></tr>
<tr><td colspan="3">责任制考核内容</td><td colspan="5">责任制考核情况</td></tr>
<tr><td colspan="3">贯彻执行安全方针、规定、制度</td><td colspan="5">协助项目经理贯彻安全生产方针，对项目的安全技术负直接责任</td></tr>
<tr><td colspan="3">编制方案与安全技术措施</td><td colspan="5">组织相关人员进行一般工程施工组织设计的编制，向项目技术员、工长及有关人员进行书面安全技术交底，编制冬、雨季安全技术措施并组织实施、监督检查</td></tr>
<tr><td colspan="3">安全规章制度学习</td><td colspan="5">按照相关要求定期组织工人学习有关安全技术规程、规章、制度</td></tr>
<tr><td colspan="3">事故调查分析</td><td colspan="5">参加事故调查分析，保护事故发生现场，制订各项安全事故防范措施</td></tr>
<tr><td colspan="3">劳动条件的改善</td><td colspan="5">积极组织有关人员研究机具设备、消除粉尘、噪声等改善劳动条件</td></tr>
<tr><td colspan="3"></td><td colspan="5"></td></tr>
<tr><td>考核结果</td><td colspan="7">×××同志，能落实各项安全生产责任制，考核合格

考核人：×××
××年×月×日</td></tr>
</table>

5.《项目安全员安全生产责任制考核表》填写范例

项目安全员安全生产责任制考核表

施工企业:××建筑工程有限公司

工程名称:××项目部 No.×××

<table>
<tr><td>被考核人</td><td>×××</td><td>性别</td><td>男</td><td>年龄</td><td>××</td><td>职务</td><td>项目安全员</td></tr>
<tr><td>职责范围</td><td colspan="5">负责项目工程安全生产管理工作</td><td>考核日期</td><td>××年×月×日</td></tr>
<tr><td colspan="3">责任制考核内容</td><td colspan="5">责任制考核情况</td></tr>
<tr><td colspan="3">业务知识</td><td colspan="5">经考试业务知识合格,并努力学习业务技术知识</td></tr>
<tr><td colspan="3">贯彻执行安全生产规章制度</td><td colspan="5">认真贯彻国家的安全生产政策、有关条例、各项规章制度</td></tr>
<tr><td colspan="3">监督、指导、检查</td><td colspan="5">监督实施各项安全措施及安全技术交底,制止违章指挥和违章作业,指导检查班组班前、班后安全活动,及时总结、推广、交流安全生产经验</td></tr>
<tr><td colspan="3">安全设施验收</td><td colspan="5">定期组织各种安全设施验收工作</td></tr>
<tr><td colspan="3">事故处理</td><td colspan="5">保护事故案发现场,参与事故调查,提出事故处理意见</td></tr>
<tr><td colspan="3"></td><td colspan="5"></td></tr>
<tr><td>考核结果</td><td colspan="7">×××同志,能落实各项安全生产责任制,考核合格

考核人:×××
××年×月×日</td></tr>
</table>

6.《项目质检员安全生产责任制考核表》填写范例

项目质检员安全生产责任制考核表

施工企业:××建筑工程有限公司

工程名称:××项目部　　　　No.×××

<table>
<tr><td>被考核人</td><td>×××</td><td>性别</td><td>男</td><td>年龄</td><td>××</td><td>职务</td><td>项目质检员</td></tr>
<tr><td>职责范围</td><td colspan="5">负责项目工程质检工作</td><td>考核日期</td><td>××年×月×日</td></tr>
<tr><td colspan="3">责任制考核内容</td><td colspan="5">责任制考核情况</td></tr>
<tr><td colspan="3">贯彻安全生产责任制度</td><td colspan="5">认真贯彻党和国家的安全生产政策,有关安全条例,各项规章制度,严格落实安全生产责任制度</td></tr>
<tr><td colspan="3">监督验收</td><td colspan="5">对基坑支护、模板工程进行严格监督,并按要求组织验收,对安全装置、现场设备进行检查验收</td></tr>
<tr><td colspan="3">违章处理</td><td colspan="5">制止违章作业,杜绝违章指挥</td></tr>
<tr><td colspan="3">季节施工</td><td colspan="5">对冬雨季施工进行严格审查并负责监督实施</td></tr>
<tr><td colspan="3">事故处理</td><td colspan="5">保护事故案发现场,参加安全事故分析、调查、处理</td></tr>
<tr><td colspan="3"></td><td colspan="5"></td></tr>
<tr><td>考核结果</td><td colspan="7">×××同志,能落实各项安全生产责任制,考核合格

考核人:×××
××年×月×日</td></tr>
</table>

7.《项目消防保卫员安全生产责任制考核表》填写范例

项目消防保卫员安全生产责任制考核表

施工企业:××建筑工程有限公司

工程名称:××项目部　　　　No.×××

<table>
<tr><td>被考核人</td><td>×××</td><td>性别</td><td>男</td><td>年龄</td><td>××</td><td>职务</td><td>项目消防保卫</td></tr>
<tr><td>职责范围</td><td colspan="5">负责项目工程消防保卫工作</td><td>考核日期</td><td>××年×月×日</td></tr>
<tr><td colspan="3">责任制考核内容</td><td colspan="5">责任制考核情况</td></tr>
<tr><td colspan="3">执行安全保卫制度</td><td colspan="5">认真执行安全保卫工作制度</td></tr>
<tr><td colspan="3">宣传教育</td><td colspan="5">协同有关部门做好法制、消防宣传工作,教育职工群众做好安全防范工作</td></tr>
<tr><td colspan="3">维护治安</td><td colspan="5">制止工地打架、斗殴现象,发生治安事故做到及时协助相关人员进行侦破</td></tr>
<tr><td colspan="3">消防学习</td><td colspan="5">定期组织职工进行消防法规和灭火知识的学习</td></tr>
<tr><td colspan="3">消防技能</td><td colspan="5">组织实施防火工作计划,熟悉灭火方案,熟练掌握消防器材的性能、使用与保养方法</td></tr>
<tr><td colspan="3">火险处理</td><td colspan="5">发现火险隐患及时向有关部门提出整改意见</td></tr>
<tr><td colspan="3">火灾扑救</td><td colspan="5">火灾现场及时组织相关人员进行灭火救灾和人员疏散,并保护火灾现场,协助有关部门调查起火原因</td></tr>
<tr><td>考核结果</td><td colspan="7">×××同志,能落实各项安全生产责任制,考核合格

考核人:×××
××年×月×日</td></tr>
</table>

8.《项目材料员安全生产责任制考核表》填写范例

项目材料员安全生产责任制考核表

施工企业:××建筑工程有限公司

工程名称:××项目部　　No.×××

<table>
<tr><td>被考核人</td><td>×××</td><td>性别</td><td>男</td><td>年龄</td><td>××</td><td>职务</td><td>项目材料员</td></tr>
<tr><td>职责范围</td><td colspan="5">负责项目工程材料管理工作</td><td>考核日期</td><td>××年×月×日</td></tr>
<tr><td colspan="3">责任制考核内容</td><td colspan="5">责任制考核情况</td></tr>
<tr><td colspan="3">材料供应</td><td colspan="5">及时供应项目安全设施材料</td></tr>
<tr><td colspan="3">建立供应商名录</td><td colspan="5">建立合格材料供应商名录</td></tr>
<tr><td colspan="3">安全防护用品的保管</td><td colspan="5">对安全防护用品验收、取证、并做好记录,做好验收状态标识,储藏保管好安全防护用品</td></tr>
<tr><td colspan="3">材料堆放</td><td colspan="5">按照施工现场平面布置图并根据不同材料的性能合理堆放材料</td></tr>
<tr><td colspan="3">安全设施的检查试验</td><td colspan="5">定期对进入施工现场的脚手架、安全帽、安全网等进行安全检查,发现不合格安全设施及时报废</td></tr>
<tr><td colspan="3">施工工具</td><td colspan="5">定期检查项目租用的周转工具,发现安全隐患,及时进行更换</td></tr>
<tr><td colspan="3"></td><td colspan="5"></td></tr>
<tr><td>考核结果</td><td colspan="7">×××同志,能落实各项安全生产责任制,考核合格

考核人:×××
××年×月×日</td></tr>
</table>

9.《机械管理员安全生产责任制考核表》填写范例

机械管理员安全生产责任制考核表

施工企业:××建筑工程有限公司

工程名称:××项目部　　　　No.×××

被考核人	×××	性别	男	年龄	××	职务	项目机械管理员
职责范围	负责项目工程机械管理工作					考核日期	××年×月×日
责任制考核内容		责任制考核情况					
管理制度		认真落实有关机械管理制度					
设备操作保养		随时监督、指导操作人员正确操作和保养设备					
机械检修		正确判断机械故障并组织检修					
设备验收		组织相关人员进行设备基础、机位、机棚施工及验收					
进出场验收		组织相关人员对设备进出场进行验收					
设备隐患处理		定期对设备进行安全检查,对查出的隐患及时纠正并落实到位					
机械资料		按要求组织相关人员填写、整理、保管各种机械资料					
考核结果	×××同志,能落实各项安全生产责任制,考核合格 考核人:××× ××年×月×日						

10.《班组长安全生产责任制考核表》填写范例

班组长安全生产责任制考核表

施工企业:××建筑工程有限公司

工程名称:××项目部

No. ×××

被考核人	×××	性别	男	年龄	××	职务	班组长
职责范围	负责班组施工协调工作					考核日期	××年×月×日
责任制考核内容		责任制考核情况					
学习与遵守规章制度、安全操作规程		接受各项操作规程和安全知识相关培训,严格遵守各项规章制度					
安全技术交底		按要求组织各项安全活动,召开班前安全例会,施工前进行安全技术交底,落实到各操作人员					
学习安全操作规程和各项安全制度		经常组织职工学习安全规程、规章制度,对新工人做好三级安全教育,及时制止违章指挥、违章操作					
安全检查		班前对所用用具、设备、防护用品及作业环境进行安全检查,检查后发现问题及时处理,不排除安全隐患不得继续作业					
事故隐患		及时发现施工现场各种安全隐患,及时上报并按要求予以排除					
工伤事故处理		按照相关规定处理各种工伤事故,组织相关人员分析事故原因并吸取教训					
奖惩制度		积极推广改进安全技术经验,严厉制止坏人坏事,鼓励好人好事					
考核结果	×××同志,能落实各项安全生产责任制,考核合格 考核人:××× ××年×月×日						

11.《管理人员安全生产责任制考核汇总表》填写范例

管理人员安全生产责任制考核汇总表

工程名称:××住宅小区×号楼工程

施工单位:××建筑工程有限公司 No.×××

部门:项目部			考核日期: ××年×月×日			考核时段: ×年×月～×年×月
序号	姓名	职务	考核结果		被考核人签名	备注
			合格	不合格		
1	×××	项目经理	√		×××	
2	×××	项目工程师	√		×××	
3	×××	项目工长	√		×××	
4	×××	项目技术员	√		×××	
5	×××	项目安全员	√		×××	
6	×××	项目质检员	√		×××	
7	×××	项目消防保卫员	√		×××	
8	×××	项目材料员	√		×××	
9	×××	项目机械管理员	√		×××	
10	×××	班组长	√		×××	

考核单位:××× 考核负责人:×××

填表人:××× 填表日期:××年×月×日

注:考核不合格的主要原因,填写备注栏。

12.《班组(部门)安全生产责任制考核汇总表》填写范例

班组(部门)安全生产责任制考核汇总表

工程名称:××小区×号楼工程

施工单位:××建筑工程有限公司　　No.×××

部门:　架子工班组			考核日期:　××年×月×日			考核时段:×年×月～×年×月
序号	姓名	职务	考核结果		被考核人签名	备　注
			合格	不合格		
1	×××	架子工	√		×××	
2	×××	架子工	√		×××	
3	×××	架子工	√		×××	
4	×××	架子工	√		×××	
5	×××	架子工	√		×××	

考核单位:×××　　考核负责人:×××

填表人:×××　　填表日期:××年×月×日

注:考核不合格的主要原因,填写备注栏。

13.《作业人员安全生产责任制考核汇总表》填写范例

作业人员安全生产责任制考核汇总表

工程名称:××小区×号楼工程

施工单位:××建筑工程有限公司

No.×××

<table>
<tr><td colspan="3">部门: 安全科</td><td colspan="3">考核日期: ××年×月×日</td><td>考核时段:
×年×月～×年×月</td></tr>
<tr><td rowspan="2">序号</td><td rowspan="2">姓名</td><td rowspan="2">职务</td><td colspan="2">考核结果</td><td rowspan="2">被考核人签名</td><td rowspan="2">备　注</td></tr>
<tr><td>合格</td><td>不合格</td></tr>
<tr><td>1</td><td>×××</td><td>电工</td><td>√</td><td></td><td>×××</td><td></td></tr>
<tr><td>2</td><td>×××</td><td>电工</td><td>√</td><td></td><td>×××</td><td></td></tr>
<tr><td>3</td><td>×××</td><td>电工</td><td>√</td><td></td><td>×××</td><td></td></tr>
<tr><td>4</td><td>×××</td><td>机械工</td><td>√</td><td></td><td>×××</td><td></td></tr>
<tr><td>5</td><td>×××</td><td>机械工</td><td>√</td><td></td><td>×××</td><td></td></tr>
<tr><td>6</td><td>×××</td><td>机械工</td><td>√</td><td></td><td>×××</td><td></td></tr>
<tr><td></td><td></td><td></td><td></td><td></td><td></td><td></td></tr>
<tr><td></td><td></td><td></td><td></td><td></td><td></td><td></td></tr>
<tr><td></td><td></td><td></td><td></td><td></td><td></td><td></td></tr>
<tr><td></td><td></td><td></td><td></td><td></td><td></td><td></td></tr>
<tr><td></td><td></td><td></td><td></td><td></td><td></td><td></td></tr>
<tr><td></td><td></td><td></td><td></td><td></td><td></td><td></td></tr>
</table>

考核单位:×××　　　　考核负责人:×××

填表人:×××　　　　填表日期:××年×月×日

注:考核不合格的主要原因,填写备注栏。

4.2.38 《项目经理部安全生产管理制度》填写范例

项目经理部安全生产管理制度

序号	管理制度	编号
1	班前安全活动制度	
2	安全教育制度	
3	安全三宝管理制度	
4	现场安全管理制度	
5	施工现场安全消防管理制度	
6	现场文明施工管理制度	
7	门卫制度	
8	安全检查制度	
9	治安保卫制度	
10	卫生管理制度	
11	安全用电管理制度	
12	生活区管理制度	
13	施工项目事故处理制度	
14	试验室安全制度	
15	职业教育管理制度	
16	安全设施、设备验收制度	
17	特种作业人员管理制度	
18	机械设备管理制度	
19	现场材料管理制度	

(编者:各管理制度具体内容略)

4.2.39 《总包与分包单位安全生产协议书》填写范例

总包与分包单位安全生产协议书

甲方：××建筑工程有限公司（总包方）
法定代表人：×××
代表：×××
地址：××市××路××号
电话：××××

乙方：××建筑安装有限公司（分包方）
法定代表人：×××
代表：×××
地址：××市××路××号
电话：××××

1. 承包工程项目

工程项目名称：××小区×号楼工程

工程地址：××省××市××路××号

承包范围：×××

承包方式：×××

2. 工程项目期限

自××年×月×日起开工至××年×月×日完工。

3. 甲乙双方必须认真贯彻国家、××市和上级劳动保护、安全生产主管部门颁发的有关安全生产、消防工作的方针、政策，严格执行有关劳动保护法法规、条例、规定。

4. 甲乙双方在施工前要认真勘察现场。

(1)工程项目应由甲方编制施工组织总设计；

(2)工程项目由乙方按甲方的要求自行编制施工组织设计；并制定有针对性的安全技术措施计划，严格按施工组织设计和有关安全要求施工。

5. 施工前，甲方应书面告知乙方本工程的危险源及不利环境因素。乙方应根据所承揽的分包项目工程确定危险源及不利环境因素，并制定相应的控制措施，报甲方备案。甲乙双方应对危险源及不利环境因素实施监控，确保安全施工及环境保护各项指标符合国家和地方标准。

6. 甲乙双方都应有安全管理组织体制，包括抓安全生产的领导，各级专职和兼职的安全干部，应有各工种的安全操作规程，特种作业人员的审证考核制度及各级安全生产岗位责任制和定期安全检查制度，安全教育制度等。

7. 甲乙双方人员对各自的所在施工区域、作业环境、操作设施设备、工具用具等必须认真检查，发现隐患立即停止施工，并由有关单位落实整改后方准施工。一经施工，就表示该施工单位确认施工场所、作业环境、设施设备、工具用具等符合安全要求和处于安全状态。施工单位对施工过程中由于上述因素导致的事故后果负责。

8. 甲乙双方的人员，对施工现场的脚手架、各类安全防护设施、安全标志和警示牌，不得擅自拆除、更动。如确实需要拆除更动的，必须经工地施工负责人和甲乙方指派的安全管理人员的同意，并采取必要、可靠的安全措施后方能拆除。任何一方人员，擅自拆除所造成的后果，均由该方人员及其单位负责。

9. 甲乙双方必须严格执行各类防火防爆制度，易燃易爆场所严禁吸烟及动用明火，消防器材不准挪作他用。电焊、气割作业应按规定办理动火审批手续，严格遵守“十不烧”规定，严禁使用电炉。冬期施工如必须采用明火加热的防冻措施时，应取得防火主管人员同意，落实防火，防中毒措施，并指派专人值班。

10. 甲乙双方在施工中，应注意地下管线及高压架空线路的保护。甲方对地下管线和障碍物应详细交底，乙方应贯彻交底要求，如遇有情况，应及时与甲方和有关部门联系，采取保护措施。

11. 甲乙双方的有关领导必须认真对本单位职工进行安全生产制度及安全技术知识教育，增强法制观念，提高职工的安全生产思想意识和自我保护的能力，督促职工自觉遵守安全生产纪律、制度和法规。

12. 由甲方提供的机械设备、脚手架等设施，在搭设，安装完毕提交使用前，甲方应会同乙方共同按规定验收，并做好验收及交付使用的书面手续，严禁在未经验收或验收不合格的情况下投入使用，否则由此发生的后果由擅自使用方负责。

13. 乙方在施工期间所使用的各种设备以及工具等均由乙方自备。如甲乙双方必须相互借用或租赁，应由双方有关人员办理供用或租赁手续，制订有关安全使用和管理制度。借出方应保证借出的设备和工具完好并符合安全要求，借入方必须进行检验，并做好书面记录。借入使用方一经接收，设备和工具的保管、维修应由借入使用方负责，并严格执行安全操作规程。在使用过程中，由于设备、工具原因或使用操作不当而造成伤亡事故，由借入使用方负责。

14. 施工前，甲方应对乙方的管理、施工人员进行安全生产进场教育，介绍有关安全生产管理制度，规定和要求，乙方应组织召开管理、施工人员安全生产教育会议，并通知甲方有关人员严格遵守、认真执行。

根据工程项目内容和特点，甲乙双方应做好安全技术交底，并做好交底的书面材料，交底材料一式二份，甲乙双方各执一份。

15. 施工期间，乙方指派__×××__同志负责本工程项目的有关安全、防火工作；甲方指派__×××__同志负责联系、检查监督乙方执行有关安全、防火规定。甲乙双方应经常联系，相互协助检查工程施工有关的安全、防火工作，共同预防事故发生。

16. 在生产操作过程中的个人防护用品由各方自理，甲、乙方都应督促施工现场人员自觉穿戴好防护用品。

17. 乙方需用甲方提供的电气设备，在使用前应先进行检测，并做好检测记录，如不符合安全规定的应及时向甲方提出，甲方应积极整改，整改合格后方可使用，违反本规定或不经甲方许可，擅自乱拉电器线路造成后果均由肇事者单位负责。

18. 乙方在施工期间必须严格执行和遵守甲方的安全生产、防火管理的各项规定，接受甲方的督促、检查和指导。甲方有协助乙方搞好安全生产、防火管理以及督促检查义务，对于查出的隐患，乙方必须限期整改，对甲方违反安全生产规定，制度等情况，乙方有要求甲方整改的权利，甲方应该认真整改。

19. 贯彻先订合同后施工的原则。甲方不得指派乙方人员从事合同外的施工任务，乙方应拒绝合同外的施工任务，否则由此造成的一切后果均由有关方负责。

20. 乙方在签订建筑安全施工合同后，应自觉地向区(县)安全生产监察局等有关部门办理开工报告手续。

21. 特种作业必须执行国家《特种作业人员安全技术培训考核管理规定》，经省、市、地区的特种作业安全技术考核站培训考核后持证上岗，并按规定定期审证；进××市施工的外省市特种作业人员还须经××市有关特种作业考核站进行审证教育；中、小型机械的操作人员必须按规定做到“定机定人”和有证操作；起重吊装作业人员必须遵守“十不吊”规定，严禁违章、无证操作；严禁不懂电器、机械设备的人，擅自操作使用电器、机械设备。

22．本协议同工程合同正本同时生效，甲、乙双方必须严格执行，由于违反本协议而造成伤亡事故，由违约方承担一切经济损失。

23．贯彻谁施工谁负责安全的原则。甲、乙双方在施工期间造成伤亡、火警、火灾、机械等重大事故（包括甲、乙双方责任造成对方人员、他方人员、行人伤亡等），双方应协力进行紧急抢救伤员和保护现场，按国务院及××市有关事故报告规定在事故发生后的24h内及时报告各自的上级主管部门及市、区（县）安全生产监察局等有关机关。事故的损失和善后处理费用，应按责任，协商解决。

24．本协议经双方签字、盖章有效，作为合同正本的附件一式六份，甲、乙双方各执二份，送区（县）安全生产监察局及有关部门各一份备案。

25．本协议订的各项规定适用于立协单位双方，如遇有同国家和××市的有关法规不同则按国家和××市有关规定执行。

26．其他未尽事宜。

____

____

____

甲方：××建筑工程有限公司（盖章）
法定代表人：×××（盖章）
代表：×××（签字）
××年×月×日

乙方：××建筑安装有限公司（盖章）
法定代表人：×××（盖章）
代表：×××（签字）
××年×月×日

4.2.40　《施工现场安全管理施工组织设计报审表》填写范例

施工现场安全管理施工组织设计报审表

工程名称:××小区×号楼工程　　　　　　　　　　　　编号:×××

<table>
<tr><td>
致:　××监理公司　(监理单位)

我方已完成了××小区×号楼工程现场安全管理施工组织设计(专项施工方案)的编制,并经公司技术负责人批准,请予以审查。

附:《××小区×号楼工程现场安全管理施工组织设计》

承包单位(章):　××建筑工程有限公司
项目负责人:　×××
日　　期:　××年×月×日
</td></tr>
<tr><td>
专业监理工程师审查意见:

该安全施工组织设计编制合理,技术可行,报审手续齐全,同意

专业监理工程师:　×××
日　　期:　××年×月×日
</td></tr>
<tr><td>
总监理工程师审核意见:
同意

项目监理机构:　××监理公司
总监理工程师:　×××

日　　期:　××年×月×日
</td></tr>
</table>

(编者:具体施工现场安全管理施工组织设计范例略)

4.2.41 《装修工程施工安全方案报审表》填写范例

装修工程施工安全方案报审表

<table>
<tr><td>工程名称</td><td colspan="2">××大学综合楼工程</td><td>工程地点</td><td>××市××路×号</td></tr>
<tr><td>建设单位</td><td colspan="2">××大学</td><td>建筑面积</td><td>43210(m²)</td></tr>
<tr><td>结构类型</td><td colspan="2">框架-剪力墙</td><td>工程造价</td><td>××(万元)</td></tr>
<tr><td>设计单位</td><td colspan="2">××建筑设计院</td><td>监理单位</td><td>××监理有限公司</td></tr>
<tr><td>层数、高度</td><td colspan="2">××层××(m)</td><td>建筑物跨度</td><td>××(m)</td></tr>
<tr><td>开、竣工日期</td><td colspan="2">××年×月×日开工
××年×月×日竣工</td><td>编制人</td><td>×××(签字)</td></tr>
<tr><td>项目负责人</td><td colspan="2">×××</td><td>项目安全负责人</td><td>×××</td></tr>
<tr><td colspan="5">参加会审人员签字</td></tr>
<tr><td>单　　位</td><td>××建筑工程有限公司</td><td>生产技术科</td><td>安全科</td><td></td></tr>
<tr><td>职　　务</td><td>项目经理</td><td>总工程师</td><td>项目安全员</td><td></td></tr>
<tr><td>职　　称</td><td>工程师</td><td>工程师</td><td>工程师</td><td></td></tr>
<tr><td>签　　名</td><td>×××</td><td>×××</td><td>×××</td><td></td></tr>
<tr><td>审批结论</td><td colspan="4">符合安全技术规范,同意按此施工方案施工

技术负责人签字盖章:×××
××年×月×日</td></tr>
<tr><td>建设单位审批</td><td colspan="4">该施工组织设计编制合理,安全方案可行,同意按施工方案施工

签字盖章:×××

××年×月×日</td></tr>
</table>

(编者:具体施工现场安全管理施工组织设计范例略)

4.2.42 《施工现场冬季施工安全方案报审表》填写范例

施工现场冬季施工安全方案报审表

工程名称:××小区×号楼工程　　　　编号:×××

致:××监理公司(监理单位) 我方已完成了××小区×号楼工程冬季施工安全方案的编制,并经公司技术负责人批准,请予以审查。 附:《××小区×号楼工程冬季施工安全方案》 承包单位(章):××建筑工程有限公司 项目负责人:××× 日　　期:××年×月×日
专业监理工程师审查意见: 该安全施工方案编制合理,技术可行,报审手续齐全。同意按该施工方案指导施工 专业监理工程师:××× 日　　期:××年×月×日
总监理工程师审核意见: 同意按该安全施工方案指导施工 项目监理机构:××监理公司 总监理工程师:××× 日　　期:××年×月×日

(编者:具体施工现场冬季施工安全方案略)

4.2.43 《施工现场雨季施工安全方案报审表》填写范例

施工现场雨季施工安全方案报审表

工程名称:××小区×号楼工程　　　　　　　　　　编号:×××

致: ××监理公司(监理单位) 我方已完成了××小区×号楼工程现场雨季施工安全方案的编制,并经公司技术负责人批准,请予以审查 附:《××小区×号楼工程现场雨季施工安全方案》 承包单位(章): ××建筑工程有限公司 项目负责人: ××× 日　　期: ××年×月×日
专业监理工程师审查意见: 该雨季施工安全方案编制合理,技术可行,报审手续齐全。同意按该方案指导施工 专业监理工程师: ××× 日　　期: ××年×月×日
总监理工程师审核意见: 同意按该方案指导施工 项目监理机构: ××监理公司 总监理工程师: ××× 日　　期: ××年×月×日

(编者:具体施工现场雨季施工安全方案略)

4.2.44 《特种作业人员登记表》填写范例

特种作业人员登记表						编号	×××	
工程名称:××小区×号楼					施工单位(租赁单位):××建筑工程有限公司			
序号	姓名	性别	身份证号	工种	证件编号	发证机关	发证日期	有效期至年月日
1	×××	男	×××	电焊工	×××	×××	××年×月×日	××年×月×日
2	×××	男	×××	电焊工	×××	×××	××年×月×日	××年×月×日
3	×××	男	×××	电焊工	×××	×××	××年×月×日	××年×月×日
4	×××	男	×××	电焊工	×××	×××	××年×月×日	××年×月×日
5	×××	男	×××	电焊工	×××	×××	××年×月×日	××年×月×日
总包项目部审查意见: 经复核,符合要求,同意上岗 安全部门负责人(签字):×××　××年×月×日								
监理单位复核意见: 经复核,符合要求,同意上岗(√) 经复核,不符合要求,不同意上岗(　) 监理工程师(签字):×××　××年×月×日								

注:本表由施工单位填报,监理单位、施工单位各存一份。

要求:电工、焊(割)工、架子工、起重机械作业(包括司机、信号指挥等)、场内机动车驾驶等特种作业人员,应按照规定经过专门的安全教育培训并取得特种作业操作证后,方可上岗作业。特种作业人员上岗前,项目经理部应审查特种作业人员的上岗证,核对资格证原件后在复印件上盖章并由项目部存档,并将情况汇总填入本表,报项目监理部复核批准。

4.2.45 《生产安全事故应急预案》填写范例

生产安全事故应急预案

序号	应急预案	备注
1	公司本部事故事件应急救援预案	
2	突发性停电应急准备与响应预案	
3	食物中毒事故应急准备与响应预案	
4	火灾事故应急准备与响应预案	
5	突发事件应急准备与响应预案	
6	坍塌倒塌事故应急准备与响应预案	
7	道路管线事故应急准备与响应预案	
8	触电事故应急准备与响应预案	
9	高处坠落事故应急准备与响应预案	

（编者：具体应急预案文本范例略）

4.2.46 《施工现场安全警示标识检查表》填写范例

施工现场安全警示标志检查表

工程名称：××小区×号楼工程　　　　施工单位：××建筑工程有限公司

序号	安全标志牌名称	应设数量	现场设置与布置图对照情况 相符√　不相符×	整改情况
1	禁止吸烟	4	√	
2	禁止烟火	8	√	
3	禁止通行	3	√	
4	禁止易燃物	2	√	
5	禁止抛物	4	√	
6	禁止合闸	6	√	
7	修理时禁止转动	3	√	
8	运转时禁止加油	3	√	
9	禁止跨越	5	√	
10	禁止堆放货物	3	√	
11	禁止攀登	10	√	
12	禁止靠近	5	√	
13	禁止饮用	3	×	已增设 3 个标志
14	禁止吊篮乘人	2	√	
15	禁止探头	3	√	
16	禁止停留	8	√	
17	注意安全	10	√	
18	高压危险	5	√	
19	有电危险	10	√	
20	当心火灾	5	√	
21	当心触电	10	√	
22	当心中毒	2	√	
23	当心机械伤人	10	√	
24	当心伤手	10	√	
25	当心吊物	8	√	
26	当心扎脚	10	√	
27	当心落物	3	√	
28	当心坠落	5	√	

续表

序号	安全标志牌名称	应设数量	现场设置与布置图对照情况 相符√ 不相符×	整改情况
29	当心车辆	3	√	
30	当心弧光	4	√	
31	当心冒顶	1	√	
32	当心塌方	6	√	
33	当心坑洞	3	√	
34	当心电缆	5	√	
35	当心滑跌	4	√	
36	必须戴防护眼镜	6	√	
37	必须戴安全帽	15	√	
38	必须戴防尘口罩	4	√	
39	必须戴防护手套	5	√	
40	必须穿防护鞋	5	√	
41	必须系安全带	10	√	
42	安全通道	4	√	
43	火警电话 119	8	√	
44	地下消火栓	8	√	
45	地上消火栓	8	√	
46	消防水带	8	√	
47	灭火器	10	√	
48	消防水泵接合器	8	√	
49	限载 1000kg	4	√	
50	不戴安全帽不准进入工地	10	√	
检查人签名： ××× ××× ××× ××× ××年×月×日				
监理单位意见： 经检查，符合安全要求 监理工程师：××× ××年×月×日				

填表说明：

1. 安全检查时，对安全标志检查使用本表。

2. 检查安全标志时，表中"应设数量"为平面布置图上该种标志牌的数量，检查重点为现场标志牌的设置数量是否与平面布置图上的数量相符合。检查结果符合要求的打"√"，不符合的打"×"。将检查情况填入检查表。

3. 当该标志牌不必设置时，在"应设数量"栏填写"无"或打"／"。

4. 当需配置没有列入的标志牌时，请在空格上填写。

5. 安全标志牌破损、严重褪色的要更换；缺漏的要及时增补。

4.2.47 《施工现场违章处理记录》填写范例

施工现场违章处理记录

<table>
<tr><td colspan="2">工程名称</td><td colspan="2">××小区×号楼工程</td><td>施工单位</td><td colspan="2">××建筑工程有限公司</td></tr>
<tr><td colspan="2">项目经理</td><td colspan="2">×××</td><td>施工负责人</td><td colspan="2">×××</td></tr>
<tr><td colspan="2">违章人员姓名</td><td>年龄</td><td>性别</td><td>身份证号</td><td colspan="2">操作证号</td></tr>
<tr><td colspan="2">×××</td><td>21</td><td>男</td><td>120××××××</td><td colspan="2">××××××</td></tr>
<tr><td>1</td><td>违章违纪情况</td><td colspan="5">××在搭设外檐单排脚手架时,没穿防滑鞋,违反了公司××号规定</td></tr>
<tr><td>2</td><td>处理意见</td><td colspan="5">对××进行安全知识教育。停止一天作业的处罚,写书面报告书,报安全科</td></tr>
<tr><td>3</td><td>违章违纪处理依据</td><td colspan="5">依据公司××号有关处罚管理规定</td></tr>
<tr><td colspan="7">违章人签字:×××　　安全员:×××
施工单位负责人:×××　　项目负责人:×××
××年×月×日</td></tr>
</table>

注:1.施工现场发生违章违纪事项均用本表进行登记。

2.对违章违纪者进行处理要有依据,并做好处理意见。

4.2.48 施工现场冬、雨、风季施工方案

施工现场冬、雨、风季施工方案

1.编制依据

1.1 施工图纸

1.1.1 《××工程设计文件》,××市建筑设计院

1.1.2 《××工程岩土工程勘察报告》,××地矿局第七工程勘察所

1.2 国家现行规范、规程

1.2.1 混凝土结构工程施工质量验收规范(GB50204—2015)

1.2.2 建筑地基基础工程施工质量验收规范(GB50202—2002)

1.2.3 建筑工程冬期施工规程(JGJ/T104—2011)

2.工程概况

2.1 自然地理、气象资料

本工程地处××市××区××路,拟建场地位于××村,主要接受渭河水及大气降水补给,本地区气候属于温带气候,年平均气温12—14℃,最高气温42℃,最低气温—10℃,全年降水量为626.3mm,最大降水量1137.3mm,多集中在7、8、9三个月。

2.2 季节施工概况

本工程将历经1个雨季和1个冬季,时间跨度大,是影响工程施工进度和质量的重要方面,在施工中,将采取一系列有针对性的技术措施和管理措施,合理的进行施工部署保证施工的顺利进行,使本工程1#、2#楼工程质量目标和整体工期进度目标得以实现。

针对本市冬、雨季的气象特征,结合本工程的工程特点,最大限度地减少季节变化对施工的不利影响,做到:技术先进、管理到位、经济合理、安全适用,也是本工程重视发展科技、节约能源、以人为本精神的充分体现。

2.3 季节施工期限及项目

根据历年来××市天气情况,每年7月15日至9月30日为降雨量高峰期,每年11月15日至次年3月15日为冬季施工期,根据本工程的总控进度计划安排,冬、雨季施工期间主要施工部位为:

2.3.1 雨季施工

根据气象资料,降水集中在7、8、9三个月,故雨季施工为2014年7月1日至2014年9月1日基本结束,在设定的雨季施工期外,如遇集中降雨,同样适用于本方案。

雨季施工主要作业内容:主体结构施工、砌筑工程、抹灰工程、机电安装工程、门窗工程、室内外装修工程。

2.3.2 冬季施工

本地区冬期施工从11月15日起至第二年的3月15日(或至连续5天平均气温高于5℃为止),当室外温度低于—15℃时停止施工,进入冬歇期。当室外日平均气温连续5天高于5℃解除冬期施工。具体冬施期限根椐现场大气测温值确定。

2014年11月15日——2015年3月15日,主要作业内容为:二次结构和水电安装工程施工。

2.3.3 风季施工

根据本工程的工程特点和进度计划,风季主要施工部位如下:

2013年冬季　　　　基础、地下结构工程
2014年春季、夏季　　地上结构工程、回填工程、砌筑工程
2014年秋季、冬季　　内外装修工程、机电安装工程

3.季节性施工组织机构

为保证工程安全有序的进行,项目经理部成立季节性施工领导小组,具体落实雨季施工前的各项准备工作及解决雨季施工中的生产问题。

组　长:赵××(季节性施工期间现场总指挥)
副组长:钱××(季节性施工各项工作的具体落实,现场作业人员调配、冬施物资的管理)
副组长:杨××(季节性施工技术的指导、监督、落实)
副组长:何××(季节性施工工作的协调、计划、控制)
组员:杨××(季节性施工方案的实施、监管)
周××(季节性施工分项工程的质量监督控制)
杨××(季节性施工现场安全监督、检查)
赵××(季节性施工物资调配、供应)
何××(季节性施工现场设备的监管、控制)
张××(季节性施工的天气预警及各项试验的取样、送检、收集、整理)

4. 雨季施工措施

4.1　雨季施工管理目标

4.1.1　雨季施工主要以预防为主,采取防雨及加强排水措施,确保雨季生产的正常进行,尽量减少因季节性气候对工程施工的影响。

4.1.2　加强雨季施工的信息反馈,及时掌握雨情、汛情信息。

4.2　雨季施工准备

进入雨季施工前认真查看现场总平面布置图、平面临水临电布置图,做好现场临时排水沟,保证现场雨水的顺利排除。

4.3　审图

雨季施工前认真查阅施工图纸、方案、相关安全质量规范,找出雨季施工中要进行的分项工程及所用的人、机、料、施工工艺、安全质量施工注意点等,作到雨季施工中重点突出、心中有数。

4.4　主要材料、机具计划

序号	材料名称	规格型号	单位	数量	备注
1	潜水泵	H=25m	台	10	现场排水
2	塑料布		m^2	10000	物料覆盖
3	排水管	ϕ50mm	M	2000	
4	铁锨		把	30	
5	镐		把	20	
6	小推车	0.1m^3	辆	20	水平运输
7	麻袋		条	1000	装砂土挡水
8	阻燃草帘		m^2	500	铺设道路
9	雨衣		件	300	
10	雨鞋		双	300	
11	绝缘手套		双	60	

4.5 主要施工技术措施

4.5.1 土方工程

(1)雨天严禁土方开挖、运土及土方回填,如有边坡塌陷等特殊情况时必须回填(级配砂石)时,在现场大门口处铺设阻燃草帘,并同时用水冲洗车辆,以免污染市政道路。

(2)如采用灰土回填,所使用的白灰装袋码放,底部用木方垫高200mm,上用苫布覆盖。

(3)现场按照需要设置2名专职抽水人员,并配置固定及流动水泵,雨天按照集水井顺序及时抽水,保证施工现场无积水。

(4)雨后要及时对基坑边坡进行观测,发现异常问题立刻组织人员处理。

(5)注意收听气象局的天气预报情况,根据预报的内容,安排防范重点及具体防范方法。

4.5.2 钢筋工程

(1)现场堆放的钢筋要将底部用木方垫高100mm,并在其上面用苫布或塑料布覆盖,以防钢筋锈蚀。

(2)对于施工作业面上的钢筋,一旦有锈蚀的现象,要用铁刷子除锈。

(3)为保护后浇带处的钢筋,在后浇带两边各砌一道120mm宽、200mm高的砖墙,上用彩条布及预制板封口,预制板上做防水层及砂浆保护层。

(4)钢筋加工及钢筋成型机的上方设棚防雨,下大雨时停止加工。

(5)钢筋焊接要避开风雨天气,以免影响焊接质量。

(6)进入工程的上下通道,进行彻底检查,必须钉铺防滑条。进入结构部位施工,必须先要清掉脚上泥浆。

(7)套丝头加工后及时套帽保护,电渣压力焊严禁雨天施工。

4.5.3 模板工程

(1)雨天使用的木模板拆下后要放平,以免变形。模板涂刷脱模剂,大雨过后要重新涂刷一遍。

(2)模板安装完成后,尽快浇筑混凝土,防止模板遇雨变形。若模板安装完成后不能及时浇筑混凝土,又被雨水淋过,则浇筑混凝土前要重新检查模板和支撑,如若有变形的模板,及时调整或更换。

(3)模板应放在防护棚内,下面用木方垫起,以防雨水淋湿和浸泡而变形。

4.5.4 混凝土施工

(1)混凝土浇筑不宜在大雨、暴雨时进行,小雨时浇筑完要进行覆盖,雨停后应将彩条布上的积水清除干净;必要时要对混凝土塌落度进行调整。

(2)在浇筑前2~3天注意天气变化,尽量避免雨天浇筑。一旦遇有雷阵雨天气,应用抹子找平后立即覆盖一层彩条布,待天气好转后再进行修整。

(3)雨季期间应随时测定砂、石含水率,及时调整混凝土配合比,严格控制水灰比。雨天浇筑混凝土应减小坍落度,必要时可将混凝土强度等级适当提高。

(4)浇筑板、柱混凝土时,可适当减小坍落度。梁板同时浇筑时应沿次梁方向浇筑,此时如遇雨停止施工,可将施工缝留在次梁及板上,从而保证主梁的整体性。

4.5.5 脚手架工程

(1)雨季前对所有脚手架进行全面检查,脚手架立杆底座必须牢固,外用脚手架要与墙体拉接牢固。支撑悬挑脚手架的拉结和支撑进行全面检查,重点查看支撑和拉结点是否牢固可靠,对有锈蚀和损坏的要及时加固或更换。

(2)外架基础应随时观察,如有下陷或变形,应立即处理。

(3)脚手架立杆底部必须设置垫木,并加设扫地杆,同时保证排水良好,避免积水浸泡。所有马道、斜梯均应钉防滑条。

(4)钢管及扣件堆放处必须要有可靠的防雨措施,以防止钢管及扣件应雨淋而生锈。扣件在使用前螺栓必须上油,以保证以后拆卸方便。

4.6　主要管理措施

4.6.1　雨季施工管理

(1)雨季来临前,领导小组认真组织有关人员制定雨季施工方案,并组织各分包单位对项目进行全面检查,对方案中各项措施进行落实、实施,检查施工中存在的隐患。所需材料要在雨季来临前落实到位,进入雨季后,每周定期综合检查。

(2)成立防汛领导小组,制定防汛计划和紧急情况处理措施,除包括工程本身外,还包括现场及周边建筑物的安全。

(3)项目经理部设专职的值班人员,保证昼夜有人值班并做好值班记录,同时要设天气预报员,负责收听和发布天气情况。

(4)做好施工人员的雨季施工培训工作。组织相关人员对施工现场进行一次全面检查,包括临时设施、临电、机械设备、排水情况等。

(5)检查施工现场及生产生活区的排水设施,疏通各种排水渠道,清理雨水排水口,保证雨天排水通畅。

4.6.2　施工现场管理

(1)场地排水:施工现场全部进行硬化,清理现场障碍物,道路两旁严禁堆放物品,保持现场道路畅通。

(2)检查塔吊基础是否牢固,塔基四周设置排水沟。

(3)施工现场及生产基地的工棚、仓库、食堂等在雨季前进行全面检查和维修,保证基础、屋面不塌陷、不漏雨,四周不积水。

(4)在雨季到来前,做好各塔吊和脚手架防雷装置,安全部在雨季前要对避雷装置作一次全面检查,确保防雷。

(5)加强天气预报工作,防止暴雨突然袭击,合理安排每日的工作。

(6)原材料及半成品的储存和堆放

1)水泥全部存入仓库,下面要架空通风,保证水泥不受潮。

2)码放砌体材料在其底部用木方垫起,上部用塑料布覆盖。

3)模板堆放场地为全部硬化地面,防止因地面下沉造成倒塌事故。

(7)小型设施检修及维护

1)雨季前对现场配电箱、闸箱、电缆临时支架等仔细检查,需加固的及时加固,缺盖、罩、门的及时补齐,确保用电安全。

2)大风天气,要做好大型高耸物件的防风加固措施;

4.6.3　消防工作

(1)将消防器材(如灭火器等)放置在用钢筋焊成的防雨棚内,保证防雨、防晒。

(2)对化学品、油类、易然品应专人妥善保管,防止受潮变质或起火。

4.6.4 高温防暑措施

项目部根据地市级以上气象主管部门所属气象台当日发布的预报气温，调整作业时间，给工人发放降温品，提供开水和绿豆汤，发生工人中暑及时送工地门口高家镇医院救治。

5.风季施工措施

5.1 施工部署

5.1.1 风季施工前认真查阅施工图纸、方案、相关安全质量规范，认真查看现场总平面布置图、临水/临电平面布置图，找出风季施工中要进行的分项工程及所用的人、机、料、施工工艺、安全质量施工注意点等。

5.1.2 成立防风领导小组，制定防风计划和紧急预案措施，其应包括现场和与施工有关的周边居民区。

5.2 一般措施

5.2.1 夜间均设专职的值班人员，保证昼夜有人值班并做好值班记录，同时要设置天气预报员，负责收听和发布天气情况。

5.2.2 应做好施工人员的风季施工培训工作，组织相关人员进行一次全面检查，施工现场的准备工作，包括临时设施、临电、机械设备防护等项工作。

5.2.3 随时清理现场障碍物，保持现场道路畅通。道路两旁一定范围内不要堆放物品，保证视野开阔，道路畅通。

5.2.4 检查塔吊、龙门架基础是否牢固，脚手架立杆支座必须设置通长脚手板，并加设扫地杆，同时保证连墙件连接牢固。

5.2.5 施工现场的工棚、仓库、食堂、临时住房等暂设工程及各分管单位应在风季前进行全面检查和整改，保证基础、道路不塌陷、房间不漏雨，场区不积水。

5.3 专项施工措施

5.3.1 原材料的储存和堆放

(1)水泥全部存入仓库，没有仓库的应搭设专门的棚子，保证屋盖牢固，防止被大风刮走。

(2)风季所需材料、设备及用品，如塑料布、苫布等由材料部门提前准备，及时组织进场。

5.3.2 机械设备的使用

(1)风季前对现场配电箱、闸箱、电缆临时支架等仔细检查，需加固的及时加固，缺盖、罩、门的及时补齐，确保用电安全。

(2)笼门架、脚手架等做好防风工作，大风天气，要做好大型高耸物件的防风加固措施。

(3)塔吊等大型机械在5级风以上的天气停止使用，将挂钩收好，严禁吊物并停机。

5.3.3 现场临时设施的防护

(1)主体结构出入口、管沟口等加以封闭或设防风棚；加强天气预报工作，防止大风突然袭击，合理安排每日的工作。

(2)现场临时通道均要提前疏通，并定期清理。

5.3.4 装修工程

(1)风季装修施工应精心组织，合理安排风季装修施工工序。按照晴、风、内、外相结合的原则安排施工，晴天多做外装修，风天做内装修。外装修作业前要收听天气预报，确认无大风后方可进行施工，5级风以上天气不得进行外装修作业。5级风以上天气室内工作时，应及时进行室内封闭，避免室内扬尘。

(2)室内木作、油漆及精装修在风季施工时，其室外门窗需采取封闭，防止火灾发生。

(3)外墙施工遇5级风以上天气停工后，继续施工时，应检查作业面脚手架的稳定性和施工部位的安全性，以确认是否受损、是否需加固。

(4)内装修应先安好门窗或采取遮挡措施。结构封顶前的电梯井、楼梯口、通风口及所有洞口在风季用多层板封堵。

(5)对易受污染的外装修，要制定专门的成品保护措施；每天下班前关好门窗，以防大风损坏室内装修，防止门窗玻璃被风吹坏。

(6)各种遇散装修材料应按物质保管规定，入库和覆盖防风布存放，防止变质失效；如门窗、白灰、石膏板等易被风吹散的材料应放于室内，垫高并覆盖塑料布。

6.冬季施工措施

6.1　气象资料收集及记录工作

6.1.1　冬季到来时，如连续5d的日平均气温稳定在5℃以下，则此5d的第一天为进入冬季施工的初日，即进入冬施。

6.1.2　当气温转暖时，最后一个5d的日平均气温稳定在5℃以上，则此5d的最后一天为冬季施工的终日。即解除冬施。

6.1.3　施工现场设大气测温箱，由试验员负责，日平均气温要求是1d内2、8、14和20时等4次室外气温观测结果的平均值。

宝鸡市实行冬季施工管理的时间一般定为前一年的11月15日至次一年的3月15日。

6.2　冬季施工准备工作

6.2.1　组织措施

(1)进入冬季施工前，项目部成立冬季施工领导小组，组织全体人员学习冬季施工的各项技术指标要求，认真执行建设部、辽宁省、本溪市建筑监督管理部门下发的各项冬季施工技术规程、法规和施工验收规范。

(2)进入冬季施工前，应做好施工人员的冬施培训工作，特别是对现场的测温保温人员、电焊工、锅炉司炉工等组织技术业务培训，学习本工作范围内的有关知识，明确职责，经考试合格后，方可上岗工作。

(3)组织相关人员对施工现场的过冬准备工作进行一次全面检查，包括临时设施、机械设备及保温等项工作。

(4)项目部结合本工程的施工情况，由技术部负责编制《冬季施工方案》，向全体施工人员进行专项方案交底。

6.2.2　现场准备

(1)项目部根据实物工程量提前组织有关机具、冬施材料及保温材料的统计、预订及复试工作。

(2)施工现场临时供水管道及物资材料做好保温防冻工作。

(3)项目部设置专人负责接收天气预报，将每日天气情况记录在现场天气预报牌上。

(4)本工程采用商品混凝土，根据相关规范、规程和现场情况向混凝土供应商提出详细的混凝土技术及运输要求，以确保冬期施工的混凝土工程的质量；

(5)现场泵管在混凝土浇筑前，必须用阻燃草帘包裹密实；临时供水的管道应用保温材料包裹、彩条布扎紧进行保温，防止管内水冻结造成供水中断。

(6)在混凝土浇筑前,应进行周密的组织和准备;在浇筑过程中,应进行合理的控制及协调;在浇筑完毕后,应及时的进行养护及保温。以使混凝土浇筑连续、快速、有序进行,避免混凝土受冻。

6.2.3 材料准备

冬期施工的材料见下表。

冬施材料一览表

材料名称	规格	单位	数量
塑料布	/	m^2	3000(周转使用)
草垫	/	m^2	3000(周转使用)
棉被	1500×2000	条	300,根据需要增加
彩条布	/	m^2	2000(雨雪覆盖)
温度计	-30~1000℃	根	50
测温管	20cm(35cm)	个	先制作100,根据需要再增加
无烟煤	/	t	先进场1t,根据需要再增加
火炉	/	个	20~25
干粉灭火器	/	个	20(仅冬施增加量)

6.2.4 安全与防火

(1)施工用电安全:冬季施工前项目部统一检查现场施工用电设备及设施的安全防护、漏电保护情况是否符合要求,建立冬季定期检查制度。由专业电气工程师复核计算现场冬施期间的电容情况,是否满足施工需要。

(2)大雪后必须将操作面的积雪清扫干净,并检查马道平台,如有松动下沉现象,务必及时处理。

6.3 冬季施工专项措施

6.3.1 土方回填工程

(1)土方回填前应先清除槽底的垃圾、冰雪等。

(2)回填土可采用少量含有冻土块的土进行回填,但冻土块的粒径不得大于15cm,且其含量不得超过回填土体积的15%,且应均匀分布,并应逐层夯实。填方边坡的表层1m以内,不得使用含有冻土块的土回填。基槽回填的上层部位应用未冻的或透水性好的土回填。

(3)冬期土方回填时,每层铺土厚度应比常温施工时减少20%~25%,即根据采用蛙式打夯机夯实、常温下回填分层厚度250mm~300mm计算,冬施期间分层回填厚度应控制在200mm~240mm。回填时,可在混凝土外墙上按回填厚度弹线控制。

6.3.2 钢筋工程

(1)钢筋堆放场地必须作好排水,钢筋原材或已成型钢筋应架空处理,其高度距离地面不少于30cm。雨、雪天气时,钢筋必须用彩条布覆盖,避免雪水锈蚀钢筋,如已锈蚀的钢筋必须进行除锈后方可使用,严重锈蚀的钢筋不得使用。

(2)在负温下冷拉的钢筋采用控制冷拉率方法,本工程应用的盘圆$\phi6$、$\phi8$钢筋的冷拉率不得超过10%。冷拉钢筋在冷拉后应进行外观质量检查,其表面不得有裂纹和局部颈缩。根据现场条件可考虑改用调直机。

(3)当温度低于－20℃时,不得对低合金Ⅱ、Ⅲ级钢筋进行冷弯操作,以避免在钢筋冷弯点处发生强化,造成钢筋脆断。

(4)钢筋在负温下可进行电弧焊焊接,但当环境气温低于－20℃时,不宜进行施焊。

(5)雪天或施焊现场风速超过5.4m/s(3级风)焊接时,应采取遮蔽措施,焊接后冷却的接头应避免碰到冰雪。

(6)钢筋负温电弧焊时,可根据钢筋级别、直径、接头形式和焊接位置,选择焊条和焊接电流。焊条应放置在保温箱内,随用随取,避免受潮。焊接时应采取防止产生过热、咬肉和裂纹等措施。

(7)在负温条件下进行电渣压力焊时,接头药盒拆除的时间宜延长2分钟左右,接头的壳渣延长5分钟左右,方可打渣。

6.3.3　混凝土工程

(1)混凝土工程冬施期间原材要求

1)本工程用于结构施工的混凝土全部采用商品混凝土。对搅拌站与现场的距离、冬季生产及运输能力、冬季的保温及商品混凝土防冻具体实施措施等进行综合检查。

2)在冬期施工前,应先对搅拌站提出冬施期间施工的混凝土的技术要求,以保证冬期施工的混凝土质量。要求冬期施工期间混凝土到场温度不得低于15℃。

3)混凝土配制要求:冬施所配制的混凝土应选用普通硅酸盐水泥,水泥标号42.5,最小水泥用量不小于300kg/m^3,水灰比不大于0.6(重量比),由于掺入防冻剂,严禁使用高铝水泥。搅拌前,应用热水或蒸汽冲洗搅拌机,搅拌时间应为常温搅拌时间的1.5倍。

4)拌制掺用防冻剂的混凝土应符合下列规定:

A.防冻剂溶液的配制及防冻剂的掺量应符合现行国家标准的有关规定;

B.在掺用氯盐类防冻剂时,氯盐掺量不得大于水泥重量的1%(按无水状态计算),且必须振捣密实。

(2)混凝土的运输及浇筑

1)在混凝土浇筑前,必须向搅拌站传送混凝土浇筑申请单,注明浇筑部位、混凝土等级、浇筑量、预计浇筑时间和其它技术要求,搅拌站应根据浇筑申请单上的相关内容合理安排生产作业、运输车次,保证施工现场所需混凝土准确、充足、及时、连续供应,搅拌站必须保证混凝土运至现场的温度不低于15℃。

2)现场应根据当日混凝土浇筑作业计划,作好混凝土浇筑准备。作业班组的确定、作业面准备、泵管架设及浇筑机械工具准备、防冻御寒和成品保护的材料准备均应在混凝土运送至现场前完成,避免混凝土运至现场后等待浇筑的时间过长、混凝土初凝或混凝土温度下降造成的浇筑后受冻。

3)混凝土浇筑前,对混凝土地泵进行检查,以避免在浇筑过程中的机械故障造成浇筑延误导致的混凝土受冻。

4)混凝土在浇筑前,应清除模板和钢筋上的冰雪和污垢,混凝土泵管在连接完毕后要用草垫进行保温。

5)混凝土入模温度不得低于50℃,运输、浇筑和间歇的全部时间不应超过120分钟。由于混凝土在低温情况下塌落度降低,所以必须加强振捣,避免麻面、蜂窝或狗洞等质量问题的出现。

6)当混凝土因凝结或冻结而降低流动性后,不得二次加水拌合使用,塌落度及和易性不能满足要求的混凝土应立即退场。

(3)混凝土的养护

1)混凝土受冻临界强度：本工程冬期混凝土采用普通硅酸盐水泥配制，受冻临界强度应为设计的混凝土强度标准值的30%；掺用防冻剂的混凝土在受冻前，当室外最低气温不低于－15℃时混凝土抗压强度不得小于4.0N/mm²。

2)本工程混凝土结构采用综合蓄热法，即由搅拌站采取措施使混凝土进场时达到要求的温度，并加入一定量的防冻外加剂，在特殊情况下采用保温的方式，使混凝土在受冻前达到临界强度的冬期施工的养护方法。

3)如覆盖无法满足混凝土养护临界要求，可在顶板混凝土浇筑前，将下一层的门窗洞口用阻燃草帘和彩条布封堵，每100m² 左右设置一个暖炉，视情况在暖炉上方30～50cm处焊接由铁皮制作的储水盒，储水盒内蓄水5～10cm左右。设置暖炉能加强暖炉所在楼层的结构墙体的后期养护，同时储水盒经缓慢加热后生成的水蒸气能使墙体处于温湿条件下，加快混凝土强度增长速度，也使顶板模板受热均匀，避免集中一点加热因温差较大造成顶板混凝土开裂。暖炉应在顶板混凝土浇筑1～2h前准备完毕，对顶板模板进行预热。

4)视大气温度高低，顶板混凝土浇筑完毕后，立即覆盖一层再生塑料薄膜，塑料薄膜上再覆盖一层草垫进行保温。对边、棱角部位的保温厚度应增大到面部位的2倍。混凝土在养护期间应防风防失水。

5)混凝土同条件试块应放在相应施工层，与混凝土浇筑部位保温方法一致。

6)在负温条件下养护，严禁浇水且外露表面必须覆盖。

7)墙柱混凝土，应根据同条件试块强度达到混凝土临界强度4.0Mpa时，方可拆除侧模。当拆模后混凝土的表面温度与环境温度差大于15℃时，对混凝土采用覆盖草帘或在墙面挂草帘。

(4) 混凝土的质量检查

1)混凝土浇筑过程中，按下列规定进行检查：

A、检查混凝土在浇筑地点的坍落度；

B、在一工作班内，当混凝土配合比受外界影响变动时应及时检查；

C、测量商品混凝土出罐车时的温度和浇筑时的温度；

2)混凝土养护期间温度的测量应符合以下规定：

A、对掺用防冻剂的混凝土，在强度未达到4N/mm² 以前或受冻临界强度未达到标准值的30%前每2h测定一次，以后每6h测定一次，利用时间与强度曲线的关系，进行混凝土试压确定。

B、室外气温及周围环境温度在每昼夜内至少应定时定点测量四次。大气测温时间为：8:00，14:00，20:00，夜02:00。

3)混凝土养护温度的测温方法应符合下列规定：

A、全部测温孔均编号，并绘制测温孔布置图(暂定间距5m左右设1个测温孔)，测量结果应填入正式记录；

B、测温孔设置在温度变化大易冷却的部位，顶板设置在板的边缘附近，墙体测温孔设置在墙体转角处，间距应基本一致；

C、测温管采用钢管制作，管径为15mm，长度根据墙、板厚度确定。测温管在浇筑混凝土后，及时插入到规定部位，插入深度应不小于板或墙厚度的1/2。详见下图。

D、测温可采用电子测温仪或温度计，冬期施工所使用的温度计可以使用水银或油性温度

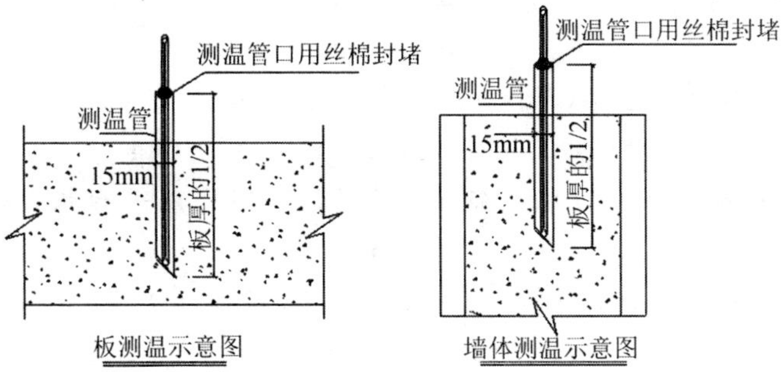

测温示意图

计,但不宜使用酒精温度计。

4)用于检查结构构件混凝土质量的试件,应在混凝土的浇筑地点随机取样制作,试块的留置应符合下列规定:

A、每拌制100盘且不超过100m^3的同配合比的混凝土,其取样不得少于一次。

B、每工作班拌制的同配合比混凝土不足100盘时其取样不得少于一次。

C、对现浇混凝土结构,其试块留量尚且应满足以下规定:每一现浇楼层同配合比混凝土,其取样不得少于一次。

D、除以上A、B、C三条规定外,冬施应增设不少于三组与结构同条件养护的试块,分别用于检查受冻前的混凝土强度和转入常温养护28天的混凝土的强度以及用于折模的混凝土的强度。

E、每次取样应至少留置一组标准试件,试块应在浇筑地点制作,同条件养护试件的留置组数,可根据实际需要确定,并应放在施工现场,与浇筑点混凝土相同条件一起养护。

F、与结构构件同条件养护的受冻混凝土试件,解冻后方可试压。

5)所有各项测量及检验结果,应记录清楚、准确,及时报送技术部,以便出现特殊情况时,随时采取措施解决。

(5)热工计算

1)混凝土蓄热养护冷却到0℃时的时间计算

商品混凝土要求到达现场温度不低于15℃,考虑模板和钢筋的吸热影响,混凝土运输到成型完成时的温度按下式计算:

$$T_3=\frac{C_C m_C T_2+C_f m_f T_f+C_S m_S T_S}{C_C m_C+C_f m_f+C_S m_S}$$

T_3——考虑模板和钢筋的吸热影响,混凝土运输到成型完成时的温度;

T_2——混凝土拌合物运输到现场的温度(℃),要求搅拌站运输混凝土到达工地的温度不低于15℃,根据往年较低气温室外温度为-15℃,温差约30℃,查《建筑施工计算手册》,在混凝土经泵管运输至浇筑地点时热量损失造成的温度下降约3.5℃,即入模温度为11.5℃;

C_C——混凝土的比热容[kj/(kg·k)],取1kJ/(kg·k);

C_f——模板的比热容[kj/(kg·k)],以木材考虑,取2.0J/(kg·k);

C_S——钢筋的比热容[kj/(kg·k)],以钢材考虑,取0.48J/(kg·k);

m_C——每立方米混凝土重量(kg),取2400 kg/m^2;

m_f——与每立方米混凝土相接触的模板重量(kg),根据工程实际情况,以易受冻害且混凝土水化热最小的顶板(板厚100mm)考虑，与每立方米混凝土接触的木模板面积为：

$$1\div0.1=10m^2$$

查《建筑施工手册》取的重量0.03kN/m²，计算模板重量：

$$m_f=10\times0.03\times0.102\times1000=30.6kg$$

m_f——与每立方米混凝土相接触的钢筋重量(kg)，同样以平台板(底筋 $\Phi10@200mm$)计算：

$\Phi10$ 钢筋单排双向长度为10½×16×2=101m，(0.617kg/m)

$$m_S=101\times0.617=62.4kg$$

T_f、T_S——模板、钢筋的温度，根据往年较低气温考虑，取−15℃

将所得数据带入公式为

$$T_3=\frac{C_Cm_CT_2+C_fm_fT_f+C_Sm_ST_s}{C_Cm_C+C_fm_f+C_Sm_S}$$
$$=10.5℃$$

即混凝土浇筑完成后的温度为10.5℃。(注：此为计算数据，根据相关要求，实际混凝土到场温度不低于10℃、入模温度不低于5℃即可满足冬施要求)

混凝土蓄热养护养护开始到任一时刻 t 的温度按下式计算：

$$T=\eta e^{-\theta\cdot V_{Ce}\cdot t}-\phi e^{-V_{Ce}\cdot t}+T_{m,a}$$

T——混凝土蓄热养护养护开始到任一时刻的温度；

ϕ——综合参数，由 $\varphi=\frac{V_{Ce}\cdot Q_{Ce}\cdot m_{Ce}}{V_{Ce}\cdot C_C\cdot p_C-\omega\cdot K\cdot M}=$计算；

η——综合参数，由 $\eta=T_3-T_{m,a}+\varphi$ 计算；

θ——综合参数，由 $\theta=\frac{\omega\cdot K\cdot M}{V_{Ce}\cdot C_C\cdot p_C}$计算；

e——自然对数底，取 $e=2.72$

V_{Ce}——水泥水化速度系数(h^{-1})，本工程冬期施工混凝土使用的水泥要求不低于P.O 42.5，查《建筑施工计算手册》$V_{Ce}=0.013$

t——混凝土蓄热养护开始到任一时刻的时间(h)；

$T_{m,a}$——混凝土蓄热养护开始到任一时刻t的平均气温，取平均气温为−5℃；

T_3——混凝土入模温度，根据前列数据为11.5℃；

Q_{Ce}——水泥水化累积最终放热量(KJ/Kg)，按P.O 42.5水泥，查《建筑施工计算手册》为330 KJ/Kg；

m_{Ce}——每立方米混凝土水泥用量，根据《建筑工程冬期施工规程》，冬期施工每立方米水泥最小用量不小于300kg/m³，计算中按最小值取300kg/m³；

C_C——混凝土的比热容，查《建筑施工计算手册》取1kJ/(kg·k)

p_C——混凝土的质量密度，取2400 kg/m²；

ω——透风系数，按风速为中级考虑($3\leqslant V_W\leqslant5m/s$)，保温材料采用阻燃保温草帘，查《建筑施工计算手册》，按易透风保温材料外包不易透风材料项取值为1.8；

K——结构维护层的总传热系数(Kj/m²·h·K)，按 $K=\frac{3.6}{0.04+\sum_{i=1}^{n}\frac{d_i}{\lambda_i}}$计算，

d_i——第 i 层维护层厚度(m),木模按覆盖2层阻燃草帘按 2×40mm=80mm 计算;

λ_i——第 i 层维护层的导热系数(W/m·K),阻燃草帘以0.1计算;

$$K=\frac{3.6}{0.04+\sum_{i=1}^{n}\frac{d_i}{\lambda_i}}=4.09$$

M——结构的表面系数,按公式,$M=\frac{A(\text{混凝土结构表面积})(m^2)}{V(\text{混凝土结构的体积})(m^3)}$,取 $1m^3$ 混凝土、10cm厚板计算:$M=10$

三个综合参数计算分别为:

$$\phi=\frac{V_{Ce}\cdot Q_{Ce}\cdot m_{Ce}}{V_{Ce}\cdot C_c\cdot p_c-\omega\cdot K\cdot M}=-30.3$$

$$\eta=T_3-T_{m,a}+\varphi=11.5-(-5)+(-30.3)=-13.8$$

$$\theta=\frac{\omega\cdot K\cdot M}{V_{Ce}\cdot C_C\cdot p_C}=2.36$$

计算混凝土蓄热养护开始到任一时刻 t 的温度:

$$T=\eta e^{-\theta\cdot V_{Ce}\cdot t}-\varphi e^{-V_{Ce}\cdot t}+T_{m,a}=0.68℃$$

即养护温度5d后,混凝土温度已接近零度。

2)混凝土蓄热养护开始到任一时刻 t 的平均温度计算

混凝土蓄热养护开始到任一时刻 t 的平均温度按下式计算:

$$T_m=\frac{1}{V_{Ce}\cdot t}(\varphi e^{-V_{Ce}\cdot t}+\frac{\eta}{\theta}e^{-\theta\cdot V_{Ce}\cdot t}+\frac{\eta}{\theta}-\varphi)+T_{m,a}$$

T_m——混凝土蓄热养护开始到任一时刻 t 的平均温度;混凝土养护到0℃时,约需120小时的时间,此段时间内混凝土的平均温度计算如下:

$$\begin{aligned}T_m&=\frac{1}{V_{Ce}t}(\varphi e^{-V_{Ce}\cdot t}-\frac{\eta}{\theta}e^{-\theta\cdot V_{Ce}\cdot t}+\frac{\eta}{\theta}-\varphi)+T_{m,a}\\&=\frac{1}{0.013\times 96}\times[-19.08\times 2.72^{-0.013\times 96}-\frac{2.58}{3.16}2.72^{-3.16\times 0.03\times 96}+\frac{-2.58}{3.16}-(-19.08)]+(-5)\\&=0.64\times[-30.3\times 0.21-(-5.85)\times 0.025-5.85+30.3]-5\\&=0.64\times(-6.363+0.15-5.85+30.3)-5\\&=0.64\times 18.24-5\\&=6.67℃\end{aligned}$$

即混凝土养护约120小时到0℃时,混凝土平均温度为6.67℃。

3)混凝土养护结果根据施工开始后的"混凝土养护测温记录表",以成熟度和成熟度系数法进行计算,以检验养护效果。

6.4 冬施安全注意事项

6.4.1 根据冬施任务特点,对职工进行冬施安全生产教育,严格安全生产责任制,制定冬施安全措施,并结合本工程做好书面交底。

6.4.2 高空作业遇大风雪(六级及以上大风)应及时停止操作,风雪后要对架体、供电线路及起重设施等进行检查,发现问题及时解决,并应清理干净冰雪后再施工,防止滑倒跌伤。

6.4.3 施工现场严禁吸烟,工地临时用火要有审批制度,开动火证。施工现场严禁使用明火或碘钨灯取暖。

6.4.4 材料房、宿舍一律不得生火，现场施工用火炉(包括专业施工队宿舍)要有防火措施，专人不间断看护，配备充足的防火器材。

6.4.5 生活区火源要加强管理。食堂在入冬前应全面检查，避免安全事故发生。

6.4.6 电气焊作业应设专人看火，并备有消防用具。易燃、易爆物品器材受冻后严禁用明火加热或进行烘烤解冻。

6.4.7 现场消防器材齐全，消火栓、上下管线要试水，有防冻措施并设明显标志。

6.4.8 冬施前，对职工宿舍、办公室采用电力能源取暖的要统一检查，严禁私拉乱接，验收合格后方可使用，严禁使用电炉、太阳灯取暖，并有专人管理，经常检查，防止漏电伤人。

6.4.9 电源开关，控制箱等设置要加锁，并设专人负责管理，防止漏电触电。

6.4.10 当采用暖炉加温时应将烟或燃烧气体排至棚外，并应采取防止烟气中毒和防火措施。暖炉应设置风斗，以便排除烟气。看火人员在看火期间严禁睡觉，应保持清醒状态，如有头晕或呼吸困难等中毒迹象，应立即至门窗洞口处呼吸新鲜空气，并呼叫他人抢救。非看火人员不得进入加温楼层。暖炉在使用后，及时作好炉渣清理工作，特别注意仔细检查有无未熄灭的余火，确认无危险后，方可离开。暖炉周围不得存放易燃、易爆物。

6.4.11 工地现场内剩余的建筑材料统一堆放，钢筋、模板、木方、扣件等放入仓库或在工地堆放场堆放整齐，进行覆盖，防止雨雪，以免受潮。

6.4.12 各种化学外加剂及有毒物品、油料等可燃物品要设专库存放、专人负责管理，并建立严格的领发制度。

6.4.13 各种架子、上人马道要牢固可靠，并定期进行检修，大风或雪后要认真清扫、检查，及时消除隐患，施工人员要做到遵章守纪，杜绝违章作业、违章指挥和冒险作业。

6.4.14 保证消防设施及消防用水水源供应，保持道路通畅，消火栓和消防水源应有明显标志。

6.4.15 在内部装饰施工及机电安装工程阶段，应做好防冻保温工作，注意天气预报，注意大风天气及寒流袭击对安全生产带来的影响，加强场内防火、防盗、防破坏、防管线冻胀破坏等工作。

6.4.16 施工现场安排保卫人员统一看管，24小时轮流值班、现场巡逻，防止各种意外事件发生。

4.2.49 施工现场安全生产事故应急预案

火灾事故应急准备与响应预案

1.编制目的

为使发生火灾时能采取最有效的方法抢救被困人员或自救，同时尽可能不使火势蔓延，最大限度减小经济损失，特制定本预案。

2.组织机构及职责

由项目部成立应急响应指挥部，负责指挥及协调工作。

组长：赵××

成员：李××、王××、赵××、钱××、孔××

具体分工如下：

(1)周×× 负责立即组织人员进行扑救。

(2)郝××负责组织人员疏导被困人员、维持现场秩序。

(3)孙××负责立即同医院、公安、消防部门的联系，说明详细事故地点、事故情况，并派人到路口接应。

(4)王××负责现场物资、车辆的调度。

3. 火灾事故应急措施

(1)立即报警。当接到汇报施工现场火灾发生信息后，指挥小组立即拨打“119”火警电话，并及时通知集团公司应急抢险领导小组，以便领导了解和指挥扑救火灾事故。

(2)组织扑救火灾。当基地或施工现场发生火灾后，除及时报警外，指挥小组要立即组织义务消防队员和员工进行扑救，扑救火灾时按照“先控制、后灭火；救人重于救火；先重点后一般”的灭火战术原则。并派人及时切断电源，接通消防水泵电源，组织抢救伤亡人员，隔离火灾危险源和重要物资，充分利用施工现场中的消防设施器材进行灭火。

(3)协助消防员灭火。在自救的基础上，当专业消防队到达火灾现场后，火灾事故应急指挥小组要简要的向消防队负责人说明火灾情况，并全力支持消防队员灭火，要听从消防队的指挥，齐心协力，共同灭火。

(4)伤员身上燃烧的衣物一时难以脱下时，可让伤员躺在地上滚动，或用水洒扑灭火焰。

(5)保护现场。当火灾发生时和扑救完毕后，指挥小组要派人保护好现场，维护好现场秩序，等待对事故原因及责任人的调查。同时应立即采取善后工作，及时清理，将火灾造成的垃圾分类处理并采取其他有效措施，从而将火灾事故对环境造成的污染降低到最低限度。

(6)火灾事故调查处置。按照集团公司事故(事件)报告分析处理制度规定，项目部火灾事故应急准备和响应指挥小组在调查和审查事故情况报告出来以后，作出有关处理决定，重新落实防范措施。并报集团公司应急抢险领导小组和上级主管部门。

附：施工现场灭火器材布置图(略)。

4. 应急物资

常备药品：消毒用品、急救物品(绷带、无菌敷料)及各种常用小夹板、担架、止血带、氧气袋、灭火器等救火物资。

5. 通讯联络

医院急救中心：120 火警：119 匪警：110

工地现场值班电话：×××××××××

有关负责人电话：×××××××××

项目负责人：赵××	手机：136××××××××
安全员：王××	手机：138××××××××
技术负责人：李××	手机：133××××××××
施工员：孙××	手机：136××××××××

6. 注意事项

(1)贵重的书画文物及重要的档案资料等，一旦着火不可用水扑救。

(2)凡比重轻于水的易燃液体着火后不宜用水扑救，因为着火的易燃液体会漂在水面上，到处流淌，反而造成火势蔓延。

(3)高压电器设备失火不能用水来扑救,一是水能导电容易造成电器设备短路烧毁,二是容易发生高压电流沿水柱传到消防器材上,造成消防人员伤亡。

(4)硫酸、硝酸、盐酸遇火不能用水扑救,因为这三种强酸遇火后发生强烈的发热反应,引起强酸四处飞溅,甚至发生爆炸。

(5)金属钾、钠、锶和易燃的铝粉、锰粉等着火,千万不可用水扑救,因为它们会与水发生化学反应,生成大量可燃性气体—氢气,不但火上浇油,而且极易发生爆炸。

坍塌倒塌事故应急准备与响应预案

1.编制目的

为有效防止事故扩大,降低员工生命危险,最大限度减小经济损失,特制定本预案。

2.组织机构及职责

由项目部成立应急响应指挥部,负责指挥及协调工作。

组长:赵××

成员:章××、王××、周××、吴××、李××

具体分工如下:

(1)赵××负责立即组织人员抢救伤员。

(2)章××负责组织人员进行塌方处理。

(3)王××负责立即同医院、劳动等部门的联系,说明详细事故地点、事故情况,并派人到路口接应。

(4)李××负责现场物资、车辆的调度。

3.坍塌倒塌事故应急措施

(1)事故发生后应立即报告应急抢险指挥部。

(2)挖掘被掩埋伤员及时脱离危险区。

(3)清除伤员口、鼻内泥块、凝血块、呕吐物等,将昏迷伤员舌头拉出,以防窒息。

(4)进行简易包扎、止血或简易骨折固定。

(5)对呼吸、心跳停止的伤员予以心脏复苏。

(6)尽快与120急救中心取得联系,详细说明事故地点、严重程度,并派人到路口接应。

(7)组织人员尽快解除重物压迫,减少伤员挤压综合症的发生,并将其转移至安全地方。

(8)若有骨折时应及时用夹板等简易固定后立即送医院。

(9)基坑:

1)加强排水、降水措施;

2)加强支护和支持加桩板等,对边坡薄弱环节进行加固处理;

3)迅速运走坡边弃土、材料、机械设备等重物;

4)削去部分坡体,减缓边坡坡度。

(10)在没有人员受伤的情况下,现场负责人应根据实际情况研究补救措施,在确保人员生命安全的前提下,组织恢复正常施工秩序。

(11)现场安全员应对脚手架、井架、塔吊等施工设备倒塌事故进行原因分析,制定相应的纠正措施,认真填写伤亡事故报告表、事故调查等有关处理报告,并上报集团应急抢险领导小组。

4.应急物资

常备药品：消毒用品、急救物品(绷带、无菌敷料)及各种常用小夹板、颈托、担架、止血带、氧气袋等物资。

5. 通讯联络

医院急救中心：120 火警：119 匪警：110

工地现场值班电话：××××××××

有关负责人电话：××××××××

项目负责人：赵××　　手机：136××××××××

安全员：王××　　手机：138××××××××

技术负责人：李××　　手机：133××××××××

施工员：孙××　　手机：136××××××××

6. 注意事项

(1)应立即停止施工。

(2)注意观察基坑周边建筑物或设备。

(3)人工胸外心脏挤压、人工呼吸不能轻易放弃，必须坚持到底。

高处坠落事故应急准备与响应预案

1. 编制目的

为确保我项目部高处坠落事故发生以后，能迅速有效地开展抢救工作，最大限度地降低员工及相关方生命安全风险，特制定本预案。

2. 组织机构及职责

由项目部成立应急响应指挥部，负责指挥及协调工作。

组长：赵××

成员：章××、王××、周××、吴××、李××

具体分工如下：

(1)赵××负责现场，任务是掌握了解事故情况，组织现场抢救。

(2)章××负责联络，任务是根据指挥小组命令，及时布置现场抢救，保持与当地电力、建设行政主管部门及劳动部门等单位的沟通。

(3)王××负责维持现场秩序，做好当事人、周围人员的问讯记录。

(4)周××负责妥善处理好善后工作，负责保持与当地相关部门的沟通联系。

3. 高处坠落事故应急措施

(1)迅速将伤员脱离危险场地，移至安全地带。

(2)保持呼吸道通畅，若发现窒息者，应及时解除其呼吸道梗塞和呼吸机能障碍，应立即解开伤员衣领，消除伤员口鼻、咽、喉部的异物、血块、分泌物、呕吐物等。

(3)有效止血，包扎伤口。

(4)视其伤情采取报警直接送往医院，或待简单处理后去医院检查。

(5)伤员有骨折，关节伤、肢体挤压伤，大块软组织伤都要固定。

(6)若伤员有断肢情况发生应尽量用干净的干布(灭菌敷料)包裹装入塑料袋内，随伤员一起转送。

(7)预防感染、止痛，可以给伤员用抗生素和止痛剂。

(8)记录伤情,现场救护人员应边抢救边记录伤员的受伤机制、受伤部位、受伤程度等第一手资料。

(9)立即拨打120向当地急救中心取得联系(医院在附近的直接送往医院),应详细说明事故地点、严重程度、本部门的联系电话,并派人到路口接应。

(10)项目指挥部接到报告后,应立即在第一时间赶赴现场,了解和掌握事故情况,开展抢救和维护现场秩序,保护事故现场。

4.应急物资

常备药品:消毒用品、急救物品(绷带、无菌敷料)及各种常用小夹板、颈托、担架、止血带、氧气袋。

5.通讯联络

医院抢救中心:120 匪警:110 火警:119

工地现场值班电话:××××××××

有关负责人电话:××××××××

项目负责人:赵×× 手机:136××××××××

安全员:孙×× 手机:138××××××××

技术负责人:钱×× 手机:133××××××××

6.注意事项

(1)事故发生时应组织人员进行全力抢救,视情况拨打120急救电话和马上通知有关负责人。

(2)重伤员运送应用担架,腹部创伤及背柱损伤者,应用卧位运送;胸部伤者一般取半卧位,颅脑损伤者一般取仰卧偏头或侧卧位,以免呕吐误吸。

(3)注意保护好事故现场,便于调查分析事故原因。

触电事故应急准备与响应预案

1.目的

为确保我项目部触电事故发生以后,能迅速有效地开展抢救工作,最大限度地降低员工及相关方生命安全风险,特制定本预案。

2.组织机构及职责

由项目部成立应急响应指挥部,负责指挥及协调工作。

组长:赵××

成员:章××、王××、周××、吴××、李××

具体分工如下:

(1)赵××负责现场,任务是掌握了解事故情况,组织现场抢救。

(2)章××负责联络,任务是根据指挥小组命令,及时布置现场抢救,保持与当地电力、建设行政主管部门及劳动部门等单位的沟通。

(3)王××负责维持现场秩序,做好当事人、周围人员的问讯记录。

(4)李××负责妥善处理好善后工作,负责保持与当地相关部门的沟通联系。

3.触电事故应急措施

(1)现场人员应当机立断地脱离电源,尽可能的立即切断电源(关闭电路),亦可用现场得到的绝缘材料等器材使触电人员脱离带电体。

(2)将伤员立即脱离危险地方,组织人员进行抢救。

(3)若发现触电者呼吸或呼吸心跳均停止,则将伤员仰卧在平地上或平板上立即进行人工呼吸或同时进行体外心脏按压。

(4)立即拨打120向当地急救中心取得联系(医院在附近的直接送往医院),应详细说明事故地点、严重程度、本部门的联系电话,并派人到路口接应。

(5)立即向所属公司、集团公司应急抢险领导小组汇报事故发生情况并寻求支持。

(6)维护现场秩序,严密保护事故现场。

4.应急物资

常备药品:消毒用品、急救物品(绷带、无菌敷料)及氧气袋。

5.通讯联络

医院抢救中心:120 匪警:110 火警:119

工地现场值班电话:××××××××

有关负责人电话:××××××××

项目负责人:赵××　　手机:138××××××××

安全员:钱××　　手机:133××××××××

技术负责人:孙××　　手机:136××××××××

6.注意事项

(1)在未脱离电源时,切不可用手去拉触电者。

(2)事故发生时应组织人员进行全力抢救,视情况拨打120急救电话和马上通知有关负责人。

(3)注意保护好事故现场,便于调查分析事故原因。

(4)心肺复苏抢救措施要坚持不断的进行(包括送医院的途中)不能随便放弃。

道路管线事故应急准备与响应预案

1.编制目的

为确保我项目部道路管线事故发生后,能迅速地展开抢救工作,最大限度减少经济损失,特制定本预案。

2.组织机构及职责

由项目部成立应急响应指挥部,负责指挥及协调工作。

组长:赵××

成员:章××、王××、周××、吴××、李××

具体分工如下:

(1)赵××负责现场,任务是掌握了解事故情况,组织现场抢救。

(2)章××负责联络,任务是根据指挥小组命令,及时布置现场抢救,保持与当地电力、煤气、建设行政主管部门及劳动部门等单位的沟通。

(3)李××负责维持现场秩序,做好当事人与周围人员的问讯记录。

3.道路管线事故应急措施

(1)事故第一现场人员应立即报告应急指挥小组,并停止施工。

(2)当机立断,尽快将受伤人员脱离危险地方,防止二次伤害。

(3)立即组织职工自我救护队进行自救,并向当地120急救中心取得联系,说明事故地点、严重程度,并派人到路口接应。

(4)加强支护和支持加桩板等,对边坡薄弱环节进行加固处理。

(5)如由周边弃土、堆料或其他机械设备施工所致,则迅速运走弃土、堆料和机械设备,并派专人负责基坑土体隆起和开挖时周边的位移与沉降变化的监测工作。

(6)项目部接到报告后,应立即指令全体成员在第一时间赶赴现场,了解和掌握事故情况,开展抢救和现场秩序的维护。

(7)指令善后人员到达事故现场,做好与当事人家属的接洽善后等工作。

(8)现场安全员对事故进行原因分析,制定相应的整改措施,认真填写事故报告和相关处理报告,并上报公司及上级机关。

4.应急物资

常备药品:消毒用品、急救物品(绷带、无菌敷料)及各种常用小夹板、止血带、氧气袋。

5.通讯联络

医院急救中心:120 火警:119 匪警:110

工地现场值班电话:××××××××

有关负责人电话:××××××××

项目负责人:赵×× 手机:138××××××××

安全员:钱×× 手机:136××××××××

技术负责人:孙×× 手机:136××××××××

施工员:李×× 手机:138××××××××

6.注意事项

(1)事故发生后应立即停止施工,关闭机械,以免二次伤害。

(2)要求心肺复苏坚持不断的进行(包括送医院的途中)不能随意的放弃。

食物中毒事故应急准备与响应预案

1.编制目的

施工现场人员多,饮食卫生关系众多人员的生命健康。一旦发现食物中毒事故,将会导致施工现场人员的生命健康受到威胁和直接的经济损失。为确保我项目部中毒事故发生以后,能迅速有效地开展抢救工作,并能积极而因地制宜、分秒必争地给予妥善的处理,最大限度地降低员工及相关方生命安全风险,提高后期的抢救成功率,特制定本预案。

2.组织机构及职责

由项目部成立应急响应指挥部,负责指挥及协调工作。

组长:赵××

成员:章××、王××、周××、吴××、李××

具体分工如下:

(1)赵××任务是了解掌握疫情,组织现场抢救指挥。

(2)王××任务是根据指挥组指令,及时布置现场抢救,对中毒人员的呕吐物取样,保持与当地防疫部门、建设行政主管部门的沟通,并及时通知当事人的亲人。

(3)周××任务是维护现场秩序、保护事发现场、做好当事人、周围人员的问讯记录,保持与当地公安部门的沟通。

(4)吴××负责妥善处理好善后工作,保持与当地相关部门的沟通联系。

3.食物中毒事故应急措施

(1)事故出现立即向急救中心120呼救。讲清中毒人员症状、持续时间、人数、地点,并派人到路口接应。

(2)用人工刺激法,用手指或钝物刺激中毒者的咽弓及咽后壁,用来催吐,如此反复直到吐出物为清亮液体为止。

(3)对可疑的食物禁止再食用,收集呕吐物、排泄物及血、尿送到医院做毒物分析。

(4)对于催吐无效或神态不清者可让其喝牛奶或蛋清等润滑剂来洗胃,结合毒物而防止毒物的吸收并保护胃黏膜。

(5)用硫酸镁15~30g加水200mL来给中毒者导泻。

(6)项目部指挥部接到报告后,即指令全体人员在第一时间赶赴现场,了解和掌握疫情,开展抢救和维护现场秩序,封存事故现场,获取中毒食品化验样品,供卫生防疫部门检验。

(7)现场安全员应对中毒事故进行原因分析,制定相应的纠正预防措施,认真填写事故调查报告,并上报公司及有关上级机关。

4.应急物资

常备药品:消毒用品、氧气袋。

5.通讯联络

医院抢救中心:120 匪警:110 火警:119

工地现场值班电话:××××××××

有关负责人电话:××××××××

项目负责人:赵×× 手机:138××××××××

安全员:钱×× 手机:136××××××××

技术负责人:孙×× 手机:133××××××××

6.注意事项

(1)事故发生时应组织人员进行全力抢救,视情况拨打120急救电话和马上通知有关负责人。

(2)如果患者昏迷则需侧躺送医院救治,以免自然呕吐时,将呕吐物吸入气管里面。

(3)不可作口对口人工呼吸,以免将毒物吸入施救者体内造成中毒。

(4)误食腐蚀性毒物(如强酸、强碱类)者或昏迷者,或抽筋者或中毒孕妇不可进行催吐。

(5)重症中毒者要禁食8~12h,可静脉输液,待病情好转后,再吃些米汤、面条等易消化食物。

突发性停电应急准备与响应预案

1.编制目的

为确保我项目部发生突然停电后,能迅速有效地组织对本工程供电电流的维护,将恢复供电后的触电和机械伤害事故风险降低到最小程度。

2.组织机构及职责

由项目部成立应急响应指挥部，负责指挥与协调工作。

组长：赵××

成员：章××、王××、周××、吴××、李××

具体分工如下：

(1)赵××负责停电后各路电箱的电路切断工作。

(2)周××负责了解停电的原因及可能恢复供电的具体时间。

(3)吴××负责施工机具的待机状况。

(4)李××负责维护因停电引起的现场秩序。

3.突发性停电的应急措施

(1)立即切断总配电房的电源开关，离开时锁好门。

(2)分别切断各路分箱、分配电箱、开关箱的电路。

(3)检查正在使用的各种小型机械的待机状况，确保供电后安全、有序地恢复工作。

(4)检查大型机械如塔吊、人货电梯、井架、爬架等停止运行后的状态及限位效果。

(5)有序地组织人货两用电梯内人员的安全撤离。

(6)有序地组织混凝土浇捣的质量控制，避免造成严重的质量事故。

(7)充分了解停电的原因及可能恢复供电的时机。

(8)组织检查本工地供电线路是否因施工不当造成断电。

(9)对可能造成的不稳定秩序及时进行排解。

4.通讯联络

供电所电话：×××

工地现场值班电话：××××××××××

有关负责人电话：××××××××××

项目负责人：赵××　　手机：13×××××××××

安全员：钱××　　手机：13×××××××××

技术负责人：孙××　　手机：13×××××××××

施工员：李××　　手机：13×××××××××

5.注意事项

(1)恢复供电后应先检查各类机械设备是否处于安全待机状态。

(2)恢复供电后，合闸顺序应为总配电房，分箱，分配箱，开关箱。

(3)对可能造成的其他事故，应启动相应的应急救援预案。

防台防汛事故应急准备与响应预案

1.编制目的

为早抓落实防台防汛工作，防止险情扩大，使灾害损失减少到最低限度，特制定本预案。

2.组织机构及职责

由项目部成立应急响应指挥部，负责指挥及协调工作。

组长：赵××

成员：章××、王××、周××、吴××、李××

具体分工如下：

(1)章××任务是了解掌握险情,组织现场抢救指挥。

(2)王××任务是根据指挥组指令,及时布置现场抢险,保持与当地防台、防汛部门、建设行政主管部门的沟通。

(3)周××任务是维护现场秩序、做好周围人员的问讯记录、保持与当地上级部门的沟通。

(4)李××负责妥善处理好善后工作,保持与当地相关部门的沟通联系。

3.防台防汛事故应急措施

(1)现场人员应立即上报项目部指挥小组。

(2)现场下水道疏通。

(3)生活区、宿舍后勤生活保障、救护。

(4)施工现场塔吊、施工电梯、井架、脚手架、模板等的检查与检修。

(5)施工用电、各部位配电箱、现场高空照明灯及架空线路的检查、加固及抢修。

(6)立即拨打"120"急救中心与医院联系或拨打"110、119"救助,详细说明事故地点、严重程度及本部门的联系电话,并派人到路口接应。

(7)事故调查报告,并上报公司及有关上级机关。

4.应急物资

常备药品:消毒用品、急救物品(绷带、无菌敷料)及各种常用小夹板、担架、止血带、氧气袋及抢救麻袋、泥浆泵、汽车、木料等。

5.通讯联络

医院抢救中心:120 匪警:110 火警:119

工地现场值班电话:××××××××

有关负责人电话:××××××××

项目负责人:赵××　　手机:137××××××××

安全员:钱××　　手机:138××××××××

技术负责人:孙××　　手机:136××××××××

4.3 工程项目消防保卫安全管理资料

4.3.1 《施工现场消防重点部位登记表》填写范例

施工现场消防重点部位登记表			编号	×××
工程名称	××小区×号楼			
序号	部位名称	消防器材配备情况	防火责任人	检查时间和结果
1	木工加工房	灭火器8个,消火栓,砂堆	×××	符合要求
2	模板堆放场	灭火器12个,消火栓	×××	符合要求
3	工人宿舍	每宿舍4个灭火器	×××	符合要求
消防安全员 ×××		项目负责人 ×××	填表日期	××年×月×日

注:本表由施工单位填写,施工单位存一份。

要求:项目经理部应根据防火制度要求对施工现场消防重点部位进行登记,消防重点部位必须配备足够的消防设施、器材,明确相关责任人员。

4.3.2 《保卫消防设备平面图》填写范例

保卫消防设备平面图

××小区×号楼工程防火重点部位和消防器材平面布置图

(编者:略)

4.3.3 施工现场防火管理责任制度

1.消防负责人防火责任制

(1)管理本工地的义务消防队和灭火训练。

(2)拟订项目经理部及义务消防队的消防工作计划。

(3)配备灭火器材,落实定期维护、保养措施,改善防火条件,开展消防安全检查,及时消险隐患。

(4)对职工进行消防安全教育,组织消防知识学习,使职工懂得安全动火、用电和其他防火、灭火常识,增强职工消防意识和自防自救能力。

(5)制定并落实消防安全责任制和防火安全管理制度,组织编制火灾的应急预案和落实防火、灭火方案以及火灾发生时应急预案的实施。

2.焊工防火责任制

(1)有压力或密封的容器、管道,不准焊、割。

(2)焊割部位附近堆有易燃、易爆物品,在未作彻底清理或采取切实有效的措施之前,不准焊、割。

(3)在用可燃材料作保温、冷却、隔声、隔热、装饰的部位,未采取切实可靠的防火安全措施,不准焊、割。

(4)盛装过可燃、易燃气体、液体的各种容器、管道、仓间、罐柜等,未经清洗和测爆,没有安全保障时,不准焊、割。

(5)凡属一、二、三级动火审批范围的焊、割作业,未办理动火审批手续和落实防火、防爆措施之前,不准焊、割。

(6)因火星飞溅、导体传热和感应能引起焊、割部位毗连的物体、建筑物起火或爆炸的,未采取安全措施,不准焊、割。

(7)有《焊、割工种消防专业培训合格证》,实习员没有正式焊工在场指导,不准从事焊、割作业。

(8)不了解焊、割现场和周围的安全情况,不准焊、割。不了解焊、割件内部是否安全时,不准焊、割。

(9)有与明火作业相抵触的情况,不准焊、割。

3.木工防火责任制

(1)禁止在木工间使用明火。

(2)要积极参加消防活动,掌握防火灭火知识。

(3)禁止在木工间和木工作业场所吸烟。

(4)在操作各种木工机械前,仔细检查电器设备是否完好。

(5)在工作完毕和下班时,清理场地,将木屑、刨花堆放到安全地点,并切断电源,关闭门窗。

4.油漆工防火责任制

(1)禁止火种进入工作现场。

(2)禁止乱倒剩余漆料溶剂。

(3)掌握防火灭火知识,熟练使用灭火器材。

(4)禁止使用明火加温或在密闭状态下溶解漆料。

(5)随领随用油漆溶剂,剩料要及时加盖,注意储存安全。

(6)经常消除工作场地的油漆沉积物,并要注意工作场地的通风。

5.现场电工防火责任制

(1)配合义务消防员对电器防火器材进行维护。

(2)严禁使用铜丝、铁丝代替熔丝,按容量正确选用熔丝。

(3)要按照有关规范规定安装检修电气线路和电器设备。

(4)电工必须持安全生产监察局核发的《电工安全操作证》上岗操作。

(5)积极主动向用电人员宣传安全用电常识,组织职工进行电器知识讲座,制止违章用电行为。

(6)要掌握排除电气故障的方法,并会使用灭火器扑灭电气火灾。

(7)要经常检查电气设备运行情况,对超负荷和擅自加大熔丝容量等隐患,及时向有关部门提出整改意见。

(8)配合技术人员正确计算配电线路负荷,配线正确,对配电线路指定专人负责和维修,不得擅自增加用电设备,不得随便乱装乱用。

6.义务消防队防火责任制

(1)组织队员轮流值勤。

(2)积极参加本地区的消防联防活动。

(3)组织消防业务学习和技术操练,提高消防业务水平。

(4)模范地遵守和贯彻本单位的防火制度,对违反者进行劝阻。

(5)了解本单位的防火措施,定期进行检查。发现不安全因素立即解决,并向领导汇报。

(6)协助领导制订本单位灭火的应急预案。发生火警立即启动应急预案,实施灭火与抢救工作。协助有关部门调查起火原因,提出改进措施。

(7)经常维修、保养消防器材设备,保证完好可用,并根据本单位的实际情况需要报请领导添置各种消防器材。

(8)全员达到“三懂三会”,即:懂得防火知识,会报火警;懂得消防器材的性能和使用方法,会使用灭火器材;懂得灭火知识,会扑救初起火灾。

7.门卫、警卫人员防火守则

(1)严禁任何人擅自将易燃、易爆危险物品带入施工现场。

(2)严格执行值班制度,对违反防火规定的行为要及时劝阻和制止。

(3)要熟悉火灾、救护、公安报警和上级主管部门电话号码,发生火灾,及时报警。

(4)要加强夜间巡逻,认真检查火源、火种和电源等重点部位的防火安全,并做好值班记录。

(5)要掌握单位内重点部位生产储存物资的性质和灭火器材的分布情况,会使用灭火器材扑灭初起火灾。

8.职工防火守则

(1)爱护消防设施及消防器材。

(2)严禁在宿舍内使用电加热器具和燃气具。

(3)发现有火灾险肇立即向领导反映,避免事故发生。

(4)严禁在床上吸烟及乱扔烟头,严禁私自乱接乱拉电器设备。

(5)自觉遵守工地有关部位的消防制度,听从职能人员的劝告。

(6)在消防负责人领导下,学习消防知识,懂得消防工作重要性。

9.仓库管理人员防火责任制

(1)不准携带火种入库。

(2)不准在库房内设置办公室和工场间。

(3)不准在库房内存放仓库人员使用的油棉纱、油手套等物品。

(4)认真检查物资堆放安全情况,离开仓库时切断电源,并关闭门窗。

(5)要将各类物资分类、限额存放;堆放的物资留出顶、灯、墙、柱、堆等防火间距。

(6)掌握储存物资性质和防火灭火知识,发现火灾后能熟练使用灭火器材,及时扑救。

(7)不准在库房内使用电加热器具和燃气具。

(8)不准在库房内架设临时电线和使用60W以上的白炽灯,使用有镇流器的灯具,应将镇流器安装在库房外。

4.3.4　施工现场消防管理措施

1. 总则

为了认真贯彻消防工作"预防为主、防消结合"的指导方针,使每个职工懂得消防工作的重要性,增强群众防范意识,把事故消灭在萌芽状态,现结合施工现场的实际情况,制订以下防火管理制度。

2. 消防安全管理控制图

消防安全管理控制图,见图4-1。

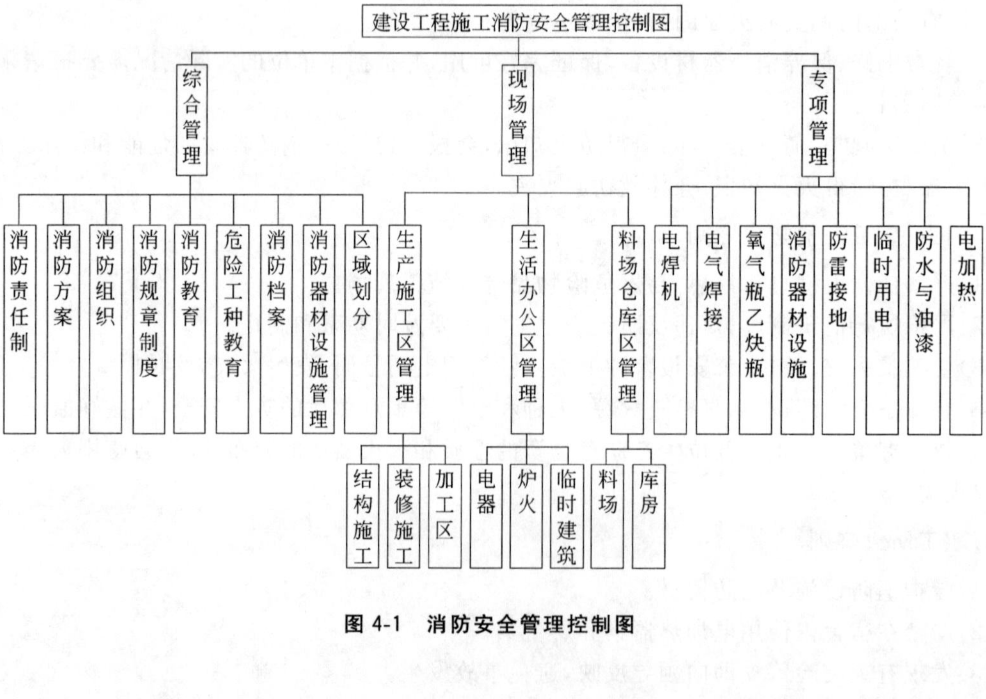

图4-1　消防安全管理控制图

3. 施工现场防火安全管理

(1)施工现场负责人应全面负责施工现场的防火安全工作,建设单位应积极督促施工单位具体负责现场的消防管理和检查工作。

(2)施工现场发生火警或火灾,应立即报告公安消防部门,并组织力量扑救。

(3)施工现场的焊割作业,必须符合防火要求,并严格执行"电焊十不烧"规定。

(4)在编制施工组织设计时,施工总平面图、施工方法和施工技术均要符合消防要求。

(5)施工现场应配备足够的消防器材,指定专人维护、管理、定期更新,保证完整好用。

(6)施工现场夜间应有照明设备,保持消防车通道畅通无阻,并要安排力量加强值班巡逻。

(7)在土建施工时,应先将消防器材和设施配备好,有条件的应敷设好室外消防水管和消火栓。

(8)施工现场用电,应严格执行上级有关文件规定,加强电源管理,防止发生电气火灾。

(9)施工现场应明确划分用火作业、易燃可燃材料堆场、仓库、易燃废品集中站和生活区等区域。

(10)施工现场都要建立、健全防火检查制度,发现火险隐患,必须立即消除,一时难以消除的隐患,要定人员、定时间、定措施限期整改。

(11)施工单位在承建工程项目签订的"工程合同"中,必须有防火安全的内容,会同建设单位共同搞好防火工作。

(12)焊、割作业点,氧气瓶、乙炔瓶、易燃易爆物品的距离应符合有关规定;如达不到上述要求的,应执行动火审批制度,并采取有效的安全隔离措施。

(13)施工作业期间需搭设临时性建筑物,必须经施工企业技术负责人批准,施工结束后应及时拆除。不得在高压架空线下面搭设临时性建筑物或堆放可燃物品。

(14)根据"四不放过"的原则,在火灾事故发生后,施工单位和建设单位应共同做好现场保护并协同消防部门进行现场勘察的工作。对火灾事故的处理提出建议,并积极落实防范措施。

(15)冬期施工采用保温加热措施时,应进行安全教育;施工过程中,应安排专人巡逻检查,发现隐患及时处理。

4. 工地防火检查制度

(1)项目经理部每月定期组织有关人员进行一次防火安全专项检查;每周一次定期安全检查中对防火安全进行检查。

(2)宿舍内严禁使用电炉、煤油炉,检查时如有发现,除没收器物外,罚款50元。

(3)检查以宿舍、仓库、木工间、食堂、脚手架等为重点部位,发现隐患,及时速改,并做好防范工作。

(4)按规定时间对灭火器进行药物检查,发现药物过期、失效的灭火器,应及时更换,以确保灭火器材处于正常可使用状态。

(5)木工间不得吸烟、木屑刨花每天做好落手清,如堆积不能及时清运的,处以罚款50元,木工间发现有人吸烟者罚款10元。

5. 消防器材安全管理制度

(1)定期检查消防器材,发现超期、缺损的,及时向消防负责人汇报,及时更新。

(2)在防火要害部位设置的消防器材,由该部位的消防职能人负责维修及保管。

(3)器材保管人员,应懂得消防知识,正确使用器材,工作认真负责。

(4)对故意损坏消防器材的人,按照处罚办法进行处理。

6. 特殊重点部位防火管理制度

(1)焊、割作业点与氧气瓶、电石桶和乙炔发生器等危险物品的距离不得少于10m,与易燃易爆物品的距离不得少于30m。

(2)各种警告牌、操作规程牌、禁火标志悬挂醒目齐全。

(3)乙炔发生器和氧气瓶的存放距离不得少于2m,使用时两者的距离不得少于5m。氧气瓶、乙炔发生器等焊割设备上的安全附件应完整而有效,否则严禁使用。

(4)施工现场的焊割作业,必须符合防火要求,按规定应配置一定数量灭火器,严格执行“十不烧”规定。

(5)不准在高压架空线下面搭设临时焊、割作业场,不得堆放建筑物或可燃品。

(6)动火作业前必须执行审批制度,履行交底签字手续。

(7)严格执行奖惩制度,遵守消防规章制度,未出大小火灾事故,能消除火灾隐患或勇敢扑灭火灾事故的个人给予表彰和奖励,对违反规定,造成火灾事故的人员视情节给予处罚,造成严重后果的,依法追究刑事责任。

7. 机修间防火管理制度

(1)机械设备安放位置选择合理,电线及配电箱设置规范,做好机械的接地或接零。下班时切断电源。

(2)机修间各种防火警告牌必须齐全,各种制度上墙。

(3)机修间的安全防火工作由机管员全面负责。

(4)油类物品要归类存放,配备一定数量有效的灭火器。

(5)按规定做好每天的检查工作,发现火灾隐患,及时采取措施。

8. 材料仓库防火管理制度

(1)施工现场材料仓库的安全防火由材料仓库负责人全面负责。

(2)对进入仓库的易燃物品要按类存放,并挂设好警示牌和灭火器。

(3)经常注意季节性变化情况,高温期间如气温超过38℃时,应及时采取措施,防止易燃品自燃起火。

(4)仓库间电灯要求吸顶,离地不得低于2.4m,电线敷设规范,夜间要按时熄灯。

(5)工地其他易燃材料不得堆在垛仓库边,如需要堆物时,离仓库保持6m以外,并挂设好灭火器。

(6)严格检查制度,做好上下班前后的检查工作。

9. 油漆间防火管理制度

(1)工地油漆间设专职的仓库保管员。

(2)仓库保管员应懂得化学危险品的基本性质,工作认真。

(3)严禁库内吸烟,对违规者进行严格处罚。

(4)建立“禁火区”动火审批制度。室内电器设备应符合防火、防爆要求。

(5)正确配置灭火器材,做好定期检查。

(6)严禁闲人入内。

10. 施工现场动用明火审批制度

(1)一级动火审批制度。

禁火区域内:油罐、油箱、油槽车和储存过可燃气体、易燃液体的容器以及连接在一起的铺助设备;危险性较大的登高焊、割作业;各种受压设备;容器内,比如密封的室内、地下室等场所进行动火作业,由动火部门填写动火申请表,项目副经理召集项目施工负责人、安全员、焊工等进行现场检查,在落实安全防火措施的前提下,由项目副经理、焊工、项目安全员在申请单上签名,然后提交项目防火负责人审查后报公司,经公司安全部门主管防火工作负责人审核,在一周前将动火许可证和动火安全技术措施方案,报上一级主管部门及所在地区消防部门审查,经批准后方可动火。

(2)二级动火审批制度。

在具有一定危险因素的非禁火区域内进行临时焊割等动火作业,小型油箱等容器、登高焊割、节假日期间等动火作业,由项目施工负责人在 4 天前填写动火许可证,并附上安全技术措施方案,项目副经理召集项目施工负责人、安全员、焊工等进行现场检查,在落实防火安全措施的前提下,由项目副经理、焊工、项目安全员在申请单上签字,报公司安全部门审批,批准后方可动火。

(3)三级动火的审批制度。

在非固定的、无明显危险因素的场所进行动火作业时,由申请动火者填写动火申请单,提前 3 天提出,经焊工签署意见后,报项目防火负责人审查批准,方可动火。

11. 木工间防火管理制度

(1)木工间非作业人员严禁入内,一旦发生人为火灾事故,应追究当事人责任。

(2)木工间由木工组长负责防火工作,对本组作业人员开展经常性的安全防火教育,增强防火意识并普及灭火技术。

(3)按国家标准设置安全防火警告标志及警告牌,做好防火安全检查工作,发现隐患,及时整改。

(4)使用机械必须严格检查电器设备,安全防护装置及随机开关,破损电线及时更换。

(5)木工间严禁烟火,如发现作业人员抽烟或作业场内有烟蒂按规定罚款,每天做好落手清工作。

(6)木工间内的灭火器,经常检查,发现药物及压力表失效时,及时与工地安全员联系更换。

12. 食堂间防火管理制度

(1)做好经常性防火检查工作。

(2)炊事人员在作业时严禁吸烟,使用电器设备时要严格检查,发现隐患及时整改。

(3)食堂间内特别是灶间灭火器必须齐全、有效,各种防火警告牌挂设完整、醒目。

(4)灶间严禁堆入易燃物品,炊事人员如违反有关规定所引起的火灾事故,应追究当事人责任。

(5)工地食堂防火安全工作由炊事班长全面负责,经常对炊事人员进行防火安全教育,提高灭火技术,增强防火意识。

13. 电焊间防火管理制度

(1)各种安全防火警告标志及警告牌必须悬挂醒目、齐全。

(2)灭火器挂设必须符合要求,经常进行检查,发现药物及压力表失效时,及时与工地安全员联系更换。

(3)电焊间防火安全工作由组长全面负责，对本组作业人员要加强安全宣传教育，增强防火观念和灭火技术水平。

(4)建立动用明火审批制度，做好审批工作，操作时，应带好“两证”(特种工种操作证、动火审批许可证)，并配备好灭火器，落实动火监护人，焊割作业应严格遵守“电焊十不烧”及压力容器使用规定。

(5)作业场内严禁烟火，违章按规定罚款处理。

(6)开展经常性防火自我检查，发现隐患，及时整改。

14. 职工宿舍防火管理制度

(1)宿舍内严禁使用电加热器具。

(2)严禁躺在床上吸烟，电扇不得放在床内吹风。

(3)职工宿舍防火工作有室长负责，室员共同配合。

(4)宿舍内电线由电工安装完毕后，禁止他人乱拉乱接。

(5)职工宿舍每 $50m^2$ 设置一只灭火级别不小于 3A 的灭火器，定期检查其使用可靠性，按时补换药物。

(6)防火工作负责人要保持高度警惕，经常巡视生活区域及宿舍，发现危险因素，及时消除隐患。

15. 义务消防队训练计划

本工程成立了一支义务消防队。为更好地发挥义务消防队的预警预报能力，提高业务素质，成为一支训练有素、机动灵活、适应工地错综复杂的消防环境需要的队伍，特制订以下训练计划。

(1)定期举办义务消防队员消防操作技能训练，做到“防消结合”。

(2)根据工程进展实际情况，适时举办一些消防培训活动。

(3)义务消防队每月组织一次活动，可采用丰富的形式，如消防知识讲座、经验交流会、参观观摩会、观看录像等。

(4)活动的形式和内容由消防领导小组或义务消防队队长负责安排，通过活动使队员们深刻认识到消防工作的重要性，针对工程实际情况，结合工程进度明确防火重点部位，掌握消防器材的操作知识，提高危险因素分析能力和扑救方法。

(5)及时与当地消防部门建立联系，搞好消防联防工作。有计划地到当地消防部门参与联谊活动，观看消防队员消防演习。

16. 奖励与惩罚

(1)奖励事项：

1)对查明火灾原因有突出贡献的。

2)在消防工作其他方面做出显著贡献的。

3)及时了解和消除重大火险隐患、避免火灾发生的。

4)关心消防工作，积极投入消防工作，成绩显著的。

5)模范遵守消防法规，制止违反消防法规行为，表现突出的。

6)积极扑救火灾、抢救公共财产和人民生命财产，表现突出的。

7)对以上在消防工作中有突出表现的个人应给予表扬和奖励。

(2)惩罚规定：

有下列行为之一，情节较重的，由本单位或上级主管部门给予行政处分或经济处罚：

1)故意损坏消防器材的。

2)防火负责人不履行职责的。

3)值班人员擅离职守或失职的。

4)施工人员不按防火制度规定进行施工的。

5)责任人不按规定添置消防器材、设备的。

4.3.5　施工项目治安保卫措施

1. 治安保卫制度

(1)贯彻执行国家、地方政府有关消防保卫的法规、规定，协助领导做好消防保卫工作。

(2)负责施工现场的保卫，对新招收人员需进行暂住证等资格审查，并将有关情况及时通知项目组。

(3)严格执行佩戴出入证制度，禁止无证人员随意进入施工现场。

(4)认真执行有关治安保卫的法律、法规、标准，做好治安保卫工作。

(5)加强防盗、防火，维护职工作业环境不受破坏，协调处理职工矛盾，保持施工现场祥和气氛。

(6)严禁小孩、妇女在工地内停留。

(7)工地内严禁打架、赌博、酗酒及大声喧哗，如发现此类现象应加以制止，并按规定对当事人进行惩罚。

2. 门卫制度

(1)门卫人员值班时间必须坚守工作岗位，不得随意擅离职守。

(2)严格执行佩带胸卡出入制度，外来人员须出示证件并登记后方可进入本工地，严禁小孩、无关人员进入工地。

(3)严格监督进入现场人员正确佩戴安全帽。严禁穿拖鞋、硬底鞋、高跟鞋、光脚和打赤膊人员进入工地。

(4)严禁赌博、酗酒、打架、斗殴、卖淫嫖娼等丑陋现象发生。

(5)做好材料保卫工作，严防偷盗行为。凡出入车辆须经检查后，方可放行。

(6)做好成品、半成品保护工作，防止各类破坏行为。

(7)加强现场巡视，严防火灾发生。发现火灾隐患及时督促整改，并及时报告项目经理部。

(8)加强对外来民工的教育及管理工作，协助督促做好工地文明施工及卫生工作，搞好工地环境卫生，严禁乱丢、乱倒垃圾。及时向项目经理部反映有关情况。

(9)协助公安派出所做好外来民工管理工作，如发生严重的打架斗殴、偷盗等恶性事件，应及时向附近派出所报警，或打110报警。

4.3.6　施工现场防火管理措施

为加强施工现场的消防工作，杜绝各种火灾事故，贯彻“预防为主，防消结合”的方针，落实“谁主管、谁负责”的原则，确保施工生产的顺利进行，逐步实现规范化、标准化、科学化管理，特制订此管理措施。

1. 组织管理措施

(1)对高层建筑、重点工程,施工单位必须按工程特点和要求,在制订施工方案或施工组织设计的同时制订消防方案。消防方案由公司技术、质量安全、设备、保卫部门依次审核,由保卫部门送公司总工程师、防火责任人审批。

(2)总承包工程项目的施工现场防火工作由总承包单位与建设单位共同负责,要明确施工现场防火责任,并成立施工现场防火联防领导小组,成员由建设单位、总承包单位、施工单位的人员组成。总承包单位负有监督、检查、指导、协调处理之责。

(3)各施工单位应将防火工作纳入工程管理之中,实行同计划、同布置、同检查、同总结、同评比、同奖惩。施工现场如有多个单位进行施工的,土建施工单位须先征求建设单位意见,明确该工程防火责任单位和防火责任人,再由防火责任单位防火责任人为首(牵头)成立施工现场防火联防领导小组,成员由各参加施工单位的人员组成。

(4)各施工单位必须建立和健全岗位防火责任制,明确各岗位的防火责任区和职责,使职工懂得本岗位防火措施,懂得灭火方法。

(5)施工现场防火管理,按其施工项目、施工范围实行“谁施工、谁负责”。单项工程施工完毕要及时与建设单位或总承包单位或监理单位办理施工现场完工移交手续,分清防火责任。

(6)施工现场实行层级防火责任制,落实各级防火责任人,各负其责,项目经理是施工现场防火责任人,全面负责施工现场的防火工作,由公司发给任命书。施工现场必须成立防火领导小组,由防火责任人任组长,成员由各有关职能部门人员组成。防火领导小组每月至少召开一次防火工作会议。

(7)施工现场必须按参加施工总人数的比例组建义务消防队,千人以上的按10%,千人以下的按15%,每半年进行一次培训,每次培训应做好文字记录。施工现场必须按要求配备专、兼职防火检查员。

(8)施工现场必须设置防火警示标志,施工现场办公室内必须挂有防火责任人、防火领导小组成员名单及防火制度。

2. 管理人员防火职责

(1)防火安全领导小组的职责。

1)处理本公司防火安全工作。

2)制订公司的防火安全制度。

3)组织防火安全检查,主持整改火险与事故隐患工作。

(2)项目经理防火职责。

1)对项目工程生产经营过程中的消防工作负全面领导责任。

2)领导、组织施工现场定期的消防检查,发现消防工作中的问题,制订措施,及时解决。对上级提出的消防与管理方面的问题,要定时、定人、定措施予以整改。

3)组织落实施工组织设计中的消防措施,组织并监督项目施工中消防技术交底制度和设备、设施验收制度的实施。

4)根据工程特点确定消防工作的管理体制和人员,并明确各业务承包人的消防保卫责任和考核指标,支持、指导消防人员的工作。

5)参加和配合火灾及重大未遂事故的调查,从技术上分析事故原因,提出防范措施、意见。

6)对外包队伍加强消防安全管理,并对其进行评定。

7)发生事故,要做好现场保护与抢救工作,及时上报,组织、配合事故的调查,认真落实制订的整改措施,吸取事故教训。

8)贯彻落实消防保卫方针、政策、法规和各项规章制度,结合项目工程特点及施工全过程的情况,制订本项目各消防保卫管理办法或提出要求,并监督实施。

9)参加消防检查,对施工中存在的不安全因素,从技术方面提出整改意见和方法,并及时予以消除。

(3)项目工长防火职责。

1)认真执行上级有关消防安全生产规定,对所管辖班组的消防安全生产负直接领导责任。

2)经常检查所辖班组作业环境及各种设备、设施的消防安全状况,发现问题及时纠正、解决。对重点、特殊部位施工,必须检查作业人员及设备、设施技术状况是否符合消防保卫安全要求,严格执行消防保卫安全技术交底,落实安全技术措施,并监督其认真执行,做到不违章指挥。

3)对分管工程项目应用的符合审批手续的新材料、新工艺、新技术,要组织作业人员进行消防安全技术培训;若在施工中发现问题,必须立即停止使用,并上报有关部门或领导。

4)认真执行消防安全技术措施及安全操作规程,针对生产任务的特点,向班组进行书面消防保卫安全技术交底,履行签字手续,并对规程、措施、交底的执行情况实施经常检查,随时纠正现场及作业中违章、违规行为。

5)定期组织所辖班组学习消防规章制度,开展消防安全教育活动,接受安全部门或人员的消防安全监督检查,及时解决提出的不安全问题。

6)发生火灾或未遂事故要保护现场,立即上报。

(4)班组长防火职责。

1)认真落实消防安全技术交底。

2)发现火灾苗头,保护好现场,立即上报有关领导。

3)定期检查班组作业现场消防状况,发现问题及时解决。

4)认真执行消防保卫规章制度及安全操作规程,合理安排班组人员工作。

5)经常组织班组人员学习消防知识,监督班组人员正确使用个人劳动保护用品。

(5)操作工人防火职责。

1)认真学习,严格执行消防保卫制度。

2)发生火灾、失窃和未遂事故,保护现场并立即上报。

3)认真执行消防保卫安全交底,不违章作业,服从指导管理。

4)对不利于消防安全的作业要积极提出意见,并有权拒绝违章指挥。

5)发扬团结友爱精神,在消防保卫安全生产方面做到相互帮助、互相监督,对新工人要积极传授消防保卫知识,维护一切消防设施和防护用具,做到正确使用,不私自拆改、挪用。

3. 施工现场防火管理具体措施

(1)具体要求。

1)公司的防火安全工作,要本着“预防为主、防消结合”的原则,防患于未然。

2)配置充足的消防器材。不得借故移作他用。

3)防火安全领导小组应经常对全体职员进行防火安全教育,并组织义务消防队进行消防训练。

4)对从事电工、烧焊、易燃易爆等特殊工种的人员，要按规定进行防火安全技术考核，取得合格证后，方可上岗操作。

5)各部门在生产和工作中，均须严格执行国家和市级消防机关颁布的有关防火规定，并根据自己的实际情况，采取具体措施。

6)仓库的库存物资和器材，要按公安部公布的《仓库防火安全管理规则》的要求堆放和管理，对易燃易爆等有害物品，要按规定妥善管理。

7)任何人发现火险后，都要及时、准确地向保卫部门或消防机关报警(火警电话 119)，并积极投入扑救。单位接到火灾报警后，应及时组织力量，配合消防机关进行扑救。

8)完善逐级检查制度，及时发现和消除火险隐患。各施工生产班组、要害部位的兼职防火安全员，应在每日下班和交接班前，对本工作部位进行一次防火安全检查；其他各部门每星期做一次检查；各分公司的防火责任人应每月对本单位的防火安全工作做一次检查；本公司防火安全领导小组每半年进行一次检查，每季度进行一次抽查。

9)施工作业中需用明火的，事前应按规定由动火单位填写《临时动火作业申请表》，并按不同级别进行审批。一级动火，即可能发生一般火灾事故的(没有明显危险因素的场所)，由本单位技安部门和保卫部门提出意见，经本单位的防火责任人审批；二级动火，即可能发生重大火灾事故的，由动火单位技安部门和保卫部门提出意见，防火责任人加具意见，报公司技安科会同保卫科共同审核，经公司防火责任人审批；三级动火，即可能发生特大火灾事故的，由公司技安科和保卫科提出意见，防火责任人加具意见，经集团公司技安部门会同保卫部门共同审核，报集团公司防火责任人审批，并报市消防部门备案。如有疑难问题，还须邀请市劳动、公安、消防等有关部门的专业人员共同研究审批。

(2)临时设施防火措施。

1)贮存、使用易燃易爆物品的设施要独立搭建，并远离其他临时建筑。

2)临时建筑严禁修建在高压架空电线下面，并距离高压架空电线的水平距离不少于 6m。

3)临时建筑的围蔽和骨架必须使用不燃材料搭建，厨房、茶水房、易燃易爆物品仓库等必须单独设置，用砖墙围蔽。

4)搭建两栋或两栋以上临时宿舍共用同一疏散通道时，其通道净宽不少于 5m，临时建筑与厨房、变电房之间防火距离不少于 3m。

5)临时建筑必须整齐、划一、牢固，远离火灾危险性大的场所，每栋临时建筑占地面积不宜大于 $200m^2$，室内地面要平整，室外四周应当修建排水明渠。

6)临时建筑一般不宜搭建两层，如确因施工用地所限，需搭建两层的宿舍其围蔽必须用砖砌，楼面应使用不燃材料铺设，二层住人应按每 50 人有一樘疏散楼梯，楼梯的宽度不少于 1.2m，坡度不大于 45 度，栏杆扶手的高度不应低于 1m。

7)每栋临时建筑的居住人数不准超过 50 人，每 25 人要有一个可以直接出入的门口，门的宽度不得少于 1.2 m，高度不应低于 2m，室内的通道宽不少于 1.2m，床架搭建不得超过 2 层，床位不准围蔽，临时建筑的高度不低于 3m，门窗要往外开。

(3)工人宿舍防火措施。

1)严禁携带易燃易爆物品进入宿舍及在宿舍内存放摩托车。

2)烟头、火种、纸屑等杂物不准随地乱丢，严禁躺在床上吸烟。

3)要保持宿舍道路畅通，不准在宿舍通道、门口堆放物品和作业。

4)严禁乱拉乱接电线，不准在电线上晾挂衣物和使用超过 60W 的灯泡。

5)宿舍内严禁生火和使用电炉、气化炉具，不准使用电热器具，不得烧香拜神。

(4)动火作业审批制度。

1)焊、割作业必须由有证焊工操作。

2)动火作业后要立即告知防火检查员或值班人员。

3)动火作业必须做到“八不”、“四要”、“一清理”。

4)高处动火作业要专人监焊，落实防止焊渣、切割物下跌的安全措施。

5)严格执行临时动火作业“三级”审批制度，领取动火作业许可证后方能动火。

(5)安全用电管理措施。

1)施工现场一切电气安装必须按照中华人民共和国国家标准《建设工程施工现场供电安全规范》和建设部《施工现场临时用电安全技术规范》要求执行。

2)照明必须做到一灯一制一保险。

3)加强对碘钨灯、卤化物灯的使用管理。

4)不准使用铜丝和其他不合规范的金属丝作照明电路保险丝。

5)电线残旧要及时更换，电气设备和电线不准超过安全负荷。

6)室内、外电线架设应有瓷管或瓷瓶与其他物体隔离，室内电线不得直接敷设在可燃物、金属物上，要套防火绝缘线管。

7)施工现场一切电气设备必须由有上岗操作证的电工进行安装管理，认真做好班前班后检查，及时消除不安全因素，并做好每日检查登记。

(6)易燃易爆物品管理措施。

1)易燃易爆物品严禁露天存放。

2)易燃易爆物品使用时应做好防火措施。

3)易燃易爆物品存放量不准超过 3 天的使用量。

4)易燃易爆物品仓照明必须使用有防火、防爆装置的电气设备。

5)易燃易爆物品必须设专人看管，严格遵守收发、回仓登记手续。

6)使用液化石油气作焊、割作业必须经施工现场防火责任人批准。

7)严禁携带火材，手机、对讲机及无防爆装置的照明灯具进人易燃易爆物品仓。

4. 奖励与惩罚

防火安全工作要定期检查评比，并对取得成绩的单位或个人给予适当的表彰和奖励。对无视防火安全工作，违反有关消防法规，经指出仍拒不执行的单位或个人，应视情况给予处分，必要时可给予经济处罚；因玩忽职守造成火灾事故的，应追究直接责任者和所在部门防火责任人的责任，触犯刑法的，还应上报司法机关追究刑事责任。具体奖励对象：

(1)及时扑灭火灾，减少损失的。

(2)不怕危险，勇于排除隐患，制止火灾、爆炸事故发生的。

(3)进行消防技术革新，改善防火安全条件，促进安全生产的。

(4)坚持执行防火安全规章制度，敢于同违章行为作斗争、保障生产安全的。

(5)其他对消防工作有贡献的。

5. 消防安全资料管理

(1)消防安全制度。

(2)消防设施、灭火器材情况。

(3)与消防安全有关的重点工种人员情况。

(4)单位基本概况和消防安全重点部位情况。

(5)消防管理组织机构和等级消防安全责任人。

(6)新增消防产品、防火材料的合格证明材料。

(7)专职消防队、义务消防队人员及其消防装备配备情况。

(8)灭火和应急疏散预案。

(9)建筑物或者场所施工、使用或者开业前的消防设计审核、消防验收以及消防安全检查的文件、资料。

4.3.7 施工现场消防安全技术交底

1.炉火防火要求

(1)冬季取暖炉火安装使用必须经行政、保卫部门检查合格后领取“炉火合格证”并粘贴上墙,指定负责人平时使用、管理,并安装风斗方可使用。

(2)炉火安装要符合规定要求:烟囱接缝要封严,避免跑烟漏气,避免倒流水现象。

(3)每月要清除一次烟囱内的余灰,防止烟尘堵塞造成人员煤气中毒事故发生。

(4)要爱护公共财物,保管好炉火设备,如有丢失、损坏,根据情节要给予赔偿、处罚。

2.办公室防火要求

(1)办公室内除根据工作性质需要,经保卫部门批准外其他办公室一律禁止使用电炉、电热器具及60W以上高热度照明装置。

(2)禁止卧床吸烟,烟头不准随地乱扔。

(3)办公室、宿舍内一律不准存放易燃易爆、剧毒等危险物品。

(4)办公室、宿舍要设专人负责日常防火制度管理,要经常打扫,及时消除火险隐患,周围要设相应数量消防器材。

(5)室内使用炉火必须设专人管理,炉火使用按炉火管理规定办理。

(6)宿舍内不准用易、可燃物料支搭、钉档隔断。

(7)不准随意安装灯头或乱接乱拉电线,不得在灯泡上罩纸和电线上挂物。

3.电气焊防火要求

(1)电气焊工操作必须执行消防部门下发的有关通告中的规定,落实文件精神。

(2)外包队电气焊操作人员必须持原籍县以下操作证,经保卫部门批准,经防火安全培训考核后方能上岗。

(3)焊割作业与油漆、喷漆、木工、防水施工等易爆作业严禁同部位、同时上下交叉作业。

(4)电气焊操作人员需持证上岗,焊前开用火证,配备看火人员及器材,作业结束用火证收回,严禁非电焊工操作。

(5)作业时要按规定时间地点范围作业,要对周围易燃,可燃物进行清理,垂直作业要进行隔挡并用古棉布封严孔洞。

(6)遇有5级以上大风等恶劣气候，高空、露天焊割作业应停止。

(7)作业完毕，必须切断电源、汽源、检查现场，确定无火险后方可离去。

4.电工防火要求

(1)各种电器设备安装要求符合技术规范，维修遵照电业局规定的操作规程操作，电工作业，认真执行电力安全操作规程，严禁短路现象发生。

(2)变(配)电室要建立交接班制度，保持24h内全天候值班，不得出现锁门离岗现象。

(3)安装临时灯具必须安插销，施工完毕要拉闸断电。

(4)电工要经常检查线路，接头松动及时维修，裸线及时包好，防止电阻过大和绝缘损坏而引起火灾。

(5)电闸箱要保持清洁，不准存放任可东西，并设有防雨防潮设备。

(6)防止导线超负荷而引起火灾，不准随意乱装乱用电气设备，经常监视线路运行情况，保险丝不准用钢丝或铜丝代替。

(7)变(配)电室要建立交接班制度，保持24h内全天候值班，不得出现锁门离岗现象。

5.木工房防火

(1)严禁在木工房及其附近使用明火或吸烟，木工房应设专人负责，加强防火管理。

(2)木工棚内严禁存放超量木材和半成品及其他易燃易爆物品。

(3)木工电锯棚内外要设置灭火器材，防止火灾发生。

(4)管好电源、电闸箱和其他电器设备，停止操作时必须断电，严格遵守防火安全操作规程。

(5)生产中留下的碎木料、锯末、刨花等易燃料要及时清理干净，做到活完脚下清。

(6)木工操作人员要会使用灭火器材，懂得扑救火情的基本知认，要提高警惕，严防纵火破坏。

6.消火栓管理要求

(1)根据市政府20号令及有关规定，超过24m以上建筑必须设水泵房，安装消防竖管。

(2)室外消火栓一律安装 *DN*65 口径，每座消火栓的控制半径不得超过50m，施工现场5000m²，以下设一个消火栓，5000～10000m² 要以两个递增。

(3)消火栓压力不足或没有条件安装消火栓的工地，料场应设容量不小于40t的储水池，附设高压水泵。

(4)水泵房要设全天候值班员，坚守岗位、值班员必须经安全消防培训后上岗。

(5)每座消火栓旁都应设水带、水枪和开关工具。

(6)高压水泵用电要安装专用线路。

(7)安装高压水泵和直径不小于 *DN*75 的竖管，隔层设消防 *DN*65 接口，水泵要装泄水阀高层建筑竖管应当与 *DN*100 以上地下管路相接，竖管随结构升起。

(8)水泵房必须设两台水泵，以防其中一台出故障，另一台及时启动。

(9)水泵扬程应与结绝的距离、高度相适应。

7.材料场防火要求

(1)仓库料场必须建立防火安全组织，设专人负责防火安全工作。

(2)库区内严禁吸烟和使用明火，防火宣传标志要鲜明。

(3)仓库内电器设备安装要符合电器操作规程，电器设备和电线不能超过安全负荷，库房内不准使用超过 60W 以上的大灯泡、碘钨灯、等高热度照明装置。

(4)仓库、料场要设有消防水源，水泵要单独拉线确保长期灵敏有效，消防器材设置分布要合理。

(5)在存放易燃、易爆、剧毒危险物品时要执行国务院颁布的《化学危险物品安全管理条例》，建立健全制度，要根据物品性质设置适当的防火防爆设备及严格的管理措施预防事故发生。

(6)木材、脚手杆及其他可燃物品堆放不可过大，垛与垛之间要设有防火间距，材料堆放不得有碍消防设备使用，料场要留有 3.5m 以上宽度循环的消防通道。

8.施工现场临时用电防火要求

(1)临时配电线路必须按规范架设，架空线必须采用绝缘导线，不得采用塑胶软线，不得成束架空敷设，也不得沿地面明敷。

(2)在采用接地和接零保护方式的同时，必须设两级漏电保护装置，实行分级保护，形成完整的保护系统。漏电保护装置的选择应符合规定。

(3)电焊机应单独设开关。电焊机外壳应做接零或接地保护，施工现场内使用的所有电焊机必须加装电焊机触电保护器。电焊机一次线长度应小于 5m，二次线长度应小于 30m。接线应压接牢固，并安装可靠防护罩。焊把线应双线到位，不得借用金属管道、金属脚手架、轨道及结构钢筋作回路线。焊把线无破损，绝缘良好。电焊机设置地点应防潮、防雨、防砸。

(4)结构施工内部照明使用灯照明的，其电源电压应不超过 36V，灯体与手柄应坚固，绝缘良好，电源线须使用套电缆线，不得使用塑胶线。行灯变压器应有防潮、防雨水设施。外围的强电照明，必须搭设灯架，灯架高度不得低于 2m，并做好绝缘。

(5)手持电动工具的使用应符合国家标准的有关规定。工具的电源线、插头和插座应完好，电源线不得任意接长和调换，工具的外绝缘应完好无损，维修和保管应由专人负责。

(6)配电系统必须实行分级配电。现场内所有电闸的内部设置必须符合有关规定，箱内电器必须可靠、完好，其选型、定值要符合有关规定，开关电器应标明用途。电闸箱内电器系统需统一式样、统一配制，箱体统一刷涂桔黄色，并按规定设置围拦和防护棚，流动箱与上一级电闸箱的连接，采用外插连接方式。

(7)施工机具、车辆及人员，应与内、外电线路保持安全距离。达不到规范规定的最小距离时，必须采用可靠的防护措施。

(8)独立的配电系统必须按部颁标准采用三相五线制的接零保护系统，非独立系统可根据现场的实际情况采取相应的接零或接地保护方式。各种电气设备和电力施工机械的金属外壳、金属支架和底座必须按规定采取可靠的接零或接地保护。

9.油漆施工防火要求

(1)油漆工操作人员上岗前必须经过防火安全知识培训教育，掌握油工防火、灭火的基本知识。

(2)库房内、油工操作现场严禁吸烟和明火交叉作业。

(3)库内不得存放大量易燃易爆、易挥发油料，不能与其他油漆一起混放，料房绝对不准设在工程内。料房内严禁生火取暖。

(4)油工作业现场及油料库、房等地点均是施工现场重点防火部位，必要时要制订防火安全措施。要设置专人配备器材，严格执行防火安全制度。

(5)现场油料房必须单独设立,与其他易燃物品及建筑保持 15m 以外距离,与建筑物相连要有了防火隔断,库房内照明要设防爆灯和排风扇,确保通风良好。

(6)油漆工不得在工程内配料,要在料房配制,工作完毕要把容器盖封严,以防油料挥发。

4.3.8　施工项目"三级"动火审批制度

(1)一级动火。即可能发生一般火灾事故的(没有明显危险因素的场所),由本单位技安部门和保卫部门提出意见,经本单位的防火责任人审批。

(2)二级动火。即可能发生重大火灾事故的,由动火单位技安部门和保卫部门提出意见,防火责任人加具意见,报公司技安科会同保卫科共同审核,经公司防火责任人审批。

(3)三级动火。即可能发生特大火灾事故的,由公司技安科和保卫科提出意见,防火责任人加具意见,经集团公司技安部门会同保卫部门共同审核,报集团公司防火责任人审批,并报市消防部门备案。如有疑难问题,还须邀请市劳动、公安、消防等有关部门的专业人员共同研究审批。

4.3.9 施工项目灭火器管理制度

施工项目灭火器管理制度

序号	灭火器种类	放置环境要求	日常管理内容
1	干粉灭火器	(1)环境温度为－10～55℃； (2)通风、干燥地点	(1)定期检查干粉是否结块和动力气压力是否不足； (2)一经打开使用，不论是否用完，都必须进行再充装。充装时不得变换品种； (3)动力气瓶充装二氧化碳气体前，应进行水压试验，并标明试验日期
2	二氧化碳灭火器	环境温度不高于55℃，不能接近火源	(1)每年用称重法检查一次重量，泄漏量不大于充装量的5%。否则，重新灌装； (2)每5年进行一次水压试验，并标明试验日期
3	泡沫灭火器	环境温度为4～45℃	(1)每次使用后应及时打开桶盖，将筒体和瓶胆清洗干净，并充装新的灭火药液； (2)使用2年后，进行水压试验，并在试验后标明试验日期
4	卤代烷灭火器	(1)环境温度为－10～45℃； (2)通风、干燥、远离火源和采暖设备，避免日光直射	(1)每隔半年检查一次灭火器上的压力表，如压力表的指针指示在红色区域内，应立即补足灭火剂和氮气； (2)每隔5年或再次充装灭火剂前应进行水压试验，并标明试验日期
5	清水灭火器	(1)环境温度应为4～45℃； (2)通风、干燥地点	(1)定期检查储气瓶，如发现动力气体的重量减少10%时，应重新充气，并查明泄漏原因及部位，予以修复； (2)使用2年后，应进行水压试验，并在试验后标明试验日期

4.3.10　工程现场消防安全协议书

甲方(项目部)：______________________

乙方(施工队)：______________________

为了做好施工现场、仓库等的消防安全工作，保障工地职工和财产不受火灾的危害，项目部与施工班组特签定以下消防安全责任协议：

(1)甲方负责建立和贯彻消防防火责任制和管理制度，负责对乙方进行防火安全教育和普及消防知识。按要求设置消防设施，并做好维护和保养工作。

(2)乙方在生活区不得使用电炉、煤炉、油灯等不利防火安全的器物，不得乱丢烟头和随意堆放易燃易爆物品。

(3)乙方施工或生活用电必须严格按照规范和规程执行，严禁擅自安装、修理电气设备和乱拉乱接。

(4)乙方必须认真执行消防防火责任制和管理制度，认真学习消防知识，提高防火警惕性。

(5)乙方在生产中动用明火必须通知甲方，取得审批手续和动火监护人员在场情况下才允许动用明火。

(6)定期进行防火安全检查，发现火灾隐患应立即整改，一时不能整改的应立即通知甲方，由甲方组织协调解决。

(7)凡施工现场、仓库、生活区等违反规定造成消防责任事故的，甲方对乙方处以×元的罚款，视情节轻重提交有关部门处理。

(8)本责任书一式二份，甲乙双方各执一份。

甲方代表：×××　　　　　　　　乙方代表：×××

××年×月×日

4.3.11　现场治安保卫责任书

(1)甲方负责建立工地治安保卫制度和保卫体系，健全责任制以及民工管理制度、门卫制度。

(2)甲方负责对乙方进行普法教育和安全教育，协助办理暂住证，并为职工设置学习和娱乐场所。

(3)乙方管理人员和施工班组长应认真履行检查职责，认真做到每天上岗下岗对职工上岗证的检验，每星期两次对工地暂住人员和留宿情况进行检查，查验暂住证和有无夜不归宿情况。如有违反，甲方处以乙方每次每人×元的罚款。

(4)乙方应认真履行管理职责，严禁班组职工盗窃、斗殴、赌博、酗酒等违规违法的行为发生。如有违反，甲方处以乙方每次×元的罚款。

(5)乙方施工班组长应认真做好本班组职工的普法和安全教育，负责工地各项管理制度的贯彻落实到人。

(6)乙方施工班组应严格把好本班组进人关，对无有效身份证件和《暂住证》的人员不得雇佣，如确需雇佣，应当通知甲方并在 3 天内向派出所申报申领《暂住证》，如有违反，甲方每次处以乙方×元的罚款。

本责任书一式二份，甲乙双方各执一份。

甲方代表：×××　　　　　　　　乙方代表：×××

××年×月×日

4.3.12 现场保卫消防组织机构及活动记录

1. 建筑工程有限公司安全管理机构,见图 4-2。

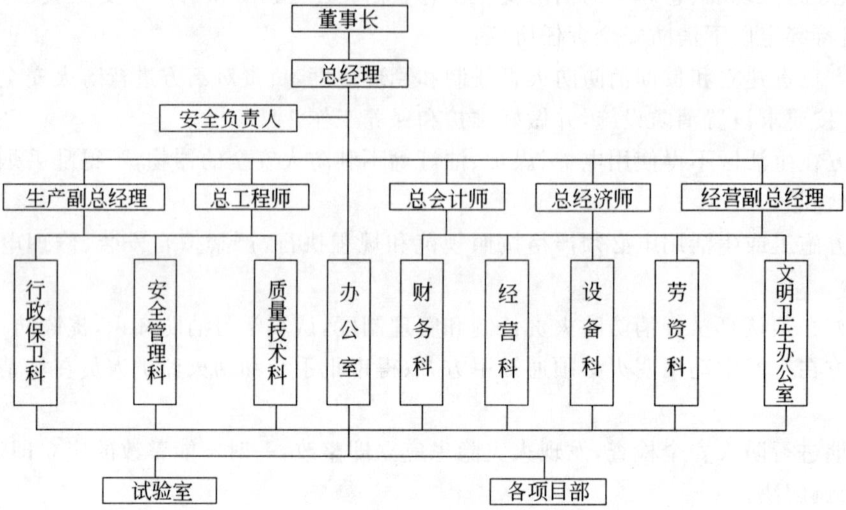

图 4-2 ××建筑工程有限公司安全管理机构图

2. 项目部安全管理机构,见图 4-3。

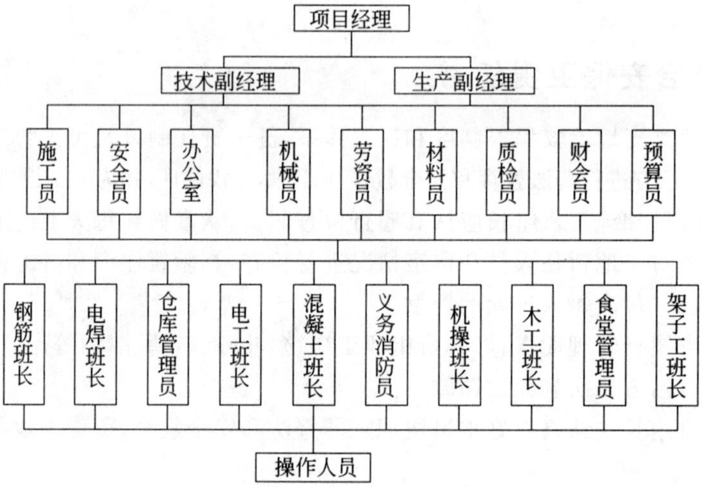

图 4-3 ××小区×号楼项目部安全管理机构图

3. 安全管理控制图，见图4-4。

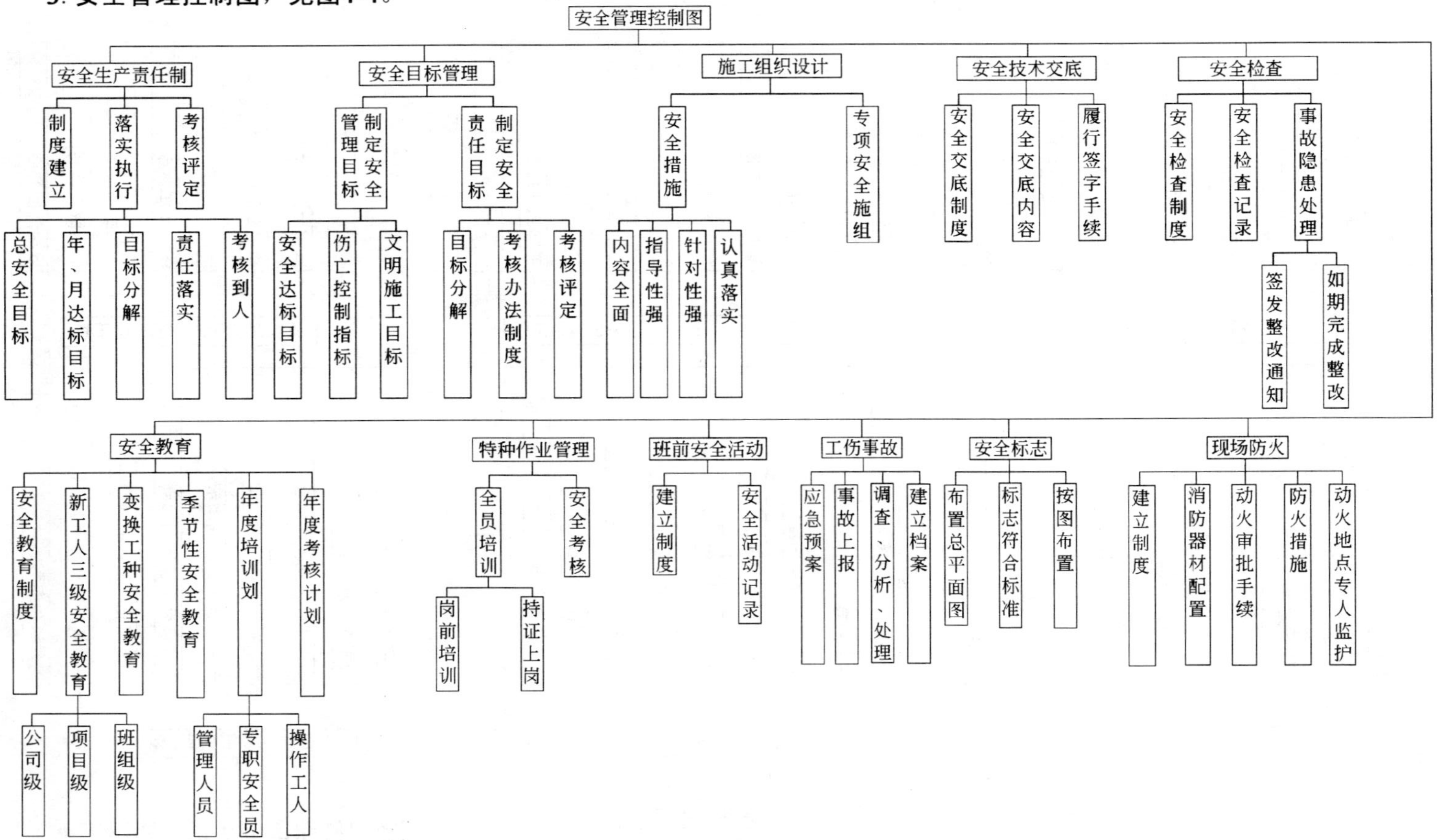

图4-4　安全管理控制图

4.工程项目安全防护控制，见图4-5。

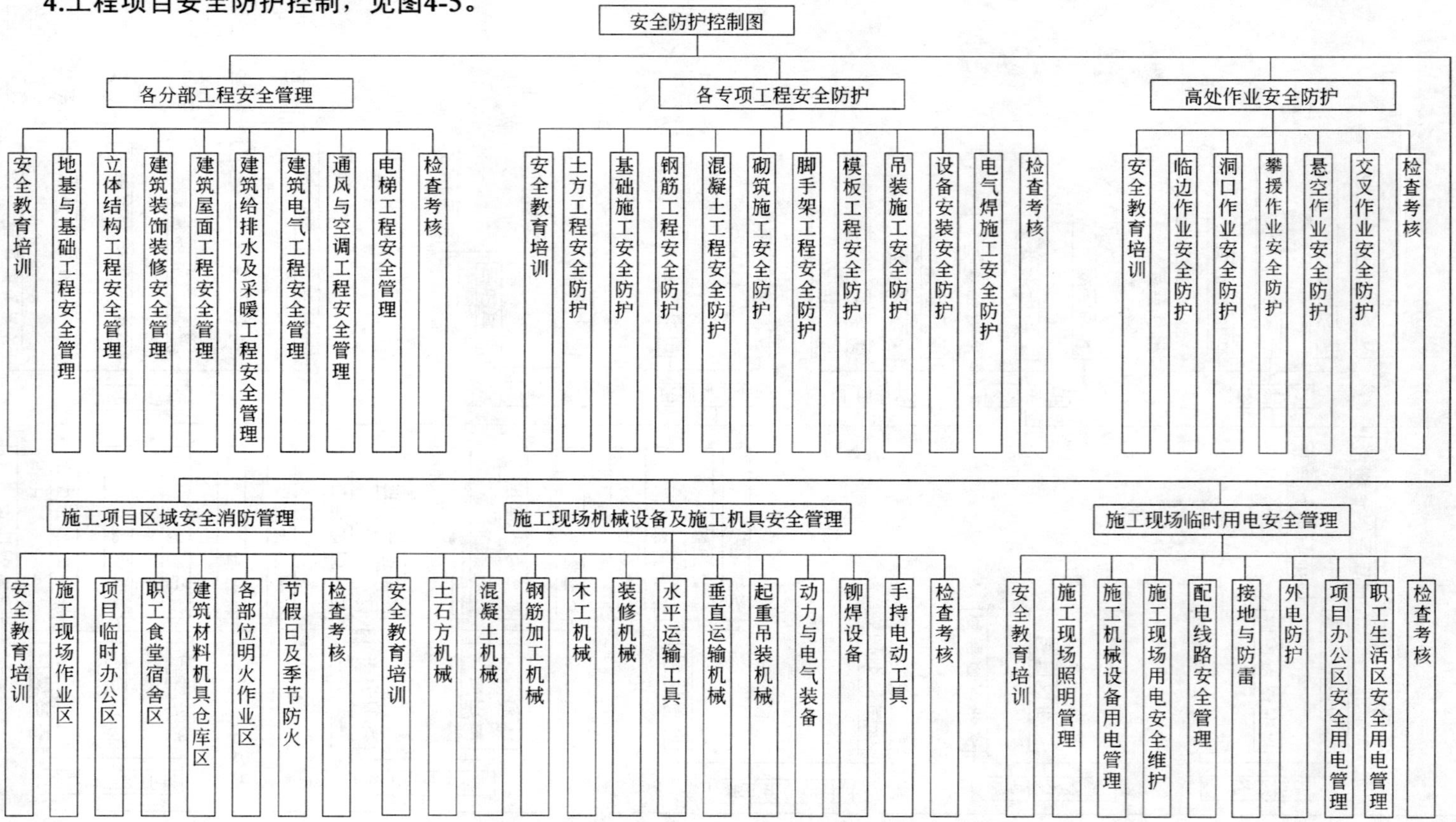

图4-5　××小区×号工程项目安全防护控制图

4.3.13 《消防安全专项检查表》填写范例

消防安全专项检查表

<table>
<tr><td colspan="2">工程名称</td><td>××小区×号楼工程</td><td>工程地点</td><td colspan="2">××市×区×路×号</td></tr>
<tr><td colspan="2">施工单位</td><td>××建筑工程有限公司</td><td>检查时间</td><td>施工负责人</td><td>×××</td></tr>
<tr><td colspan="2">参加检查人</td><td>×××、×××、×××</td><td>××年×月×日</td><td>消防负责人</td><td>×××</td></tr>
<tr><td>序号</td><td>检查项目</td><td colspan="4">检查记录</td></tr>
<tr><td>1</td><td>消防责任制</td><td colspan="4">项目部已用×××负责消防安全工作，分包队伍设×××为负责人，有义务消防组织</td></tr>
<tr><td>2</td><td>消防操作规程</td><td colspan="4">有消防操作规程，共×项内容</td></tr>
<tr><td>3</td><td>消防工作检查记录</td><td colspan="4">有定期的消防检查记录，能及时发现火险隐患并有定人、定时间、定措施限期整改记录</td></tr>
<tr><td>4</td><td>焊接作业</td><td colspan="4">焊接作业有动火审批，焊接现场易燃物品已清理干净，高空动火作业有专人负责监护</td></tr>
<tr><td>5</td><td>用火和电源</td><td colspan="4">灭火设施设置齐全，用火均有动火证，电源均有保护装置</td></tr>
<tr><td>6</td><td>宿舍防火</td><td colspan="4">宿舍通道较好，使用非燃材料搭建，每间工棚 50m² 左右住不人超过 25 人，设 2 个门，每个门的宽度不小于 1.2m，宿舍内没有易燃易爆物品的作业和储存</td></tr>
<tr><td>7</td><td>消防管理资料</td><td colspan="4">各类消防资料齐全</td></tr>
<tr><td>8</td><td>其他</td><td colspan="4"></td></tr>
<tr><td colspan="2">检查结果</td><td colspan="4">符合《建筑施工安全检查标准》(JGJ 59－2011)检查标准的要求
检查负责人：×××　　××年×月×日</td></tr>
</table>

注：1. 项目经理是施工现场第一责任人，应确定各岗的消防责任，成立消防安全组织体系，定期进行消防安全检查，尤其是冬季施工期间要随时检查。

2. 表中施工负责人为单位工程或分部(分项)工程负责人。空白栏填写消防器材名称，内容包括：干粉灭火器、卤代烷灭火器、二氧化碳灭火器。应保证消防器材的灵敏有效。施工现场不适合设置泡沫灭火器。

4.3.14 《义务消防人员登记表》填写范例

义务消防人员登记表

工程名称：××小区×号楼工程

施工单位：××建筑工程有限公司　　No. ×××

序号	姓名	性别	年龄	职务	发证机关	证件编号	有效期 至××年××月	备　注
1	×××	男	38	××	×××	××	××年×月	木工
2	×××	男	46	××	×××	××	××年×月	木工
3	×××	男	32	××	×××	××	××年×月	钢筋工
4	×××	男	28	××	×××	××	××年×月	钢筋工
5	×××	男	29	××	×××	××	××年×月	钢筋工

项目负责人：×××　　专职安全员：×××

填表人：×××　　填表日期：××年×月×日

4.3.15 《动火监护记录》填写范例

动火监护记录

施工单位:××建筑工程有限公司　　**工程名称:**××小区×号楼工程

工程项目	栏板焊接	**作业班组**	××班
作业时间	**作业部位**	**灭火器材品种数量**	**监护人**
×月×日	三层焊接栏板	干粉灭火器×个	×××
×月×日	四层焊接栏板	干粉灭火器×个	×××
×月×日	五层焊接栏板	干粉灭火器×个	×××
×月×日	六层焊接栏板	干粉灭火器×个	×××
备注	电焊接作业在外脚手架上进行,另设防火板,防止火花四溅		

填表人:×××　　**时间:**××年×月×日

注:在易燃、易爆、危险物品附近实施动火作业时,应设专人监护,确保安全距离和防护措施,由监护人填写本表备案,备注栏填写需要说明的其他问题。

4.3.16 《项目部施工消防安全制度评价检查表》填写范例

项目部施工消防安全制度评价检查表

序号	检　查　内　容	存在问题	评　价　结　果
1	消防安全检查制度		齐全有效
2	消防安全教育培训制度		齐全有效
3	用火管理制度		齐全有效
4	电气焊割作业安全制度		齐全有效
5	消防安全工作奖惩制度		齐全有效
6	防水、油漆作业消防安全制度		齐全有效
7	熬炼作业消防安全制度		齐全有效
8	电气设备消防安全制度		齐全有效
9	吸烟管理制度		齐全有效
10	临时暂设支搭消防管理制度		齐全有效
11	消防器材设施的管理制度		齐全有效
12	料场仓库消防安全制度		齐全有效
13	施工现场消防安全制度		齐全有效
14	生活办公区消防安全制度		齐全有效

4.3.17 《施工现场消防设施验收表》填写范例

施工现场消防设施验收表

<table>
<tr><td colspan="3">单位(子单位)工程名称</td><td colspan="3">××小区×号楼工程</td></tr>
<tr><td colspan="2">施工单位</td><td>××建筑工程有限公司</td><td>项目负责人</td><td colspan="2">×××</td></tr>
<tr><td colspan="2">分包单位</td><td>××建筑安装有限公司</td><td>分包负责人</td><td colspan="2">×××</td></tr>
<tr><td>序号</td><td>检查项目</td><td colspan="3">内容与要求</td><td>检查结果</td></tr>
<tr><td rowspan="4">一</td><td rowspan="4">管理制度</td><td colspan="3">1. 落实防火管理制度、三级防火责任制，有明显的防火标志和宣传教育</td><td rowspan="4">符合要求</td></tr>
<tr><td colspan="3">2. 落实动火审批制度，严格执行“十不烧”规定</td></tr>
<tr><td colspan="3">3. 成立义务消防队，消防器材专人管理</td></tr>
<tr><td colspan="3">4. 发现火险隐患，按“三定”原则落实整改、有记录</td></tr>
<tr><td rowspan="5">二</td><td rowspan="5">易燃物管理</td><td colspan="3">1. 木工间应有禁烟牌，易燃物及时清除</td><td rowspan="5">符合要求</td></tr>
<tr><td colspan="3">2. 易燃物与厨房等处的明火应有安全距离</td></tr>
<tr><td colspan="3">3. 易燃物的堆放应分堆垛和分组放置，每个堆垛面积为：木材不得大于300m²，堆垛之间应留3m宽的消防通道</td></tr>
<tr><td colspan="3">4. 易燃液体应用密封容器盛装</td></tr>
<tr><td colspan="3">5. 废弃的易燃物、易燃液体等不得随便丢弃，应妥善处置</td></tr>
<tr><td rowspan="7">三</td><td rowspan="7">防火器材配置</td><td colspan="3">1. 含8层以上、20层以下工程，一般每100m²设2个灭火器</td><td rowspan="7">符合要求</td></tr>
<tr><td colspan="3">2. 高度24m以上的工程应设置有足够水量、立管直径在2英寸以上，有足够扬程的高压水泵和每层设有消防水源接口</td></tr>
<tr><td colspan="3">3. 危险仓库、油漆间、木工间、木库每25m²配一个种类合适的灭火器，配电间配有种类合适的灭火器</td></tr>
<tr><td colspan="3">4. 大型临时设施总面积超过1200m²的应备有专供消防用的太平桶、积水桶(池)，黄沙池等</td></tr>
<tr><td colspan="3">5. 一般临时设施区每100m²配两个10L灭火器</td></tr>
<tr><td colspan="3">6. 厨房屋面应用防火材料，每50m²设两只灭火器</td></tr>
<tr><td colspan="3">7. 熔化沥青按规定配备消防器材</td></tr>
<tr><td rowspan="7">四</td><td rowspan="7">其他</td><td colspan="3">1. 建筑物内外道路和通道畅通</td><td rowspan="7">符合要求</td></tr>
<tr><td colspan="3">2. 在建工程内不得兼作办公室、民工宿舍、仓库</td></tr>
<tr><td colspan="3">3. 高层建筑施工现场上下要有通讯报警装置</td></tr>
<tr><td colspan="3">4. 严禁宿舍使用电炉、电热器具及大于60W的灯泡</td></tr>
<tr><td colspan="3">5. 设立吸烟区，不得在非指定场所吸烟</td></tr>
<tr><td colspan="3">6. 严禁在屋顶用明火溶化柏油</td></tr>
<tr><td colspan="3">7. 施工现场应有可靠的防雷措施</td></tr>
<tr><td>验收结论</td><td colspan="5">验收合格</td></tr>
<tr><td rowspan="2">验收人签名</td><td colspan="2">总包单位</td><td colspan="3">分包单位</td></tr>
<tr><td colspan="2">×××、×××、×××、×××</td><td colspan="3">×××、×××、×××、×××</td></tr>
<tr><td colspan="6">监理单位意见：施工现场消防设施验收合格

专业监理工程师：×××　　　　××年×月×日</td></tr>
</table>

4.3.18 施工现场消防器材配置标准

(1)油料仓:面积在 $50m^2$ 以内,配备1211灭火器不少于2个,每增 $50m^2$ 增配1211灭火器不少于1个。

(2)可燃物品堆放场:面积在 $50m^2$ 以内,配备泡沫灭火器不少于2个。

(3)木制作场:面积在 $50m^2$ 以内,配备泡沫灭火器不少于2个,每增 $50m^2$ 增配泡沫灭火器1个。

(4)集体宿舍:每 $25m^2$ 配备泡沫灭火器1个,如占地面积超过 $1000m^2$,应按每 $500m^2$ 设立一个 $2m^3$ 的消防水池。

(5)厨房:面积在 $100m^2$ 以内,配备泡沫灭火器2个、1211灭火器1个、每增 $50m^2$ 增配泡沫灭火器1个。

(6)材料仓:面积在 $50m^2$ 以内,配备泡沫灭火器不少于1个,每增 $50m^2$ 增配泡沫灭火器不少于1个(如仓内存放可燃材料较多,要相应增加)。

(7)临时易燃易爆物品仓:面积在 $50m^2$ 以内,配备1211灭火器不少于2个。

(8)临时动火作业场所:配备泡沫灭火器不少于1个和其他消防辅助器材。

(9)电工房、配电房:配备1211灭火器不少于1个。

(10)电机房:配备1211灭火器不少于1个。

(11)施工办公室、水泥仓:面积在 $100m^2$ 以内,配备泡沫灭火器不少于1个,每增 $50m^2$ 增配泡沫灭火器不少于1个。

(12)垂直运输设计(包括施工电梯、塔吊)机驾室:配备1211灭火器不少于1个。

(13)值班室:配备泡沫灭火器1个、1211灭火器1个及1条直径为65mm、长度为20m的消防水带。

(14)在建建筑物:施工层面积在 $500m^2$ 以内,配备泡沫灭火器不少于2个,每增 $500m^2$ 增配泡沫灭火器1个,非施工层必须视具体情况适当配置灭火器器材。

4.3.19 防水施工现场安全措施及交底

1. 防水工施工安全技术交底

(1)一般要求

1)着装要整齐,严禁赤脚穿拖鞋、高跟鞋进入施工现场;高处作业时不得穿硬底和带钉易滑的鞋。严禁酒后作业。

2)使用液化气喷枪及汽油喷灯,点火时,火嘴不准对人。汽油喷灯加油不得过满,打气不能过足。

3)不满18周岁的未成年工,不得从事建筑工程施工工作。

4)进入施工现场必须正确戴好安全帽,系好下颌带;在没有可靠安全防护设施的高处[2m以上(含2m)]、悬崖和陡坡施工时,必须系好安全带。

5)施工现场行走要注意安全,不得攀登脚手架、井字架、龙门架、外用电梯。禁止乘坐非载人垂直运输设备上下。

6)材料存放于专人负责的库房,严禁烟火并挂有醒目的警告标志和防火措施。

7)施工现场的各种安全设施、设备和警告、安全标志等未经领导同意不得任意拆除和随意挪动。

8)工作时思想集中,坚守作业岗位,对发现的危险必须报告,对违章作业的指令有权拒绝,并有责任制止他人违章作业。未经许可,不得从事非本工种作业。

9)上班作业前,应认真察看在施工程洞口、临边安全防护和脚手架护身栏、挡脚板、立网是否齐全、牢固;脚手板是否按要求间距放正、绑牢,有无探头板和空隙。

10)装卸溶剂(如苯、汽油等)的容器必须配软垫,不准猛推猛撞。使用容器后,其容器盖必须及时盖严。

11)雨、雪、霜天应待屋面干燥后施工,六级以上大风应停止室外作业。

12)在沟、槽、坑内作业必须经常检查沟、槽、坑壁的稳定状况,上下沟、槽、坑必须走坡道或梯子。

13)确保施工现场和配料场地应通风良好,操作人员应穿软底鞋、工作服、扎紧袖口,并应佩戴手套及鞋盖。涂刷处理剂和胶粘剂时,必须戴防毒口罩和防护眼镜。外露皮肤应涂擦防护膏。操作时严禁用手直接揉擦皮肤。

14)下班清洗工具。未用完的溶剂,必须装入容器,并将盖盖严。

15)用热玛琋脂粘铺卷材时,浇油和铺毡人员,应保持一定距离,浇油时,檐口下方不得有人行走或停留。

16)患有皮肤病、眼病、刺激过敏者,不得参加防水作业。施工过程中发生恶心、头晕、过敏等,应停止作业。

17)防水卷材采用热熔粘结,使用明火(如喷灯)操作时,应申请办理用火证,并设专人看火。配有灭火器材,周围30m以内不准有易燃物。

18)建筑施工工人必须熟知本工种的安全操作规程和施工现场的安全生产制度,服从领导和安全检查人员的指挥,自觉遵章守纪,做到"三不"伤害。

19)施工现场发生伤亡事故,必须立即报告领导,抢救伤员,保护现场。

(2)熬油。

1)加入锅内的沥青不得超过锅容量的3/4。

2)熬油炉灶必须距建筑物10m以上,上方不得有电线,地下5m内不得有电缆,炉灶应设在建筑物的下风方向。

3)炉灶附近严禁放置易燃、易爆物品,并应配备锅盖或铁板、灭火器、砂袋等消防器材。

4)熬油的作业人员应严守岗位,注意沥青温度变化,随着沥青温度变化,应慢火升温。沥青熬制到由白烟转黄烟到红烟时,应立即停火。如果着火,应用锅盖或铁板覆盖。地面着火,应用灭火器、干砂等扑灭,严禁浇水。

5)配制、贮存、涂刷冷底子油的地点严禁烟火,并不得在30m以内进行电焊、气焊等明火作业。

(3)热沥青运送。

1)在坡度较大的屋面运油,应穿防滑鞋,设置防滑梯,清扫屋面上的砂粒等。油桶下设桶垫,必须放置平稳。

2)装运油的桶壶,应用铁皮咬口制成,严禁用锡焊桶壶,并应设桶壶盖。

3)不允许两人抬送沥青,桶内装油不得超过桶高的2/3。

4)运输设备及工具,必须牢固可靠,竖直提升,平台的周边应有防护栏杆,提升时应拉牵引绳,防止油桶摇晃,吊运时油桶下方10m半径范围内严禁站人。

2.卷材防水施工安全技术交底

(1)一般安全要求。

1)对有皮肤病、眼病、刺激过敏等患者,不得从事沥青工作。施工过程中,如发生恶心、头晕、刺激过敏等情况时,应立即停止操作。

2)高处作业时应按照"高处作业"安全交底的要求进行操作。人员不得过分集中,必要时系好安全带。

3)从事沥青及有毒防水材料作业工作时,必须穿戴规定的防护用品。操作人员不得赤脚、穿短裤和短袖衣服进行操作,裤脚袖口应扎紧,并应佩戴手套的防脚套。装卸、搬运碎沥青,必须洒水,防止粉末飞扬。

4)施工现场应有急救备用药品,以防被烫伤或恶心、头晕等时涂抹急救之用。

5)操作时应注意风向,操作人员应站在上风方向;如遇大风,沥青烟雾飞扬,应停止工作,防止下风方向作业人员中毒或烫伤。

6)严禁使用未成年或精神不正常的工人参加屋面上的沥青工作或运输熔热油类工作。沥青作业每班应适当增加间歇时间。

7)存放卷材和胶粘剂的仓库或现场要严禁烟火,如需用明火,必须有防火措施,且应设置一定数量的灭火器材和砂袋。

8)开工前,现场施工人员必须向参加操作全体人员进行安全技术交底。要详细、认真地将所用材料的品种、规格、性能和有关设备(包括防火设备),以及操作过程中应注意事项交底清楚。

9)雨、霜、雪天,必须待屋面干燥后,方可继续进行工作,刮大风时应停止作业。

(2)熬油施工安全要求。

1)熬制沥青锅灶的地点,应设置在下风向;距离建筑物应超过10m;距离易燃品堆放场所应超过25m;距离电线垂直下方的两侧应在10m以外,在地下5m范围内不得有电缆。

2)熬制沥青锅灶上方必须有防护棚,并要符合防火要求,须配备足够和妥善的防火器材(灭火筒、砂子、湿水麻袋、铁锅盖或备有一定数量的滑石粉等)。

3)熔化铁桶沥青,先将桶盖和气孔全部打开,用铁条串通后,方准烘烤,并经常疏通放油孔和气孔。严禁火焰与油直接接触。

4)沥青加热温度及涂抹温度可参照表4-1。

表4-1 沥青加热度及涂抹温度参照表

材料名称	加热温度/℃	涂抹温度/℃
石油沥青	220～240	180～200
焦油沥青	140～160	120～140

5)熬油下料,不得超过油锅容量的2/3,并严防溢出锅外。熬油时应有人看守,必须在灭火后才准离开。下雨前及下班后应用铁盖把油锅盖好,每天完工后,应将炉火熄灭。

6)熬油作业人员,应严守岗位,随时注意测量沥青温度的变化,沥青脱完水后,应用慢火升温。当锅内油冒白烟转变为冒浓的红黄烟时，应立即停火，这是着火的前兆。

7)熬油过程中，在投放沥青时要特别小心，应将沥青小块沿锅边缓慢放入，严禁大块投放，锅内不得有积水。锅上周围的工具也要注意放好，防止跌入锅内，溅起油液。

8)熬制沥青的锅边距离火口应不小于 70cm，临时堆放沥青、燃料地点距离锅边不小于 5m，锅与锅之间距离应大于 2m，锅与烟囱之间的距离应大于 80cm。炉灶附近，严禁放置煤油等易燃、易爆物品。

9)配置冷底子油的位置要离开沥青炉火以及一切火源火种 50m 以上。下料应分批、少量、缓慢，不停搅拌，不得超过油锅容量的 1/2，温度不得超过 80℃，并应在避风处配制。如环境不许可时，也不得位于火源火种的上风向，必须在其下风向进行。

10)配制冷底子油时，要严格掌握沥青温度，并禁止用铁棒搅拌。如发现冒出大量蓝烟时，应立即停止并加入稀释剂。

11)锅内沥青着火，应立即用铁锅盖或铁板将油锅盖严，停止鼓风，封闭炉门，熄炉火。如沥青溢出地面着火，应用砂、湿麻袋或灭火器熄灭火苗；严禁浇水灭火。

12)配制、储存、涂刷冷底子油的地点严禁烟火，并不得在附近进行电焊、气焊等作业。

(3)卷材铺贴施工安全要求。

1)垂直运输热沥青，应采用运输机具，运输机具应牢固可靠。如用滑轮吊运，上面的操作平台应设置防护栏杆，提升时要系拉牵绳，防止油桶摆动，油桶下方 10m 半径范围内禁止站人。

2)油桶要平放，不得两人抬运。在运输途中，注意平稳，精神要集中，防止不慎跌倒造成伤害。

3)在坡度较大的屋面运热沥青时，应采取专门的安全措施(如穿防滑鞋等)，油桶下面应加垫，保证油桶放置平稳。

4)禁止直接用手传递，操作人员也不准沿楼梯挑上，接料人员应用钩子将油桶钩放在平台上放稳，不得过于探身用手接触油桶。

5)浇倒热沥青与铺贴卷材的操作人员应保持一定距离，并根据风向错位，浇至四周边沿时，要侧身操作，以避免热沥青飞溅烫伤。

6)屋面四周没有女儿墙和未搭设外脚手架时，施工前必须搭设好防护栏杆，其高度应高出沿周边 1.2m。防护栏杆应牢固可靠。

7)浇倒热沥青时，必须注意屋面的缝隙和小洞，防止沥青漏落。浇倒屋面四周边沿时，要随时拦扫下淌的沥青，以免流落下方，并应通知下方人员注意避开。檐口下方不得有人行走或停留，以防沥青流落伤人。

8)避免在高温烈日下施工。

9)配制速凝剂时，操作人员必须戴口罩和手套。

10)使用喷灯时，应清除周围的易燃物品；必须远离冷底子油，严禁在涂刷冷底子油区域内使用喷灯。喷灯煤油不得过满，打气不应过足，并必须在用火地点备有防火器材。

11)在地下室、基础、池壁、管道、容器内等地方进行有毒、有害的涂料和涂抹沥青防水等作业时，应有通风设备和防护措施，并应定时轮换操作。

12)地下室防水施工的照明用电，其电源电压应不大于 36V；在特别潮湿的场所，其电源电压不得大于 12V。

13)运上屋面的材料，如卷材、鱼眼砂等，应平均分散堆放，随用随运，不得集中堆料。在坡度较大的屋面上堆放卷材时，应采取措施，防止滑落。

14)处理漏水部位，须用手直接接触掺加了促凝剂的砂浆时，要戴胶皮手套或胶皮手指套。

15)盛装热沥青的铁勺、铁壶、铁桶要用咬口接头，严禁用锡进行焊接，桶宜加盖，装油量不得超过上述容器的2/3。

16)铺贴垂直墙面卷材，其高度超过1.5m时，应搭设牢固的脚手架。

3. 防腐工程施工安全技术交底

(1)硫磺类防腐蚀施工安全要求。

1)硫磺进场后要妥善保管，要注意防火，设灭火设备。

2)现场熬制硫磺胶泥和砂浆时，产生有毒气体，故熬制地点应设在下风向；室内熬制时锅上应设排气罩。

3)熬制过程中要严格控制温度，严防着火，发现黄烟应立即撤火降温，局部燃烧时可撒石英粉或采用其他隔绝空气的办法(如加盖)灭火，不得用水熄灭。

4)在禁火区施工时，对已熬制好的硫磺类材料装入提桶时，应检查硫磺确无燃烧时，方准带入施工现场。

5)硫磺类材料在熬制、运输、浇灌的过程中，所使用的器具必须干燥，不得含水。

6)操作人员应戴口罩、手套等防护用品。

(2)树脂类防腐蚀施工安全要求。

1)配置聚酯砂浆时，应特别注意过氧化环己酮固体易爆炸，须配成糊状使用，并严禁与促进剂直接混合。

2)配制、使用乙醇、苯、丙酮等易燃材料的施工现场，应严禁烟火，要通风，并应设置消防器材。

3)配硫酸时，应将酸液注入水中(严禁将水注入酸液中)，并在配制现场备有10%碱液和纯碱水溶液，以备中和洒出的酸液之用。

4)配制硫酸乙酯时应将硫酸慢慢注入酒精中，并充分搅拌，但温度不能超过60℃，严防酸雾飞出，配制量较大时应设有间接冷却装置(如循环水塔)。

5)操作人员在施工前应进行身体检查；患有气管炎、心脏病、肝炎、高血压以及有过敏反应者均不应进行操作。操作人员应戴橡胶手套。

6)树脂类防腐蚀工程中的许多原材料，如乙二胺、苯类、酸类等，都具有不同程度的毒性和刺激性，故在使用或配制中，均应有良好的通风。

7)研磨、筛分、搅拌粉状填料应在密封箱内进行，操作人员应穿戴防尘口罩、防护眼镜、手套、工作服等防护用品，工作完毕后应冲洗或淋浴。

8)施工中不慎与腐蚀或刺激性物质接触后，要立即用水或乙醇擦洗。

9)采用毒性大的材料施工时，应采取轮换制，并缩短作业时间。

10)施工前，应根据操作的具体情况，制订严格有效的安全、防护措施，并严格贯彻、督促切实执行。

(3)水玻璃类防腐蚀施工安全要求。

1)氟硅酸钠有毒，必须作好标记，安全存放，并有专人妥善保管。

2)氟硅酸钠干拌粉料应使用密封搅拌箱。

3)施工时应有良好的通风条件。

4)操作人员要穿工作服、戴口罩、护目镜等。在进行酸化处理时，应穿戴防酸护具；如防酸手套、防酸靴、防酸围裙等。

5)稀释浓硫酸时，严禁把水倒入浓硫酸内，应把浓硫酸徐徐倒入水中。

(4)涂料防腐蚀施工安全要求。

1)严格限制空气中有害物质的浓度，施工现场有毒气体、粉尘的最高允许浓度见表4-2。

表4-2 施工现场有害气体、粉尘的最高允许质量浓度

物质名称	最高允许质量浓度(mg/m^3)	物质名称	最高允许质量浓度(mg/m^3)
二甲苯	100	溶剂油	350
甲　苯	100	硫化氢	10
苯乙烯	40	二氧化硫	15
苯(皮)	40	甲醛	3
环乙酮	50	含有10%以上游离二氧化硅粉尘(石英、石英岩等)	2
丙　酮	400	含有10%以下游离二氧化硅的水泥粉尘	6
酚(皮)	5	含有10%以下游离二氧化硅的煤尘	10

注：1.有“皮”标记者为除呼吸道外，还易经皮肤吸收的有毒物质。

2.本表所列各项有毒物质的检验方法，应按国家现行标准《车间空气监测检验方法》执行。

2)施工前应对参加操作的全体人员进行安全教育和详细的安全技术交底，患有慢性皮肤病或有过敏反应者均不得参加施工操作。

3)使用生漆时，操作人员必须穿戴好防护用品，严防生漆与皮肤接触，面部可涂防护油膏(配方为：甘油14g、凡士林12g、硼酸2g、淀粉14g、滑石粉21g，将其调成糊状使用)。

4)使用毒性或刺激性较大的涂料时，现场应注意加强通风，除应穿戴防护用品外，还应适当采取对操作人员轮换、工间休息、下工后冲洗、沐浴等措施。

5)施工现场应注意防火，严禁吸烟和使用电炉等带明火的一些设备和设施。

6)堆放材料的库房应通风良好，必要时应进行机械通风，同时还应配置足够的消防器材设备。

7)擦拭过溶剂的棉纱、破布等，应存放在带盖的铁桶内并定期处理。

8)严禁随地倾倒或向下水道倾倒涂料或溶剂。

9)当施工喷涂现场自然通风不能满足时，必须进行机械通风，以避免中毒、头痛、昏迷现象发生。

4.3.20 《用火作业审批表》填写范例

<table>
<tr><td colspan="4">用火作业审批表</td><td>编号</td><td>×××</td></tr>
<tr><td>工程名称</td><td colspan="2">××小区×号楼</td><td>施工单位</td><td colspan="2">××建筑工程有限公司</td></tr>
<tr><td>申请用火单位</td><td colspan="2">××建筑工程有限公司</td><td>用火班组</td><td colspan="2">电焊工</td></tr>
<tr><td>用火部位</td><td colspan="2">三层墙体钢筋焊接</td><td>用火作业级别及种类
(用火、气焊、电焊等)</td><td colspan="2">电焊施工</td></tr>
<tr><td>用火作业
起止时间</td><td colspan="5">由××年×月×日×时×分起
至××年×月×日×时×分起</td></tr>
<tr><td colspan="6">用火原因,防火的主要安全措施和配备的消防器材:
1.原因:三层墙体钢筋绑扎现场,焊接钢筋
2.防火措施:
1)编制动火安全技术措施(后附方案);
2)焊工必须持有效证件上岗,正确使用劳动防护用品;作业时必须遵守“十不烧”原则;
3)操作前检查焊割设备、工具是否完好,电源线有无破损,各类保护装置是否齐全有效;
4)清除明火点周围的可燃物品,按要求配备灭火器,有专人进行监护。
3.消防器材:干粉灭火器

看火人员(签字):××× 申请人(签字):××× ××年×月×日</td></tr>
<tr><td colspan="6">审批意见:
同意动火施工

审批人签名:××× ××年×月×日</td></tr>
</table>

注:1.本表由施工单位填写,施工单位存一份。

2.用火证当日有效,变换用火部位应重新申请。

要求:作业人员每次用火作业前,必须到项目经理部办理用火申请,并按要求填写本表,经项目经理部主管部门审批同意后方可用火作业。

4.4　脚手架安全管理资料

4.4.1 《脚手架、卸料平台及支撑体系设计和施工方案报审表》填写范例

脚手架、卸料平台及支撑体系设计和施工方案报审表

工程名称:××小区×号楼工程　　　　　　　　　　编号:×××

致:　××监理公司　(监理单位): 我方已完成了××小区×号楼工程脚手架、卸料平台及支撑体系设计和施工方案的编制,并经公司技术负责人批准,请予以审查。 附:《××小区×号楼工程脚手架、卸料平台及支撑体系设计和施工方案》 承包单位(章):　××建筑工程有限公司 项目负责人:　××× 日　　期:　××年×月×日
专业监理工程师审查意见: 该脚手架、卸料平台及支撑体系设计和施工方案编制合理,技术可行,报审手续齐全。同意按该方案组织施工 专业监理工程师:　××× 日　　期:　××年×月×日
总监理工程师审核意见: 同意按该方案组织施工 项目监理机构:　××监理公司 总监理工程师:　××× 日　　期:　××年×月×日

4.4.2 《钢管扣件式支撑体系验收表》填写范例

钢管扣件式支撑体系验收表			编号	×××
工程名称	××小区×号楼			
施工单位	××建筑工程有限公司		分包单位	××建筑安装公司
支撑体系的类别	模板支撑体系		高 度	×m
验收部位	$3^{\#}$楼①～⑧轴顶板梁脚手架		安装日期	××年×月×日

序号	检查项目	检查内容与要求	验收结果
一	安全施工方案	模板支撑体系工程应有专项安全施工技术方案（或设计），审批手续完备、有效	有专项安全施工技术方案手续完备、有效
		高度超过8m或跨度超过18m，施工总荷载大于$10kN/m^2$，或集中线荷载大于15kN/m的支撑体系，其专项方案应经过专家论证，并根据专家意见进行修改	/
		支撑体系的材质应符合有关要求	符合要求
		施工前应有技术交底，交底应有针对性	有安全技术交底
二	构造要求	立杆基础必须坚实，满足立柱承载力要求。立杆下部必须设置纵横向扫地杆。立杆与结构应有可靠拉接	符合要求
		立杆的构造应符合JGJ130的有关规定	符合规定
		立杆、横杆的间距必须按安全施工技术方案（计算书）要求搭设	符合方案要求
		可调丝杆的伸出长度应符合要求	符合要求
		立杆最上端的自由端长度应符合方案的要求	符合方案的要求
三	剪刀撑	采用满堂红支撑体系时，四边与中间每隔4排支架立杆应设置一道纵向剪刀撑，由底至顶连续设置；高于4m时，其两端与中间每隔4排立杆从顶层开始向下每隔2步设置一道水平剪刀撑	/
		剪刀撑应按规范要求设置	符合规范要求
四	其他要求		

验收结论：经验收，模板支撑系统符合安全要求 ××年×月×日			
验收人签名	总包单位	分包单位	
	×××	×××	
监理单位意见：经验收合格、准予使用 监理工程师（签字）：×××　　××年×月×日			

注：本表由施工单位填报，监理单位、施工单位各存一份。

要求：水平混凝土构件模板或钢结构安装使用的钢管扣件式支撑体系搭设完成后，工程项目部应依据相关规范、施工组织设计、施工方案及相关技术交底文件，由总承包单位项目技术负责人组织相关部门和搭设、使用单位进行验收，填写本表，项目监理部对验收资料实物进行检查并签署意见。

4.4.3 《落地式(或悬挑)脚手架搭设验收表》填写范例

<table>
<tr><td colspan="3">落地式(或悬挑)脚手架搭设验收表</td><td>编号</td><td>×××</td></tr>
<tr><td colspan="2">工程名称</td><td>××小区×号楼</td><td>总包单位</td><td>××建筑工程有限公司</td></tr>
<tr><td colspan="2">作业队伍</td><td>××建筑安装公司</td><td>负责人</td><td>×××</td></tr>
<tr><td colspan="2">验收部位</td><td>落地式脚手架</td><td>搭设高度</td><td>×m</td></tr>
<tr><td colspan="2">验收时间</td><td>××年×月×日</td><td></td><td></td></tr>
<tr><td>序号</td><td>检查项目</td><td colspan="2">检查内容</td><td>验收结果</td></tr>
<tr><td rowspan="2">1</td><td rowspan="2">施工方案</td><td colspan="2">符合 JGJ130 规范要求</td><td>符合 JGJ130 规范要求</td></tr>
<tr><td colspan="2">悬挑式脚手架和高度 20m 以上的落地式脚手架搭设前必须编制安全专项施工方案附设计计算书，审批手续齐全。搭设前需有技术交底。特殊脚手架应有专家论证</td><td>符合要求</td></tr>
<tr><td>2</td><td>立杆基础</td><td colspan="2">脚手架基础必须平整坚实，有排水措施，架体必须支搭在底座(托)或通长脚手板上。纵、横向扫地杆应符合要求</td><td>符合要求</td></tr>
<tr><td rowspan="2">3</td><td rowspan="2">钢管、扣件要求</td><td colspan="2">钢管、扣件有复试检测报告。应采用外径 48～51mm，壁厚 3～3.5mm 的钢管</td><td rowspan="2">符合要求</td></tr>
<tr><td colspan="2">钢管无裂纹、弯曲、压扁、锈蚀</td></tr>
<tr><td>4</td><td>架体与建筑结构拉结</td><td colspan="2">脚手架必须按楼层与结构拉结牢固，拉结点垂直、水平距离符合要求，拉结必须使用刚性材料。20m 以上的高大脚手架须有卸荷措施</td><td>符合要求</td></tr>
<tr><td>5</td><td>剪刀撑设置</td><td colspan="2">脚手架必须设置连续剪刀撑，宽度及角度符合要求。搭接方式应符合规范要求</td><td>剪刀撑设置符合要求</td></tr>
<tr><td rowspan="3">6</td><td rowspan="3">立杆、大横杆、小横杆的设置要求</td><td colspan="2">立杆间距应符合要求；立杆对接必须符合要求</td><td rowspan="3">立杆、大横杆、小横杆都符合安全要求</td></tr>
<tr><td colspan="2">大横杆宜设置在立杆内侧，其间距及固定方式应符合要求；对接须符合有关规定</td></tr>
<tr><td colspan="2">小横杆的间距、固定方式、搭接方式等应符合要求</td></tr>
<tr><td>7</td><td>脚手板及密目网的设置</td><td colspan="2">操作面脚手板铺设必须符合规范要求。操作面护身栏杆和挡脚板的设置符合要求。操作面下方净空超 3m 时须设一道水平网。架体须用密目网沿内侧进行封闭，并固定牢固</td><td>符合要求</td></tr>
</table>

续表

<table>
<tr><th>序号</th><th>检查项目</th><th colspan="2">检查内容</th><th>验收结果</th></tr>
<tr><td>8</td><td>悬挑设置情况</td><td colspan="2">悬挑梁设置应符合设计要求;外挑杆件与建筑结构连接牢固;悬挑梁无变形;立杆底部应固定牢固</td><td>符合要求</td></tr>
<tr><td>9</td><td>其他</td><td colspan="2">卸料平台、泵管、缆风绳等不能固定在脚手架上;脚手架与外电架空线之间的距离应符合规范要求,特殊情况须采取防护措施,马道搭设符合要求,门洞口的搭设符合要求</td><td>符合要求</td></tr>
<tr><td>10</td><td>其他增加的验收项目</td><td colspan="2"></td><td></td></tr>
<tr><td>11</td><td colspan="4">验收结论:
经检查、落地式脚手架的搭设符合安全要求</td></tr>
<tr><td rowspan="2">验收人签名</td><td colspan="2">项目技术负责人</td><td>搭设单位负责人</td><td>其他验收人员</td></tr>
<tr><td colspan="2">×××</td><td>×××</td><td>×××</td></tr>
<tr><td colspan="5">监理单位意见:
经验收、落地式脚手架的搭设符合安全要求、准予使用

监理工程师(签字):×××

××年×月×日</td></tr>
</table>

注:本表由施工单位填报,监理单位、施工单位各存一份。

要求:落地式(或悬挑)脚手架应根据实际情况分段、分部位,由于工程项目技术负责人组织相关单位验收。六级以上大风及大雨后、停用超过一个月后均要进行相应的检查验收,检查验收内容应按照本表进行相关单位参加。每次验收项目监理部对验收资料及实物进行检查并签署意见,合格方可使用。

4.4.4 《工具式脚手架安装验收表》填写范例

<table>
<tr><td colspan="3">工具式脚手架安装验收表</td><td>编号</td><td>×××</td></tr>
<tr><td colspan="2">工程名称</td><td>××小区×号楼</td><td>总包单位</td><td>××建筑工程有限公司</td></tr>
<tr><td colspan="2">搭设(安装)单位</td><td>××建筑安装公司</td><td>负责人</td><td>×××</td></tr>
<tr><td colspan="2">验收部位</td><td colspan="3">××部位工具式脚手架</td></tr>
<tr><td>序号</td><td>检查项目</td><td colspan="2">检查内容</td><td>验收结果</td></tr>
<tr><td>1</td><td>施工方案</td><td colspan="2">应有安全专项施工方案及设计计算书,审批手续齐全</td><td>有计算书,
手续齐全</td></tr>
<tr><td>2</td><td>外挂脚手架</td><td colspan="2">架体制作与组装应符合设计要求;悬挂点部件材质和制作、埋设应符合设计要求;采用穿墙螺栓的,其材质、强度必须满足要求;悬挂点强度必须满足要求</td><td>符合设计要求</td></tr>
<tr><td>3</td><td>吊篮脚手架</td><td colspan="2">吊篮组装应符合设计要求;挑梁锚固或配重等抗倾覆装置应符合要求;锚固点建筑物强度必须满足要求;吊篮应设置独立的保险绳及锁绳器,绳径不小于12.5mm</td><td>/</td></tr>
<tr><td rowspan="3">4</td><td rowspan="3">附着式升降脚手架</td><td colspan="2">产品须通过省级以上建设行政主管部门组织的鉴定;产品应有详细的安装及使用说明书</td><td>符合要求</td></tr>
<tr><td colspan="2">须有防附落、防外倾安全装置;穿墙螺栓的强度必须满足要求;悬挂点结构强度必须满足要求;吊具、索具符合要求</td><td>符合要求</td></tr>
<tr><td colspan="2">安装单位必须具备相应资质,安装应符合《说明书》要求</td><td>符合要求</td></tr>
<tr><td>5</td><td>卸料平台</td><td colspan="2">卸料平台应有安全专项方案;应有最大载荷标志;其搭设应符合设计要求;卸料平台周边防护应符合要求;锚固点设置符合“一锚一绳”要求</td><td>有专项安全方案
符合安全要求</td></tr>
</table>

续表

<table>
<tr><th>序号</th><th>检查项目</th><th colspan="3">检查内容</th><th>验收结果</th></tr>
<tr><td>6</td><td>其他</td><td colspan="3">脚手架外侧应使用密目网封闭；操作层应设防护栏杆及挡脚板；施工负荷符合说明书或设计书的要求；脚手板应符合有关要求</td><td>符合
相关要求</td></tr>
<tr><td>7</td><td>其他增加的验收项目</td><td colspan="3"></td><td></td></tr>
<tr><td>8</td><td colspan="5">验收结论：
经检查，工具式脚手架安装符合安全要求，可以使用</td></tr>
<tr><td rowspan="2">验收人签名</td><td colspan="2">项目技术负责人</td><td colspan="2">安装单位负责人</td><td>其他验收人员</td></tr>
<tr><td colspan="2">×××</td><td colspan="2">×××</td><td>×××</td></tr>
<tr><td colspan="6">监理单位意见：
经验收，××小区×号楼工程××部位搭设的工具式脚手架符合安全要求，准予使用

监理工程师(签字)：×××
××年×月×日</td></tr>
</table>

注：本表由施工单位填报，监理单位、施工单位各存一份。

要求：外挂脚手架、吊篮脚手架、附着式升降脚手架、卸料平台等搭设完成后，应由工程项目技术负责人组织有关单位按照本表所列内容进行验收，合格后方可使用，验收时可根据进度分段、分部位进行；每次验收时项目监理部对验收资料及实物进行检查并签署意见。

4.4.5 《吊篮脚手架验收表》填写范例

吊篮脚手架验收表

No. ×××

<table>
<tr><td colspan="2">工程名称</td><td colspan="3">××小区×号楼工程</td><td>施工单位</td><td colspan="2">××建筑工程有限公司</td></tr>
<tr><td colspan="2">架体种类</td><td colspan="2">吊篮脚手架</td><td>架体高度</td><td>×m</td><td>验收日期</td><td>××年×月×日</td></tr>
<tr><td colspan="2">架体总长度</td><td>×m</td><td>架体荷载</td><td>×kN/m²</td><td colspan="2">分段验收高度</td><td>×层×m</td></tr>
<tr><td colspan="3">施工负责人</td><td>×××</td><td>参加验收人员</td><td colspan="3">×××</td></tr>
<tr><td colspan="2">验收项目</td><td colspan="3">施工方案要求</td><td colspan="3">验收情况</td></tr>
<tr><td colspan="2">脚手架有关技术资料</td><td colspan="3">施工单位有专业资质;架子工经培训持证上岗;有施工方案,具体和指导性强,有设计计算书,审批手续完备;脚手架进场有验收手续;每次使用前经检查验收合格的资料齐全;有安全操作规程及安全技术交底记录</td><td colspan="3">持证率 100%,有施工方案设计计算书,审批手续齐全,脚手架进场有验收记录,施工前检查验收合格手续齐全,资料完备符合安全要求</td></tr>
<tr><td colspan="2">架体稳定</td><td colspan="3">挑梁锚固或配重等抗倾覆装置有效;吊篮组装符合设计要求;电动(手动)葫芦使用合格产品,保险卡有效,吊钩有保险;吊篮保险绳安全有效</td><td colspan="3">挑梁锚固装置安全有效,组装符合设计要求,电动葫芦有合格证,保险卡安全有效,吊篮保险绳安全有效,符合安全要求</td></tr>
<tr><td colspan="2">架体防护</td><td colspan="3">脚手板材质符合要求,满铺,不得有探头板;吊篮外侧立网封闭;吊篮平台宽 0.8～1m,长度不宜超过 6m,吊篮与建筑结构有紧固措施;单片吊篮升降两端有防护;两片吊篮连在一起同时升降有同步装置;多层作业有防护顶板</td><td colspan="3">脚手板材质符合要求,无探头板,吊篮外侧立网封闭严密,吊篮平台宽 1m,长度 3～5m,吊篮与建筑结构有紧固措施,单片吊篮升降两端有防护,两片吊篮连在一起同时升降有同步装置,多层作业有防护顶板,符合安全要求</td></tr>
<tr><td colspan="2">其他</td><td colspan="3"></td><td colspan="3"></td></tr>
<tr><td rowspan="2">验收意见</td><td colspan="3">搭设负责人</td><td colspan="2">项目负责人</td><td colspan="2">安全技术主管部门</td></tr>
<tr><td colspan="3">具备使用功能
×××
×年×月×日</td><td colspan="2">同意使用
×××
×年×月×日</td><td colspan="2">同意使用
×××
×年×月×日</td></tr>
</table>

4.4.6 《架子作业人员登记表》填写范例

架子作业人员登记表

No. ×××

单位名称		××建筑工程有限公司			登记日期	××年×月×日	
序	姓名	工种	工龄	等级	发证单位	证件编号	备注
1	×××	架子工	8年	中	×××	××××	
2	×××	架子工	10年	中	×××	××××	
3	×××	架子工	6年	初	×××	××××	
4	×××	架子工	10年	中	×××	××××	
5	×××	架子工	8年	中	×××	××××	
6	×××	架子工	12年	高	×××	××××	

填表人：××× 时间：××年×月×日

注：作业人员登记表和作业人员操作证复印件，登记时均按本表的模式填写。

4.4.7 《架子作业人员操作证复印件》填写范例

架子作业人员操作证复印件

No. ×××

序号	××	所属单位	××建筑工程有限公司	项目部名称	××项目部	工种	架子工
操作证复印件粘贴处							

序号	××	所属单位	××建筑工程有限公司	项目部名称	××项目部	工种	架子工
操作证复印件粘贴处							

填表人：×××　　日期：××年×月×日

注：作业人员登记表和作业人员操作证复印件，登记时均按本表的模式填写。

4.4.8 《安全网产品登记表》填写范例

安全网产品登记表

No.×××

生产经销单位	××安全网制造厂	产品类别及型号	安全网
经销负责人	×××		ML1.8×6
四证名称(编号)	×××、×××、×××、合格证号××		

序号	产品进货情况		使用部位	使用情况	负责人签字
	时间	数量			
1	×年×月×日	××	×层至×层	符合标准要求	×××
2	×年×月×日	××	×层至×层	符合标准要求	×××
3	×年×月×日	××	×层至×层	符合标准要求	×××
4	×年×月×日	××	×层至×层	符合标准要求	×××
5	×年×月×日	××	×层至×层	符合标准要求	×××

注:1. 施工现场所使用安全防护用具及机械设备均应进行登记。登记的范围按建设部、国家工商行政管理局、国家质量技术监督局建建[1998]164号《施工现场安全防护用具及机械设备使用监督管理》规定中的产品。

2. "四证"指:生产厂家生产许可证、合格证、技术监督部门检验报告和营业执照。

4.4.9 《竹脚手架搭设验收表》填写范例

竹脚手架搭设验收表

工程名称		××大学综合楼工程	搭设高度 ×m	搭设日期 ××年×月×日
序号	验收项目	验 收 内 容		验 收 结 果
1	施工方案	有专项安全施工组织设计并上级审批，针对性强，能指导施工		有专项施工组织设计，针对性强
		有专项安全技术交底		有
		搭架单位及人员具有相应的资质		有
		搭设高度不得超过25m		10m
2	立杆基础	立杆埋深应大于250mm，杆底应铺设面积大于150×150×20mm的厚板砧石、砖或专用底垫		立杆埋深500mm，杆底铺200×200×50mm的专用底垫
		土质疏松、挖坑困难时，应在土层上铺置底垫，在地上100mm应设置纵、横向扫地杆		没有纵横扫地杆
		有良好排水措施且无积水		有良好排水措施，无积水
3	材质	搭架毛竹应为三年生长期，腐烂、虫蛀、通裂、刀伤、霉变的不得使用		符合要求
		立杆、大横杆、小横杆、剪刀撑小头有效直径应大于60mm，顶撑小直径应大于55mm，栏杆小头有效直径大于45mm，绑扎绳材料应有合格证，不得一扣绑三根		小头有效直经65mm，顶撑小头直径65mm；栏杆小头直径55mm
4	立杆	立杆中距为1.2m；步距应大于1.8m		符合要求
		外立杆高过檐口；平屋顶应大于1.2m，坡屋顶应大于1.5m		符合要求
		立杆搭接长度应大于1.8m，且接头要跨过一皮架		符合要求
		立杆搭接长度；大角、横向应不大于总的1/250，且不大于60mm；纵向应不大于100mm		符合要求
5	小横杆	小横杆两端伸出立杆应大于100mm		伸出150mm
6	顶撑	顶撑应垂直，大头朝上，与立杆绑扎三道以上		等距离绑扎四道
7	大横杆	大横杆应设四根，大头与小头置于小横杆处，绑扎三道以上		等距离绑扎四道

续表

序号	验收项目	验 收 内 容	验 收 结 果
8	剪刀撑	剪刀撑应与外立杆紧靠绑扎	符合要求
		两端和中间每隔4.8～5m应自上而下连续设置，并与地面成45至60度的角	符合要求
		杆件搭接大头压小头，搭接长度应大于1.5m，绑扎三道以上	符合要求
		底部应埋地，埋深应大于250mm；不能埋地的，应用8#铁丝与立杆绑扎牢固	符合要求
9	防护栏杆	架体外立杆内侧应用密目式安全网封严	外挂密目安全网
		作业层外侧设置高1.2m和0.6m的双道防护栏及18cm高的挡脚板	防护栏符合要求
		脚手架内侧与建筑物的净空不能大于200mm；当大于200mm时应进行封闭	脚手架同侧与建筑物净空150mm
10	脚手板	作业层脚手板应铺满、铺稳，有固定措施，不得有探头板	满铺脚手板，牢固，无探头板
		非作业层边，不铺脚手板不能多于三步层	符合要求
11	通道	运料斜道宽应大于1.5m，坡度1：6(高：长)；人行斜道的宽度应大于1.0m，坡度为1：3，每隔300mm设一道防滑条	安全通道运料斜道宽1.6m，坡度1：6，人行道1.5m，坡度1：3
		斜道的立杆、横杆间距、剪刀撑及基础作法等设置应符合规定要求	符合要求
		斜道转角处应设平台；平台及斜道两侧设两道防护栏杆及挡脚板，并挂密目式安全网	斜道转角设有平台，并挂密目安全网
		利用与脚手架相连接的建筑阳台或门口作为通道，应符合安全要求并设置提示标志牌	符合要求

验收意见		
验收意见： 经验收合格，准予使用 ××年×月×日	项目负责人	×××
	技术负责人	×××
	搭设负责人	×××
	施工员	×××
	安全员	×××

4.4.10 《木脚手架验收表》填写范例

木脚手架验收表

工程名称		××大学综合楼工程	搭设高度 ×m　搭设日期 ××年×月×日
序号	验收项目	验　收　内　容	验 收 结 果
1	施工方案	有专项施工安全组织设计并经上级审批,针对性强,能指导施工	有施工组织设计,且审批手续齐全
		有专项安全技术交底	有专项安全技术交底
		搭架单位及人员具有相应的资质	有相应的资质
2	立杆基础	基础应平整夯实,符合设计要求	符合设计要求
		立杆底部深埋 300～500mm,杆底应铺设砧石或专用底垫	立杆底部深埋 300～500mm,杆底铺设砧石
		土质较松、挖坑困难时,应设置纵、横向扫地杆,设置位置不得高于底座上皮 200mm	设置有纵横扫地杆
		外立杆高过檐口应大于 1.2m,坡屋顶应大于 1.5m	符合要求
		有良好排水措施且无积水	有良好排水措施且无积水
3	材质	立杆有效部分小头直径应大于 70mm,大横杆、小横杆有效部分小头直径应大于 80mm;绑扎材料为 8# 镀锌铁丝	符合要求
		脚手板可采用钢、木、竹材料制作,每块质量应不大于 30kg	符合要求
		木脚手板厚度应大于 50mm,宽度应大于 200mm,两端用铁丝箍牢,有腐朽的不得使用	符合要求
		钢脚手板有裂纹、开焊、硬弯不得使用	符合要求
		竹脚手板应是质地坚实、无腐烂、虫蛀、断裂的毛竹片制作的竹榀,松脆破损散边的竹榀不得使用	符合要求
4	架体与建筑物拉结	脚手架立杆必须用连墙件与建筑物可靠连接。当架高在 7m 以下暂不能设置连墙件时,可搭设抛撑,抛撑每 6 跨设置一道,并与地面成 45°～60°的夹角	符合要求
		脚手架边墙件按二步三跨设置,并与建筑物连接牢固	连接牢固
5	竹杆间距	立杆横距纵距应符合规定要求	符合规定要求
		结构脚手架:立杆纵距、纵向水平杆每跑应不大于 1.5mm;装修脚手架:立杆纵距、纵向水平杆每跑应不大于 1.8mm	符合要求

续表

序号	验收项目	验收内容	验收结果
6	剪刀撑	脚手架应在外侧两端和中间每隔6～7根立杆设置剪刀撑，并由底部至顶部连续设置，并与地面成45°～60°的夹角	符合要求
		剪刀撑搭接长度应大于1.5mm，大头压小头，用8#铁丝绑扎不少于3道	符合要求
7	脚手板与防护栏杆	架体外立杆内侧应用密目式安全网封严	密封严闭
		作业层脚手板应铺满、铺稳，有固定措施，不得有探头板，离开墙面120～150mm	无探头板
		作业层外侧设置高1.2m和0.6m的双道防护栏及18cm高的挡脚板	符合要求
8	通道	运料斜道宽应大于1.5m，坡度1∶6；人行斜道的宽度应大于1.0m，坡度为1∶3，每隔300mm设一道防滑条	符合要求
		斜道的立杆、横杆间距、剪刀撑及基础作法等设置应符合规定要求	符合规定要求
		“之”字斜道转角处应设平台，平台及斜道两侧设两道防护栏杆及挡脚板，并挂密目式安全网	设有平台挂安全网
		利用与脚手架相连接的建筑阳台或门口作为通道，应符合安全要求并设置提示标志牌	符合安全要求
9	卸料平台	卸料平台必须有专项设计，并附有载荷及稳定性计算	有
		卸料平台外侧设两道防护栏杆及挡脚板，并挂密目式安全网	有
		卸料平台有限定荷载警示牌，严禁超载	有
		卸料平台支撑系统必须单独设置，固定在建筑物上，不得与脚手架连接	符合要求

验收意见： 木脚手架验收合格，准予使用 ××年×月×日	项目负责人	×××
	技术负责人	×××
	搭设负责人	×××
	施工员	×××
	安全员	×××

4.4.11 《悬挑式倒料平台验收表》填写范例

悬挑式倒料平台验收表

施工单位:××建筑工程有限公司　**工程名称:**××大学综合楼工程　**部位:**八层阳台

<table>
<tr><th>序号</th><th>验收项目</th><th colspan="3">具 体 要 求</th><th colspan="2">验收情况</th></tr>
<tr><td>1</td><td>方案</td><td colspan="3">方案要根据施工情况由技术部门编制并有审批意见,方案中要有平台长宽尺寸、使用材料规格、钢丝绳直径、卡扣设置、保险装置、荷载计算和安全系数</td><td colspan="2">方案有审批意见,编制合理,计算准确</td></tr>
<tr><td>2</td><td>材料</td><td colspan="3">使用的材料应符合方案设计要求和质量等级</td><td colspan="2">符合要求</td></tr>
<tr><td>3</td><td>承重与支撑</td><td colspan="3">钢丝绳承重点必须牢固并有防剪措施,卡扣齐全、设置合理,保险绳与承重绳不能在同一吊点,平台支撑点平稳牢固,有足够承载力</td><td colspan="2">承重与支撑符合安全要求</td></tr>
<tr><td>4</td><td>防护与标志</td><td colspan="3">平台临边必须设置两道防护栏杆,高度不低于1.5m,立挂密目安全网封严,设 18cm 高挡脚板,要有限荷载标志,并注明码放材料规格、数量和高度</td><td colspan="2">防护与标志到位,符合要求</td></tr>
<tr><td>验收意见</td><td colspan="6">经检查,悬挑式倒料平台符合《建筑施工安全检查标准》(JGJ 59—2011)及相关规范的规定,验收合格</td></tr>
<tr><td rowspan="2">验收人员</td><td>主管工长</td><td>施工班组</td><td>安全员</td><td></td><td></td><td></td></tr>
<tr><td>×××</td><td>×××</td><td>×××</td><td></td><td></td><td></td></tr>
</table>

××年×月×日

4.4.12 脚手架工程施工安全技术措施

1.脚手架施工技术措施

(1)脚手架布置应根据上方结构物特点及脚手架规格,初步拟定脚手架的布置形式,然后检算脚手架的受力是否满足强度要求。

(2)根据规范要求设置合理的剪力撑及横向连接杆件。

(3)对于跨河、跨路地段将严格检算其强度,跨路门洞必须设置好防止车辆撞击脚手架的保护措施。

(4)根据脚手架体积的大小设计避雷接地方案。

2.脚手架搭设安全管理措施

(1)搭设脚手架的门架、钢管、扣件的规格、性能及质量应符合现国家行业标准的规定,并应有出厂合格证明书及产品标志。施工前对门架、钢管、扣件进行检查,清除其损伤大、变形大、锈蚀严重的材料。

(2)脚手架搭设前,组织相应的技术管理、安全管理人员及作业班组人员进行安全交底,让每个人心中都了解施工中的注意事项,确保施工中的安全。脚手架搭设必须按照施工组织设计图纸搭设,不得改变支架结构。支架的水平连接杆件、剪力撑等必须按照图纸进行设置,图纸未明确时应参照相关规范进行搭设。支架搭设完毕或分段搭设完毕,应对脚手架工程的质量进行检查,经检查合格后方可交付使用。

(3)脚手架搭设人员必须是经过按现行国家标准《特种作业人员安全技术考核管理规则》考核合格的专业架子工。上岗人员要定期体检,合格者方可持证上岗。

(4)脚手架搭设时,所有操作人员必须佩带安全帽、系安全带、穿防滑鞋,高空作业衣着要灵便,禁止穿硬底和带钉易滑的鞋。安全带应挂在牢固的物体上,严禁在一个物体上拴多根安全带,同时安全带必须合格产品并定期检查,临边作业要设置好防护围栏和安全网;悬空作业应有可靠的防护措施。

(5)搭设过程中,脚手架上不准堆放零星杂物,如:扣件、螺丝、螺帽、短钢筋等,避免掉落造成人员伤害。小型工具应随手放入工具袋(套)内,上下传递物件禁止抛掷。高空作业不宜上下重叠,确需时在两层中间设置可靠的隔离设施。

(6)遇有恶劣气候(如风力在六级以上、大雾、暴雨等)影响施工安全时,应停止脚手架搭设或拆除工作,雨、雪天上架作业应有防滑措施,并应扫除积雪。

(7)用于高空作业的梯子不得缺档,不得垫高使用。梯子横档间距以30cm为宜。使用时上端要扎牢,下端应采取防滑措施。单面梯与地面夹角60°～70°度为宜,禁止二人同时在梯上作业。如需接长使用,应绑扎牢固。人字梯底脚要拉牢。在通道处使用梯子,应有人监护或设置围栏。

(8)脚手架应做好接地,避雷措施,特别是有电线路穿过支架时要做好防护措施,避免整个脚手架带电。

(9)在靠近居民区搭设脚手架,外侧必须有防止坠落物伤人的防护措施。

(10)不得在脚手架基础及其临近处进行挖掘作业。

(11)搭拆脚手架时,地面应设置围栏和警戒标志,派专人看守,严禁非操作人员入内。

3.脚手架拆除安全措施

(1)脚手架经单位工程负责人检查验证并确认不再需要时,方可拆除。拆除现场必须设置警戒区,张贴醒目的警戒标志。警戒区域严禁非工作人员通过或在脚手架下方施工。

(2)如遇强风、雨、雪等特殊天气,不应对脚手架进行拆除。晚上拆除脚手架时应配备足够的照明设备。

(3)脚手架的拆除应在统一指挥下,按后装先拆、先装后拆的顺序及下列安全作业的要求进行:

1)同一层的构配件和加固件应按先上后下、先外后里的顺序进行,最后拆除连墙件;

2)在拆除过程中,脚手架的自由悬臂高度不得超过两步,当必须超过两步时,应加设临时拉结;

3)连墙杆、通常水平杆和剪刀撑等,必须在脚手架拆卸到相关的门架时方可拆除;

4)工人必须站在临时设置的脚手板上进行拆卸作业,并按规定使用安全防护用品;

5)拆除工作中,严禁使用榔头等重物击打、撬挖,拆下的连接棒应放入袋内,锁臂应先传递到地面并放室内堆放;

6)拆装连接部件时,应先将锁座上的锁板与卡钩上的锁片旋转至开启位置,然后开始拆除,不得硬拉,严禁敲击;

7)拆下的钢管与配件,应成捆用机械吊运由井架传至地面,防止碰撞,严禁抛掷。

4.高空作业安全措施

脚手架搭设、拆除施工属高空作业,施工时作业人员按下规程作业:

(1)非施工作业人员,不得进入施工现场,禁止在施工场地打闹。施工时,戴好安全帽。作业负责人要及时检查,及时进行安全教育,预防安全事故。超过2m高度必须佩戴安全带,安全帽及安全带必须定期检查,符合要求后方可使用。

(2)施工作业搭设的扶梯、工作台、脚手架、护身栏、安全网等,必须牢固可靠,并经验收合格后方可使用。上下楼梯必须符合规范要求,楼梯不能太陡,铺设木板时必须采取防滑措施,扶手高度不小于1.2m,至少按2排布置,底排高度不大于0.3m。超过2m以上的脚手架上如有施工作业时,四周必须设1.2m高的扶手拦杆和18cm高的挡脚板。

(3)架子工程应符合《建筑施工高处作业安全技术规范》(JGJ80—90)和《建筑安装工人安全技术操作规程》(1980.5.20)规定要求。

(4)人员上下通行要由斜道或扶梯上下,不准攀登模板、脚手架或绳索上下,作业时必须站在稳固的脚手板上,严禁站在钢管上,并作好"三宝"、"四口"等防护措施的管理。

(5)高空作业用的料具应放置稳妥、小型工具应随时放入工具袋,上下传递工具时,严禁抛掷。高处作业所用的物料,应堆放平稳,不得妨碍通道。高处拆下的物体、余料和废料,禁止向下抛掷。

(6)高处作业必须系安全带,安全带应挂在牢固的物件上,严禁在一个物件上拴挂几根安全带或一根安全绳上拴几个人;临边作业应设置防护围栏和安全网;悬空作业应有可靠的安全防护设施。

(7)设置在建筑结构上和直爬梯及登高攀件,必须牢固、可靠。

(8)梯脚底应坚实,梯子上端应有固定措施,人字梯铰链必须牢固;在同一架梯子上不得2人同时作业。

(9)高处作业不宜上下重叠。确需在高处上下重叠作业时,应在上下两层中间用密铺棚板隔离或采用其他隔离设施。

4.4.13 脚手架工程安全专项方案实例

××工程附着式脚手架工程安全专项方案

一、编制依据

序号	规范、规程及标准	编号
1	《建筑施工安全检查标准》	JGJ59－2011
2	《建筑施工工具式脚手架安全技术规范》	JGJ202－2010
3	《建筑施工扣件式脚手架安全技术规范》	JGJ130－2011
4	《建筑施工高处作业安全技术规范》	JGJ80－91
5	《钢结构设计规范》	GB50017－2003
6	《钢结构工程施工质量验收规范》	GB50205－2001
7	《建筑结构荷载规范》	GB50009－2012
8	《施工现场临时用电安全技术规范》	JGJ46－2005
9	《危险性较大的分部分项工程安全管理办法》	[2009]87 号
10	《桁架导轨式爬架安全技术操作规程》	
11	西安国际中心建筑和结构施工图纸	
12	西安国际中心施工组织设计	

二、工程概况

本 DK3 工程由两栋高层住宅(A05＃、A06＃楼)及一栋 9F 商业裙房组成,高层住宅楼为剪力墙结构,A05 楼为 35 层,A06 楼为 37 层,裙房紧邻 A05＃楼,总层数为 9 层。A05、A06 楼在标准层使用爬架,具体层高及架体种类见下表:

部位	结构类型	总层数	楼层	层高(m)	架体类型
A05＃楼	剪力墙结构	35 层	2 层/3～9 层	3.8m/3.5m	挑架
			10 层～35 层	2.8m	爬架
A06＃楼	剪力墙结构	37 层	2 层～37 层	2.8m	爬架

三、施工准备

(一)技术准备

(1)按规定的程序进行专项施工方案的编制、审核和审批。

(2)搭设前现场施工负责人应对甲、乙双方所提供材料进行质量检查。

(二)材料准备

准备架体部分的材料包括:钢管、扣件、安全网、脚手板、Φ50PVC 管(用于附墙预留孔)和 16mm^2 五芯主电缆(16×3＋10×2,用于电源至控制柜),上述材料均应符合国家相关技术标准,材质性能要求如下:

(1)钢管的尺寸和表面质量应符合下列规定:爬架架体使用的钢管规格为Φ48×2.8,应采用现行国家标准《低压流体输送用焊接钢管》(GB/T3092)中的3号普通钢管,其质量应符合现行国家标准《碳素结构钢》(GB/T700)中Q235A级钢的规定;新钢管应具有产品质量合格证和符合现行国家标准《金属拉伸试验方法》(GB/T228)有关规定的检验报告;钢管表面应平直,其平直度不得大于管长的1/500;两端端面应平整,不得有斜口;并严禁使用有裂缝、表面分层硬伤(压扁、硬弯、深划痕)、毛刺和结疤等。

钢管在使用前应涂刷防锈漆。推荐使用涂桔黄色防锈油漆,既防锈又能使爬架外观效果良好。

(2)扣件质量应符合下列规定:钢管脚手架的连接扣件应采用可锻铸铁制作,其材质应符合现行国家标准《钢管脚手架扣件》(GB15831)的规定。并在螺栓拧紧的扭力矩达到65N·m时,不得发生破坏。

扣件在使用前要清洗加机油。

(3)脚手板:脚手板采用钢、木、竹材料制作。其材质应符合下列规定:

冲压钢板脚手板,其材质应符合现行国家标准《碳素结构钢》(GB/T700)中Q235A级钢的规定。新脚手板应有产品质量合格证;新旧板面挠曲不得大于12mm和板面任一角翘起不得大于5mm;不得有裂纹、开焊和硬弯。使用前应涂刷防锈漆。

木脚手板应采用杉木或松木制作,其材质应符合现行国家标准《木结构设计规范》(GBJ5)中Ⅱ级材质的规定。木脚手板的宽度不宜小于200mm,厚度不应小于50mm,两端应各设直径为4mm的镀锌钢丝箍两道。腐朽的脚手板不得使用。

(4)A05、A06#楼爬架主要材料用量(除桁架架体外)见下表:

序号	材料名称	规格	数量	使用部位
1	钢管	6m	2000根	大横杆、立杆、剪刀撑、腰杆
		4m	400根	立杆、局部横杆、操作平台
		3m	200根	局部横杆
		2m	400根	局部横杆、操作平台
		1.5m	200根	局部横杆
		1.2m	1800根	小横杆、局部横杆
2	扣件	直角	12000个	主节点
		对接	1500个	钢管对接
		旋转	1000个	剪刀撑
		4000×250×50mm	80立方	防护
		ML1800×6000mm	6000m^2	防护网
		大眼网	7800m^2	防护网
		500×900mm	300m^2	架体底部封闭防护

四、施工安排

(一)爬架使用范围

本DK3工程A05#楼从九层顶板、A06#楼从一层顶板开始搭设爬架。外围周边除塔吊附墙范围外,其余全部为爬架范围。爬架从相应楼层开始拼装,以下部落地架(6#楼)或挑架(5#楼)作为拼装平台。在爬架未牢固附墙之前,底部落地架不得拆除。爬架随施工进度逐层爬升,升至顶层结束,在高空拆除。

(二)工期要求

5#楼主体结构施工至十层时,爬架进场开始拼装;6#楼从二层开始拼装爬架。6#楼爬架预计9月20日进场,5#楼预计11月底进场爬架。架体随工程进度完成整体架体搭设、预埋、固定,架体随施工进度逐层分片爬升。5#爬架使用时间为270天,6#爬架租期为300天。

(三)劳动力组织

爬架施工由专业爬架公司进行施工,现场配备人员如下:

爬架公司工程主管1名负责同工地其他部门的总协调、安全检查总指挥以及现场施工技术落实;

工长、技术员2名负责现场爬架全过程操作、安全检查、现场人员的调度。

专业爬架班组长(持证上岗)1名带领班组成员具体落实施工任务;

兼职安全员2~3名负责本班组施工过程中的安全警戒、检查;

专业安装爬架工人(持证上岗)10~15名进行爬架安装,负责爬架的拼装、搭设、提升、下滑、拆除、围护工作。

(四)职责分工

为了保证爬架的使用安全,切实保证施工要求和进度要求,树立公司形象,项目部将在本项目配置施工经验丰富的现场技术指导人员。

序号	姓名	岗位	职责
1	×××	项目经理	对爬架工程施工质量、工期、安全文明等方面全面负责
2	×××	项目总工	负责爬架技术质量管理,组织编制方案对现场管理、监督
3	×××	工程经理	负责爬架管理、施工进度、安全文明施工、协调等
4	×××	技术主任	负责爬架技术管理工作,负责专项方案交底、检查、验收
5	×××	安全主管	负责爬架验收、安全检查、整改及相关内业资料
6	×××	材料主任	负责爬架的进退场管理、检验、保管等工作
7	×××	电气主管	负责爬架施工临电管理

五、爬架施工方法

(一)平面设计

爬架根据主楼楼体设置若干个个提升点,随区分片,具体见下边所示:

DK3楼号	爬架片段	提升点数/个	点位编号
A05#楼	西片段	17	1#~17#
	东片段	12	18#~29#
A06#楼	西片段	13	1#~13#
	东片段	13	13#~26#

爬架架体宽度900mm,内侧立杆中心距离墙面420mm。

(二)立面设计

爬架架体高度为14.6m,步高1.8m,架宽0.9m。爬架底部比楼层平面低0.3m。爬架共铺设四层脚手板,最底部脚手板须封闭严密,并在架体与墙体之间制作翻板,升降状态下将翻板翻起,使用状态下将翻板放下,以确保架体与结构之间的封闭。

立面图如下:

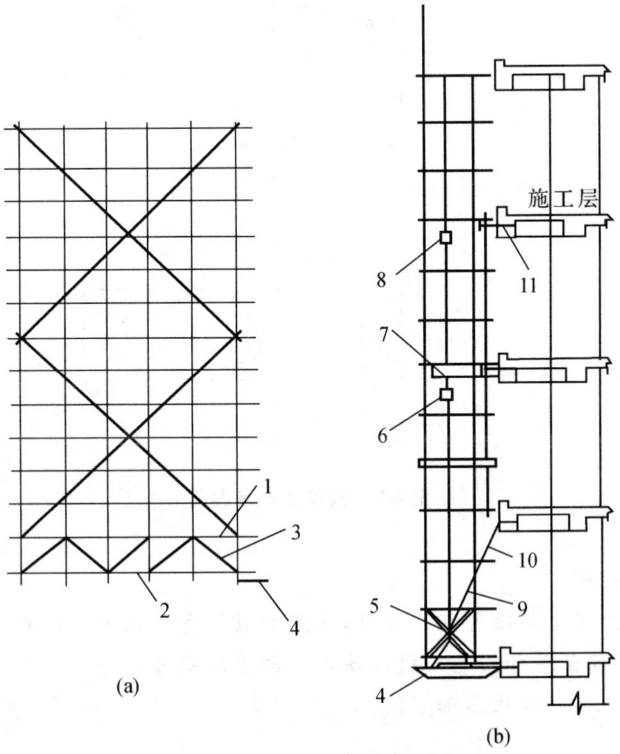

图4-4　整体升降式脚手架立面、侧面图

(a)立面图 b)侧面图

1—上弦杆;2—下弦杆;3—承力桁架;4—承力架;5—斜撑;6—电动倒链;7—挑梁;8—倒链;9—花篮螺栓;10—拉杆;11—螺栓

(三)桁架导轨式爬架主要技术性能参数

指标	参数	指标	最大单元跨度
6.6m	脚手架离墙距离	0.3～2.5m	
脚手架宽度	0.9～1.2m	脚手架步高	1.8m
最大施工荷载	3×2KN/m²	单元自重	3～4t
升降葫芦规格	10t×5m	升降速度	10cm/min
额定制动荷载	5t	制动最大滑移	80mm

(四)穿墙螺栓预留孔埋件的设计

预留孔埋件与临近钢筋绑扎固定,以确保预留件位置准确,预埋件的两端应用胶带纸封住,防止混凝土进入。

预埋件平面位置详见爬架平面布置图,预留孔洞示意图如下:

(五)爬架与塔吊附臂关系的处理

塔吊附着处不搭设爬架,单独搭设钢管悬挑架进行防护。具体搭设要求详见《悬挑脚手架施

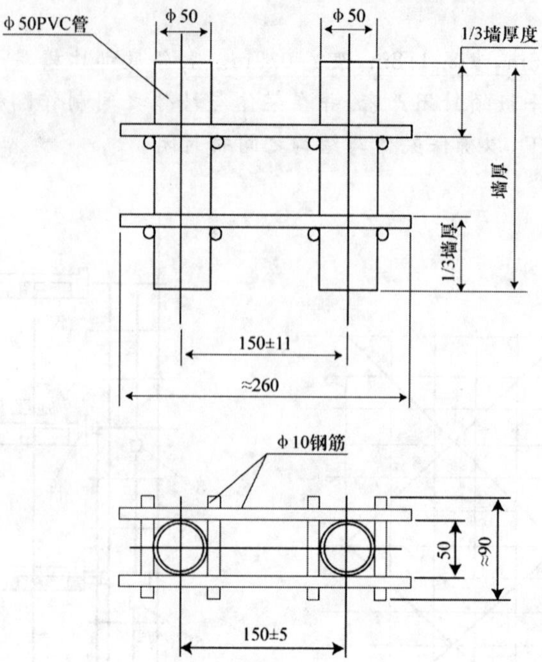

图 4-5 预留孔洞示意图

工方案》

(六)卸料平台的处理

卸料平台安装时应完全与爬架架体分离,使用时直接受力在主体结构上,爬架升降时将卸料平台吊离,待爬架提升到位并加固完成投入使用后再重新安装好卸料平台。

爬架与卸料平台关系的示意图如下:

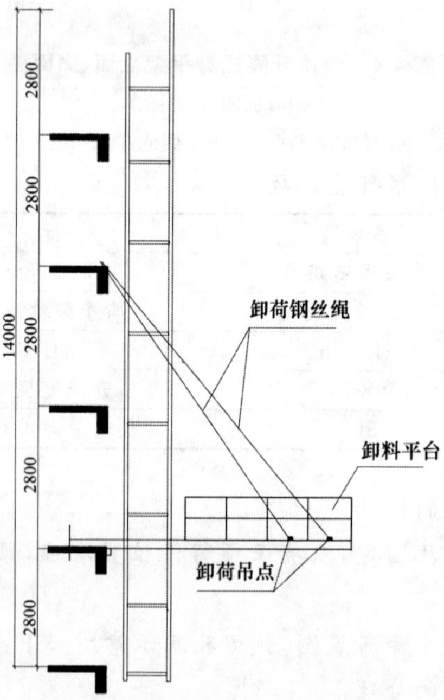

图 4-6 爬架与卸料平台关系示意图

(七)爬架与施工电梯的关系

在主体结构施工时,施工电梯追随在爬架下面;主体结构封顶后,施工电梯处的爬架拆除。

(八)爬架安装

1.爬架组装平台搭设

在安装搭设爬架前,需先搭设组装平台。组装平台可利用标准层以下原有的双排脚手架,组装平台顶面为爬架初始安装楼层下返0.3m位置,具体要求如下:

(1)平台内排立杆距结构外沿0.3m,平台宽度1.6m。

(2)外排立杆高出平台面1.5m,作为防护拦杆。

(3)平台应稳固,能承受3KN/m^2的均布荷载。平台安装示意图如下:

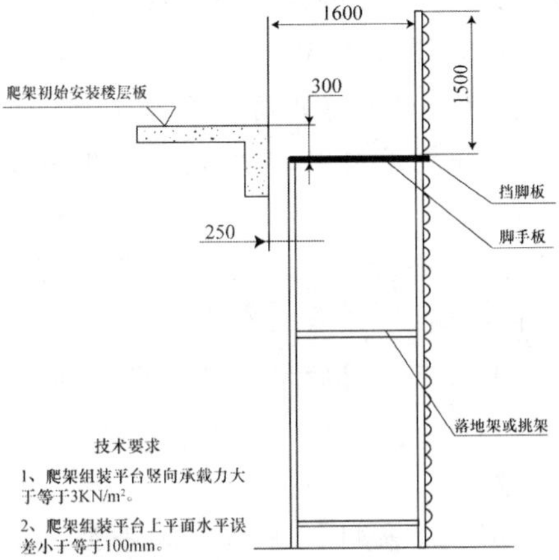

图4-7　爬架组装平台示意图

2.预埋件的埋设

对预埋件平面、竖向位置按提升点的位置逐点进行放线、固定、预埋,防止遗漏,预埋件按照设计方案的要求进行选用。

预埋件固定方法:预埋时应根据预埋件材质不同,选择与结构配筋点焊或绑扎,防止浇注时预埋件位置偏移。

PVC管预埋件:利用Φ50PVC管作为预埋件,长度应比相应点位处墙体略厚,PVC管要用铅丝与内部竖筋绑扎牢固,保证混凝土在浇注完成后PVC管处于正确位置。预埋件的埋设要求:

(1)要保证窗洞、边梁处的预埋件中心以下至少有150mm的混凝土厚度,以保证结构不被拉裂。

(2)有预埋件的部位,在混凝土震捣时采取必要措施,避免PVC管出现破损。

(3)预埋件两端须利用海绵、泡沫、锯末、胶带封堵,防止浇注时注入水泥浆。

(4)如果有预埋件超出精度要求,则必须用水钻重新打眼。

(5)如果梁内侧及其楼板底模拆除较晚,应在预埋件处使用便于提前拆除的小块模板,以免耽误穿墙螺栓安装,进而影响正常施工。

预埋件位置误差应符合如下要求:

同一预埋处,两孔水平偏差≤10mm;

同一预埋处，预留孔水平绝对偏差应≤10mm（相对于定位轴线）；

同一提升点，临近三层预埋孔水平偏差≤20mm（水平投影差）；

同一提升点，预埋孔多层累积水平偏差≤50mm（水平投影差）。

3. 竖向主框架和水平桁架的安装

主框架内排立杆中心离墙距离420mm。在安装主框架时，应先复核附墙点处结构尺寸和爬架平面布置图是否相符。主框架内排立杆中心离墙距离宜从穿墙螺拴安装处直接量取，以避免差错。

吊装主框架至设计位置，主框架两侧用6m钢管搭两个斜撑固定，校正主框架垂直度，并与建筑结构临时拉结。吊装主框架时要合理选择吊点，以垂直升降。

竖向主框架安装禁止偏移及扭转，可利用铅锤吊线检测竖向主框架垂直度偏差。主框架与对应穿墙螺栓预留孔偏差≤10mm，单节主框架垂直度偏差≤10mm，多节主框架垂直度累积偏差≤20mm。在安装中要随时检查导轨面离墙距离是否正确。

在竖向主框架的底部应设置水平支承桁架，其宽度与主框架相同，平行于墙面，其高度为1.8m，用于支撑架体构架。

水平桁架构件包括横杆、弦杆、斜杆、立杆，通过M20×40螺栓与节点板连接。螺栓由节点板插入，螺母安装在水平桁架杆件一侧，螺母确保拧紧。

水平桁架的组装要根据爬架平面布置图的水平模数进行选件组装，其水平模数间距也就是脚手架的立杆柱距。

桁架斜腹杆宜沿受拉方向布置。

未利用定型杆件连接的水平桁架，采用钢管扣件脚手架搭设，其上、下弦杆，斜杆搭设双钢管。

单根横杆水平偏差≤10mm、直线段的横杆累积水平偏差≤30mm；水平桁架内排架应平行于建筑物外墙，纵向垂直度≤50mm。

利用水平尺检测水平桁架水平及垂直，利用水管检测远距离跨度间水平，对不符合水平要求处，在中间框架、立杆下面加垫木方或先期使用可调托撑进行调整。

4. 架体的搭设

架体构架应设置在两竖向主框架之间，并以纵向水平杆与之相连，其立杆设置在水平支撑桁架的节点上，形成空间稳定结构，为施工作业提供防护和操作面的部分。架体构架宜采用扣件式钢管脚手架，其结构构造应符合《建筑施工扣件式钢管脚手架安全技术规范》(JGJ 130)的规定。

(1) 立杆搭设要求

立杆从水平桁架上部起搭，立杆接头除在顶层可采用搭接外，其余各接头必须采用对接扣件对接。

立杆钢管使用最大长度6.0m。初始搭设钢管脚手架时，应错头搭设，采用4m、6m钢管进行初始错头，保证对接接头不在一步内且接头距离主节点不超过1/3步高。

立杆上的对接扣件应交错布置，两根相临立杆的接头不应设置在同步内，同步内隔一根立杆的两相邻接头在高度方向错开的距离不宜小于500mm，各接头中心至主节点的距离不宜大于步距的1/3。

立杆搭接长度不小于1000mm，且不应少于2个旋转扣件固定，端部扣件盖板的边缘至杆端距离不应小于100mm。

立杆应垂直，垂直度偏差不大于60mm；多根立杆应平行，平行度偏差不大于100mm。脚手架每搭设两步，在窗洞处应与楼内支撑架或其它固定物拉结，确保脚手架稳定。

(2)纵向水平杆、横向水平杆搭设要求

纵向水平横杆宜设置于立杆内侧，其长度不应少于3跨，采用直角扣件与立杆扣接。纵向水平杆接长时宜采用对接扣件连接，也可采用搭接。对接扣件应交错分布，相邻两根纵向水平杆接头不应设置在同步、同跨内，不同步或不同跨两相邻接头在水平方向错开距离不应小于500mm，各接头中心至最近主节点距离不宜大于柱距离1/3。搭接长度不应小于1000mm，应等间距设置三个旋转扣件固定，端部扣件盖板边缘至搭接纵向水平杆杆端的距离不应小于100mm。

当使用竹脚手板时，纵向水平杆设置于横向水平杆下，用直角扣件与立杆连接。

每一主节点处必须设置一根横向水平杆，必须用直角扣件与立杆扣紧，其轴线偏离主节点的距离不应大于150mm。

操作层上非主节点处的横向水平杆，宜根据支承脚手架的需要等间距设置，最大间距不应大于柱距的1/2。

操作层上横向水平杆应伸向结构并距结构200mm；外伸长度不宜大于500mm。

操作层外排架距主节点600mm和1200mm高度处各搭设一根纵向水平横杆作为防护栏杆；在水平桁架顶部距主节点300mm高度处搭设一根纵向水平杆。

内外大横杆应水平、平行，某直线段水平偏差不大于30mm。主节点小横杆必须设置，禁止漏装，用直角扣件连接。

(3)内外剪刀撑搭设

架体外立面必须沿全高设置剪刀撑，剪刀撑跨度不得大于6.0m；其水平夹角为45°～60°之间，并应将竖向主框架、水平支承桁架和架体连成一体；悬挑端应以竖向主框架为中心成对设置对称斜拉杆，其水平夹角应不小于45°。

剪刀撑斜杆接长宜采用搭接，搭接长度不小于1000mm，采用3个旋转扣件，端部扣件盖板边缘具至杆端距离不应小于100mm。

(4)架体分片端头“之”字形斜撑杆搭设

爬架架体端头应搭设斜撑杆，斜撑杆角度与剪刀撑角度相同，水平夹角45°～60°之间。具体搭设方法见右图所示：

(5)扣件安装注意事项

扣件规定必须与钢管直径相同。

扣件螺栓拧紧扭力矩不小于40Nm且不大于65Nm。扣件安装时距主节点的距离不大于150mm。

对接扣件开口应朝上或朝内。

各杆件端头伸出扣件盖板边缘长度不应小于100mm。

(6)当架体遇到塔吊、施工电梯、物料平台需断开或开洞时，断开处应加设栏杆和封闭，开口处应有可靠的防止人员及物料坠落的措施。

5.附墙座和调节拉杆的安装

附墙座支承在建筑物上连接处混凝土的强度不得小于C15。

在3层顶板梁上预留孔处拆模后，立即安装第一道附墙座，附墙座背板必须满贴结构混凝土面。

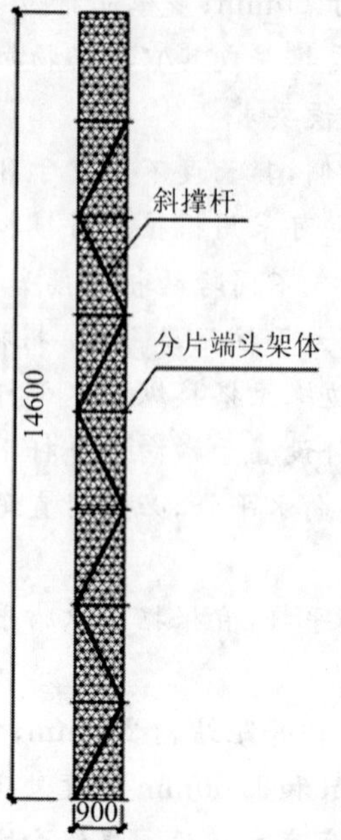

图 4-8 爬架分片端头斜撑杆示意图

附墙座应采用锚固螺栓与建筑物连接，受拉端的锚固螺栓不得少于二个。螺杆露出螺母应不少于 3 扣和 10mm，垫板尺寸应由设计确定，且不得小于 100mm×100mm×8mm。

第一道附墙座安装完毕后，立即安装定位座，可分担架体的部分竖向荷载。附墙座安装完毕后，主框架的临时拉结也应同时保留，直至爬架组装完成为止。

在第二道预留孔处拆模后，立即安装第二道附墙座，第二道附墙座安装完毕后，安装第一道和第二道附墙座之间的调节拉杆，并旋转调紧。调紧时应注意旋转方向。

在第三道预留孔处拆模后，立即安装第三道附墙座，第三道附墙座安装完毕后，安装第二道和第三道附墙座之间的调节拉杆，并旋转调紧。

6. 葫芦和控制系统的安装

使用电动环链葫芦时，应遵守产品使用说明书的规定。

葫芦使用前应检查、清洗，加机油、黄油，发现部件损坏应及时更换。

葫芦环链须定期用钢丝刷刷净砂浆等赃物，并加刷机油润滑。要采取防水、防尘措施。在葫芦悬挂处的同层脚手架上安置电动控制台，要搭一小房间加锁，防止无关人员进入，并能遮风避雨。

控制台应设漏电保护装置。

三相交流电源总线进控制台前应加设保险丝及电源总闸。

升降动力线必须用四芯（$4\times1mm^2$）胶软线，其中一芯接地；动力线沿途绑扎在钢管上时，须作绝缘处理。防止导线断路、短路。相位应正确一致，在工地总电源改动，及新电源柜安装时，应检查其相位是否同控制柜相位一致。

要避免升降动力线在升降中拉断。

所有葫芦接通电源后，必须保持正反转一致。

(九)爬架防护的搭设

爬架防护搭设示意图如下：

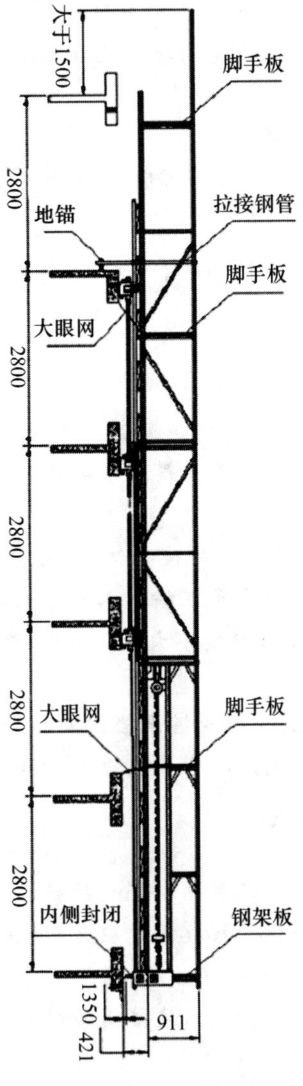

图 4-9　爬架防护搭设示意图

1. 防护总体要求

架体外侧必须使用阻燃密目安全网(≥2000 目/100cm^2)围挡；密目安全网必须可靠固定在架体上。

架体底层的脚手板除应铺设严密外，还应具有可折起的翻板构造。作业层外侧应设置防护栏杆和 180mm 高的挡脚板。

作业层应设置固定牢靠的脚手板，其与结构之间的间距应满足《建筑施工扣件式钢管脚手架安全技术规范》的相关规定。

2. 安全网铺设

拆除爬架下面的组装平台一步后，立即设置双层兜底网，防止上面物料坠落。兜底网一端在外立面底步挡杆上绑扎，另一端经过架体底部后绑扎最内的纵向水平杆上。要求先扎密目绿网，后绑扎小眼白网，兜底网要求绷紧、拉平、扎牢。

脚手架搭设后立即搭设阻燃立网，立网沿脚手架外立杆内侧立面绷紧、平整，逐步铺设。在阴角处，可以利用钢筋或木条贴压。在安全网接头扎丝扎牢。

3.脚手板铺设

结构施工时，脚手板操作层为三层；

底部应满铺脚手板，内侧与结构之间为可翻转的翻板。当爬架提升时，将翻板翻起；提升到位后，将翻板翻下，将爬架底部封闭严密。

架体最下一层采用冲压钢架板，架板底部刷涂红白相间防锈漆，既能防锈，又能架体升空后，保证架体的美观度。

上面操作层脚手板采用木脚手板，厚度不小于50mm，宽度不小于200mm，两端应各设直径为4mm的镀锌钢丝箍两道。

为了保证施工要求和架体提升要求离墙距离底层不大于200mm，另外两层不大于300mm，底层脚手板到结构利用翻板防护严密，上面两层脚手板端到结构兜挂大眼网，大眼网铺设必须牢固严密。

木脚手板铺设时可采用对接或搭接。对接平铺时，接头设置两根横向水平杆，脚手板外伸130～150mm；脚手板搭接时，接头必须支承在横向水平杆上，搭接长度应大于200mm，伸出横向水平杆长度不应小于100mm；木脚手板接缝不大于10mm、脚手架端头利用钢筋或铅丝固定于支撑杆件上。

在操作层外排架处，利用木板、胶合板等搭设挡脚板，其高度不应小于150～200mm。(彩条腰带)挡脚板设置于外排架安全网外侧。挡脚板应垂直于脚手板、高度一致，对接缝设置于立杆处。利用铅14#以上铁丝与立杆固定。

4.架体断片端头防护搭设

脚手板层搭接活动板，要求搭接板采用厚18mm的竹、木胶合板，背面钉三根长度1.0m、截面尺寸80×80mm以上的木方，每一侧的搭接长度应大于300mm。

每层断片处的搭设脚手板下面用大眼网挂满、铺严，防止落物、坠人击穿搭接板、加装警示栏杆。警示栏两侧的小横杆为1400mm的杆件，连接用旋转扣件，升降前拆开一侧的，警示栏旋转九十度，升降后恢复原状。

为防止升降和使用时断片处发生落物坠人事故，在断片处三层搭接板下方兜挂一道大眼网，长度为一个层高H+1m，挂网应将系绳可靠绑扎在两侧架体的立杆上。

操作层断片处，距离0.6m和1.2m高处搭设两道防护拦杆，防护栏杆及小横杆距建筑物一端要小于200mm；若保留通道，提升到位后马上封闭。

六、检查与验收

1.爬架应在下列阶段进行检查与验收：

(1)安装使用前；

(2)提升或下降前；

(3)提升、下降到位，投入使用前。

2.爬架安装及使用前，应按要求进行检验，合格后方能使用。

3.爬架提升、下降作业前应按要求进行检验，合格后方能实施提升或下降作业。

4.防坠、防倾装置在爬架使用、提升和下降阶段均应进行检查,合格后,才能作业。

5.爬架临时用电应符合《施工现场临时用电安全技术规范》(JGJ46—2005)的要求。

七、爬架的升降操作

1.进行升降前的检查,并填写《桁架导轨式爬架升降前检查记录表》。

2.爬架升降前障碍物检查

检查水平桁架是否与平台架有连接或障碍;检查结构支模木方与架体是否干涉;检查从结构伸出的钢管与架体是否干涉;解除脚手架与建筑物之间的拉结。

3.预紧电动葫芦

按提升点逐个预紧,同一个人检查预紧程度要一致。

4.爬架升降步骤

爬架操作人员各就各位,由爬架现场主管人员发布指令升降爬架。

爬架提升起200mm后,停止提升,对爬架进行检查,确认安全无误后,由架子班长发布指令继续升降爬架。

在爬架升降过程中,爬架操作人员,要巡视爬架的升降情况,发现异常情况,应及时吹口哨报警。

电控柜操作人员听到口哨声立即切断电源,停止升降爬架,并通知架子班长,等查明原因后,由架子班长重新发布升降爬架的指令。

爬架升降高度为楼层高,提升到位后,爬架现场主管人员发布停止提升指令。将翻板放下,并且固定好,保持架体底层与建物之间空隙全部封闭。

5.除操作人员外,其他人员不得在脚手架上滞留。建筑物周围20米内严禁站人,并设专人监护。

6.要加强升降过程中检查,主要内容有:

(1)升降是否同步。当相邻两点行程高差大于30mm时,应停止升降,通过点控将架子调平。

(2)架体是否出现明显变形。若变形明显,应停止升降,找出原因,进行处理。

(3)检查葫芦运行是否正常,链条是否翻链,扭曲。

(4)是否有影响升降的障碍物(升降前检查时就应该排除掉)。

7.升降到位后,安装定位座,并使电动葫芦处于下降行程,直至定位座座实在附墙座上,升降工作结束。

8.进行升降后的检查,并填写"桁架导轨式爬架升降后加固检查记录表"。

9.在下列情况下禁止进行升降作业:

(1)下雨、下雪、五级以上大风等不良气候条件下。

(2)视线不良时。

(3)分工、任务不明确时。

八、爬架的使用

1.在爬架升降作业完毕,并填写"爬架升降后加固检查记录表"后方可使用。

2.爬架允许有三个操作层同时作业,每层施工荷载不超过$2KN/m^2$。

3.所有与爬架有牵连的其它设施(如物料平台等),在使用时应由建筑结构独立承担其引起的荷载。

4.爬架不得施加集中荷载,不得施加动荷载。

5.外墙模板不得以爬架作为加固支撑。

6.禁止下列违章作业:利用爬架吊运物品;在爬架上推车;在爬架上拉结吊装缆绳;拆除爬架部件;起吊时碰撞扯动脚手架。

九、爬架的高空拆除

1.爬架拆除是爬架使用中最后一个环节,要克服松一口气的想法,要思想上重视、管理上到位,现场应安排专人负责,统一指挥,杜绝各行其是。应分工明确,避免随心所欲。

2.调紧加固定位支撑座,将脚手架连墙加固。

3.在拆除前清除脚手架上的杂物、垃圾。

4.拆除人员佩戴三宝,拆除区域设警戒线,无关人员不得进入。

5.拆除顺序应遵循以下原则:

(1)先拆上后拆下、严禁上下同时拆。

(2)先拆外侧后拆内侧、严禁内外同时拆。

(3)先拆钢管后拆爬架升降设备。

(4)先拆两提升点中间后拆提升点。

6.拆除一般按以下顺序:(开始拆除前:先拆除电气系统的部件。)

第一步:拆第三节主框架以上范围内脚手板、安全网、横杆、立杆、剪刀撑。

第二步:拆第三节主框架高度范围内脚手板、安全网、拆横杆、立杆、剪刀撑后,拆除第三节主框架;随后拆除最上一根横梁及与之相连的竖拉杆、斜拉杆、斜拉钢丝绳。

第三步:拆第二节主框架高度范围内脚手板、安全网、横杆、立杆、剪刀撑;随后拆除最下一根横梁及与之相连的制动轨、竖拉杆、斜拉杆(单独吊运到地面);并在水平支承框架上层里外侧、下层里外侧用通长钢管加固,在中间横梁的上下处与第二主框架用钢管加固好,以防吊装时脱落。为分段(最多两个提升点)拆除起吊作准备。

第四步:在塔吊吊住水平桁架时,松开中间横梁与建筑结构连接的穿墙螺栓,用塔吊分段(最多两个提升点)吊至地面拆除。

7.拆除中注意事项:

(1)拆除的物件应轻拿轻放,严禁抛扔。

(2)拆除的物件应随拆随运,避免堆至楼面,造成吊运困难。

(3)拆除的物件及时清理、分类集中堆放。

十、爬架质量保证措施

质量保证措施已散见于前面的各项条款中,在此对有关爬架质量控制的关键要点整理强调如下,务必认真遵守:

1.穿墙螺栓预留孔埋件:确保穿墙螺栓预留孔埋件位置准确。

(1)预留孔水平绝对偏差应 ϕ10mm(相对于定位轴线);

(2)两预留孔水平相对偏差应 ϕ20mm(水平投影差);

(3)预留孔垂直偏差应 ϕ20mm(相对于梁底)。

2.导轨(竖向主框架)垂直偏差不应大于 5‰,且不应大于 60mm。

3.脚手架基本尺寸及注意事项:

(1)立杆纵距≤1.50 米,大横杆步距 1.80 米,架宽 0.9 米。

(2)相邻大横杆接头应布置在不同立杆纵距内。

(3)相邻立杆接头不得在同一步架内。

十一、爬架安全保证措施

安全保证措施已散见于前面的各项条款中，在此对有关爬架安全运行的关键要点整理强调如下，务必认真遵守：

1. 一般要求

(1)施工人员应遵守现行《建筑施工高处作业安全技术规范》(JGJ80)、《建筑安装工人安全技术操作规程》([80]建工劳字第24号)的有关规定。

(2)施工用电应符合现行《施工现场临时用电安全技术规范》(JGJ46－2005)的要求。

(3)采用扣件式脚手架搭设的架体构架，其搭设质量应符合《建筑施工扣件式钢管脚手架安全技术规范》(JGJ 130)要求。

(4)特殊工种必须具备高空作业的能力，上岗人员应定期体检，合格者方可上岗。上岗人员必需遵守现场各项安全管理规定和制度，高空作业时要戴好安全帽，系好安全带，衣着灵便，穿软底防滑鞋，做好个人劳保工作。

(5)雨季来临前认真检查脚手架的防雷接地，对不符合处从速进行修补，避免遭受雷击。

(6)全面认真地检查脚手架各扣件是否拧紧、各连墙杆件及横向斜撑是否加齐有效。凡有安全隐患的立即整。

(7)检查上人马道防滑条，有遗漏的要补上，做好防滑措施。

(8)大雨期间，不得进行脚手架的搭设和拆除；大雨、大风后应及时对脚手架进行检查修理，有安全隐患的整改合格后方可投入使用。

(9)遇有雷雨天气，脚手架上人员必须立即离去以避免遭受雷击。

2. 爬架的安装

(1)爬架必须按照专项施工方案组织施工。

(2)爬架在首层安装前应设置安装平台，安装平台应有保障施工人员安全的防护设施，安装平台的水平精度和承载能力应满足架体安装的要求。

(3)安装时应符合以下规定：

1)相邻竖向主框架的高差应不大于20mm；

2)竖向主框架和防倾导向装置的垂直偏差应不大于5‰和60mm；

3)预留穿墙螺栓孔和预埋件应垂直于建筑结构外表面，其中心误差应小于15mm。建筑结构混凝土强度应达到C15；

4)升降机构连接正确且牢固可靠。

5)全部附着固定结构的安装符合设计规定，严禁少装附着固定连接螺栓和使用不合格螺栓；

6)安全保险装置全部合格，安全防护设施齐备并符合设计要求、并应设置必要的消防设施；

7)电源、电缆及控制柜等的设置应符合施工现场临时用电规范JGJ46－2005的有关规定；升降动力设备工作正常；

8)不得随意减少、移动、拆除爬架的零部件。

3. 爬架的升降

爬架的升降操作必须遵守以下规定：

(1)升降作业的程序规定和技术要求；

(2)在进行升降作业时，外架上不得进行施工作业，无关人员不得滞留在脚手架上。操作人员不得停留在架体上；

(3)架体上的荷载符合设计规定；

(4)所有妨碍升降的障碍物已经拆除，施工荷载不得超过两层，每层为0.5KN/m^2；所有影响升降作业的约束已经拆开；

(5)各相邻提升点间的高差不得大于30mm，整体架最大升降差不得大于80mm；

(6)升降作业过程中，必需统一指挥，分工明确，指令规范，并配备必要巡视人员。升、降指令只能由总指挥一人下达，但当有异常情况出现时，任何人均可立即发出停止指令；

(7)采用环链葫芦作升降动力的，应严密监视其运行情况，及时发现、解决可能出现的翻链、绞链和其它影响正常运行的故障；

(8)架体升降到位后，必须及时按使用状况要求进行附着固定。在没有完成架体固定工作前，施工人员不得擅自离岗或下班。

(9)爬架架体升降到位固定后，应按升降到位后按规定进行检查，合格后方可使用；遇五级(含五级)以上大风和大雨、大雪、浓雾和雷雨等恶劣天气时，严禁进行升降作业。

(10)升降控制台应专人进行操作，禁止闲杂人员进入。

4.爬架的使用

(1)爬架必须按照设计性能指标进行使用，不得随意扩大使用范围；架体上的施工荷载必须符合设计规定，严禁超载，严禁放置影响局部杆件安全的集中荷载；

(2)架体内的建筑垃圾和杂物应及时清理干净。

(3)爬架在使用过程中严禁进行下列作业：

1)利用架体吊运物料；

2)在架体上拉结吊装缆绳(索)；在架体上推车；

3)任意拆除结构件或松动连结件；

4)拆除或移动架体上的安全防护设施；利用架体支撑模板；

5)其它影响架体安全的作业。

(4)物料平台应独立设置，不得与爬架各部位和各结构构件相连，其荷载应直接传递给建筑工程结构。施工中不得将钢筋、模板落在架子上。

(5)滑轮、各导轮及所有螺纹均应定期润滑，确保使用时运动自如，装拆方便。在拆装时要随时检查构件焊缝状况、穿墙螺栓是否有裂纹及变形。

(6)当爬架停用超过六个月时，应采取加固措施。

(7)当爬架停用超过一个月或遇六级(含六级)以上大风后复工时，必须进行检查，合格后方可使用。

(8)螺栓连接件、升降设备、防倾装置、防坠落装置、电控设备等应至少每月维护保养一次。

5.爬架的拆除

(1)爬架的拆除工作必须按专项施工方案及安全操作规程的有关要求进行。必须对拆除作业人员进行安全技术交底。

(2)拆除时应有可靠的防止人员与物料坠落的措施，拆除的材料及设备严禁抛扔。

(3)拆除作业必须在白天进行。遇五级(含五级)以上大风和大雨、大雪、浓雾和雷雨等恶劣天气时，严禁进行拆卸作业。

6.防雷、防电和防火

脚手架防雷接地采用单独埋没接地或利用建筑物的防雷接地方式,接地电阻应小于 4 欧姆。脚手架上使用的竹木脚手板,安全网和其它堆放在脚手架上的易燃品,极易引起火灾,因而要及时清理外架上堆放的易燃品,并在脚手架一定部位设置灭火器材。此外要限制在脚手架上吸烟。

7. 劳保用品(三宝)要求

(1)安全网

1)安全网的技术要求必须符合 CB5725—85 规定,方准进场使用。工程使用的安全网必须由公司认定的厂家供货。大孔安全网用做平网和兜网,其规格为绿色密目安全网 1.8m×6m,用作内挂立网。内挂绿色密目安全网使用有国家认证的生产厂家供货,安全网进场要做防火试验。

2)安全网在存放使用中,不得受有机化学物质污染或与其他可能引起磨损的物品相混,当发现污染应进行冲洗,洗后自然干燥,使用中要防止电焊火花掉在网上。

3)安全网拆除后要洗净捆好,放在通风、遮光、隔热的地方,禁止使用钩子搬运。杜绝火种来源,外架材料主要是金属,当电线直接绑扎在脚手架上时应有可靠的绝缘保护。

(2)安全帽

1)安全帽必须使用建设部认证的厂家供货,无合格证的安全帽禁止使用。工程使用的安全帽一律由公司统一提供,不准私购安全帽。

2)安全帽必须具有抗冲击、抗侧压力、绝缘、耐穿刺等性能,使用中必须正确佩戴,安全帽使用期为 2.5 年。

(3)安全带

1)采购安全带必须要有劳动保护主管部门认可合格的产品。

2)安全带使用 2 年后,根据使用情况,必须通过抽验合格方可使用。

3)安全带应高挂低用,注意防止摆动碰撞,不准将绳打结使用,也不准将钩直接挂在安全绳上使用,应挂在连接环上用,要选择在牢固构件上悬挂。

4)安全带上的各种部件不得任意拆掉,更新绳时要注意加绳套。

8. 防坠装置原理说明

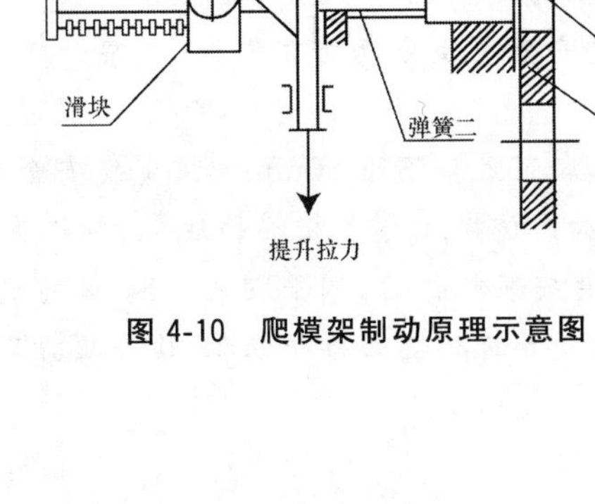

图 4-10　爬模架制动原理示意图

原理说明：

当爬架提升时，电动葫芦产生提升拉力向下拉动“斜块”，斜块向下运动并推动“滑块”向左运动，滑块压缩“弹簧一”并驱动“制动轴”向左运动，直到“制动轴”缩回，制动系统处于解锁状态。此时“弹簧二”被压缩，弹簧三被拉伸。

当提升钢丝绳或葫芦链条断裂时，向下的提升拉力消失，“斜块”被“弹簧三”拉起，“制动轴”在“弹簧二”的驱动下向右迅速弹回，“制动轴”穿入架体的制动孔中，将架体制动。

十二、应急预案

为加强对突发安全事故处理的综合指挥能力，提高紧急救援反应速度和协调水平，确保迅速有效地处理各类突发安全事故，将突发安全事故对人员、财产和环境造成的损失降至最小程度，最大限度地保障工人的生命财产安全，结合本工程的实际情况，制定本应急预案。

1. 应急预案适用范围

因质量缺陷而引起的突发安全事故：葫芦断链、爬架构配件焊缝开裂、破坏等。

因人为因素而引起的突发安全事故：高空坠物、触电、机械损伤、人员坠落、火灾等。因社会对抗和冲突而引发的突发安全事故：罢工、刑事案件等。

2. 应急救援指挥领导小组

由外爬架工程项目经理为组长，工程主管为副组长，安全负责人、现场技术员为组员。应急救援指挥领导小组的职责：

负责本单位应急预案的制定、修订和演练；

负责检查督促爬架工程的安全预防措施、安全管理、应急救援的各项工作；负责组织实施救援行动。

3. 实施原则

对突发安全事故的处理，由总包统一指挥协调，保证对突发安全事故的有效控制和快速处置。

将事前预防与事后应急有机结合，按照突发安全事故应急处理时的要求，把应急管理的各项工作落实在日常管理之中，提高安全防范水平。

严格执行国家有关法律法规，根据突发安全事故发生的具体情况实行预警，对突发安全事故的报告、控制实施依法管理和处置。

发生突发安全事故充分利用和发挥现有资源作用，对已有的各类应急指挥机构、人员、设备、物资、信息、工作方式进行资源整合，保证实现工地的统一指挥和调度。

建立预警和处置突发安全事故的快速反应机制，保证人力、物力、财力的储备，一旦出现危机，确保发现、报告、指挥、处置等环节的紧密衔接，及时应对。

4. 突发安全事故应急处理措施

(1)因质量缺陷而引起的突发安全事故应急处理措施：爬架升降时葫芦断链，造成爬架局部下坠时：

由于爬架有可靠的防坠装置，爬架最多下坠 80mm。该突发安全事故发生后，所有电动葫芦立即停机。一部分操作人员立即加固该榀及与之相临的爬架，加固完成后再利用备用的电动葫芦更换断链的电动葫芦。电动葫芦安装就位后，调平爬架，然后才可进行爬架的升降作业。

预防措施：每次升降前对电动葫芦进行全面维护保养，检查提升环链的焊缝情况，发现异常，立即更换处理。

爬架构配件焊缝开裂、破坏等：

爬架使用中应定期进行外观检查。发现构配件焊缝开裂、破坏的，能立即更换的应该立即更换，不能更换的应加固并焊接牢固使之符合使用要求。

预防措施：爬架构配件进场前对构配件进行全面检查，合格后方可使用，爬架每次升降前后应该对爬架构配件进行全面的检查，发现不合格的构件应该立即更换或整修直到合格。

(2)因人为因素而引起的突发安全事故应急处理措施：

1)人员坠落、高空坠物而造成的人员伤亡事故

首先将伤员立即送往医院或打医院120急救，并保护好现场，接受事故调查，同时上报公司安委会。事故处理必须按照“四不放过原则”来处理。

预防措施：每次升降前后对爬架的安全防护措施进行全面检查并专人负责，对爬架操作人员和其他工种进行相应的安全技术交底，促使相关操作人员依照施工安全操作规程施工。

2)触电、机械损伤而造成的人员伤亡事故

当事人或发现人应立即切断电源、停机，来不及断电时可用绝缘体挑开电线，立即送往医院或打120急救，并保护好现场，接受事故调查，同时上报公司安委会。事故处理必须按照“四不放过原则”来处理。

预防措施：每次升降前后对电气的安全防护措施进行全面检查并专人负责，对爬架操作人员进行安全技术交底。

4.4.14　脚手架工程安全技术交底

门式钢管脚手架工程施工现场安全技术交底表

工程名称：××大厦工程　　施工单位：××建设集团有限公司　　编号：×××

交底部门	安全部	交底人	王××
交底项目	门式钢管脚手架工程	交底时间	×年×月×日

交底内容：

门式脚手架搭设完毕或每搭设2个楼层高度，满堂脚手架、模板支架搭设完毕或每搭设4步高度，应对搭设质量及安全进行一次检查，经检验合格后方可交付使用或继续搭设。

1.门架

(1)门架应能配套使用，在不同组合情况下，均应保证连接方便、可靠，且应具有良好的互换性。

(2)不同型号的门架与配件严禁混合使用。

(3)上下榀门架立杆应在同一轴线位置上，门架立杆轴线的对接偏差不应大于2mm。

(4)门式脚手架的内侧立杆离墙面净距不宜大于150mm；当大于150mm时，应采取内设挑架板或其他隔离防护的安全措施。

(5)门式脚手架顶端栏杆宜高出女儿墙上端或檐口上端1.5m。

2.配件

(1)配件应与门架配套，并应与门架连接可靠。

(2)门架的两侧应设置交叉支撑，并应与门架立杆上的锁销锁牢。

(3)上下榀门架的组装必须设置连接棒，连接棒与门架立杆配合间隙不应大于2mm。

(4)门式脚手架或模板支架上下榀门架间应设置锁臂，当采用插销式或弹销式连接棒时，可不设锁臂。

(5)门式脚手架作业层应连续满铺与门架配套的挂扣式脚手板，并应有防止脚手板松动或脱落的措施。当脚手板上有孔洞时，孔洞的内切圆直径不应大于25mm。

(6)底部门架的立杆下端宜设置固定底座或可调底座。

(7)可调底座和可调底座的调节螺杆直径不应小于35mm，可调底座的调节螺杆伸出长度不应大于200mm。

3.加固件

(1)门式脚手架剪刀撑的设置必须符合下列规定：

1)当门式脚手架搭设高度在24m及以下时，在脚手架的转角处、两端及中间间隔不超过15m的外侧立面必须各设置一道剪刀撑，并应由底至顶连续设置；

2)当脚手架搭设高度超过24m时，在脚手架全外侧立面上必须设置连续剪刀撑；

3)对于悬挑脚手架，在脚手架全外侧立面上必须设置连续剪刀撑。

(2)剪刀撑的构造应符合下列规定(图4-13)：

1)剪刀撑斜杆与地面的倾角宜为45°～60°；

2)剪刀撑应采用旋转扣件与门架立杆扣紧；

3)剪刀撑斜杆应采用搭接接长，搭接长度不宜小于1000mm，搭接处应采用3个及以上旋转扣件扣紧；

4)每道剪刀撑的宽度不应大于6个跨距，且不应大于10m；也不应小于4个跨距，且不应小于6m。设置连续剪刀撑的斜杆水平间距宜为6m～8m。

交底部门	安全部	交底人	王××
交底项目	门式钢管脚手架工程	交底时间	×年×月×日

交底内容：

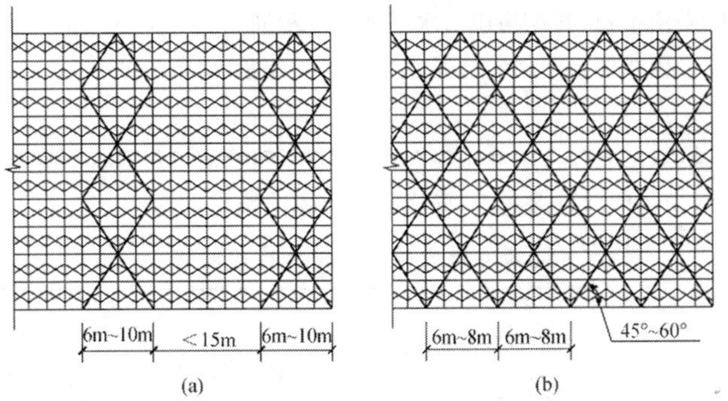

图 4-11 剪刀撑设置示意图

(a)脚手架搭设高度 24m 及以下；(b)超过 24m 时剪刀撑设置

(3)门式脚手架应在门架两侧的立杆上设置纵向水平加固杆，并应采用扣件与门架立杆扣紧。水平加固杆设置应符合下列要求：

1)在顶层、连墙件设置层必须设置；

2)当脚手架每步铺设挂扣式脚手板时，至少每 4 步应设置一道，并宜在有连墙件的水平层设置；

3)当脚手架搭设高度小于或等于 40m 时，至少每两步门架应设置一道；当脚手架搭设高度大于 40m 时，每步门架应设置一道；

4)在脚手架的转角处、开口型脚手架端部的两个跨距内，每步门架应设置一道；

5)悬挑脚手架每步门架应设置一道；

6)在纵向水平加固杆设置层面上应连续设置。

(4)门式脚手架的底层门架下端应设置纵、横向通长的扫地杆。纵向扫地杆应固定在距门架立杆底端不大于 200mm 处的门架立杆上，横向扫地杆宜固定在紧靠纵向扫地杆下方的门架立杆上。

4. 转角处门架连接

(1)在建筑物的转角处，门式脚手架内、外两侧立杆上应按步设置水平连接杆、斜撑杆，将转角处的两榀门架连成一体(图 4-14)。

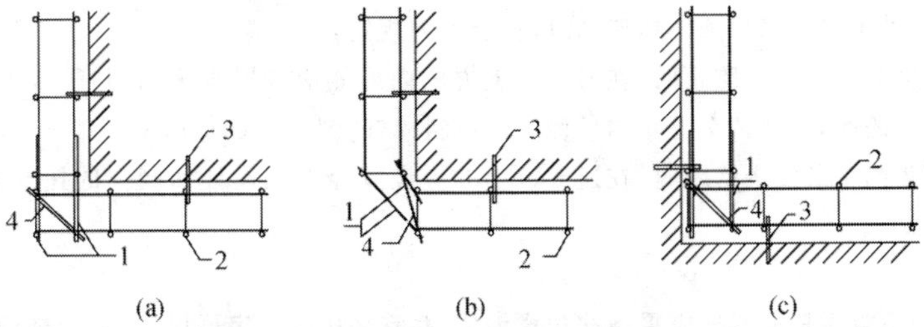

图 4-12 转角处脚手架连接

(a)、(b)阳角转角处脚手架连接；(c)阴角转角处脚手架连接；

1—连接杆；2—门架；3—连墙件；4—斜撑杆

交底部门	安全部	交底人	王××
交底项目	门式钢管脚手架工程	交底时间	×年×月×日

交底内容：

(2)连接杆、斜撑杆应采用钢管，其规格应与水平加固杆相同。

(3)连接杆、斜撑杆应采用扣件与门架立杆及水平加固杆扣紧。

5.连墙件

(1)连墙件设置的位置、数量应按专项施工方案确定，并应按确定的位置设置预埋件。

(2)连墙件的设置除应满足的计算要求外，尚应满足下表的要求。

连墙件最大间距或最大覆盖面积

<table>
<tr><th rowspan="2">序号</th><th rowspan="2">脚手架搭设方式</th><th rowspan="2">脚手架高度(m)</th><th colspan="2">连墙件间距(m)</th><th rowspan="2">每根连墙件覆盖面积(m^2)</th></tr>
<tr><th>竖向</th><th>水平向</th></tr>
<tr><td>1</td><td rowspan="3">落地、密目式安全网全封闭</td><td rowspan="2">≤40</td><td>3h</td><td>3</td><td>≤40</td></tr>
<tr><td>2</td><td rowspan="2">2h</td><td rowspan="2">31</td><td rowspan="2">≤27</td></tr>
<tr><td>3</td><td>>40</td></tr>
<tr><td>4</td><td rowspan="3">悬挑、密目式安全网全封闭</td><td>≤40</td><td>3h</td><td>31</td><td>≤40</td></tr>
<tr><td>5</td><td>40～60</td><td>2h</td><td>31</td><td>≤27</td></tr>
<tr><td>6</td><td>>60</td><td>2h</td><td>21</td><td>≤20</td></tr>
</table>

注：1 序号 4～6 为架体位于地面上高度；

2 按每根连墙件覆盖面积选择连墙件设置时，连墙件的竖向间距不应大于 6m；

3 表中 h 为步距；l 为跨距。

(3)在门式脚手架的转角处或开口型脚手架端部，必须增设连墙件，连墙件的垂直间距不应大于建筑物的层高，且不应大于 4.0m。

(4)连墙件应靠近门架的横杆设置，距门架横杆不宜大于 200mm。连墙件应固定在门架的立杆上。

(5)连墙件宜水平设置，当不能水平设置时，与脚手架连接的一端，应低于与建筑结构连接的一端，连墙杆的坡度宜小于 1∶3。

6.通道口

(1)门式脚手架通道口高度不宜大于 2 个门架高度，宽度不宜大于 1 个门架跨距。

(2)门式脚手架通道口应采取加固措施，并应符合下列规定：

1)当通道口宽度为一个门架跨距时，在通道口上方的内外侧应设置水平加固杆，水平加固杆应延伸至通道口两侧各一个门架跨距，并在两个上角内外侧应加设斜撑杆[图 4-15(a)]；

2)当通道口宽为两个及以上跨距时，在通道口上方应设置经专门设计和制作的托架梁，并应加强两侧的门架立杆[图 4-15(b)]。

7.斜梯

(1)作业人员上下脚手架的斜梯应采用挂扣式钢梯，并宜采用“之”字形设置，一个梯段宜跨越两步或三步门架再行转折。

(2)钢梯规格应与门架规格配套，并应与门架挂扣牢固。

(3)钢梯应设栏杆扶手、挡脚板。

交底部门	安全部	交底人	王××
交底项目	门式钢管脚手架工程	交底时间	×年×月×日

交底内容：

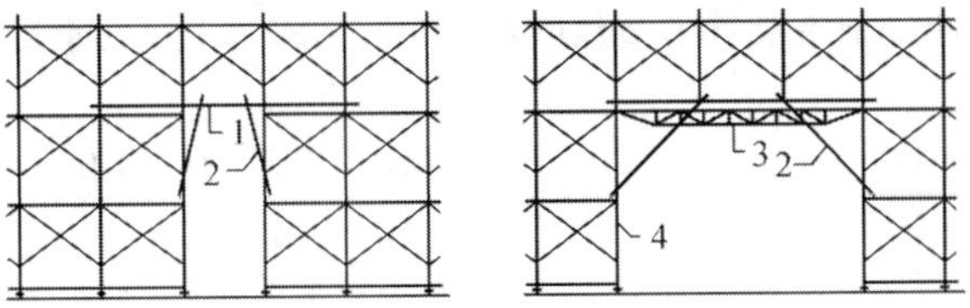

图 4-13　通道口加固示意

(a)通道口宽度为一个门架跨距加固示意；(b)通道口宽度为两个及以上门架跨距加固示意

1—水平加固杆；2—斜撑杆；3—托架梁；4—加强杆

8.满堂脚手架

(1)满堂脚手架的门架跨距和间距应根据实际荷载计算确定，门架净间距不宜超过 1.2m。

(2)满堂脚手架的高宽比不应大于 4，搭设高度不宜超过 30m。

(3)满堂脚手架的构造设计，在门架立杆上宜设置底座和托梁，使门架立杆直接传递荷载。门架立杆上设置的托梁应具有足够的抗弯强度和刚度。

(4)满堂脚手架在每步门架两侧立杆上应设置纵向、横向水平加固杆，并应采用扣件与门架立杆扣紧。

(5)满堂脚手架的剪刀撑设置(图 4-16)除应符合上述第 3 条的规定外，尚应符合下列要求：

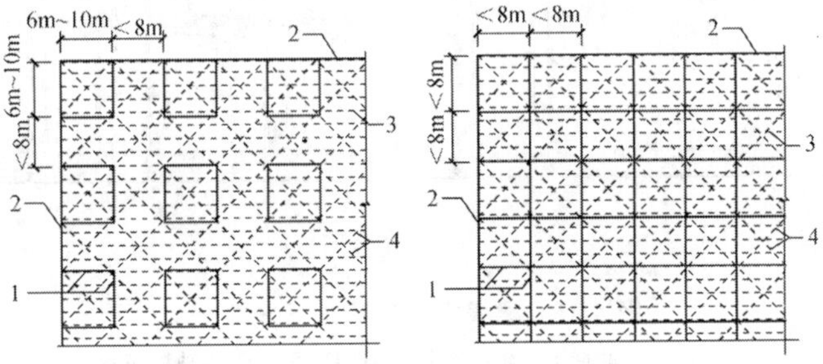

图 4-14　剪刀撑设置示意图

(a)搭设高度 12m 及以下时剪刀撑设置；(b)搭设高度超过 12m 时剪刀撑设置

1—竖向剪刀撑；2—周边竖向剪刀撑；3—门架；4—水平剪刀撑

1)搭设高度 12m 及以下时，在脚手架的周边应设置连续竖向剪刀撑；在脚手架的内部纵向、横向间隔不超过 8m 应设置一道竖向剪刀撑；在顶层应设置连续的水平剪刀撑；

2)搭设高度超过 12m 时，在脚手架的周边和内部纵向、横向间隔不超过 8m 应设置连续竖向剪刀撑；在顶层和竖向每隔 4 步应设置连续的水平剪刀撑；

3)竖向剪刀撑应由底至顶连续设置。

(6)在满堂脚手架的底层门架立杆上应分别设置纵向、横向扫地杆，并应采用扣件与门架立杆扣紧。

(7)满堂脚手架顶部作业区应满铺脚手板，并应采用可靠的连接方式与门架横杆固定。操作平台上的孔洞应按现行行业标准《建筑施工高处作业安全技术规范》(JGJ 80)的规定防护。操作平台周边应设置栏杆和挡脚板。

交底部门	安全部	交底人	王××
交底项目	门式钢管脚手架工程	交底时间	×年×月×日

交底内容：

(8)对高宽比大于2的满堂脚手架，宜设置缆风绳或连墙件等有效措施防止架体倾覆，缆风绳或连墙件设置宜符合下列规定：

1)在架体端部及外侧周边水平间距不宜超过10m设置；宜与竖向剪刀撑位置对应设置；

2)竖向间距不宜超过4步设置。

(9)满堂脚手架中间设置通道口时，通道口底层门架可不设垂直通道方向的水平加固杆和扫地杆，通道口上部两侧应设置斜撑杆，并应按现行行业标准《建筑施工高处作业安全技术规范》(JGJ 80)的规定在通道口上部设置防护层。

9.模板支架

(1)门架的跨距与间距应根据支架的高度、荷载由计算和构造要求确定，门架的跨距不宜超过1.5m，门架的净间距不宜超过1.2m。

(2)模板支架的高宽比不应大于4，搭设高度不宜超过24m。

(3)模板支架宜按上述第8条(3)款的规定设置底座和托梁，宜采用调节架、可调底座调整高度，可调底座调节螺杆的高度不宜超过300mm。底座和底座与门架立杆轴线的偏差不应大于2.0mm。

(4)用于支承梁模板的门架，可采用平行或垂直于梁轴线的布置方式(图4-17)。

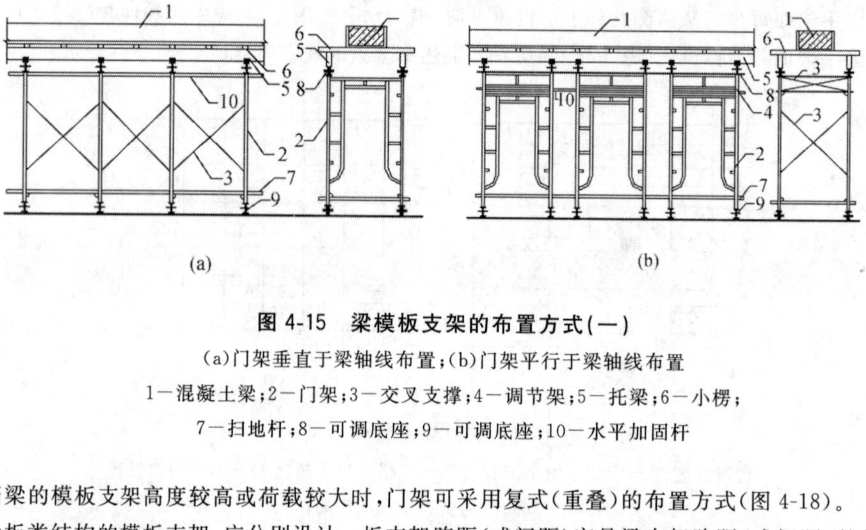

图4-15 梁模板支架的布置方式(一)

(a)门架垂直于梁轴线布置；(b)门架平行于梁轴线布置

1—混凝土梁；2—门架；3—交叉支撑；4—调节架；5—托梁；6—小楞；

7—扫地杆；8—可调底座；9—可调底座；10—水平加固杆

(5)当梁的模板支架高度较高或荷载较大时，门架可采用复式(重叠)的布置方式(图4-18)。

(6)梁板类结构的模板支架，应分别设计。板支架跨距(或间距)宜是梁支架跨距(或间距)的倍数，梁下横向水平加固杆应伸入板支架内不少于2根门架立杆，并应与板下门架立杆扣紧。

(7)当模板支架的高宽比大于2时，宜按上述第8条(8)款的规定设置缆风绳或连墙件。

(8)模板支架在支架的四周和内部纵横向应按现行行业标准《建筑施工模板安全技术规范》(JGJ 162)的规定与建筑结构柱、墙进行刚性连接，连接点应设在水平剪刀撑或水平加固杆设置层，并应与水平杆连接。

(9)模板支架应按上述第8条(6)款的规定设置纵向、横向扫地杆。

(10)模板支架在每步门架两侧立杆上应设置纵向、横向水平加固杆，并应采用扣件与门架立杆扣紧。

(11)模板支架应设置剪刀撑对架体进行加固，剪刀撑的设置除应符合上述第3条(2)款的规定外，尚应符合下列要求：

1)在支架的外侧周边及内部纵横向每隔6m～8m，应由底至顶设置连续竖向剪刀撑；

交底部门	安全部	交底人	王××
交底项目	门式钢管脚手架工程	交底时间	×年×月×日

交底内容：

2)搭设高度 8m 及以下时，在顶层应设置连续的水平剪刀撑；搭设高度超过 8m 时，在顶层和竖向每隔 4 步及以下应设置连续的水平剪刀撑；

3)水平剪刀撑宜在竖向剪刀撑斜杆交叉层设置。

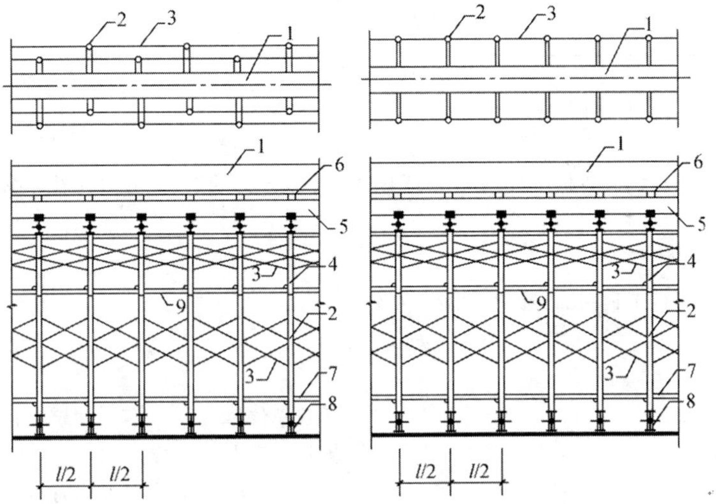

图 4-16　梁模板支架的布置方式(二)

1—混凝土梁；2—门架；3—交叉支撑；4—调节架；5—托梁；6—小楞；7—扫地杆；8—可调底座；9—水平加固杆

10. 脚手架拆除

(1)脚手架经单位工程负责人检查验证并确认不再需要时，方可拆除。

(2)拆除脚手架前，应清除脚手架上的材料、工具和杂物。

(3)拆除脚手架时，应设置警戒区和警戒标志，并由专职人员负责警戒。

(4)脚手架的拆除应在统一指挥下，按后装先拆、先装后拆的顺序及下列安全作业的要求进行：

1)脚手架的拆除应从一端向另一端、自上而下逐层地进行；

2)同一层的构配件和加固件应按先上后下、先外后里的顺序进行，最后拆除连墙件；

3)在拆除过程中，脚手架的自由悬臂高度不得超过两步，当必须超过两步时，应加设临时拉结；

4)连墙杆、通长水平杆和剪刀撑等，必须在脚手架拆卸到相关的门架时方可拆除；

5)工人必须站在临时设置的脚手板上进行拆卸作业，并按规定使用安全防护用品；

6)拆除工作中，严禁使用榔头等硬物击打、撬挖，拆下的连接棒应放入袋内，锁臂应先传递至地面并放室内堆存；

7)拆卸连接部件时，应先将锁座上的锁板与卡钩上的锁片旋转至开启位置，然后开始拆除，不得硬拉，严禁敲击；

8)拆下的门架、钢管与配件，应成捆用机械吊运或由井架传送至地面，防止碰撞，严禁抛掷。

接底人	李××、章××、刘××、程××…

4.5 基坑支护与模板工程安全管理资料

4.5.1 基坑支护工程施工方案报审资料

基坑支护工程施工方案报审表

工程名称:××小区×号楼工程　　　　编号:×××

致:　××监理公司　(监理单位) 我方已完成了××小区×号楼工程基坑支护工程施工方案的编制,并经公司技术负责人批准,请予以审查。 附:《××小区×号楼工程基坑支护工程施工方案》 承包单位(章):　××建筑工程有限公司 项目负责人:　××× 日　　期:　××年×月×日
专业监理工程师审查意见: 该安全施工方案编制合理,技术可行,报审手续齐全。同意按该施工方案组织施工 专业监理工程师:　××× 日　　期:　××年×月×日
总监理工程师审核意见: 同意按该安全施工方案组织施工 项目监理机构:××监理公司 总监理工程师:××× 日　　期:××年×月×日

4.5.2　模板工程施工安全方案报审资料

模板工程施工安全方案报审表

工程名称:××小区×号楼工程　　　　　　　　　　编号:×××

致:　××监理公司　(监理单位) 我方已完成了××小区×号楼模板工程施工安全方案的编制,并经公司技术负责人批准,请予以审查。 附:《××小区×号楼模板工程施工安全方案》 承包单位(章):　××建筑工程有限公司 项目负责人:　××× 日　　期:　××年×月×日
专业监理工程师审查意见: 该安全施工方案编制合理,技术可行,报审手续齐全。同意按该施工方案组织施工 专业监理工程师:　××× 日　　期:　××年×月×日
总监理工程师审核意见: 同意按该安全施工方案组织施工 项目监理机构:　××监理公司 总监理工程师:　××× 日　　期:　××年×月×日

4.5.3 《基坑支护验收表》填写范例

<table>
<tr><td colspan="3">基坑支护验收表</td><td>编号</td><td>×××</td></tr>
<tr><td colspan="2">工程名称</td><td>××小区×号楼</td><td>总包单位</td><td>××建筑工程有限公司</td></tr>
<tr><td colspan="2">基坑支护工程</td><td>基坑现场</td><td>施工单位</td><td>××地基工程有限公司</td></tr>
<tr><td>序号</td><td>检查项目</td><td colspan="2">检查内容</td><td>验收结果</td></tr>
<tr><td>1</td><td>各类管线保护</td><td colspan="2">基础施工前建设单位必须以书面形式向施工企业提供详细的地上(下)管线及毗邻区域内建(构)筑物资料,施工企业应采取保护措施</td><td>各类管线保护措施落实到位</td></tr>
<tr><td>2</td><td>基坑技护</td><td colspan="2">开挖深度超过1.5m,应根据土质和深度情况按规定放坡或加可靠支撑,边坡设置应符合要求;基坑深度超过5m或不足5m但情况复杂的,必须编制安全专项施工方案,并组织专家进行论证,经企业技术负责人和总监理工程签字后,方可施工</td><td>有专项施工方案并通过专家论证,各项技术措施落实到位</td></tr>
<tr><td>3</td><td>临边防护及排水措施</td><td colspan="2">开挖深度超过2m的,必须设立两道防护栏杆,用密目网封闭,夜间应设红色标志灯;雨季施工期间必须有良好的排水措施</td><td>临时防护及排水措施符合要求</td></tr>
<tr><td>4</td><td>其他</td><td colspan="2">坑边堆物、堆料、停置机具等符合有关规定;马道或爬梯设置应符合要求;应定期对基坑支护变形情况、毗邻建筑物沉降情况等进行监测</td><td>符合相关要求</td></tr>
<tr><td>5</td><td>其他增加的验收项目</td><td colspan="2"></td><td></td></tr>
<tr><td>6</td><td colspan="4">验收结论:
经检查,××小区×号楼工程基坑支护符合安全要求
××年×月×日</td></tr>
<tr><td colspan="5">验收人员:
总包项目技术负责人:×××
分包单位项目负责人:×××
其他验收人员:×××
××年×月×日</td></tr>
<tr><td colspan="5">监理单位意见:
验收合格,同意施工
监理工程师(签字):×××
××年×月×日</td></tr>
</table>

注:本表由施工单位填报,监理单位、施工单位各存一份。

要求:基坑支护完成后施工单位应组织相关单位按照设计文件、施工组织设计、施工专项方案及相关规范进行验收,验收内容应按本表进行。

4.5.4 《基坑支护沉降观测记录表》填写范例

基坑支护沉降观测记录表						编号	×××		
工程名称	××小区×号楼				监测项目	基坑支护			
工程地点	××市××路××号××小区				监测仪器及编号	宾得 AP−281,SZ021			
监测单位	××测量工程有限公司								
日期	××年×月×日至××年×月×日							单位:mm	
测点	初测值	上次位移值	本次位移值	累计位移值	测点	初测值	上次位移值	本次位移值	累计位移值
J1	3.257	0	1	1	J1	3.256	1	1	2
J2	3.266	0	2	2	J2	3.264	2	2	4
J3	3.267	1	2	3	J3	3.264	2	2	5
J4	3.284	2	1	3	J4	3.281	1	1	4
J5	3.197	0	2	2	J5	3.195	2	2	4
J6	3.203	0	1	1	J6	3.202	1	1	2
J7	3.287	1	2	3	J7	3.284	2	2	4
J8	3.299	1	1	2	J8	3.297	1	2	3
J9	3.340	0	2	2	J9	3.338	2	2	4
J10(增)	3.356	0	2	2	J10(增)	3.354	2	2	4
J11(增)	3.373	2	2	4	J11(增)	3.369	2	1	3
沉降报警值									
监测单位	××测量工程有限公司	监测人	×××		项目技术负责人	×××			

监理单位意见:

符合程序要求(√)

不符合程序要求,请重新组织观测(　)

监理工程师(签字):×××

××年×月×日

注:本表由施工单位填报,附监测点布置图,监理单位、施工单位各存一份。

4.5.5 《基坑支护水平位移观测记录表》填写范例

基坑支护水平位移观测记录表					编号	×××			
工程名称	××小区×号楼				监测项目	基坑支护水平位移观测			
工程地点	××市××路××号××小区				监测仪器及编号	宾得 R－422N，QZ007			
监测单位	××测量工程有限公司								
日　期	××年×月×日					单位：mm			
测　点	初测值	上次位移值	本次位移值	累计位移值	测　点	初测值	上次位移值	本次位移值	累计位移值
S1	1	0	1	1					
S2	2	0	1	1					
S3	1	0	1	1					
S4	2	1	2	3					
S5	2	0	2	2					
S6	2	0	2	2					
S7	3	1	1	2					
S8	3	1	2	3					
S9	4	1	1	2					
S10(增)	4	2	1	3					
S11(增)	4	1	2	3					
沉降报警值									
监测单位	××测量工程有限公司		监测人	×××	项目技术负责人	×××			
监理单位意见： 符合程序要求(√) 不符合程序要求，请重新组织观测(　) 监理工程师(签字)：××× ××年×月×日									

注：本表由施工单位填报，附监测点布置图，监理单位、施工单位各存一份。

要求：总承包单位和专业承包单位应按有关规定对支护结构进行监测，并按《基坑支护沉降观测记录表》、《基坑支护水平位移观测记录表》的要求进行记录，监测结果项目监理部对监测的程序进行审核并签署意见。如发现监测数据异常的，应立即督促项目经理部采取必要的措施。

4.5.6 《人工挖孔桩防护检查表》填写范例

人工挖孔桩防护检查表			编号	×××
工程名称	××小区×号楼			
施工单位	××建筑工程有限公司		项目负责人	×××
分包单位	××基础公司		分包负责人	×××
序号	检查项目	检查内容与要求	检查情况	
1	资料	有专项分包单位人工挖孔桩施工资质	有资质	
		有经审批的专项施工组织设计	有专项施工组织设计	
		气体测试记录	有气体测试记录	
		有混凝土护壁强度检测记录	有检测记录	
2	井孔周边防护	第一护壁高出地面 20cm 以上	30cm	
		井孔周边有防护栏并符合要求	有防护栏,符合要求	
		夜间施工有指示灯	有指示灯	
		成孔后有盖孔板	有盖孔板	
3	井内防护	井内有半圆平板(网)防护	有半圆平板(网)防护	
		井内有上下梯	有上下梯	
		上下联络信号明确	有明确联络信号	
4	送风	送风管、设备数量满足并性能完好	符合要求	
		风管材料符合要求且不破损	符合要求	
		孔深超过 5m 施工过程坚持送风	符合要求	
5	护壁拆模	护壁及时	护壁及时	
		护壁拆模应经工程技术人员同意	符合要求	
6	井内作业	井内作业,井上有人监护	有专人监护	
		井内作业人员必须戴安全帽,系安全带或安全绳	符合要求	
		井内抽水,作业人员必须脱离水面	符合要求	
		作业人员连续作业不得超过 2h	符合要求	
7	现场照明	井孔内 36V(含)以下安全电压照明	36V 低压灯	
		井孔内应使用防水电缆和防水灯泡	符合要求	
8	配电箱	配电系统符合规范要求,漏电保护器动作电流不大于 5mA	符合要求	
9	垂直运输	料斗和吊索材质应具有轻、软性能,并应有防附装置	符合要求	
		机具符合规范要求	符合规范要求	
		料斗装土、料不得过满	符合要求	
检查(验收)意见:人工挖孔桩防护到位				
验收人签名	总包单位	分包单位		
	×××	×××		
监理单位意见:人工挖孔桩防护到位,符合安全要求,验收合格 监理工程师(签字):×××　　××年×月×日				

注:本表由施工单位填报,监理单位、施工单位各存一份。

要求:项目经理部应每天对人工挖孔桩作业进行安全检查,项目监理部对检查表及实物进行检查并签署意见。

4.5.7 《特殊部位气体检测记录》填写范例

特殊部位气体检测记录					编号	×××	
工程名称	××体育场工程			施工单位	××体育场项目部		
检测时间	部位	检测仪器			气体的种类和检测数值	是否超标	检测人
		名称	规格型号	编号			
××年×月×日	污水改线×××	有害气体检测仪	CIMSⅡ	×××	H_2S,CO	否	×××

注:本表由施工单位填报,监理单位、施工单位各存一份。

4.5.8 《施工现场模板工程验收表》填写范例

施工现场模板工程验收表

工程名称	××大学综合楼工程		支模部位	三层现浇顶板
支模日期	××年×月×日		验收日期	××年×月×日
序号	验收内容		验收要求	验收结果
1	施工方案	专项施工方案 混凝土输送安全措施	符合规定,计算准确,手续完备 有具体的混凝土输送安全措施	有专项施工方案,有混凝土输送安全措施
2	支撑系统	支撑设计计算书 支撑安装	计算准确,符合规定,绘制图纸 按图纸进行安装	有支撑设计计算书,支撑安装符合设计要求
3	立柱稳定	立柱材料 立柱垫板 纵、横向水平支撑 立柱间距	符合设计 符合设计 4m高上、下各一通 按设计要求	立柱稳定,符合设计要求
4	施工荷载	施工荷载 材料堆放	$100kN/m^2$ 不集中堆放,不超载	施工荷载符合设计要求,不集中堆放,不超载
5	模板存放	大模板存放 模板堆放	有可靠的安全措施,70°角斜放 不超高堆放,摆放整齐	大模板存放区有可靠的安全措施,不超高堆放
6	支拆模板	警戒措施 拆模申请 混凝土强度报告	专业监护 执行申请审批手续 有混凝土强度报告,执行审批手续	支拆模板有警戒措施,有拆模申请手续,混凝土强度报告
7	运输道路	运送道路	满足宽度、使用荷载要求,铺设牢固	满足宽度,使用荷载要求,铺设牢固
8	作业环境	孔洞及临边防护 垂直作业防护	按方案和规定进行防护 有可靠的隔离措施5cm厚板	按方案等进行防护,符合安全要求
验收签字	搭设负责人:××× 安全负责人:×××			使用负责人:××× 项目负责人:×××
验收结论	模板工程验收合格 技术负责人:××× ××年×月×日			

4.5.9　深基坑支护及降水工程安全保障措施

1.基本要求

(1)基坑开挖完毕后,应组织验收,经验收合格并进行安全使用与维护技术交底后,方可使用。基坑使用与维护过程中应按施工安全专项方案要求落实安全措施。

(2)基坑使用与维护中进行工序移交时,应办理移交签字手续。

(3)应进行基坑安全使用与维护技术培训,定期开展应急处置演练。

(4)基坑使用中应针对暴雨、冰雹、台风等灾害天气,及时对基坑安全进行现场检查。

(5)主体结构施工过程中,不应损坏基坑支护结构。当需改变支护结构工作状态时,应经设计单位复核。

2.使用过程中的安全措施

(1)基坑工程应按设计要求进行地面硬化,并在周边设置防水围挡和防护栏杆。对膨胀性土及冻土的坡面和坡顶3m以内应采取防水及防冻措施。

(2)基坑周边使用荷载不应超过设计限值。

(3)在基坑周边破裂面以内不宜建造临时设施;必须建造时应经设计复核,并应采取保护措施。

(4)雨期施工时,应有防洪、防暴雨措施及排水备用材料和设备。

(5)基坑临边、临空位置及周边危险部位,应设置明显的安全警示标识,并应安装可靠围挡和防护。

(6)基坑内应设置作业人员上下坡道或爬梯,数量不应少于2个。作业位置的安全通道应畅通。

(7)基坑使用过程中施工栈桥的设置应符合下列规定:

1)施工栈桥及立柱桩应根据基坑周边环境条件、基坑形状、支撑布置、施工方法等进行专项设计,立柱桩的设计间距应满足坑内小型挖土机械的移动和操作时的安全要求。

2)专项设计应提交设计单位进行复核。

3)使用中应按设计要求控制施工荷载。

(8)当基坑周边地面产生裂缝时,应采取灌浆措施封闭裂缝。对于膨胀土基坑工程,应分析裂缝产生原因,及时反馈设计处理。

3.基坑维护安全措施

(1)使用单位应有专人对基坑安全进行定期巡查,雨期应增加巡查次数,并应作好记录;发现异常情况应立即报告建设、设计、监理等单位。

(2)基坑工程使用与维护期间,对基坑影响范围内可能出现的交通荷载或大于35kPa的振动荷载,应评估其对基坑工程安全的影响。

(3)降水系统维护应符合下列规定:

1)定时巡视降排水系统的运行情况,及时发现和处理系统运行的故障和隐患。

2)应采取措施保护降水系统,严禁损害降水井。

3)在更换水泵时应先量测井深,确定水泵埋置深度。

4)备用发电机应处于准备发动状态,并宜安装自动切换系统,当发生停电时,应及时切换电源,缩短停止抽水时间。

5)发现喷水、涌砂,应立即查明原因,采取措施及时处理。

6)冬期降水应采取防冻措施。

(4)降水井点的拔除或封井除应满足设计要求外,应在基础及已施工部分结构的自重大于水浮力、已进行基坑回填的条件下进行,所留孔洞应用砂或土填塞,并可根据要求采用填砂注浆或混凝土封填;对地基有隔水要求时,地面下2m可用黏土填塞密实。

(5)基坑围护结构出现损伤时,应编制加固修复方案并及时组织实施。

(6)基坑使用与维护期间,遇有相邻基坑开挖施工时,应做好协调工作,防止相邻基坑开挖造成的安全损害。

(7)邻近建(构)筑物、市政管线出现渗漏损伤时,应立即采取措施,阻止渗漏并应进行加固修复,排除危险源。

(8)对预计超过设计使用年限的基坑工程应提前进行安全评估和设计复核,当设计复核不满足安全指标要求时,应及时进行加固处理。

(9)基坑应及时按设计要求进行回填,当回填质量可能影响坑外建筑物或管线沉降、裂缝等发展变化时,应采用砂、砂石料回填并注浆处理,必要时可采用低强度等级混凝土回填密实。

4.5.10 深基坑工程安全响应应急预案

1.应急预案编制原则

坚持“安全第一,预防为主”、“保护人员安全优先,保护环境优先”的方针,贯彻“常备不懈、统一指挥、高效协调、持续改进”的原则。更好地适应法律和经济活动的要求;给企业员工的工作和施工场区周围居民提供更好更安全的环境;保证各种应急资源处于良好的备战状态;指导应急行动按计划有序地进行;防止因应急行动组织不力或现场救援工作的无序和混乱而延误事故的应急救援;有效地避免或降低人员伤亡和财产损失;帮助实现应急行动的快速、有序、高效;充分体现应急救援的“应急精神”。

2.深基坑工程应急预案编制

(1)应通过组织演练检验和评价应急预案的适用性和可操作性。

(2)基坑工程发生险情时,应采取下列应急措施:

1)基坑变形超过报警值时,应调整分层、分段土方开挖等施工方案,并宜采取坑内回填反压后增加临时支撑、锚杆等。

2)周围地表或建筑物变形速率急剧加大,基坑有失稳趋势时,宜采取卸载、局部或全部回填反压,待稳定后再进行加固处理。

3)坑底隆起变形过大时,应采取坑内加载反压、调整分区、分步开挖、及时浇筑快硬混凝土垫层等措施。

4)坑外地下水位下降速率过快引起周边建筑物与地下管线沉降速率超过警戒值,应调整抽水速度减缓地下水位下降速度或采用回灌措施。

5)围护结构渗水、流土,可采用坑内引流、封堵或坑外快速注浆的方式进行堵漏;情况严重时应立即回填,再进行处理。

6)开挖底面出现流砂、管涌时,应立即停止挖土施工,根据情况采取回填、降水法降低水头差、设置反滤层封堵流土点等方式进行处理。

(3)基坑工程施工引起邻近建筑物开裂及倾斜事故时,应根据具体情况采取下列处置措施:

1)立即停止基坑开挖,回填反压。

2)增设锚杆或支撑。

3)采取回灌、降水等措施调整降深。

4)在建筑物基础周围采用注浆加固土体。

5)制订建筑物的纠偏方案并组织实施。

6)情况紧急时应及时疏散人员。

(4)基坑工程引起邻近地下管线破裂,应采取下列应急措施:

1)立即关闭危险管道阀门,采取措施防止产生火灾、爆炸、冲刷、渗流破坏等安全事故。

2)停止基坑开挖,回填反压、基坑侧壁卸载。

3)及时加固、修复或更换破裂管线。

(5)基坑工程变形监测数据超过报警值,或出现基坑、周边建(构)筑、管线失稳破坏征兆时,应立即停止施工作业,撤离人员,待险情排除后方可恢复施工。

3.深基坑工程应急响应

(1)应急响应应根据应急预案采取抢险准备、信息报告、应急启动和应急终止四个程序统一执行。

(2)应急响应前的抢险准备,应包括下列内容:

1)应急响应需要的人员、设备、物资准备。

2)增加基坑变形监测手段与频次的措施。

3)储备截水堵漏的必要器材。

4)清理应急通道。

(3)当基坑工程发生险情时,应立即启动应急响应,并向上级和有关部门报告以下信息:

1)险情发生的时间、地点。

2)险情的基本情况及抢救措施。

3)险情的伤亡及抢救情况。

(4)基坑工程施工与使用中,应针对下列情况启动安全应急响应:

1)基坑支护结构水平位移或周围建(构)筑物、周边道路(地面)出现裂缝、沉降、地下管线不均匀沉降或支护结构构件内力等指标超过限值时。

2)建筑物裂缝超过限值或土体分层竖向位移或地表裂缝宽度突然超过报警值时。

3)施工过程出现大量涌水、涌砂时。

4)基坑底部隆起变形超过报警值时。

5)基坑施工过程遭遇大雨或暴雨天气,出现大量积水时。

6)基坑降水设备发生突发性停电或设备损坏造成地下水位升高时。

7)基坑施工过程因各种原因导致人身伤亡事故出现时。

8)遭受自然灾害、事故或其他突发事件影响的基坑。

9)其他有特殊情况可能影响安全的基坑。

(5)应急终止应满足下列要求:

1)引起事故的危险源已经消除或险情得到有效控制。

2)应急救援行动已完全转化为社会公共救援。

3)局面已无法控制和挽救,场内相关人员已全部撤离。

4)应急总指挥根据事故的发展状态认为终止的。

5)事故已经在上级主管部门结案。

(6)应急终止后,应针对事故发生及抢险救援经过、事故原因分析、事故造成的后果、应急预案效果及评估情况提出书面报告,并应按有关程序上报。

4.5.11　深基坑工程安全专项方案实例

××工程深基坑工程安全专项方案

一、编制依据

(一)相关文件

序号	相关文件内容	备注
1	研发中心项目基坑支护图纸及图纸会审	/
2	××研发中心项目《岩土工程勘察报告》	/

(二)施工技术规范、规程、标准

类别	规范、规程、标准及办法名称	编号
国家标准	《建筑地基与基础工程施工质量验收规范》	GB50202－2002
	《建筑地基基础设计规范》	GB5007－2011
	《建筑基坑工程监测技术规范》	GB50497－2009
	《工程测量规范》	GB50026－2007
行业标准	《建筑基坑支护技术规程》	JGJ120－2012
	《地基与基础工程施工工艺标准》	JQB－017－2004
	《建筑与市政降水工程技术规范》	JGJ/T111－98
行业标准	《建筑机械使用安全技术规程》	JGJ33－2012
	《施工现场临时用电安全技术规范》	JGJ46－2005

二、工程概况

(一)工程概述

××研发中心项目位于××市××区××镇,南邻××公路、西邻××路及××路。包含综合楼、研发楼、地下能源站等10个单体工程,总用地面积142000平米,总建设面积184900平米,地上建设面积164755平米,地下建筑面积20145平米,建筑占地面积63900平米,为框架结构(含部分框剪)。场地北侧、西侧分布有河流,场地内有大面积的暗浜及暗塘分布,地质情况较复杂。本工程自然地坪+3.000m,1号楼综合楼开挖深度5.05m,3号楼研发楼开挖深度5.1m,10号楼地下能源站开挖深度6.7～7.3m,另有局部电梯井。综合楼、研发楼、地下能源站基坑安全等级3级,基坑环境保护等级3级,开挖深度较大。本工程拟采用二轴水泥土搅拌桩、五轴水泥土搅拌桩、钻孔灌注桩、钢筋混凝土围檩作为基坑围护,围护结构施工完成后同时配以轻型井点降水井及深井降水井辅助有支护土方开挖。

(二)自然条件

1.地形地貌

场地较为平整,绝对标高在+3.000m左右,地貌类型属长江三角洲泻湖沼泽平原Ⅰ-1区。

2.地基土的构成与特征

根据野外钻探、原位测试及室内土工试验资料分析,场地地基土按成因类型、形成时代、工程性质并参照上海市《岩土工程勘察规范》(DGJ08-37-2012)附录A自上而下可分为8层。本工程钻孔灌注桩最深达-14.700m,场地地基土只涉及到第⑥1层暗绿~灰绿色粉质粘土,层底标高-4.78~-20.49m。

序号	土层平均厚度(m)	土名称	层底标高
1	1.73	第①层杂填土	+2.25~-0.87m
2	1.46	第②层灰黄~青灰色粉质粘土	+0.96~-0.10m
3	5.84	第③1层灰色淤泥质粉质粘土	-1.75~-8.37m
4	4.73m	第③2层灰色粘质粉土	-3.81~-12.48m
5	7.05m	第③3层灰色淤泥质粉质粘土	-7.44~-20.47m
6	2.79m	第⑥1层暗绿~灰绿粉质粘土	-4.78~-20.49

3.地基土的物理力学性质

(1)地基承载力设计值 f_d 按上海市《地基基础设计规范》(DGJ08-11-2010)第5.2.3条有关公式估算,估算假设条件:条形基础,基础宽度 b 为1.5m,基础埋深 d 为1.0m,地下水位埋深0.5m,并结合静力触探及工程实际经验等方法综合确定。

(2)地基承载力特征值 f_{ak},按照国家标准《建筑地基基础设计规范》(GB50007-2011)第5.2.3条由原位测试并结合工程实践经验等方法综合确定,结果见下表:

地基承载力一览表

层号	静探 (MPa)	直剪固快(峰值)		重度	土试计算值	建议值	
		CK(KPa)	ΦK(度)	γ(KN/m³)	f_d(KPa)		f_d(KPa) f_{ak}(KPa)
②	0.55	20	19.5	18.5	88	70	70
③1	0.38	14	19.0	17.8	69	50	50
③2	1.85	6	30.5	18.4	88	100	100
③3	0.59	13	17.5	17.6	64	65	65
⑥1	1.92	39	20.0	19.5	144	120	120

注:1.上表中的 f_d 未考虑软弱下卧层影响,仅作为评价土层工程特性之用;设计时应根据实际基础形状、尺寸、埋深并考虑软弱下卧层强度影响进行计算,并同时满足承载能力极限状态和正常使用极限状态。

2.f_{ak}未经变形验算。

(3)静力触探成果

静力触探成果见××研发中心研发岩土工程勘察报告(详勘)《静力触探分层参数表》及《静

力触探测试成果图表》。

4.场地水文地质条件

(1)地下水

浅部地下水为孔隙潜水，其主要赋存在第①～③层地基土中。

场地内静止地下水埋深一般为0.90～1.90m，相当于标高+1.13～+2.41m。

地下水位变化主要受大气降水、地面蒸发及地表迳流控制。

上海潜水水位埋深，一般离地表面约0.30～1.50m，受降雨、潮汛、地表水的影响有所变化，年平均水位埋深一般为0.50～0.70m。

设计时地下水埋深值可根据设计项目不同，从不利因素和安全角度考虑，高水位埋深值取室外设计地坪下0.50m，低水位埋深值取室外设计地坪下1.50m。

(2)土层渗透性

各土层渗透系数建议值详见《××研发中心项目岩土工程勘察报告》。

(3)地下水、地基土对混凝土的腐蚀性

据调查场地周围无污染源，根据水质分析报告及上海《地基基础设计规范》DGJ08－11－2010有关条款及经验认定，在Ⅲ类环境中，地下水对混凝土有微腐蚀性，在长期浸水的状态下对混凝土中的钢筋有微腐蚀性，在干湿交替的状态下对混凝土中的钢筋有弱腐蚀性；对钢结构有弱腐蚀性。

本场地地下水位较高，地基土在地下水位之下基本呈饱和状态，场地及周围无地下水污染源，根据上海市类似工程经验，地基土对混凝土有微腐蚀性。

水、土对建筑材料腐蚀的防护，应符合现行国家标准《工业建筑防腐蚀设计规范》GB50046的规定。

5.不良地质现象

(1)经勘察，拟建场地分布多条对本工程有影响的暗浜、暗塘，其分布范围详见《勘察点平面布置图》；暗浜地段填土分布较厚，第②层灰黄～青灰色粉质粘土在暗浜地段缺失，暗塘地段分布较薄、局部缺失；填土主要由粘性土组成，含碎石等杂质，最厚为4.00m，相应标高为－0.87m；为本场地的不良地质现象。

暗浜、暗塘分布状况详见《勘察点平面布置图》及有关《工程地质剖面图》。

(2)外业勘察时，在拟建航空技术管理区域与宿舍楼之间、10＃航空机务维修工厂二的东南角发现有已经施工的工程桩，据了解，其桩长约30米左右；工程桩的大致分布范围详见《勘察点平面布置图》。

(3)根据场地土层分布状况分析，场地有古河道分布，古河道平面摆动范围广泛。受古河道切割作用影响，第1层及以上土层均有不同程度的缺失。

6.场地地震效应

(1)场地抗震设计基本条件

根据××研发中心施工图纸，场地的抗震设防烈度为7度，设计基本地震加速度为0.10g，所属的设计地震分组为第一组。场地土类型属软弱土、场地类别属Ⅳ类。

(2)液化判别

本场地为不液化场地。

(3)抗震有利、不利地段划分

经地质勘察，拟建场地有地下障碍物、古河道及大面积暗浜、暗塘分布，故本场地为抗震不利地段。

（三）重点、难点及解决方法

1. 重点：本工程基坑降水面积大，西侧、北侧临近河流，现场无排水管网，基坑降水无法正常排水。

2. 解决方法：结合东航技术研发中心项目现场临水施工方案，根据现场实际情况制定专项排水措施，现场降水设置集水井经沉淀池排入现场临水管道内，最终排入室外管网内。

（四）基坑降水概况

根据本场地的水文地质条件及工程设计要求、基坑开挖深度，本工程拟采用轻型井点降水及真空深井降水相结合的方法来达到本次降水的目的，对于基坑开挖深度在6m以内的部位采用轻型井点降水，开挖深度大于6m的部位采用真空深井降水，即综合楼（1号楼）及航空理论技术研发楼（3号楼）基坑采用轻型井点降水，地下能源站采用真空深井降水，具体位置详见《降水井平面布置图》。

（五）工作量概况

工作内容		单位	数量	部位
轻型井点降水	$L=6.5$	组	49	1#、3#楼
深井降水	$L=12$	口	12	10#楼

三、施工准备

（一）技术准备

1. 施工前，施工技术管理人员必须认真审图，将施工图中存在的问题及时纳入自审记录中，通过图纸会审予以解决，并做好施工前的其它技术准备工作；

2. 积极参与包括业主、监理、设计、地质等各方参加的技术交底和协调会议，提出施工过程中需要解决的问题和需要澄清的问题，确保施工顺利进行；

3. 对所有施工人员进行施工前的安全教育和技术交底，宣布有关规章制度；

4. 做好施工现场“四通一平”工作。按照设计文件要求和有利于文明施工、安全生产的原则，做好场地的平整工作；

5. 测量人员做好现场抽水井定位放线工作，完善各项交接手续。根据测绘单位给定的性坐标和高程控制点，按照建筑总平面图要求，确定降水井的深度。

（二）施工用电准备

业主提供4台变压器供现场，本工程采用三级配电二级保护的原则进行临时配电系统设计，能够满足土方支护阶段的用电负荷，具体见临电施工方案。

（三）施工队伍准备

选派技术成熟、专业作业、组织严密、战斗力强且有丰富同类工程施工经验的专业队伍。借助集团公司固定的劳务基地，劳动力可随时调配，满足本工程的施工需要。

（四）施工机械准备

施工主要机械配备表

序号	设备名称	规格型号	数量	设备能力
1	成井钻机	ATG－200	1台	37KW
2	泥浆泵	3PNL	2台	22KW
3	86泵	1台	7.5KW	
4	电焊机	ZXF	1台	5.5KW
5	空压机	ZV	1台	7.5KW
6	潜水泵	QDX3－25－0.75	15台	0.75KW/台
7	真空泵	JSJ—60型	50台	5.5KW/台
8	测绳	100m	2根	

注:以上机械为降水施工常用机械,在实际施工运营过程中,根据现场情况以及物资配备情况,部分设备可能产生差异;以上表格仅供初步配备参考。

(五)劳动力组织

劳动组织计划表

岗位		定员	主要职责范围
机修班	焊工	1人	负责维修、保养和修理各种机具,协助设备安装。
	电工	1人	负责维护、保养和修理各种电器设备,负责各种电器线路。
钻井队	机长	1人	服从项目统一安排,认真组织本机施工,对本机的安全、质量和效率负责。
	班长	1人	及时完成机长安排的工作,对本班的安全、质量和效率负责。
	钻工	2人	服从班长的安排,负责钻机移位、成孔、下井管、填砾和洗井工作。
降水班	班长	1人	全面负责降水运行的现场工作。
	普工	8人	降水。
合计		15人	

四、施工部署

(一)现场组织机构设置

本工程将由项目经理统一指挥、组织协调全面工作,并对本工程质量、安全、工期、成本全面负责。项目经理具有多年同类工程经历,项目部下设总工室、成本室、安全室、工程室、技术室等,配备专职安全员、施工员、技术员、质量员、经营及试验专业人员。

项目经理部按照原则组织施工,各个作业队根据工程需要进场、撤场,在工期安排上服从项目经理部统一安排,在技术质量上接受项目经理部领导。成立以项目经理为组长的降水施工生产领导小组及应急预案实施小组,指导现场施工工作、保证土方支护正常有序施工。

小组成员主要职责

序号	姓名	专业或职务	组内职务	主要职责
1	×××	项目经理	组长	对整个工程的负责，并协调甲方、监理、各分包单位之间的关系
2	×××	项目总工	副组长	负责组织实施基坑降水技术施工方案的制定与审核
3	×××	工程经理	副组长	负责组织方案的实施，负责现场施工各部门、各工序之间的调度协调，与各级政府 部门的工作联系；保障现场后勤供应；主持应急预案的实施工作
4	×××	安全总监	副组长	全面负责施工过程中安全工作，监督检查，保证施工过程中的安全目标实现
5	×××	水电工程师	组员	负责施工过程中临水临电设施的安装、检查，保证施工过程中的施工目标实现
6	×××	材料主任	组员	施工期间材料供应保障
7	×××、×××	工长	组员	负责基坑降水阶段施工安排组织及应急工作
8	×××、×××	技术员	组员	负责基坑降水阶段各项交底的落实
9	×××、×××	测量员	组员	负责基坑降水阶段测量放线工作
10	×××、×××	安全员	组员	负责施工过程中安全检查

各施工队以施工队经理为组长、队长为副组长随时待命，

白天值班办公室：工程经理室（×××）

夜间值班办公室：工程室（×××、×××）

（二）管理目标

1.质量目标

质量标准：合格，满足基坑降水要求。

2.工期目标

根据现场实际情况，本基坑轻井点施工数量较多，所以必须有4—5个班组同时施工，计划每日完成8组，7天完成所有的轻型井点布设工作。轻型井点必须在基坑开挖前进行预抽水15天，满足基坑土方开挖条件。

五、降水施工方法

（一）降水井及排水管道布置

根据本工程拟建场地工程地质、水文地质资料，××研发中心围护施工蓝图及周边环境情况，我司对1、3号楼采用轻型井点降水，共布置49套，对1号楼落深坑及10号楼采用深井降水，共计12口。水位降深至坑底以下0.5m～1.0m。

轻型井点降水排水系统采用有组织排水方式，沿基坑周圈布置6口1000×1000×800（深）集水井，通过水泵将地下水软管引流至集水井内，由集水井向沉淀池预埋Φ300mm波纹管，波纹管顶标高埋入土层内200mm，统一按0.5%找坡排至沉淀池，经三级沉淀后排至市政管网（详见

附图)。深井降水排水采用软管连接,集中抽取,排至沉淀池。沉淀池内水三级沉淀后经场内集水井排至市政管网。现场拟布设 3 个三级沉淀池,分别布置在 1 号楼基坑西南侧、1 号楼基坑东北侧、1 号楼基坑西北侧,3 个沉淀池至场内集水井约埋设波纹管共约 350m,沉淀池距现场临时排水沟总计约 200m,累计埋设波纹管 550m。每级沉淀池 2500×2000×1500(深),墙厚 120mm,表面及底面水泥砂浆抹灰压光,集水井做法同沉淀池做法。示意图如下:

示意图　图(略)

降水施工从 2014 年 7 月 20 日开始,首先进行轻型井点降水施工,即 1、3 号楼降水井施工,历时 15 天,即 2014 年 8 月 4 日完成轻型井点降水井成井工作。深井降水施工从 2014 年 9 月 1 日开始至 2014 年 9 月 14 日完成,历时 14 天。降水井成型示意图如下:

示意图　图(略)

(二)降水井设计

1. 降水设计

(1)轻型井点布设为:根据设计要求,本工程共布设轻型井点 49 组,各组间的间距为 12m—15m,井点各支管的间距为 1.5m,井点的插入深度为开挖面以下 1.5m,井点的布设,根据土方开挖先后顺序进行井点降水的施工。

(2)深井的布设:根据设计要求,本工程共布设真空深井 12 口,真空深井的深度确定如下:

根据经验公式估算,降水井深度按下式确定:

$$H=H_1+h+J_L+l$$

式中:H——井点管埋设深度,m;

H_1——井点管埋至基坑底面的距离,m,本工程以开挖深度 6.8m 为例;

h——基坑底面至降低后的地下水位距离,一般取 $h=0.5\sim2$m,本工程取 1m;

J——水力梯度,环形井点系统 $J=1/8\sim1/10$,单排井点系统 $J=1/4\sim1/5$,本工程取 1/9;

L——井点管至基坑中心的水平距离,m,本工程取 9m;

l——过滤器工作部分长度和沉淀管的长度,m,本工程分别取 2m 和 1m。

则:

$$H=6.80+1+9/9+3=11.80\text{m}$$

根据施工规范及制作井管工艺要求,井管深度取 12.00m,由于本基坑开挖深度不一致,所以各井的深度也不相同,每口井必须根据所在部位开挖的深度单独计算。

2. 基坑降水井由内向外进行倒水排水,直至导入基坑四周降水井后,再抽入基坑外围排水沟内,再流入沉淀池内沉淀,最后排入市政污水管网内。

(三)降水施工工艺

1. 轻型井点降水

(1)工艺流程

井点安装→井点管埋设→冲洗管井→管路安装→检查管路→试抽及检查→降水运行→拆除及封井

(2)施工工艺

1)井点安装:

根据建设单位提供的测量控制点,测量放线确定井点位置,然后在井位先挖一个小土坑,深大约500mm，以便于冲击孔时集水、埋管时灌砂，并用水沟将小坑与集水坑连接，以便排泄多余水。

2)用绞车将简易井架移到井点位置，将套管水枪对准井点位置，启动高压水泵，水压控制在0.4～0.8Mpa，在水枪高压水射流冲击下套管开始下沉，并不断地升降套管与水枪。一般含砂的粘土，按经验，套管落距在1000mm之内，在射水与套管冲切作用下，大约10～15min时间之内，井点管可下沉10m左右，若遇到较厚的纯粘土时，沉管时间要延长，此时可增加高压水泵的压力，以达到加速沉管的速度。冲击孔的成孔直径应达到300～500mm，保证管壁与井点管之间有一定间隙，以便于填充砂石，冲孔深度应比滤管设计安置深度低500mm以上，以防止冲击套管提升拔出时部分土塌落，并使滤管底部存有足够的砂石。凿孔冲击管上下移动时应保持垂直，使井点降水井壁保持垂直，若在凿孔时遇到较大的石块和砖块，会出现倾斜现象，此时也应尽量保持上下一致。井孔冲击成型后，应拔出冲击管，通过单滑轮，用绳索提起井点将管插入井孔，井点管的上端应用木塞塞住，以防砂石或其他杂物进入井内，在井点管与孔壁之间填灌砂石滤层。

砂石滤层的填充高度，至少要超过滤管顶以上1000～1800mm，一般应填至原地下水位线以上，以保证土层水流上下畅通。

井点填砂后，井口以下1.0～1.5m用粘土封口压实，防止漏气而降低降水效果。

3)冲击井管

将ϕ15～30mm的胶管插入井点管底部进行注水清洗，直到流出清水为止。应逐根进行清洗，避免出现“死井”。

4)管路安装

首先沿井点管线外侧，铺设集水毛管，并用胶垫螺栓把干管连接起来，主胶管与主管连接好，再用铅丝绑好，防止管路不严漏气而降低整个管路的真空度。主管路的流水坡度按坡向泵房5‰的坡度并用砖将主干管垫好。并随时检查是否有地面塌陷，随时垫砖或填土，使不至于影响整条管线。

5)试抽与检查

检查管路检查集水—下管与井点管连接的胶管的各个接头在试抽水时是否有漏气现象，发现这种情况应重新连接或用油腻子堵塞，重新拧紧法兰盘螺栓和胶管的铅丝，直至不漏气为止。在正式运转抽水之前必须进行试抽，以检查抽水设备运转是否正常，管路是否存在漏气现象。在水泵进水管上安装一个真空表，在水泵的出水管上安装一个压力表。为了观测降水深度，是否达到施工组织设计所要求的降水深度，在基坑内设置3个观测井点，以便于通过观测井点测量水位，并描绘出降水曲线。在试抽时，应检查整个管网的真空度，应达到550mmHg，73.33kPa方可正式投入抽水。

6)降水运行

当抽水设备运转一切正常后，整个抽水管路无漏气现象，可以投入正常抽水作业。

开机7d后将形成地下降水漏斗，并趋向稳定。

7)拆除及封井

承台混凝土浇筑完毕，经养护拆除模板后方可拆除井点降水系统，拆除时先拆除橡胶软管及总管，井点管的拆除采用挖掘机拔出，井点管拆除后采用瓜子片或粗砂回填密实。

2.深井降水

(1)工艺流程

测放井位→埋设护口管→安装钻机→钻进成孔→清孔换浆→下井管→填砾料→井口封闭→安泵试抽

(2)施工工艺

1)测放井位:根据降水井井位平面布置图测放桩位,当布设的井点受地面障碍物或施工条件影响时,现场作适当调整。

2)埋设护口管:护口管底口埋入原土中,管外用粘性土填密,护口管上口高出地面0.1m左右。

3)安装钻机:机台安装稳固水平,钻头钻尖,转盘中心,与井位中心三点成一线。

4)钻进成孔:降水井开孔直径为?650mm,开孔时必须轻压慢转,以保证孔钻进的垂直度,成孔施工采用孔内自然造浆,钻进过程中泥浆比重控制在1.15～1.20,当提升钻具或停工时,孔内必须压满泥浆,以防止孔壁坍塌。

5)清孔换浆,钻孔钻进至设计标高后,在提钻前将钻杆提至离孔底0.5m进行冲孔,清除孔内杂物,同时将孔内泥浆密度逐步调至1.10,孔底沉淤厚度小于30cm,返出的泥浆内不含泥块为止。

6)下井管:管子进场后,检查过滤器的缝隙是否符合设计要求,下管前必须测量孔深,孔深符合设计要求后,开始下井管。下井管时必须扶正井管,以保证滤水管能居中,井管焊接要牢固,垂直,下到设计深度后,井口固定居中.

7)填砾料:填砾料前在井管内下入钻杆至孔底0.30m左右,井管上口要加闷头密封,从钻杆内泵送泥浆进行边冲孔边逐步调浆使孔内的泥浆从滤水管向外由井管与孔壁的环状间隙内返浆,使孔内的泥浆密度逐步调到1.10,然后按照井的构造设计填入砾料,并随填随测填砾料的高度,直至砾料填至预定位置,直至砾料填至预定位置为止。

8)井口封闭:为防止泥浆及地表污水从管外流入井内,在地表以下围填2.0m厚的优质粘性土或采用水泥浆封孔。

9)安泵试抽:每口深井配备一台潜水泵,成井施工结束后,在降水井内及时下入潜水泵,安设排水管道及电缆,电缆与管道系统在设置时要注意避免在抽水过程中不被挖掘机,吊车等碾压,碰撞损坏。因此现场要在这些设备上进行标识。抽水与排水系统安装完毕后进行试抽水。

3.降水运行及停止时间

(1)试运行

试运行前准确测定各井口和地面高,静止水位,然后开始试运行,以检查抽水设备,抽水与排水系统能否满足降水要求。在降水井的成井施工阶段要边施工边抽水,即完成一口投入运行一口,力争在基坑开挖前,将基坑内地下水降到基坑底开挖面以下1.0m深,抽水过程中经常用测绳测量水位,水位降到设计深度后,即暂停抽水,观测井内的水位恢复情况。

(2)降水运行

在降水井,水泵,管路安装完毕正常抽水情况下,以自流水为主,必要时加真空。降水三周并且观测井中水位达到一定深度以后方可进行土方开挖,在土方开挖的同时,继续进行降水,保证水位始终开挖土层以下。降水井抽水时,潜水泵的抽水间隔时间自短至长,降水井的每次抽水后,应立即停泵,对于出水量较大的井每天开泵抽水的次数相应要增多。

降水运行过程中,现场实行24小时值班制,值班人员做好各井的水位观测工作,认真做好各项质量记录,做到准确齐全。对降水运行的记录,及时分析整理,绘制各种必要的图表,以合理指导降水工作，提高降水运行的效果，降水运行记录每天提交一份，对停抽的井及时测量水位，每天1～2次。

(3)降水运行的注意事项

做好基坑内的明排水准备工作，以备基坑开挖时遇降雨能及时将基坑内的结水抽干。

降水运行阶段要经常检查泵的工作状态，一旦发现不正常时及时调泵并修复。

保证电源供给，如遇电网停电，须提前两个小时通知降水施工人员，以便及时采取措施，保证降水效果。

在挖土过程中，必须派人工看守，以防挖机碰坏井管导致废井或降低抽水效果。

开挖后如部分基坑含水量较高，采取增打轻型井点及时进行降水。

(4)降水停止时间

根据图纸要求，考虑到现场水文地质条件、雨季施工措施及施工荷载等诸多不利因素的影响，施工时采取必要的施工措施。对于地下室及其他基坑工程，必须考虑施工期间的抗浮措施。考虑到以上不利条件的影响，降水运行时间安排如下：

1)轻型井点降水(B、B1、B2、B3、C1、C2区)周期自轻型井点降水系统运行开始至该分区土方开挖时结束，基坑四周降水井自开始至主体结构封顶停止。预计总周期为2014年7月20日～2015年1月20日。降水完成后将井管割除回收，井口用铁板封盖。

2)深井降水(D区及1#楼集水井位置)周期自深井降水系统运行开始至10号楼地下室结构顶板封顶结束，预计周期为2014年9月14日～2014年11月22日。

在基础筏板垫层施工前将滤水管从垫层顶标高以上部分割除，重新焊接钢管，钢管直径同原降水管相同，钢管长度伸出筏板表面500mm。钢管上焊两道止水圈，第一道钢板止水环平齐混凝土垫层，第二道钢板止水环距离第一道300mm，钢板止水环为3mm厚钢板，沿钢管焊接外扩100mm。钢管埋入期间确保正常降水，待地下室结构施工完成，停止降水时，割除筏板以上钢管，采用3mm厚钢板封堵。

基坑开挖顺序图(略)

降水井分区停水时间表

序号	降水井位置	数量	预计成井时间	预计停止时间
1	B1场区内	6组	2014年7月20日	2014年8月12日
2	B2场区内	6组	2014年7月20日	2014年8月19日
3	B3场区内	6组	2014年7月20日	2014年8月26日
		深井2口	2014年7月20日	2015年1月20日
4	C1场区内	7组	2014年7月20日	2014年9月3日
5	C2场区内	6组	2014年7月20日	2014年9月10日
6	基坑四周	18组	2014年7月20日	2015年1月20日
7	D场区内	深井10口	2014年9月14日	2014年11月22日

4.降水运行的注意事项

(1)做好基坑内的明排水准备工作，以备基坑开挖时遇降雨能及时将基坑内的结水抽干。基坑开挖过程中在基坑外侧设置由集水井排水沟组成的地表排水系统，避免坑外地表水流入基坑

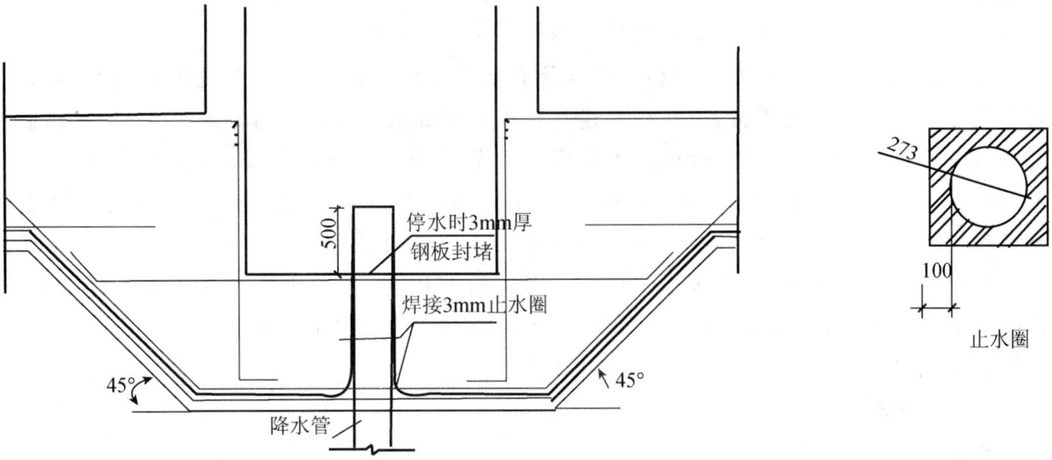

集水井、深井降水细部处理方法

深井降水细部处理

内；排水沟布置在坡肩0.5m以外，并设置可靠地防渗措施，防止由于土体位移引起排水沟开裂破坏，导致地表水渗入坑周土中。

(2)降水运行阶段要经常检查泵的工作状态，一旦发现不正常时及时调泵并修复。保证电源供给，如遇电网停电，须提前两个小时通知降水施工人员，以便及时采取措施，保证降水效果。

(3)在挖土过程中，必须派人工看守，以防挖机碰坏井管导致废井或降低抽水效果。开挖后如部分基坑含水量较高，采取增打轻型井点及时进行降水。

(4)降水降水周期直至土方开挖结束，垫层铺好后为止，然后垫层以上井管割除回收。

5.降水施工中可能存在的问题及处理方法

(1)雨季预防措施：如基坑在雨季开挖施工，需有3台大功率、高扬程水泵备用。

当基坑有大量积水时启动抽水泵，把积水抽出基坑。

(2)基坑发生流沙、涌水的预防措施：

1)护：抢修土体，在流砂严重的地段按1：0.33坡度向砂中打入钢筋骨架钢丝网护坡，然后贴着钢丝网打入竹杆，间距500mm，随挖土深度的增加和水位的降低加深钢丝网，在不影响施工进度的前提下，为进一步采取措施赢得了宝贵的时间。

2)排：当基坑的涌水量比较大，而且每天24h不间断地进水，为有效地进行基坑排水，在基坑底部四周各建一集水坑，采用钢筋笼骨架钢丝网进行固护，将大功率污水泵放入钢筋笼内抽水。根据涌水量的大小来决定工作水泵的功率、数量，来保证基坑开挖正常施工。

3)引：当基坑开挖至设计坑底标高时，在砂层区域铺设100～200mm的道渣，道渣内铺设4根$D=50$的塑料滤水管作引水管，一端接至坑内的进水口，一端接至蓄水池。在底板外侧砌筑砖挡水墙，在墙外挑几条排水沟，将坑外的水引进蓄水池。

(3)观测井水位发生过大变化时的补救措施

当降水井水位发生过大变化。需补充地下水时，水位观测井也可兼作回灌井使用。

回灌水量应通过水位观测井中的水位变化进行调节控制，既要防止回灌水量过大而渗入基坑影响施工，又要防止回灌水量过小，使地下水位失控而影响回灌效果。通常回灌水量不宜超过原有稳定水位标高。

(4)降水引起附近建筑物沉降时的补救措施：

如果通过沉降观测发现降水对相邻建筑物引起的沉降量较大，将要超过规范要求，可采取对建筑物进行注浆加固的处理措施：在已有建筑物基础附近采用锚杆机打斜注浆孔，插入锚筋并注水泥浆固结土体，再在地面标高附近用锚杆张拉设备对锚筋进行张拉锁定，防止基础继续下沉。注浆要求水泥浆体的强度应大于 20N/mm^2，水灰比不宜超过 0.5，并宜加入适量的速凝剂以促进早凝和控制泌水。注浆时要严格按配比搅浆，注浆渗漏较多时，要进行二次、三次补浆直到注满。注浆管应插入基础底，浆液从基础底开始向地面灌填，当浆液从基础底充满至自然地面时，还需进行多次加压(压力为 3Mpa)，一般不少于 2 次，保证浆液挤满基础。

六、主要管理措施

(一)质量管理措施

1.质量目标

工程质量标准：本工程质量合格。

2.质量管理组织机构

质量保证体系如下图：

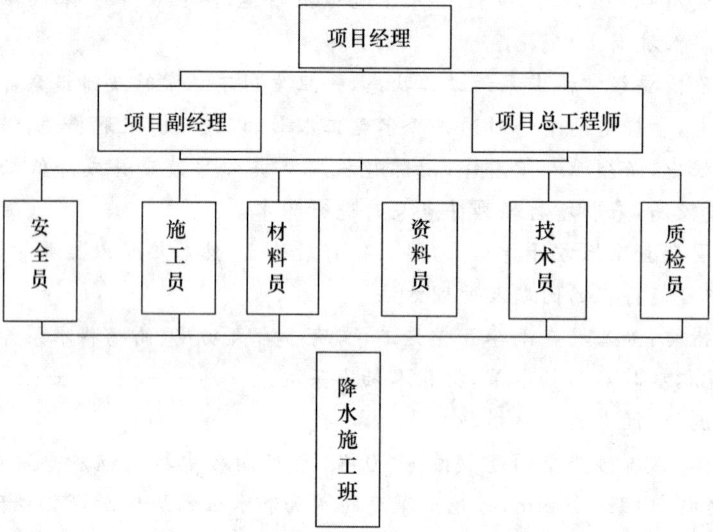

3.工程质量保证措施

为确保工程质量自始至终处于受控状态，要严格执行国家及现行的有关质量责任制管理规定制度、质量控制的标准管理和程序文件严格进行质量管理，把责任落实到人，确保工程质量一次成优。

4.质量验收标准

(1)井深的弯曲度：井身应圆正，井的顶角及方位角不能突变，井斜不超过 1 度。

(2)井管的安装误差：井管应安装在井的中心，上口保持水平。井管与井深的尺寸偏差不得超过全长的±2‰，过滤管安装上下偏差不得超过 30mm。

(3)井的含砂量：抽水稳定后，降压井水含砂量不得超过 1/10000(体积比)。

(4)井出水量：单井出水量基本稳定，计算井损失小于 4m。

成井施工控制表：

序号	检验项目	质量标准	检查方法	分包责任人
成孔阶段	井位	<500mm	经纬仪、钢尺	测量员
	孔深(mm)	±500mm	测绳、钻杆	机长质量员
	垂直度	1%	水平尺	机长质量员
	井径	>500mm	测量钻头	质量员
	泥浆比重	1.15～1.20	比重计	机长质量员
	沉渣厚度:	≤300mm	测绳	机长质量员
成井阶段	泥浆比重	1.05～1.10	比重计	机长质量员
	井管及滤管长度	±500mm	钢尺	质量员
	填砂厚度	+1000mm	测绳	机长质量员
	粘土厚度	+1000mm	测绳	机长质量员
	活塞洗井	井喷状	目测	项目工程师
	空压机洗井	水清砂尽	目测	项目工程师
抽水	安装泵	±3m	钢尺	质量员
	水位	±200mm	水位计	测量员等
	流量	±2m³/h	水表	测量员等
	真空度	>−0.06MPa	真空表	施工员等

(二)工期保障措施

1.配备充足的施工资源

积极进行施工所需的各种资源的调配及准备，以充足的资源，按时进场，按期开工。

2.加快资源调配，确保项目经理部施工人员早日到岗，机械设备按期进场，临时设施以最快速度建成。施工期间采取切实措施，保证材料、设备及时到位，避免停工待料。

根据材料计划提前定货，确保及时到货。

3.施工设备及时组织进场，以确保工程进度计划，在现场设置机械维修车间，保障施工期间机械设备能正常运行，满足施工的需要。

4.在施工中合理安排人、机、工、料，确保施工的顺利进行。

(1)根据工程量、施工程序、工艺、工期的要求，合理配足技术过硬的作业人员和相适应的设备，确保资源充足，使人、机、料有效结合，力保施工的顺利进行。

(2)作好施工准备，把好技术关，合理安排每道工序间的施工顺序。

(3)把好施工质量关，避免发生质量事故而影响工期。

(4)加强设备的日常维修保养工作，与零配件供应商保持密切联系，尽量减少机械设备故障的影响，确保降水正常。

(三)安全、文明施工管理措施

1.安全保证体系

安全生产管理必须坚持“安全第一，预防为主，综合治理”的方针，项目经理部进场后，和各专业分部一起建立健全安全保证体系，落实责任制，并将各种管理制度上墙公示。

2.现场安全防护管理

(1)机械钻孔施工安全防护

1)钻孔机械安装就位时基础必须稳固，钻机等机械工作时旋转半径内严禁站人；

2)钻孔时对准桩位，先钻杆向下，钻头接触地面，再使钻杆转动，不得晃动钻杆；

3)钻孔时如遇卡钻，应立即停止下钻，未查明原因前，不得强行启动；

(2)现场用电安全防护

1)所有的电气工作都必须由合格的有经验的电工进行。电器开关箱、柜应该锁好，以防未经许可的人员起动；

2)操作者应经常检查所用的设备和电路，所用的电器设备都应有可靠的接地和接零保护；

3)现场临时用电设备的设置、安装、防护、使用、操作、维修及维修人员都必须符合 JGJ46—2005《施工现场临时用电安全技术规范》要求。

(3)机械设备安全和防护

1)所用的施工机械设备在使用前都应经专业工程师检测，并确认处于安全工作状态，检测结果要存档；

2)机械设备的操作手操作设备时，都必须严格遵守操作规程，做到持证上岗；

3)机械设备上使用的钢丝绳，应定期进行检查、保养。经检查对已达到报废的钢丝绳时应及时报废更换，安装新钢丝绳应符合要求。

4)现场安全及注意事项

①降水用的每只配电箱应做好重复接地，且必须放在箱架上。

②维修线路时应切断电源，不得带电作业，并挂出警示标志。

③维修水泵时应在切断三级箱的漏电保护器后进行，专人监护电力线路和控制电器设备。

④清除水泵内的污物时，应先切断电源，专人监护配电箱。

⑤降水期间，降水井井口应做井盖，以防人员坠落和异物进入井内，影响降水。

⑥在基坑内的所有降水用电线路应设套管，防止硬物损伤后漏电。沿基坑四周布置的线路可以沿防护栏杆架空设置，但是应做好防护栏杆的接地保护，防止触漏电的发生。

(四)现场文明施工、环境保护管理措施

1.文明施工管理目标

(1)确保获得上海市安全文明示范工地，市级“绿色施工文明安全工地”。

1)施工现场场界噪声：

昼间＜75dB，夜间＜55dB。

2)扬尘控制：

现场目视无扬尘。

现场主要运输道路硬化率达到 100％。

3)污水排放：

生活污水中的 COD 达标(COD＝300mg/L)。

4)废弃物管理：

分类管理，合理处置各类废弃物，有毒有害物回收率 100％。

2. 环境保护管理目标

严格按照建设部颁布的《绿色施工导则》执行，工程建设全过程实施“绿色施工”。

3. 文明施工、环境保护管理体系

我们的文明施工目标为争创××市文明样板工地。在施工过程中严格按照××市创建文明安全工地的标准和要求进行文明安全施工管理，督促全体工作人员自觉遵纪守法和做好文明施工。

4. 环境保护管理措施

(1)大气污染防治

1)施工现场设立专门的废弃物临时贮存场地，废弃物应分类存放，对有可能造成二次污染的废弃物必须单独贮存、设置安全防范措施且有醒目标识。所有废弃物将被送到许可的再生工厂。

施工垃圾搭设封闭式垃圾道或采用容器吊运到地面，杜绝将施工垃圾随意凌空抛撒。在垃圾道出口处搭设挡板，现场不得堆积大量垃圾，垃圾要及时清运，清运时要洒水，防止扬尘。

2)雨季施工期间，在施工现场出口处设车辆清洗冲刷台，车辆清理和冲洗干净后方可出现场，运输车驶出要保持车身清洁，混凝土罐车每次出场前应清洗下料斗。

清扫施工现场时，要先将路面、地面进行喷洒湿润后再进行清扫，以免清扫时扬尘。

当风力超过三级以上时，每天早、中、晚至少各洒水一次，洒水降尘应配备洒水装置并指定专人负责。

(五)现场消防安全管理措施

1. 消防安全管理目标

强化消防工作管理，实现杜绝火灾事故，避免火警事故的目标。

2. 消防安全措施

(1)机电设备

1)机械操作，要束紧袖口，女工发辫要挽入帽内。

2)机械和动力机的机座必须稳固，转动的危险部位要安设防护装置，工作前必须检查机械、仪表、工具等，确认完好方可使用。

3)电气设备和线路必须绝缘良好，电线不得与金属物绑在一起，各种电动机必须按规定接零接地，并设置单一开关，遇有临时停电或停工休息时，必须拉闸加锁。

4)施工机械和电器设备不得带病运转和超负荷作业，发现不正常情况应停机检查，不得在运转中修理。

5)电气、仪表、管道和设备试运转，应严格按照单项安全技术规定进行，运转时不得擦洗和修理，严禁将头手伸入机械行程范围内。

4.5.12 模板、支承体系工程施工安全保障措施

1. 模板安装、拆除安全技术措施

(1)模板的安装和拆除必须按模板的施工方案进行，严禁任意变动。

(2)作业人员必须正确使用防护用品，衣装整齐。

(3)高处作业时模板配件及其工具应放在工具袋内，不得插在腰间或堆放在脚手架上、操作平台上。

(4)模板安装及拆除时，周围要设安全网或脚手架和加设防护栏杆。

(5)对于悬臂结构,拆模时应从悬臂端向支座端依次进行。

(6)组装模板时,不得将柱子钢筋骨架代替临时支撑;禁止利用拉杆、支撑攀登上下;安装柱模板时,应随时支撑固定,防止倾覆。

(7)模板的支柱纵横向水平、剪刀撑的布置,按照设计确定,剪刀撑间距不宜大于6m。

(8)模板拆除时、应有专人指挥和切实可靠的安全措施,并在下面标出作业区,严禁非操作人员进入作业区。操作人员应收好安全带,禁止在模板的横杆上操作,拆下的模板应集中吊运,并多点捆牢,不准向下乱扔。

(9)模板上架设的电线和使用的电动工具,应采用"一机、一箱、一闸、一漏"的安全保护措施。

(10)模板应按工序安装和铺设,支撑不得使用腐朽、扭裂的材料。支撑、拉杆不得连接在架子或其他不稳定的物体上。

(11)浇筑混凝土过程中要经常检查,如有变形、松动等要及时加固和整修。

(12)通道处的剪刀撑应设在1.8m高以上,以免碰撞松动。模板和拉杆没有固定以前,不得进行下道工序。

(13)拆模板,应经技术负责人按同条件养护试块强度检查,确认混凝土已达到拆模强度时,方可拆除。并应按结构程序分段,实行控制作业。

(14)拆模应采用长撬棍,操作人员站在侧面,模板下落或侧倒处不得进行操作和通行。严禁大面积撬落和拉倒模板。拆除承重模板时,必要时应先设立临时支撑,防止突然整块踻落。

(15)拆下的模板应随时清运走,如不能及时运走要及时堆放,并起掉钉子。

(16)装拆模板时,上下应有人接应,随拆随运转,并应把活动部件固定牢靠,严禁堆放在脚手板上和抛掷。

(17)高处作业时,操作人员应挂上安全带。

2. 预防坍塌事故的技术措施

(1)模板作业前,按设计单位要求,根据施工工艺、作业条件及周边环境编制施工方案,单位负责人审批签字,项目经理组织有关部门验收,经验收合格签字后,方可作业。

(2)模板作业时,对模板支撑宜采用钢支撑材料作支撑立柱,不得使用严重锈蚀、变形、断裂、脱焊、螺栓松动的钢支撑材料作立杆。支撑立柱基础应牢固,并按设计计算严格控制模板支撑系统的沉降量。支撑立柱基础为泥土地面时,应采取排水措施,并加设满足支撑承载力要求的垫板后,方可用以支撑立柱。斜支撑和立柱应牢固拉接,形成整体。

(3)模板作业时,指定专人指挥、监护,出现位移时,必须立即停止施工,将作业人员撤离作业现场,待险情排除后,方可作业。

(4)楼面、屋面堆放模板时,严格控制数量、重量,防止超载。堆放数量较多时,应进行荷载计算,并对楼面、屋面进行加固。

(5)装钉楼面模板,在下班时对已铺好而来不及钉牢的定型模板或散板等要拿起稳妥堆放,以防坍塌事故发生。

(6)安装外围柱模板、梁、板模板,应先搭设脚手架,并挂好安全网,脚手架搭设高度要高于施工作业面至少1.2m 。

(7)拆模间歇时,应将已活动的模板、拉杆、支撑等固定牢固,严防突然掉落、倒塌伤人。

3.预防高空坠落事故安全技术措施

(1)高支模工程应按相关规定编制施工方案,经分公司技术负责人、公司技术部及分管技术的总工审批签字;高支模安装完毕后,需经质安部、技术部等有关部门验收,验收合格后,方可绑扎钢筋等下道工序的施工作业。支、拆模板时应保证作业人员有可靠立足点,作业面应按规定设置安全防护设施。模板及其支撑体系的施工荷载应均匀堆置,并不得超过设计计算要求。

(2)所有高处作业人员应学习高处作业安全知识及安全操作规程,工人上岗前应依据有关规定接受专门的安全技术交底,并办好签字手续。特种高处作业人员应持证上岗。采用新工艺、新技术、新材料和新设备的,应按规定对作业人员进行相关安全技术交底。

(3)高处作业人员应经过体检,合格后方可上岗。对身体不适或上岗前喝过酒的工人不准上岗作业。施工现场项目部应为作业人员提供合格的安全帽、安全带等必备的安全防护用具,作业人员应按规定正确佩戴和使用。

(4)安全带使用前必须经过检查合格。安全带的系扣点应就高不就低,扣环应悬挂在腰部的上方,并要注意带子不能与锋利或毛刺的地方接触,以防摩擦割断。

(5)项目部应按类别,有针对性地将各类安全警示标志悬挂于施工现场各相应部位。

(6)已支好模板的楼层四周必须用临时护栏围好,护栏要牢固可靠,护栏高度不低于1.2m,然后在护栏上再铺一层密目式安全网。

(7)高处作业前,应由项目分管负责人组织有关部门对安全防护设施进行验收,经验收合格签字后,方可作业。安全防护设施应做到定型化、工具化。需要临时拆除或变动安全设施的,应经项目分管负责人审批签字,并组织有关部门验收,经验收合格签字后,方可实施。

4.预防机械伤害的安全技术措施

(1)各种机械的操作全面贯彻执行《建筑机械使用安全技术规程》JGJ33—2012,遵守各项管理规章制度和管理细则,确保特殊岗位人员持有效证件上岗。

(2)正确使用机械,应按机械设备技术性能的要求正确使用,缺少安全装置或安全装置已失效的机械设备不准使用。新购置的或大修后的机械设备执行《建筑机械走合期使用规定》。

(3)安全装置不准随意调整和拆除,这些装置有自动控制机构、力矩限制器、各种行程限位开关等,严禁用限位装置代替操纵机构。

(4)测试与试运转 。新购或经过大修、改装和拆卸后重新安装的机械设备,必须按原厂说明的要求和《建筑机械技术试验规程》的规定进行测试和试运转。

(5)维修保养遵守管理体系的相关要求,所有机械设备要切实做到班前、班后的例行保养和定期保养。对漏保、失修或超载带病运转机械设备,应禁止使用。

(6)不得超载起重,起重机械必须按规定的起重性能作业,不得超载荷和起吊不明重量的物件,做到慢起、慢落。

5.触电的预防措施

(1)认真贯彻执行《施工现场临时用电安全技术规范》JGJ46—2005的相关操作要求。

(2)电工属特种作业人员,应遵守《特种作业人员安全技术考核管理规则》中的各项规定。

(3)对经常带电设备,应保证防止意外情况下的接触。对偶然带电的设备,应采用保护接地和保护接零,并安装漏电断路器等。

(4)上岗作业前必须按规定穿戴好防护用具,否则不准进入现场作业。

(5)加强设备维护,非专业人员不得维修电气设备,设备漏电保护设施应完备。

(6)严格按照电气标准化施工,杜绝私接、乱接线路等违章作业现象。

(7)电工应定期对临时配电线路进行检查,发现电线电缆有破损时,要及时修补或更换,防止漏电触电事故。

6.火灾的预防措施

(1)项目部应加强现场火源的管理,严格动火审批制度。在食堂、仓库、材料堆场、木工制作场地等重点部位应设立明显的“严禁烟火”等防火、防爆标志。

(2)易燃、易爆物品应专人负责管理,并建立台帐资料。

(3)氧气瓶、乙炔发生器等受压易爆器具,要按规定放置在安全场所,严加保管,严禁曝晒和碰撞。

(4)氧、气焊场所应远离料库、宿舍;施工现场应禁止在具有火灾、爆炸危险的场所动用明火,因特殊情况需动用明火作业的,应根据动火级别按规定办理审批手续。并应在动火证上注明动火的地点、时间、动火人、现场监护人、批准人和防火措施等内容。

(5)施工现场还应设置固定的吸烟室,杜绝游烟现象。

(6)根据要求,建筑物每层楼梯口、脚手架每排上下通道处应配置不少于一个灭火器,并派专人对灭火器进行定期检查和保养。

4.5.13 模板、支承体系工程施工应急预案

为提高安全事故的应急救援能力,最大限度地减少事故损失,保护人民生命安全和国家、集体财产,维护社会稳定,根据有关法律、法规的规定及公司的要求,制定本预案。

编制依据:

《中华人民共和国安全生产法》

《中华人民共和建筑法》

《建设工程安全生产管理条例》

1.机构设置

为对可能发生的事故能够快速反应、求援,项目部成立应急求援成立事故指挥机构,设立现场指挥部,指挥长由项目经理担任,赶赴事故现场。

指挥部由项目经理、项目副经理、项目总工、项目安全总监组成,负责应急救援工作的指挥、协调。下设工作组,工作组由安全环境部、办公室等部门及事发单位负责人和相关人员负责。

2.紧急事故处理流程

施工现场发生事故后,立即将事故发生地点、时间等事故的基本情况和有关信息上报公司领导:

(1)公司工会主席—×××(联系电话:××××)

(2)公司安全总监—×××(联系电话:××××)

应急人员联系方式:

(1)项目经理—×××(联系电话:××××)

(2)项目安全总监—×××(联系电话:××××)

(3)项目安全主管—×××(联系电话:××××)

应急电话:火警——119;匪警——110;交通事故——122;

急救——120;××市人民医院——××××

重大事故发生后,组织险救护工作的同时,对事故现场实行严格的保护,防止与重大事故有关的残骸、物品、文件等被随意挪动或丢失,需要移动现场物件的,应作出标志,绘制现场简图并

写出书面记录，妥善保存现场重要的痕迹、物证。

3.机构职责与分工

机构职责：

(1)负责制定事故预防工作相关部门人员的应急救援工作职责。

(2)负责突发事故的预防措施和各类应急救援实施的准备工作，统一对人员、材料物资等资源的调配。

(3)进行有针对性的应急救援应变演习，有计划区分任务，明确责任。

(4)当发生紧急情况时，立即报告公司应急救援领导小组并及时采取救援工作，尽快控制险情蔓延，必要时，报告当地部门，取得政府及相关部门的帮助。

应急救援小组职责：

(1)指挥长：亲临现场，听取汇报，做出指示决策。(××)

(2)指挥部成员：协助指挥长提出建议，了解、汇总事故的发生情况，做好事故上报、情况通报和事故处理工作。根据领导指示、决策，做好上情下达，协调有关工作事宜，代表指挥部对外发布有关信息。

成员：×××

(3)现场处理组：主要任务是传达贯彻领导指示，报告事故处理情况，协调有关单位负责救援工作，完成领导交给的各项任务。

成员：×××

(4)专业抢救组：主要任务是对事故进行现场救治，如吊机、灭火、打捞、工程拆除、关闭有毒有害气源或泄露源等。

负责人：×××

(5)警戒维护组：负责设置警戒区域，维护现场秩序，疏通道路，组织危险区人员撤离，劝说围观群众离开事故现场。

成员：×××

(6)医疗救护组：开设现场救护所，负责受伤、中毒人员的救护，保证救治药品和救护器材的供应。

成员：×××

(7)交通运输组：运送现场急需物资、装备、药品等，疏散现场人员。

成员：×××

(8)后勤保障组：负责指挥人员和抢救人员的现场食宿安排，保障抢险救援物资的供应，协助处理伤员的救护工作。

成员：×××

(9)善后处理组：负责对死难、受伤人员家属的安抚、慰问工作，做好群众的思想稳定工作，妥善处理好善后事宜，消除各种不安全、不稳定因素。

成员：×××

(10)机动预备组：由指挥长临时确定、调动、使用。

成员：×××

4.事故调查处理

(1)事故调查处理实行“四不放过”原则：即在调查处理事故时，必须坚持事故原因分析不清不放过；事故责任者和群众没有受到教育不放过；事故责任者没有受到严肃处理不放过；没有采取切实可行的防范措施不放过。

(2)事故调查组，由事故发生单位、项目安全环境部、项目工会等部门派员组成，必要时聘请专家技术人员参与。

(3)事故调查的工作程序，调查组人员要在做好事故救援、现场保护的基础上，尽早开展事故现场勘察工作，做好事故目击证人和有关当事人的询问笔录，确保掌握事故的真实性，主动配合上级调查组做好查处工作，在最短的时间内形成事故调查报告。

(4)事故处理按照《国务院关于重特大安全事故行政责任追究的规定》第十九条规定，在调查报告递交之日起30日内，对有关责任人员作出处理决定。

(5)其它事项

1)本预案只适用于人为过失造成责任事故和自然灾害事故，一般不适用于破坏事故等。

2)项目经理、项目副经理为重大安全事故抢险工作的第一、第二责任人。

3)凡接到抢险紧急通知后，行动迟缓、措施不力，致使事故蔓延、扩大的，要追究有关单位、人员的行政责任。造成严重后果的，要依法追究刑事责任。

4.5.14 高大模板支撑安全专项方案实例

××工程高大模板支撑安全专项方案

一、编制依据

类别	主要规范名称	编号
图纸	××住宅建设项目活动中心	
施组	××住宅建设项目活动中心施工组织设计	
国标、行标	《混凝土结构工程施工质量验收规范》	GB50204－2015
	《混凝土结构工程施工规范》	GB50666－2011
	《建筑工程施工质量验收统一标准》	GB50300－2013
	《钢管脚手架扣件》	GB15831－2006
	《建筑施工扣件式钢管脚手架安全技术规范》	JGJ130－2011
	《建筑施工碗扣式钢管脚手架安全技术规范》	JGJ166－2008
	《建筑施工高处作业安全技术规范》	JGJ80－91
	《建筑施工模板安全技术规范》	JGJ162－2008
	《建筑施工临时支撑结构技术规范》	JGJ300－2013
地标	《混凝土结构工程施工质量验收规程》	DBJ01－82－2005
	《钢管脚手架、模板支架安全选用技术规程》	DB11/T583－2008
	《北京市建筑工程施工安全操作规程》	DBJ01－62－2002
	《建筑结构长城杯工程质量评审标准》	DB11/T1074－2014

续表

类别	主要规范名称	编号
其他	《建设工程安全生产管理条例》	国务院第393号令
	《生产安全事故应急预案管理办法》	国家安全生产监督管理总局令第17号
	《危险性较大的分部分项工程安全管理办法》	建质[2009]87号
	《建设工程高大模板支撑系统施工安全监督管理导则》	建质[2009]254号
	《北京市实施＜危险性较大的分部分项工程安全管理办法＞规定》	京建施[2009]841号
	《关于加强施工用钢管、扣件使用管理的通知》	京建材[2006]72号

二、工程概况

(一)工程简介

序号	项目	内　容		
1	工程名称	住宅建设项目		
2	建设单位	中央国家机关公务员住宅建设服务中心		
3	设计单位	北京市住宅建筑设计研究院有限公司		
4	监理单位	中咨工程建设监理公司		
5	总监	×××	联系电话	
6	总承包单位	中铁建设集团有限公司		
7	项目经理	×××	联系电话	
8	总工程师	×××	联系电话	
9	质量标准	合同要求为合格		

(二)活动中心设计概况

序号	项目	内容			
1	建筑面积	总建筑面积	5584.7m^2	地下部分	5499.18m^2
				地上部分	85.52m^2
2	建筑层高	地下一层:5.030m;地下二层:4.200m;地下三层:4.920m			
3	建筑檐高	5.050m			
4	结构形式	框架结构			
5	基础形式	桩基＋防水板			
6	建筑结构安全等级	二级			
7	建筑抗震设防类别	丙类			

（三）高大模板支撑架概况

1. 本工程高支模概况如下：

	游泳池			攀岩区	
编号	板①	板②	框架梁	板③	框架梁
部位层数	地下二～ 地下一层	地下二～ 地下一层	地下一层	地下三～ 地下一层	地下三～ 地下一层
标高(m)	－12.300～ －1.10	－10.330～ －1.100	－12.300～ －1.100	－14.530～ －1.10	－14.530～ －1.100
部位平面轴线位置	3－25/B－K	A－B、K－M/ 1－26,1－3、 24－26/B－K	2－25/A－M	6－11/R－P	7/P－R、10/P－R
高度(m)	10.950m	8.980m	7.13～9.00m	13.180m	12.780m
构件截面尺寸	250mm	250mm	600mm×2100mm、 2200mm	250mm	400mm×600mm
超限类型	搭设高度≥8m	搭设高度≥8m	高度、 集中线荷载	搭设高度≥8m	搭设高度≥8m

2. 支撑体系的选择

本工程选择扣件式钢管支撑架作为高大模板支撑体系。

游泳池	攀岩区			编号	
板①	板②	框架梁	板③	框架梁	
位置	3－25/B－K	A－B、K－M/ 1－26,1－3、 24－26/B－K	2－25/A－M	6－11/R－P	7/P－R、 10/P－R
立杆纵距	900mm	900mm	400mm	900mm	600mm
立杆横距	900mm	900mm	400mm	900mm	900mm
梁底承重立杆	/	/	4	/	2
步距	1200mm	1200mm	400mm	1200mm	600mm
连墙件间距	竖向间距2.4m，水平间距2.4m				
穿墙螺杆	/	/	6	/	3
竖向钢管 立杆组合	5.8＋2.8＋2	5.8＋2.8	5.8＋1、 5.8＋3	5.8＋4＋3	5.8＋3.8＋2.8
U托外露	115mm	145mm	95mm、65mm	145mm	145mm
竖向剪刀撑	在架体外侧四周及内部纵、横向每四跨由底至顶连续设置竖向剪刀撑，剪刀撑夹角45～60°				
水平剪刀撑	在架体底部、顶部及竖向四跨设置连续剪刀撑，剪刀撑夹角45～60°				
架体基础	地下三层顶板	地下三层顶板	地下三层顶板	基础底板	基础底板

框架梁模板表：

框架梁	600×2200、600×2100 选取截面最大的梁进行验算	1、底模 ①面板：采用15mm厚木质胶合板； ②底模次龙骨：40×90方木，设7道。 ③底模主龙骨：90×90方木，垂直梁方向布置，沿梁长方向间距400mm设置；梁下再设置四道钢管顶撑顶至梁底，沿梁长方向间距400mm设置，最外侧立杆距梁侧边距离为：150mm。 ④底模立杆、横杆：均采用规格(Φ48.3×3.0)的钢管，梁两侧立杆间距400布置，顺梁方向400布置。 2、侧模： ①面板：采用15mm厚木质胶合板； ②次龙骨：40×90方木，按沿梁高方向间距(中距)200mm布置； ③在竖向梁底以上500mm起步并竖向间距900mm用斜钢管＋u托固定；水平间距900mm，斜撑直接顶在双钢管背楞上 ④侧模主龙骨均采用Φ48.3×3.6双钢管，沿梁长方向间距不大于450mm设置。
	对拉螺栓	采用Φ16对拉螺栓；第一道对拉螺栓距离梁底及梁端150mm其余竖向间距为450mm，横向对拉螺栓间距为450mm，以保证梁体侧模的稳定性。
模板预拱度设置		按设计要求2‰起拱。起拱值为10cm

板模板采用15mm木胶板。楼板主龙骨采用90×90mm方木，次龙骨采用50×70mm钢木龙骨，次龙骨中距不大于250mm。梁次龙骨采用40×90mm方木，梁侧龙骨中距不大于200mm，梁底龙骨中距不大于150mm；梁侧使用双钢管固定背楞，间距450mm，并用A16螺栓对拉；梁底小横杆使用钢管和扣件锁在梁两侧支撑立杆上，梁底立杆托梁90×90mm方木，立杆和小横杆纵距见平面图，立杆底部垫40×90mm方木。

楼板、梁支撑与结构墙柱设置连墙件，连墙件与结构对顶连接。

3.本工程为搭设高度≥8m；施工集中线荷载≥20KN/m的高危模板支撑体系，具体位置如下：(阴影区域)

图(略)

(四)施工重点及难点

事项	重难点
超限类型	地下泳池支撑超高、跨度超大、荷载超重是本工程的特点
屋面框架梁的截面尺寸	本工程地下泳池屋面框架梁截面尺寸600×2100(2200)，混凝土浇筑时框架梁截面尺寸控制及预应力筋成品保护难度大
架体变形观测	监测项目、监测频率及监测人的落实

三、施工安排

(一)组织管理机构及职责

1.针对本工程结构施工要求质量高、工期紧的特点，项目部为了更好地满足工程质量和进度的要求，从而做到合理有序安排施工及明确人员职责，项目部进行管理人员的编制：项目经理为总负责，其他人员在总工和技术主管的带领下，技术管理部模板专业负责人根据本工程的特点结合现场要求编制施工方案和技术交底，并抓施工现场技术交底落实问题，由项目工程经理和工长按进度计划进行工程的人机料协调和调度，质检员对施工质量进行全面控制，模板工程施工由平山天元承担，其中模板支撑搭设必须由专业架子工搭设。

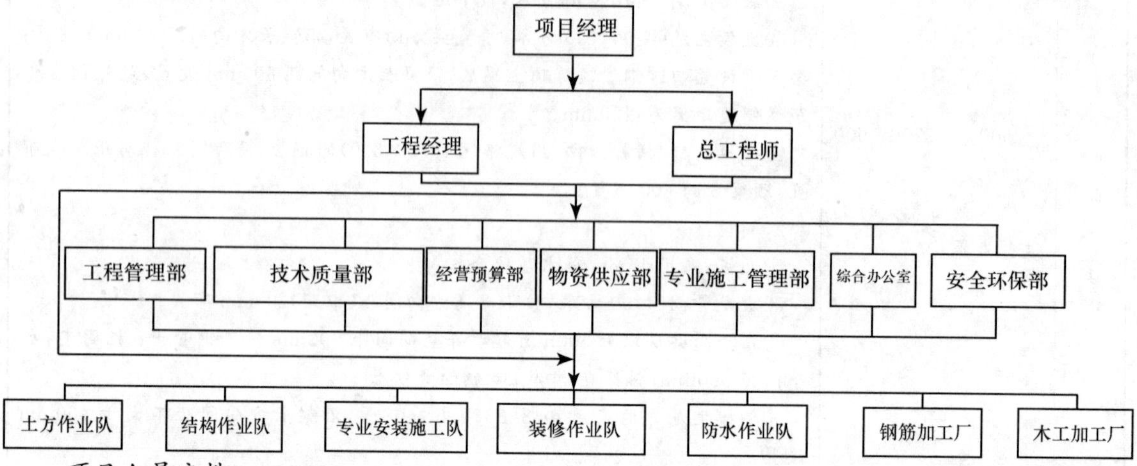

项目人员安排：

序号	职务	姓名	负责内容
1	项目经理	×××	项目总负责、总协调
2	总工	×××	对工程施工技术进行全面指导和监督。负责分项施工方案的总体框架的确定
3	工程经理	×××	负责落实由项目部下达的生产计划任务，协调项目与劳务之间的工作安排。
4	安全总监	×××	安全文明施工指挥、交底、检查、验收
4	土建主管	×××	制定详细的施工方案并负责该项施工全过程的技术指导与监督，检查方案、交底的执行情况。
5	土建技术员	×××	负责技术交底，对现场施工人员进行技术指导。负责编制材料计划、机械等计划的编制，通知供应混凝土，现场协调，检查，及时向土建技术负责人汇报施工中存在的问题。
6	水暖主管	×××	根据工程施工情况，合理安排水电人员，保障施工用水、用电。
7	电气主管	×××	
8	土建质检员	刘飞	负责检查、发现现场施工过程中出现的质量问题，监督相关问题的整改，并上报项目技术室，填写施工质量情况及相关资料。
9	测量主管	×××	负责轴线、标高控制及支撑体系观测。
10	土建工长	×××	按照工程经理的安排，落实进度、技术方面的要求，负责组织现场的工人的施工内容，并跟班作业
11	安全员	××× ×××	安全文明施工指挥、交底、检查、验收
12	材料主任	×××	负责材料的进场与现场管理，保证进场材料合格。
13	试验员	×××	根据试验方案和规范要求，做好试块、取样等工作，及时送检，为现场施工提供数据，保证拆模、保温、养护工作顺利进行。
14	资料员	×××	负责相关技术资料的收集，整理工作。

(二)劳动力组织

本工程主体劳务队为平山天元队。

平山天元队负责人

项目经理:×××——负责整个施工现场的施工指导。

木工工长:×××——负责整个模板施工的落实指导。

根据施工进度和工程量,模板施工约需要40人,包括模板加工、安装、搭架子、拆模、模板清理等工种。

(三)施工进度计划

部位	预计施工开始时间	预计施工结束时间
攀岩区顶板	2014.10.20	2014.12.20
地下泳池顶板	2014.10.25	2014.12.20

四、施工准备

(一)技术准备

1.熟悉审查图纸:在施工前,项目组织项目有关人员及劳务队负责人对施工图纸进行详细审查,并对一些关键尺寸做到心中有数。

2.顶板模板和墙体模板体系资料收集:从拿到施工图后,结合本工程的特点、难点及工期的要求,项目部积极组织人员研究各部分模板配置,以及针对各种模板配置进行质量、成本、工期等综合分析;并组织人员进行参观考察。

(二)材料准备

1.Φ48钢管(壁厚3.0)

2.脚手板、方木、木胶合板、安全平网、密目绿网、U托。

3.工具准备:扳手、安全带等。

4.材料备料表

序号	名称	规格	单位	数量	进场时间
1	多层板	1220×2440×15mm	张	3000	随施工进度
2	钢管	5.8m	根	4100	随施工进度
3	钢管	3.8m	根	1120	随施工进度
4	钢管	2.8m	根	626	随施工进度
5	钢管	2m	根	2100	随施工进度
6	钢管	1m	根	7160	随施工进度
7	U托	0.6m	个	7000	随施工进度
8	方木	100×100mm	m^3	110	随施工进度
9	方木	50×100mm	m^3	80	随施工进度
10	钢木龙骨	50×70mm	根	8900	随施工进度
11	十字卡	/	个	8300	随施工进度
12	接头卡	/	个	3100	随施工进度
13	转卡	/	个	2000	随施工进度

注:进场所有材料必须按照《建筑施工扣件式钢管脚手架安全技术规范》JGJ130—2011要求进行检测,要求复试的材料,必须进行复试,复试合格后方可使用。现场使用的钢管、扣件已进行试验检测,复试结果合格。

（三）机具准备

塔吊1台、模板加工工具：平刨4台、压刨4台、圆盘锯4台、手锯50把、手电钻4台、手提电刨12台。

五、主要施工方法及工艺

（一）搭设参数

钢管扣件式支撑架纵向扫地杆最底端距地200mm，立杆上端伸出顶部水平杆中心线至模板支撑点长度不大于400mm。若现场操作时不满足，立杆顶板增设一道水平拉杆。

采用竖向和横向连续剪刀撑进行加固，并且设置两道水平兜网；支撑上部设一道水平兜网，第二道设置在4m高位置；梁的支撑和板的支撑形成一个整体。

（二）搭设流程

测量放线→铺垫脚手板→搭设立杆、横杆→设置剪刀撑→搭设板底立杆、横杆→设置剪刀撑→连接梁底和顶板钢管→铺设梁底主次龙骨→搭设梁底模板→绑梁钢筋→安装梁帮模板→铺设顶板主次龙骨→顶板木胶合板→绑顶板钢筋→加设连墙件→检查、验收架体→浇筑顶板混凝土

（三）架体基础

（1）根据架体搭设平面图弹出立杆位置线，基础在结构上时，基础下铺50厚通长脚手板，平行于墙面放置，位置准确、铺放平稳、不得悬空。地下泳池架体基础在地下三层结构顶板上，攀岩区架体基础在基础底板上。

（2）从搭设开始到混凝土浇筑完成都要对架体进行监测，每隔15m在立杆上设置一个观测点，搭设过程每天两次、混凝土浇筑过程全程对架体的沉降、位移和变形进行观测（大雨和大风天气后增加一次），如果发现架体沉降和位移超过预警值，立即组织人员疏散，并对架体采取加固措施。

（四）顶部自由端支设要求

结构梁下立杆纵距沿梁轴线方向布置，立杆横距以梁底中心线为中心两侧对称布置，且最外侧立杆距梁侧边距离不得大于400mm。

钢管架架体自由端高度不大于400mm，采用U托支顶，其丝杆外径不得小于36mm，伸出长度不得超过200mm。

顶板支模的跨度大于4m时，应按要求起拱（由四周向中间部分起拱，四周不起），4～6m起拱6mm，6～8m起拱8mm，>8m起拱10mm。

模板支架搭设时梁下横向水平杆应伸入梁两侧板的模板支架内不少于两根立杆，并与立杆扣接。

（五）钢管扣件架体搭设要求

架体具体节点严格按照规范要求进行搭设。相邻立杆和水平杆接头必须错开，例如6m+6m立杆可使用3m+6m+3m配合错开接头搭设。

1. 立杆接长必须采用对接，相邻接头位置错开500mm以上，并且接头位置距离横杆不大于400mm。

2. 上下层和左右相邻的水平杆接头位置错开不小于500mm，且接头位置距离立杆不大于300mm。

3. 横纵向设置扫地杆，扫地杆钢管中心距离地面不大于200mm。

4. 螺栓拧紧力矩控制在40～65N·m之间。

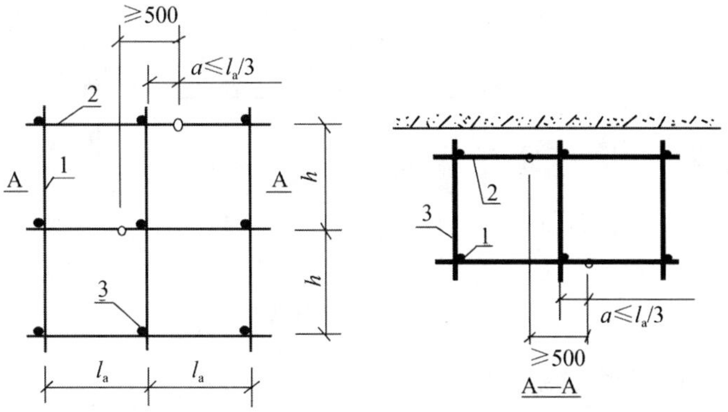

接头不在同步内（立面）　接头不在间跨内（平面）

1—立杆;2—纵向水平杆;3—横向水平杆

5. 对接扣件开口应朝上或者朝内。

6. 各杆件端头伸出扣件盖板边缘的长度不应小于 100mm。

7. 连墙件、剪刀撑应随架体同步搭设。

8. 主节点部位的直角扣件、旋转扣件的中心点间距不大于 150mm。

(六)剪刀撑的设置要求

竖向剪刀撑:在架体外侧周边及内部纵向每四米由底至顶连续设置竖向剪刀撑,剪刀撑宽度为 4 跨。

水平剪刀撑:在架体底部、顶部及竖向四跨设置连续剪刀撑。

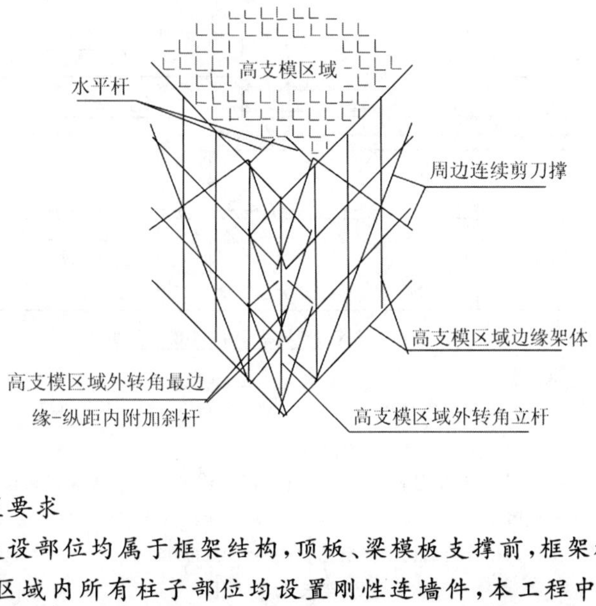

(七)连墙件的设置要求

本工程高大模板支设部位均属于框架结构,顶板、梁模板支撑前,框架柱已拆模,框架柱四角用木胶板保护,在支设区域内所有柱子部位均设置刚性连墙件,本工程中模板支撑高度按照≥8m 设置,在水平加强层位置与建筑物结构可靠连接。在高大模板泳池区域:东、西、南侧因全部为结构外墙故连墙件采用钢管+U 托+方木与结构对顶连接,钢管深入架体内不少于两跨。竖向间距 2.4m,水平间距 2.4m。连墙件高度见:本工程高大模板施工楼板及梁底支撑采用钢管扣件式支撑架体系表。

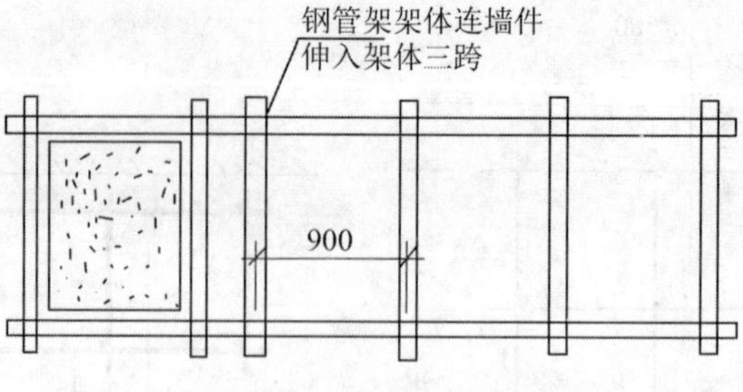

中柱的连接方式

(八)后浇带处顶板、梁模板施工

后浇带处顶板、梁模板支撑体详见下图。后浇带两侧的顶板、梁结构施工的同时将后浇带处的顶板、梁模板也支设起来,用快易收口网进行隔断。后浇带两侧的顶板、梁混凝土达到拆模条件时,后浇带两侧 4 排立杆暂不拆除,待后浇带混凝土浇筑完成达到拆模条件后再行拆除。

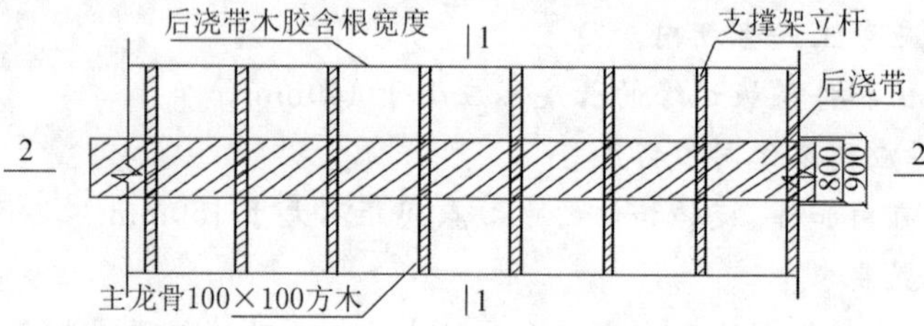

后浇带支设平面图

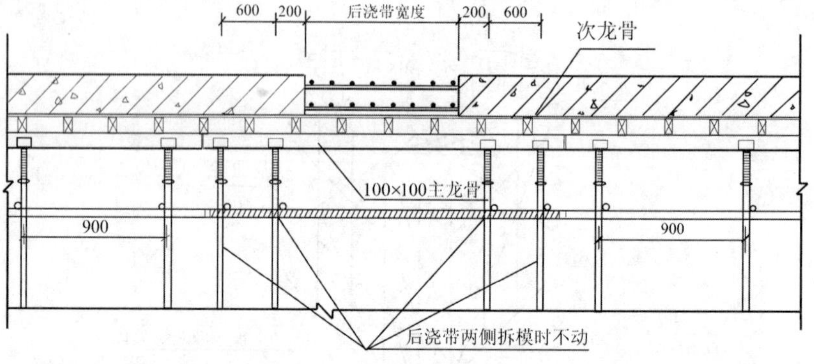

说明:高支模施工范围的后浇带在高支模板施工时后浇带独立支撑横杆和与后浇带两侧横杆连通的横杆同时支设,与后浇带两侧横杆连通的横杆待高支模板施工完成后拆除,用于后浇带独立支撑的横杆待后浇带浇筑完成达到强度后拆除。

后浇带支设立面图

(九)混凝土浇筑

1. 混凝土浇注的要求

(1)本工程混凝土浇筑时,采用汽车泵。梁板应同时浇筑,总体顺序从中间往周边均匀进行浇注,确保顶板支撑受力均匀稳定。先浇筑梁,根据梁高分层浇筑成阶梯形,每层浇筑高度不得超过300mm。当达到板底位置时再与板的混凝土一起浇筑,随着阶梯不断延伸,梁板混凝土浇筑连续向前进行。

(2)混凝土振捣采用50型和30型振捣棒,振捣时应快插慢拔,插点均匀,不得遗漏。振捣上一层应插入下一层不小于50mm,以消除两层间的接槎。

(3)振捣时应注意梁底与梁帮部位的充分振实,以免触碰钢筋,并特别注意端部接头密集处。

(4)凝土进场后进行坍落度检查合格,坍落度要求≤180mm,浇筑完成60%后放缓浇筑速度。梁施工时,混凝土浇筑速度控制在20m×/h,混凝土分层厚度控制在30cm,分层浇筑时要制作分层标尺杆控制混凝土的分层厚度。

(5)浇筑混凝土时,钢筋工、木工施工人员应跟班作业,随时提醒混凝土工并及时整理所负责的工作,管理人员,应紧盯现场,发现问题及时解决。

(6)混凝土浇筑时应派专人对架体进行监测。

(7)施工队成立混凝土浇筑小组,每个小组人员如下:

工种	人数	工种	人数
振捣手	4	看模	3
找平	8	看筋	2
放料	2	现场清理	4
养护	4	指挥	2
临水	2	临电	2

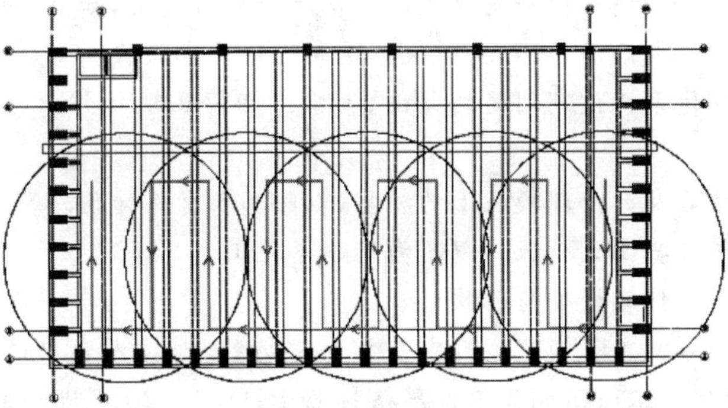

1－26/A－M轴地下泳池顶板混凝土浇筑线路图置

(十)模板拆除

1.拆除程序:模板拆除前必须有混凝土强度报告,混凝土强度达100%,梁模板拆除预应力张拉完毕混凝土强度达100%后方可拆模。项目部申请监理同意后,项目部通知施工队进行架子的拆除。施工队不得私自进行架子的拆除。

2.拆除架子,应由上而下分段、分层的拆除,按先搭的后拆,后搭的先拆的原则,并按一步一清原则依次进行,要严禁上下同时进行拆除作业。先拆护横向钢管,再依次拆剪刀撑的上部扣件和接杆。拆除全部剪刀撑、抛撑以前,必须搭设临时加固斜支撑,预防架体倾倒。连墙件待其上部杆件拆除完毕后(伸上来的立杆除外)方可松开拆去。

3.拆除碗扣架件架杆件,必须由2～3人协同操作,拆纵向水平杆时,应由站在中间的人向下传递，拆下的杆配件必须以安全的方式运出和吊下，严禁向下抛掷。

4.钢管支架拆除时应划分作业区，周围设绳绑围拦或竖立警戒标志；工作面应设专人指挥，拆除作业区的周围及进出口处，必须派专人看护，严禁非作业区人员进入危险区域，拆除大片架子应加临时围栏。作业区内电线及其他设备有妨碍时，应事先与有关部门联系拆除、转移或加防护。

5.拆除全部过程中，应指派1名责任心强、技术水平高的安全员担任指挥和监护，负责人每天拆除前必须到项目安全室，填写危险作业旁站记录，并负责任拆除撤料和监护操作人员的作业。

6.拆除时要统一指挥，上下呼应，动作协调，当解开与另一人有关的结扣时，应先通知对方，以防坠落。拆除架子时拆除过程中，凡已经松开连接的配件必须及时拆除运走，避免误扶、误靠已松脱的连接杆件。

7.拆架子的高处作业人员应戴安全帽，系安全带，穿防滑鞋方允许上架作业。

8.连墙杆应随拆除进度逐层拆除。

9.在拆除钢管架过程中，不应中途换人，如必须换人时，应将拆除情况交待清楚后方可离开。

(十一)季节性施工措施

冬季施工措施：

(1)雨雪天使用的木模板拆下后应放平，以免变形。模板拆下后及时清理，刷脱模剂，大雨大雪过后应重新刷一遍。

(2)模板拼装后尽快浇筑混凝土，防止模板遇雨变形。若模板拼装后不能及时浇筑混凝土，又被雨雪淋过，则浇筑混凝土前应重新检查、加固模板和支撑。

(3)模板落地时，地面应坚实，并支撑牢固。基础应随时观察，如有下陷或变形，应立即处理。

(4)遇六级以上大风大雨后，应对支撑架体重新进行检查验收。

(5)高大模板支撑体系搭设期间遇到大雨、大雪立即停止现场作业，待雨雪停后并清扫完毕积雪后方可继续搭设。

(6)顶板支设完毕后及时清理模板上的积雪，以防工人滑倒摔伤。

雨季施工措施：本工程高大模板工程不涉及雨季施工。

六、模板及支撑构配件的检查与验收

检查与验收：项目专业工程师及项目安全员对进场材料，技术资料进行检查，合格后方可使用。搭设完成后由项目总工组织相关单位严格按照JGJ130－2011进行验收，合格后填写《钢管扣件式支撑体系验收表》AQ－C5－1。

(一)构配件进场的检查与验收

项目	要求	抽检数量	检查方法
技术资料	营业执照、资质证明、生产许可证、产品合格证、质量合格证、性能检测报告。	—	检查资料
钢管	钢管表面应平直光滑，不得有裂缝、结疤、分层、错位、硬弯、毛刺、压痕、深的划道及严重锈蚀等缺陷，严禁打孔；钢管外壁使用前必须涂刷防锈漆，钢管内壁宜涂刷防锈漆。	全数	目测
钢管外径及壁厚	符合相关规范要求	3%	游标卡尺测量

续表

项目	要求	抽检数量	检查方法
扣件	有生产许可证、产品质量合格证、质量检测报告、复试报告。	—	检查资料
	不允许有裂缝、变形、滑丝的螺栓存在；扣件与钢管接触部位不应有氧化皮；活动部位应能灵活转动，旋转扣件两旋转面间隙应小于 1mm；扣件表面应进行防锈处理。	全数	目测
	扣件螺栓拧紧扭力矩值不应小于 40N. m，且不应大于 65N·m	见下表	扭力扳手
底座及可调托丝杆	可调底座及可调托撑丝杆与螺母捏合长度不得少于 4～5 扣，丝杆直径不小于 36mm，插入立杆内的长度不得小于 150mm。	3%	钢板尺测量
脚手板	材质应符合现行国家标准《木结构设计规范》GB5005 中级材质的规定；木脚手板不得有通透疖疤、扭曲变形、劈裂等影响安全使用的缺陷，严禁使用含有标皮的、腐朽的木脚手板。	全数	目测
	木脚手板的宽度不应小于 200mm，厚度不应小于 50mm，板厚允许偏差－2mm	3%	钢板尺

(二)钢管支架的检查与验收

1. 在搭设之前对基础进行检查，保证架体有稳定的基础；

2. 每搭设完 4 步后进行检查，搭设达到设计高度后检查验收；

3. 在浇筑混凝土前，对架体进行全面检查，保证立杆的稳定性；

(1)碗扣件式脚手架搭设完后，应检查钢管搭设高度、U 托外露长度及模板起拱高度。按下表对螺栓拧紧扭力矩进行检查：

部位	检查项目	安装数量	抽查个数	扭力矩值范围	检验方法	允许不合格数
地下泳池	连接立杆与纵横向水平杆及剪刀撑的扣件；接长立杆、纵向水平杆	3100	50	40～65N·m	随机抽取，力矩扳手测扭力矩	5
	连接横向水平杆与纵向水平杆的扣件(非主节点)	1300	50			10
攀岩区	连接立杆与纵横向水平杆及剪刀撑的扣件；接长立杆、纵向水平杆	1500	50	40～65N·m	随机抽取，力矩扳手测扭力矩	5
	连接横向水平杆与纵向水平杆的扣件(非主节点)	800	32			10

(2)钢管架使用过程中，应定期进行检查：杆件的设置和连接，连墙件、支撑；地基是否积水，底座是否松动，立杆是否悬空；扣件螺栓是否松动；安全防护措施是否符合要求；是否超载。

(三)架子搭设检查项

序号	项目		技术要求	允许偏差	检验方法	备注
1	专项施工方案		按权限进行审批	—	检查资料	—
2	基础及楼面	承载力	满足设计要求	—	应有设计计算书	要有验收记录
		底座或垫块	不晃动、滑动	—	观察	—
3	立杆垂直度		—	≤36mm	经纬仪或吊线和卷尺	—
4	杆件间距	步距	—	±20mm	钢板尺	—
		纵距	—	±50mm		
		横距	—	±20mm		
5	剪刀撑		按规范要求设置	—	钢板尺	—

七、安全施工管理措施

1.项目安全员要积极监督检查逐级安全责任制的贯彻和执行情况，定期组织安全工作大检查。

2.施工前项目技术人员必须对所有钢管架搭设的工人进行安全交底，并对安全知识进行考核，不合格者严禁上岗。钢管架必须由经过安全技术教育的架子工承担，做到持证上岗。同时做好教育记录和安全施工技术交底。

3.作业人员必须身体健康，定期体检，持证上岗。现场施工人员必须按规定佩带工作证，戴好安全帽。工作期间不得饮酒、吸烟，要严格遵守工地的各项规章制度。

4.在钢管架搭设和拆除过程中，下方禁止停留闲杂人员。

5.搭拆钢管架时，工人必须戴好安全帽，佩带好安全带，工具及零配件要放在工具袋内，穿防滑鞋工作，袖口、裤口要扎紧。

6.六级(含六级)以上大风、高温、大雨、大雾等恶劣天气，应停止作业。

7.拆卸钢管架时应分层拆卸。拆除过程中，凡已经松开连接的配件必须及时拆除运走，避免误扶、误靠已松脱的连接杆件。拆下的杆配件必须以安全的方式运出和吊下，严禁向下抛掷。严禁搭设和拆除架子的交叉作业。

八、架子现场监测与监控

1.项目部、班组日常进行安全检查，所有安全检查记录必须形成书面材料。每周周五下午由安全室、技术室、工程室同监理一同进行专项检查。

2.日常检查、巡查重点部位如下：

(1)杆件的设置和连接、支撑、剪刀撑等构件是否符合要求。

(2)基础是否有积水，底座是否松动，立杆是否符合要求。

(3)连接件是否松动。

(4)架体的沉降、垂直度的偏差是否符合规范要求。

(5)施工过程中是否有超载的现象。

(6)安全防护措施是否符合规范要求。

(7)架子体和架子杆件是否有变形的现象。

3.架子在承受六级大风或大暴雨后必须进行全面检查。

4.监测项目包括:模板沉降、位移和变形

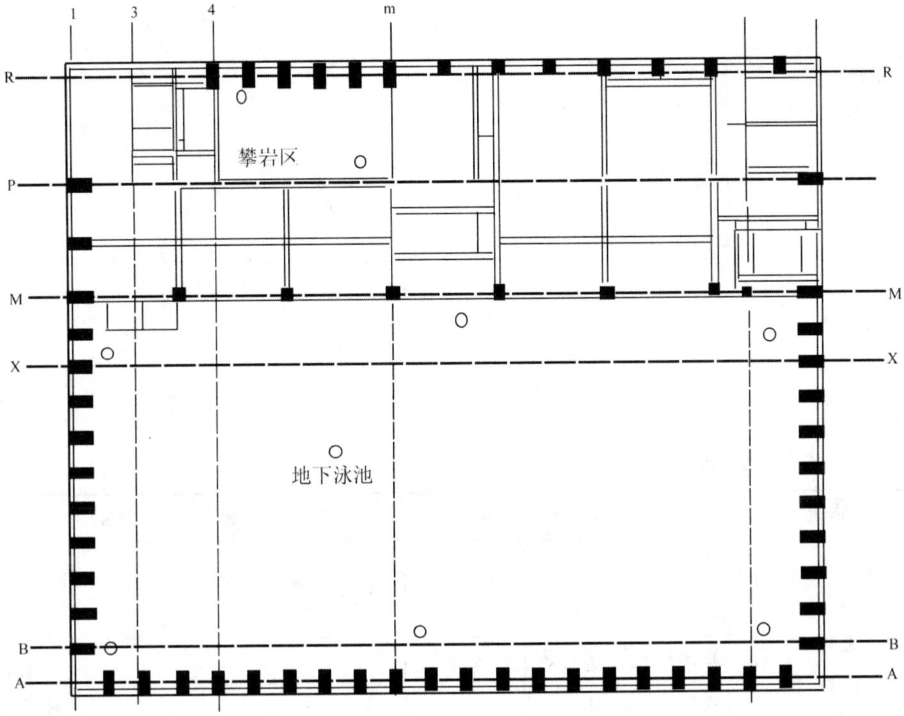

位移监测点布置图

5.监测频率:在架子搭设期间,监测频率不得少于2次/天,在混凝土浇筑过程中应全程监测。

6.监测的方法与工具:立杆的垂直度监测用经纬仪或吊线和卷尺,立杆间距用钢板尺,纵向水平杆高差用水平仪或水平尺,主节点处各扣件中心点相互距离用钢板尺,同步立杆上两个相隔对接扣件的高差用钢卷尺,立杆上对接扣件至主节点的距离用钢卷尺,纵向水平杆上的对接扣件至主节点的距离用钢卷尺,扣件螺栓拧紧扭力矩用扭力扳手,剪刀撑斜杆与地面的倾角用角尺,脚手板外伸长度的检测用卷尺,钢管两端面切斜偏差用塞尺、拐角尺,外表面锈蚀程度用游标卡尺,弯曲用钢板尺。

水平位移监测采用在每一排梁下钢管及每一排跨中板下钢管上、中、下四方向挂白线,四方向白线距立杆间距均为10mm。混凝土浇筑过程中,用肉眼观察立杆是否碰线。

梁、板沉降监测做法为:在梁、板上立800mm高Φ12钢筋,钢筋上用红油漆做出结构+500mm标记,使用水准仪观察并作好记录。

7.当出现下列情况之一时,应立即启动安全应急预案:

(1)监测数据达到报警值时

(2)支撑结构的荷载突然发生意外变化时

(3)周边场地出现突然较大沉降或严重开裂的异常变化时

8.监测报警值:水平位移量限值:$H/300=9/300=30\text{mm}$

九、应急预案

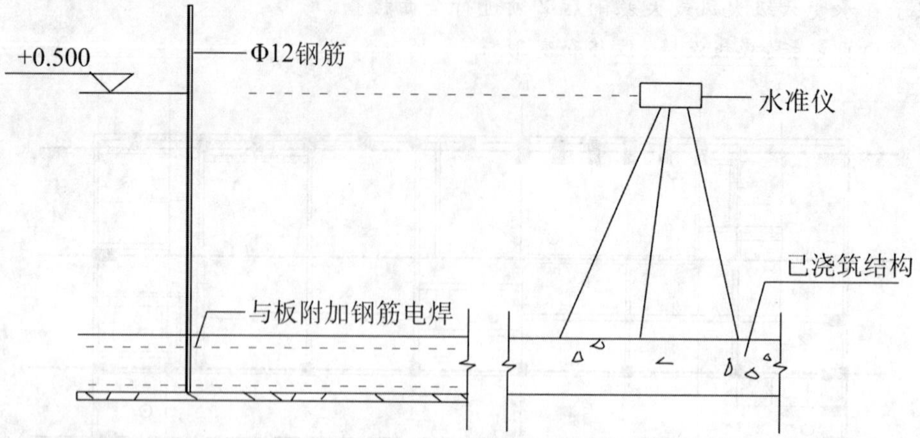

顶板、梁沉降观测做法

(一)危险源与风险分析

序号	作业活动	重大危险源及其产生原因	可能导致的事故	危险级别	控制计划
1	高大模板支撑工程	钢管架设计保险系数不够	变形或倒塌致人伤亡	5	制定目标、指标及管理方案
2		钢管架搭设未按要求设置剪力撑或其他连接件	变形或倒塌致人伤亡	5	制定运行控制程序
3		钢管横杆与钢管立杆连接不牢固	变形或倒塌致人伤亡	5	为加强现场监督检查

(二)安全事故应急预案

组织机构及职责

由项目部成立应急响应指挥部，负责指挥及协调工作。

组长：×××

副组长：×××、×××、×××、×××

成员：×××、×××、×××、×××、×××、×××、×××

通讯联系：医院急救中心：120 火警：119 匪警：110

1. 项目部应急救援领导小组主要职责：

(1)负责制定、修订和完善项目部应急救援预案；审核并监督检查下属各施工单位应急救援预案的制定完善和执行情况。

(2)监督检查下属各施工单位组建应急救援专业队伍并纳入项目统一管理。

(3)负责组织抢险组、救援组、医护组的实际训练等工作。

(4)负责建立通信与报警系统，储备抢险、救援、救护方面的装备和物资。

(5)负责督促做好事故的预防工作和安全措施的定期检查工作。

(6)发生事故时，发布和解除应急救援命令和信号。

(7)向上级部门、当地政府和友邻单位通报事故的情况。

(8)必要时向当地政府和有关单位发出紧急救援请求。

(9)负责事故调查和善后的组织工作。

(10)负责协助上级部门总结事故的经验教训和应急救援预案实施情况。

2.项目部应急救援领导小组指挥人员职责分工:

组长:负责主持实施中的全面工作。

副组长:负责应急救援协调指挥工作。

组员:(根据具体设置进行分工)

(1)工程室:负责事故处置时生产系统的调度工作,救援人员的组织工作,事故现场通讯联系和对外联系,监督检查下属各单位生产安全事故应急救援预案中所涉及的应急救援专业队伍人员、人员职责分工、通讯网建立健全情况,负责救援队员的实际培训工作,发现问题及时令其整改。负责工程抢险、抢修工作的现场指挥;车辆设施设备的调度工作;监督检查下属各施工单位生产安全事故应急救援预案中所涉及的应急救援车辆准备情况,确保各类救援机械设备始终处于良好状态,发现问题及时令其整改,负责现场排险、抢修队员的实际培训工作。

(2)技术室:负责事故现场及有毒有害物质扩散区域内的监测和处理工作,制定相应的应急处理技术方案措施并监督其实施。

(3)安全室:协助领导小组做好事故报警,情况通报、上报及事故调查处理工作,总结事故教训和应急救援经验;监督检查下属各单位生产安全事故应急救援预案的制定及生产过程中的各种事故隐患,发现问题及时令其整改。

(4)材料室:负责抢险救援物资设施设备的供应、准备、调配和运输,以及事故现场所需转运的物资运输、存放工作。

(5)综合室:负责现场医疗救护指挥及伤亡、中毒人员分类抢救和护送转院及有关生活必需品的供应工作;监督检查下属各施工单位生产安全事故应急救援预案中所涉及的现场医疗设施设备的准备情况,负责现场医护队员的实际培训工作,发现问题及时令其整改。负责灭火、警戒、治安保卫、疏散、道路管制工作;协助总公司与政府部门做好事故调查及善后处理工作;监督检查下属各施工单位生产安全事故应急救援预案中所涉及的灭火、警戒、治安保卫、疏散、道路管制工作所需的物资、人员到位情况及生产过程中的各种消防治安隐患,发现问题及时令其整改。

(6)项目部所属施工单位负责人、分包队:负责制定、修订和完善本单位的应急救援预案,落实应急救援预案实施中的全面工作,一旦发生生产安全事故立即按应急救援程序进行现场救援,当接到项目部应急救援组织领导小组的指令时要无条件的服从,合理指挥。

本工程至最近医院路线图,起点为本工程施工地点,终点为××医院,医院急救电话为××××××。

图(略)

附　方案设计计算书

扣件钢管楼板模板支架计算书

依据规范:(加JGJ300—2013)

《建筑施工扣件式钢管脚手架安全技术规范》JGJ130—2011

《建筑施工模板安全技术规范》JGJ162—2008

《建筑结构荷载规范》GB50009—2012

《钢结构设计规范》GB50017—2003

《混凝土结构设计规范》GB50010—2010

《建筑地基基础设计规范》GB50007—2011

《建筑施工木脚手架安全技术规范》JGJ164—2008

计算参数:

钢管强度为205.0N/mm²,钢管强度折减系数取1.00。

模板支架搭设高度为13.2m,立杆的纵距 b=0.90m,立杆的横距 l=0.90m,立杆的步距 h=1.20m。

面板厚度15mm,剪切强度1.4N/mm²,抗弯强度15.0N/mm²,弹性模量6000.0N/mm²。

木方50×70mm,间距200mm,木方剪切强度1.3N/mm²,抗弯强度15.0N/mm²,弹性模量9000.0N/mm²。

梁顶托采用90×90mm木方。

模板自重0.35kN/m²,混凝土钢筋自重25.10kN/m²。

倾倒混凝土荷载标准值2.00kN/m²,施工均布荷载标准值1.00kN/m²。

扣件计算折减系数取1.00。

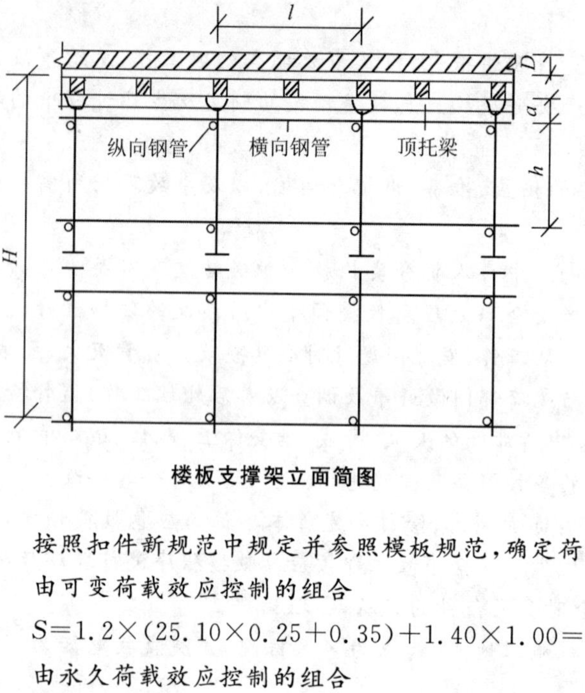

楼板支撑架立面简图

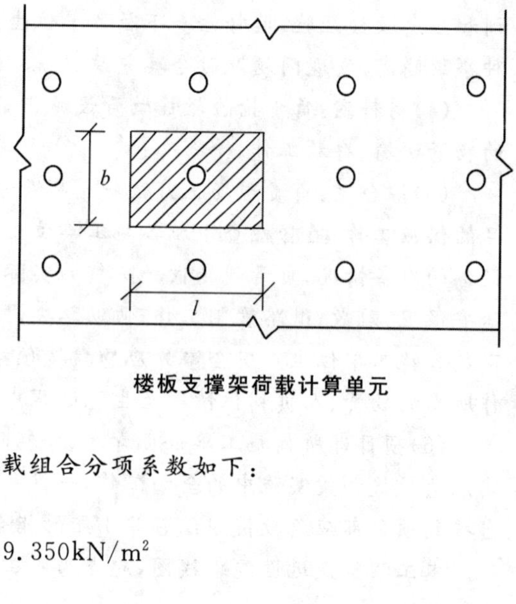

楼板支撑架荷载计算单元

按照扣件新规范中规定并参照模板规范,确定荷载组合分项系数如下:

由可变荷载效应控制的组合

S=1.2×(25.10×0.25+0.35)+1.40×1.00=9.350kN/m²

由永久荷载效应控制的组合

S=1.35×25.10×0.25+0.7×1.40×1.00=9.451kN/m²

由于永久荷载效应控制的组合 S 最大,永久荷载分项系数取1.35,可变荷载分项系数取0.7×1.40=0.98

采用的钢管类型为Φ48×3.0。

钢管惯性矩计算采用 $I=\pi(D^4-d^4)/64$,抵抗距计算采用 $W=\pi(D^4-d^4)/32D$。

一、模板面板计算

面板为受弯结构,需要验算其抗弯强度和刚度。模板面板的按照三跨连续梁计算。

静荷载标准值

$$q_1=25.100\times0.250\times0.900+0.350\times0.900=5.963\text{kN/m}$$

活荷载标准值

$$q_2=(2.000+1.000)\times0.900=2.700\text{kN/m}$$

面板的截面惯性矩I和截面抵抗矩W分别为：

本算例中，截面惯性矩I和截面抵抗矩W分别为：

截面抵抗矩 $W=bh^2/6=90.00\times1.50\times1.50/6=33.75\text{cm}^2$；

截面惯性矩 $I=bh^3/12=90.00\times1.50\times1.50\times1.50/12=25.31\text{cm}^4$；

式中　b——板截面宽度；

　　h——板截面高度。

(1)抗弯强度计算

$$f=M/W<[f]$$

其中　f——面板的抗弯强度计算值(N/mm^2)；

　　M——面板的最大弯距(N. mm)；

　　W——面板的净截面抵抗矩；

　　$[f]$——面板的抗弯强度设计值，取 15.00N/mm^2；

$$M=0.100ql^2$$

其中　q——荷载设计值(kN/m)；

经计算得到 $M=0.100\times(1.35\times5.963+0.98\times2.700)\times0.200\times0.200=0.043\text{kN}\cdot\text{m}$

经计算得到面板抗弯强度计算值

$$f=0.043\times1000\times1000/33750=1.268\text{N/mm}^2$$

面板的抗弯强度验算 $f<[f]$，满足要求！

(2)抗剪计算

$$T=3Q/2bh<[T]$$

其中最大剪力

$$Q=0.600\times(1.35\times5.963+1.0\times2.700)\times0.200=1.283\text{kN}$$

截面抗剪强度计算值

$$T=3\times1283.0/(2\times900.000\times15.000)=0.143\text{N/mm}^2$$

截面抗剪强度设计值 $[T]=1.40\text{N/mm}^2$

面板抗剪强度验算 $T<[T]$，满足要求！

(3)挠度计算

$$v=0.677ql^4/100EI<[v]=l/250$$

面板最大挠度计算值

$$v=0.677\times5.963\times2004/(100\times6000\times253125)=0.043\text{mm}$$

面板的最大挠度小于200.0/250，满足要求！

二、模板支撑木方的计算

木方按照均布荷载计算。

1.荷载的计算

(1)钢筋混凝土板自重(kN/m)：

$$q_{11}=25.100\times0.250\times0.200=1.255\text{kN/m}$$

(2)模板的自重线荷载(kN/m)：

$$q_{12}=0.350\times0.200=0.070\text{kN/m}$$

(3)活荷载为施工荷载标准值与振捣混凝土时产生的荷载(kN/m)：

经计算得到，活荷载标准值

$$q_2=(1.000+2.000)\times0.200=0.600\text{kN/m}$$

静荷载 $q_1=1.35\times1.255+1.35\times0.070=1.789$kN/m

活荷载 $q_2=0.98\times0.600=0.588$kN/m

计算单元内的木方集中力为(0.588+1.789)×0.900=2.139kN

2.木方的计算

按照三跨连续梁计算，计算公式如下：

均布荷载 $q=P/l=2.139/0.900=2.377$kN/m

最大弯矩 $M=0.1ql^2=0.1\times2.38\times0.90\times0.90=0.193$kN.m

最大剪力 $Q=0.6ql=0.6\times0.900\times2.377=1.283$kN

最大支座力 $N=1.1ql=1.1\times0.900\times2.377=2.353$kN

木方的截面力学参数为

本算例中，截面惯性矩 I 和截面抵抗矩 W 分别为：

截面抵抗矩 $W=bh^2/6=5.00\times7.00\times7.00/6=40.83\text{cm}^2$；

截面惯性矩 $I=bh^3/12=5.00\times7.00\times7.00\times7.00/12=142.92\text{cm}^4$；

式中 b——板截面宽度；

h——板截面高度。

(1)木方抗弯强度计算

抗弯计算强度 $f=M/W=0.193\times106/40833.3=4.72\text{N/mm}^2$ 木方的抗弯计算强度小于15.0N/mm²，满足要求！

(2)木方抗剪计算

最大剪力的计算公式如下：

$$Q=0.6ql$$

截面抗剪强度必须满足：

$$T=3Q/2bh<[T]$$

截面抗剪强度计算值 $T=3\times1283/(2\times50\times70)=0.550\text{N/mm}^2$

截面抗剪强度设计值 $[T]=1.30\text{N/mm}^2$

木方的抗剪强度计算满足要求！

(3)木方挠度计算

挠度计算按照规范要求采用静荷载标准值，

均布荷载通过变形受力计算的最大支座力除以木方计算跨度(即木方下小横杆间距)

得到 $q=1.325$kN/m

最大变形 $v=0.677ql^4/100EI=0.677\times1.325\times900.04/(100\times9000.00\times1429167.0)=0.458$mm

木方的最大挠度小于900.0/250，满足要求！

三、托梁的计算

托梁按照集中与均布荷载下多跨连续梁计算。

集中荷载取木方的支座力 $P=2.353\text{kN}$

均布荷载取托梁的自重 $q=0.087\text{kN/m}$。

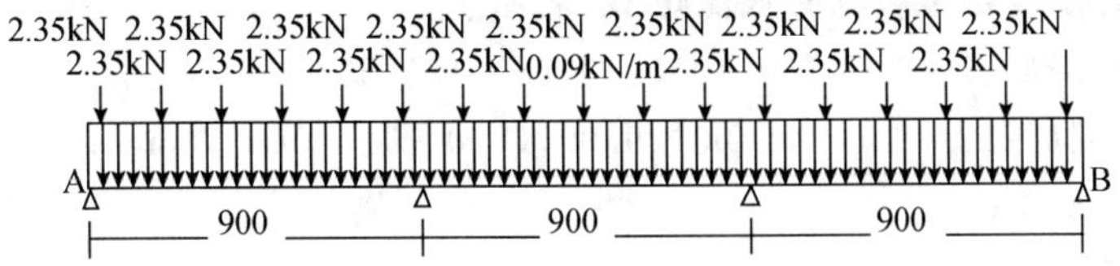

托梁计算简图

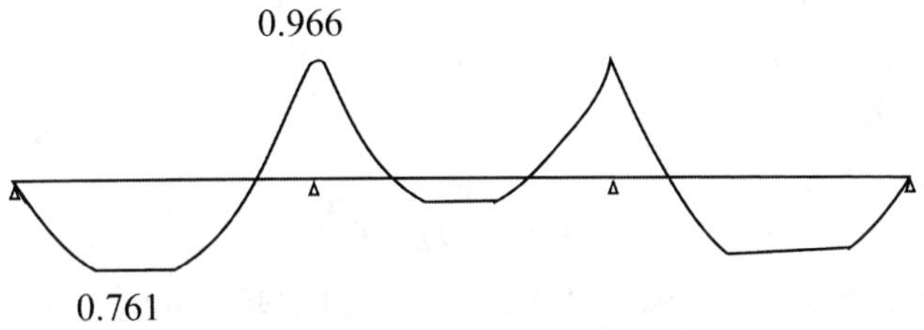

托梁弯矩图(kN·m)

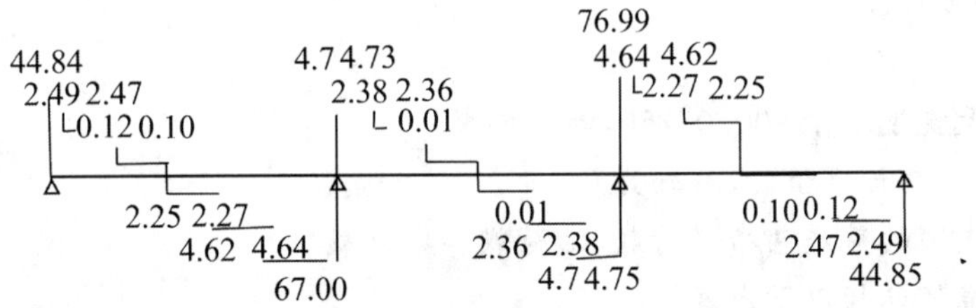

托梁剪力图(kN)

变形的计算按照规范要求采用静荷载标准值,受力图与计算结果如下:

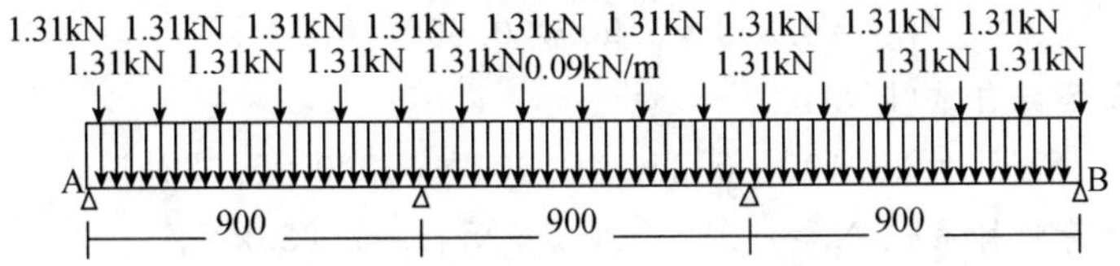

托梁变形计算受力图

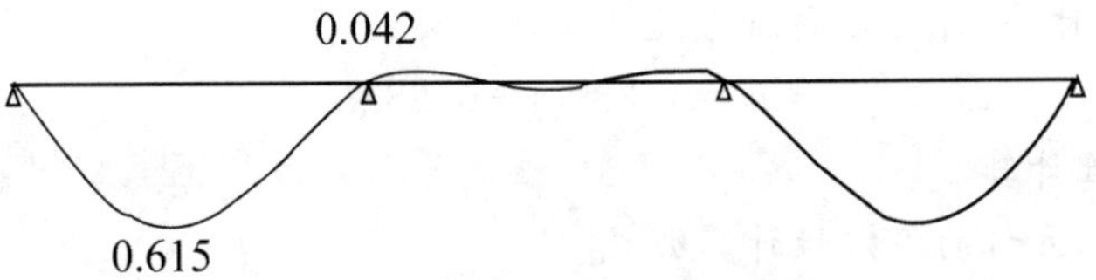

托梁变形图(mm)

经过计算得到最大弯矩 $M=0.965\text{kN}\cdot\text{m}$

经过计算得到最大支座 F=11.740kN

经过计算得到最大变形 V=0.615mm

顶托梁的截面力学参数为

本算例中，截面惯性矩 I 和截面抵抗矩 W 分别为：

截面抵抗矩 $W=bh^2/6=9.00\times9.00\times9.00/6=121.50cm^3$；

截面惯性矩 $I=bh^3/12=9.00\times9.00\times9.00\times9.00/12=546.75cm^4$；

式中 b——板截面宽度；

h——板截面高度。

(1)顶托梁抗弯强度计算

抗弯计算强度 $f=M/W=0.965\times106/121500.0=7.94N/mm^2$

顶托梁的抗弯计算强度小于 15.0N/mm²，满足要求！

(2)顶托梁抗剪计算

截面抗剪强度必须满足：

$$T=3Q/2bh<[T]$$

截面抗剪强度计算值 $T=3\times6995/(2\times90\times90)=1.295N/mm^2$

截面抗剪强度设计值 $[T]=1.30N/mm^2$

顶托梁的抗剪强度计算满足要求！

(3)顶托梁挠度计算

最大变形 v=0.615mm

顶托梁的最大挠度小于 900.0/250，满足要求！

四、模板支架荷载标准值(立杆轴力)

作用于模板支架的荷载包括静荷载、活荷载和风荷载。

1.静荷载标准值包括以下内容：

(1)脚手架的自重(kN)：

$$N_{G1}=0.142\times13.180=1.873kN$$

(2)模板的自重(kN)：

$$N_{G2}=0.350\times0.900\times0.900=0.284kN$$

(3)钢筋混凝土楼板自重(kN)：

$$N_{3G}=25.100\times0.250\times0.900\times0.900=5.083kN$$

经计算得到，静荷载标准值 $N_G=(N_{G1}+N_{G2}+N_{G3})=7.239kN$。

2.活荷载为施工荷载标准值与振捣混凝土时产生的荷载。

经计算得到，活荷载标准值 $N_Q=(1.000+2.000)\times0.900\times0.900=2.430kN$

3.不考虑风荷载时，立杆的轴向压力设计值计算公式

$$N=1.35N_G+0.98N_Q$$

五、立杆的稳定性计算

不考虑风荷载时，立杆的稳定性计算公式

其中 N——立杆的轴心压力设计值，N=12.154kN

Φ——轴心受压立杆的稳定系数，由长细比 l_0/i 查表得到；

i——计算立杆的截面回转半径(cm)；i=1.60

A——立杆净截面面积(cm^2);A=4.24

W——立杆净截面抵抗矩(cm^3);W=4.49

σ——钢管立杆抗压强度计算值(N/mm^2);

$[f]$——钢管立杆抗压强度设计值,$[f]$=205.00N/mm^2;

l_0——计算长度(m);

参照《扣件式规范》2011,由公式计算

顶部立杆段:$l_0=ku_1(h+2a)$　(1)

非顶部立杆段:$l_0=ku_2h$　(2)

k——计算长度附加系数,按照表5.4.6取值为1.217,当允许长细比验算时k取1;

u_1,u_2——计算长度系数,参照《扣件式规范》附录C表;

a——立杆上端伸出顶层横杆中心线至模板支撑点的长度;a=0.40m;

顶部立杆段:a=0.2m时,u_1=1.719,l_0=3.347m;

$$\lambda=3347/16.0=209.858$$

允许长细比λ=172.439<210长细比验算满足要求!

$$\Phi=0.166$$

$$\sigma=9933/(0.166\times423.9)=141.156N/mm^2$$

a=0.5m时,u_1=1.301,l_0=3.483m;

$$\lambda=3483/16.0=218.389$$

允许长细比λ=179.449<210长细比验算满足要求!

$$\Phi=0.153$$

$$\sigma=9933/(0.153\times423.9)=152.817N/mm^2$$

依据规范做承载力插值计算a=0.400时,σ=148.930N/mm^2,立杆的稳定性计算$\sigma<[f]$,满足要求!

非顶部立杆段:u_2=2.292,l_0=3.347m;

$$\lambda=3347/16.0=209.858$$

允许长细比λ=172.439<210长细比验算满足要求!

$$\Phi=0.166$$

σ=12154/(0.166×423.9)=172.728N/mm^2,立杆的稳定性计算$\sigma<[f]$,满足要求!

考虑风荷载时,立杆的稳定性计算公式为:

风荷载设计值产生的立杆段弯矩M_W计算公式

$$M_W=0.9\times1.4W_kl_ah^2/10$$

其中　W_k——风荷载标准值(kN/m^2);

$$W_k=0.300\times0.510\times1.088=0.166kN/m^2$$

h——立杆的步距,1.20m;

l_a——立杆迎风面的间距,0.90m;

l_b——与迎风面垂直方向的立杆间距,0.90m;

风荷载产生的弯矩M_w=0.9×1.4×0.166×0.900×1.200×1.200/10=0.027kN·m;

N_w——考虑风荷载时,立杆的轴心压力最大值;

顶部立杆N_w=1.350×5.594+0.980×2.430+0.9×0.980×0.027/0.900=9.959kN

非顶部立杆 $N_w=1.350\times7.239+0.980\times2.430+0.9\times0.980\times0.027/0.900=12.181\text{kN}$

顶部立杆段：$a=0.2\text{m}$ 时，$u_1=1.719$，$l_0=3.347\text{m}$；

$$\lambda=3347/16.0=209.858$$

允许长细比 $\lambda=172.439<210$ 长细比验算满足要求！

$$\Phi=0.166$$

$$\sigma=9959/(0.166\times423.9)+27000/4491=147.588\text{N/mm}^2$$

$a=0.5\text{m}$ 时，$u_1=1.301$，$l_0=3.483\text{m}$；

$\lambda=3483/16.0=218.389$

允许长细比 $\lambda=179.449<210$ 长细比验算满足要求！

$$\Phi=0.153$$

$$\sigma=9959/(0.153\times423.9)+27000/4491=159.280\text{N/mm}^2$$

依据规范做承载力插值计算 $a=0.400$ 时，$\sigma=155.382\text{N/mm}^2$，立杆的稳定性计算 $\sigma<[f]$，满足要求！

非顶部立杆段：$u_2=2.292$，$l_0=3.347\text{m}$；

$$\lambda=3347/16.0=209.858$$

允许长细比 $\lambda=172.439<210$ 长细比验算满足要求！

$$\Phi=0.166$$

$\sigma=12181/(0.166\times423.9)+27000/4491=179.160\text{N/mm}^2$，立杆的稳定性计算 $\sigma<[f]$，满足要求！

模板承重架应尽量利用剪力墙或柱作为连接连墙件，否则存在安全隐患。

六、楼板强度的计算

1. 计算楼板强度说明

验算楼板强度时按照最不利考虑，楼板的跨度取 60.00m，楼板承受的荷载按照线均布考虑。

宽度范围内配筋 3 级钢筋，配筋面积 $A_s=675.0\text{mm}^2$，$f_y=360.0\text{N/mm}^2$。

板的截面尺寸为 $b\times h=900\text{mm}\times250\text{mm}$，截面有效高度 h0=230mm。

按照楼板每 10 天浇筑一层，所以需要验算 10 天、20 天、30 天...的承载能力是否满足荷载要求，其计算简图如下：

2. 计算楼板混凝土 10 天的强度是否满足承载力要求

楼板计算长边 60.00m，短边 $60.00\times0.20=12.00\text{m}$，

楼板计算范围内摆放 67×14 排脚手架，将其荷载转换为计算宽度内均布荷载。

第 2 层楼板所需承受的荷载为

$$q=1\times1.35\times(0.35+25.10\times0.25)+1\times1.35\times(1.87\times67\times14/60.00/12.00)+0.98\times(2.00+1.00)=15.18\text{kN/m}^2$$

计算单元板带所承受均布荷载 $q=0.90\times15.18=13.66\text{kN/m}$

板带所需承担的最大弯矩按照两边固接单向板计算

$$M_{max}=ql+/12=13.66\times60.002/12=4098.05\text{kN}\cdot\text{m}$$

按照混凝土的强度换算

得到 10 天后混凝土强度达到 69.10%，C30.0 混凝土强度近似等效为 C20.7。

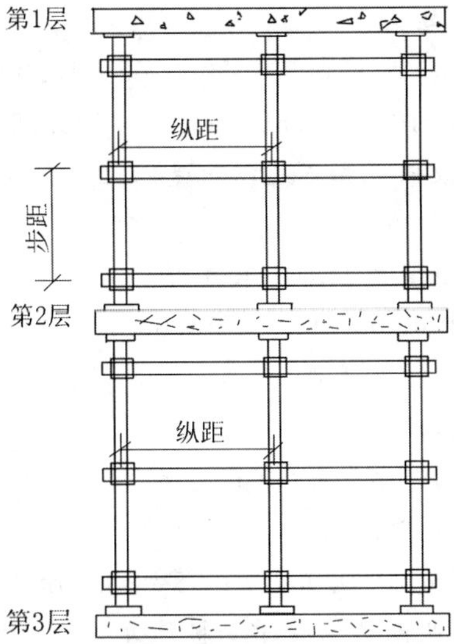

混凝土弯曲抗压强度设计值为 $f_{cm}=9.94\text{N/mm}^2$

则可以得到矩形截面相对受压区高度：

$$\xi=A_s f_y/bh_0 f_{cm}=675.00\times360.00/(900.00\times230.00\times9.94)=0.12$$

查表得到钢筋混凝土受弯构件正截面抗弯能力计算系数为

$$\alpha_s=0.113$$

此层楼板所能承受的最大弯矩为：

$$M_1=\alpha_s bh_0{}^2 f_{cm}=0.113\times900.000\times230.0002\times9.9\times10-6=53.5\text{kN}\cdot\text{m}$$

结论：由于 $\sum M_i=53.46=53.46<M_{max}=4098.05$

所以第10天以后的楼板楼板强度和不足以承受以上楼层传递下来的荷载。

第2层以下的模板支撑必须保存。

3.计算楼板混凝土20天的强度是否满足承载力要求

楼板计算长边60.00m，短边60.00×0.20=12.00m，

楼板计算范围内摆放67×14排脚手架，将其荷载转换为计算宽度内均布荷载。

第3层楼板所需承受的荷载为

$$q=1\times1.35\times(0.35+25.10\times0.25)+1\times1.35\times(0.35+25.10\times0.25)+2\times1.35\times(1.87\times67\times14/60.00/12.00)+0.98\times(2.00+1.00)=27.42\text{kN/m}^2$$

计算单元板带所承受均布荷载 $q=0.90\times27.42=24.67\text{kN/m}$

板带所需承担的最大弯矩按照两边固接单向板计算

$$M_{max}=ql^2/12=24.67\times60.002/12=7402.29\text{kN}\cdot\text{m}$$

按照混凝土的强度换算

得到20天后混凝土强度达到89.90%，C30.0混凝土强度近似等效为C27.0。

混凝土弯曲抗压强度设计值为 $f_{cm}=12.85\text{N/mm}^2$

则可以得到矩形截面相对受压区高度：

$$\xi=A_s f_y/bh_0 f_{cm}=675.00\times360.00/(900.00\times230.00\times12.85)=0.09$$

查表得到钢筋混凝土受弯构件正截面抗弯能力计算系数为

$$\alpha_s=0.095$$

此层楼板所能承受的最大弯矩为：

$$M^2=\alpha_s bh_0{}^2 f_{cm}=0.095\times900.000\times230.0002\times12.8\times10-6=58.1\text{kN}\cdot\text{m}$$

结论：由于$\sum M_i=53.46+58.10=111.56<M_{max}=7402.29$

所以第20天以后的楼板楼板强度和不足以承受以上楼层传递下来的荷载。

第3层以下的模板支撑必须保存。

4.计算楼板混凝土30天的强度是否满足承载力要求

楼板计算长边60.00m，短边60.00×0.20=12.00m，

楼板计算范围内摆放67×14排脚手架，将其荷载转换为计算宽度内均布荷载。

第4层楼板所需承受的荷载为

$q=1\times1.35\times(0.35+25.10\times0.25)+2\times1.35\times(0.35+25.10\times0.25)+$
$3\times1.35\times(1.87\times67\times14/60.00/12.00)+0.98\times(2.00+1.00)=39.65\text{kN/m}^2$

计算单元板带所承受均布荷载q=0.90×39.65=35.69kN/m

板带所需承担的最大弯矩按照两边固接单向板计算

$$M_{max}=ql^2/12=35.69\times60.002/12=10706.54\text{kN}\cdot\text{m}$$

按照混凝土的强度换算

得到30天后混凝土强度达到102.07%，C30.0混凝土强度近似等效为C30.6。

混凝土弯曲抗压强度设计值为$f_{cm}=14.60\text{N/mm}^2$

则可以得到矩形截面相对受压区高度：

$$\xi=A_s f_y/bh_0 f_{cm}=675.00\times360.00/(900.00\times230.00\times14.60)=0.08$$

查表得到钢筋混凝土受弯构件正截面抗弯能力计算系数为

$$\alpha_s=0.077$$

此层楼板所能承受的最大弯矩为：

$$\text{M}^2=\alpha_s bh_0{}^2 f_{cm}=0.077\times900.000\times230.0002\times14.6\times10^{-6}=53.5\text{kN}\cdot\text{m}$$

结论：由于$\sum M_i=53.46+58.10+53.52=165.07<M_{max}=10706.54$

所以第30天以后的楼板楼板强度和不足以承受以上楼层传递下来的荷载。

第4层以下的模板支撑必须保存。

5.计算楼板混凝土40天的强度是否满足承载力要求

楼板计算长边60.00m，短边60.00×0.20=12.00m，

楼板计算范围内摆放67×14排脚手架，将其荷载转换为计算宽度内均布荷载。

第5层楼板所需承受的荷载为

$$q=1\times1.35\times(0.35+25.10\times0.25)+3\times1.35\times(0.35+25.10\times0.25)+$$
$$4\times1.35\times(1.87\times67\times14/60.00/12.00)+0.98\times(2.00+1.00)=51.89\text{kN/m}^2$$

计算单元板带所承受均布荷载$q=0.90\times51.89=46.70\text{kN/m}$

板带所需承担的最大弯矩按照两边固接单向板计算

$M_{max}=ql^2/12=46.70\times60.002/12=14010.78\text{kN}\cdot\text{m}$

按照混凝土的强度换算

得到40天后混凝土强度达到110.70%，C30.0混凝土强度近似等效为C33.2。

混凝土弯曲抗压强度设计值为$f_{cm}=15.84\text{N/mm}^2$

则可以得到矩形截面相对受压区高度：

$$\xi=A_s f_y/bh_0 f_{cm}=675.00\times360.00/(900.00\times230.00\times15.84)=0.07$$

查表得到钢筋混凝土受弯构件正截面抗弯能力计算系数为

$$\alpha_s=0.077$$

此层楼板所能承受的最大弯矩为：

$M^4=\alpha_s bh_0{}^2 f_{cm}=0.077\times900.000\times230.0002\times15.8\times10-6=58.1\text{kN}\cdot\text{m}$

结论：由于$\sum M_i=53.46+58.10+53.52+58.07=223.15<M_{max}=14010.78$

所以第40天以后的楼板楼板强度和不足以承受以上楼层传递下来的荷载。

第5层以下的模板支撑必须保存。

6.计算楼板混凝土50天的强度是否满足承载力要求

楼板计算长边60.00m，短边60.00×0.20=12.00m，

楼板计算范围内摆放67×14排脚手架，将其荷载转换为计算宽度内均布荷载。

第6层楼板所需承受的荷载为

$$q=1\times1.35\times(0.35+25.10\times0.25)+4\times1.35\times(0.35+25.10\times0.25)+5\times1.35\times(1.87\times67\times14/60.00/12.00)+0.98\times(2.00+1.00)=64.13\text{kN/m}^2$$

计算单元板带所承受均布荷载$q=0.90\times64.13=57.72\text{kN/m}$

板带所需承担的最大弯矩按照两边固接单向板计算

$$M_{max}=ql^2/12=57.72\times60.002/12=17315.03\text{kN}\cdot\text{m}$$

按照混凝土的强度换算

得到50天后混凝土强度达到117.40%，C30.0混凝土强度近似等效为C35.2。

混凝土弯曲抗压强度设计值为$f_{cm}=16.81\text{N/mm}^2$

则可以得到矩形截面相对受压区高度：

$$\xi=A_s f_y/bh_0 f_{cm}=675.00\times360.00/(900.00\times230.00\times16.81)=0.07$$

查表得到钢筋混凝土受弯构件正截面抗弯能力计算系数为

$$\alpha_s=0.067$$

此层楼板所能承受的最大弯矩为：

$$M_5=\alpha_s bh_0{}^2 f_{cm}=0.067\times900.000\times230.0002\times16.8\times10-6=53.6\text{kN}\cdot\text{m}$$

结论：由于$\sum M_i=53.46+58.10+53.52+58.07+53.61=276.75<M_{max}=17315.03$

所以第50天以后的楼板楼板强度和不足以承受以上楼层传递下来的荷载。

第6层以下的模板支撑必须保存。

7.计算楼板混凝土60天的强度是否满足承载力要求

楼板计算长边60.00m，短边60.00×0.20=12.00m，

楼板计算范围内摆放67×14排脚手架，将其荷载转换为计算宽度内均布荷载。

第7层楼板所需承受的荷载为

$$q=1\times1.35\times(0.35+25.10\times0.25)+5\times1.35\times(0.35+25.10\times0.25)+6\times1.35\times(1.87\times67\times14/60.00/12.00)+0.98\times(2.00+1.00)=76.37\text{kN/m}^2$$

计算单元板带所承受均布荷载$q=0.90\times76.37=68.73\text{kN/m}$

板带所需承担的最大弯矩按照两边固接单向板计算

$M_{max}=ql^2/12=68.73\times60.002/12=20619.28\text{kN}\cdot\text{m}$

按照混凝土的强度换算

得到 60 天后混凝土强度达到 122.87%，C30.0 混凝土强度近似等效为 C36.9。

混凝土弯曲抗压强度设计值为 $f_{cm}=17.59N/mm^2$

则可以得到矩形截面相对受压区高度：

$\xi=A_s f_y/bh_0 f_{cm}=675.00\times360.00/(900.00\times230.00\times17.59)=0.07$

查表得到钢筋混凝土受弯构件正截面抗弯能力计算系数为

$$\alpha_s=0.067$$

此层楼板所能承受的最大弯矩为：

$M^6=\alpha_s bh_0{}^2 f_{cm}=0.067\times900.000\times230.0002\times17.6\times10-6=56.1kN\cdot m$

结论：由于 $\sum Mi=53.46+58.10+53.52+58.07+53.61+56.12=332.88<Mmax=20619.28$

所以第 60 天以后的楼板楼板强度和不足以承受以上楼层传递下来的荷载。

第 7 层以下的模板支撑必须保存。

8.计算楼板混凝土 70 天的强度是否满足承载力要求

楼板计算长边 60.00m，短边 60.00×0.20=12.00m，

楼板计算范围内摆放 67×14 排脚手架，将其荷载转换为计算宽度内均布荷载。

第 8 层楼板所需承受的荷载为

$q=1\times1.35\times(0.35+25.10\times0.25)+6\times1.35\times(0.35+25.10\times0.25)+$
$7\times1.35\times(1.87\times67\times14/60.00/12.00)+0.98\times(2.00+1.00)=88.61kN/m^2$

计算单元板带所承受均布荷载 $q=0.90\times88.61=79.75kN/m$

板带所需承担的最大弯矩按照两边固接单向板计算

$M=ql^2/12=79.75\times60.002/12=23923.52kN\cdot m$

按照混凝土的强度换算

得到 70 天后混凝土强度达到 127.50%，C30.0 混凝土强度近似等效为 C38.2。

混凝土弯曲抗压强度设计值为 $f_{cm}=18.26N/mm^2$

则可以得到矩形截面相对受压区高度：

$$\xi=A_s f_y/bh_0 f_{cm}=675.00\times360.00/(900.00\times230.00\times18.26)=0.06$$

查表得到钢筋混凝土受弯构件正截面抗弯能力计算系数为

$$\alpha_s=0.067$$

此层楼板所能承受的最大弯矩为：

$M^7=\alpha_s bh_0{}^2 f_{cm}=0.067\times900.000\times230.0002\times18.3\times10-6=58.2kN\cdot m$

结论：由于 $\sum M_i=53.46+58.10+53.52+58.07+53.61+56.12+58.25=391.12<M_{max}=23923.52$

所以第 70 天以后的楼板楼板强度和不足以承受以上楼层传递下来的荷载。

第 8 层以下的模板支撑必须保存。

钢管楼板模板支架计算满足要求！

梁木模板与支撑计算书

一、梁模板基本参数

梁截面宽度 $B=600mm$，

梁截面高度 H=2200mm，

H 方向对拉螺栓 5 道，对拉螺栓直径 16mm，

对拉螺栓在垂直于梁截面方向距离(即计算跨度)600mm。

梁模板使用的木方截面 40×90mm，

梁模板截面底部木方距离 80mm，梁模板截面侧面木方距离 200mm。

梁底模面板厚度 h=15mm，弹性模量 E=6000N/mm^2，抗弯强度$[f]$=15N/mm^2。

梁侧模面板厚度 h=15mm，弹性模量 E=6000N/mm^2，抗弯强度$[f]$=15N/mm^2。

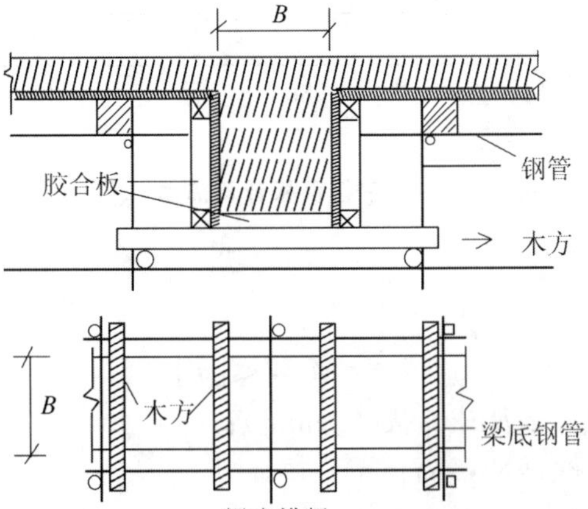

梁底模版

二、梁模板荷载标准值计算

模板自重=0.350kN/m^2；

钢筋自重=2.500kN/m^2；

混凝土自重=24.000kN/m^2；

施工荷载标准值=2.500kN/m^2。

强度验算要考虑新浇混凝土侧压力和倾倒混凝土时产生的荷载设计值；挠度验算只考虑新浇混凝土侧压力产生荷载标准值。

新浇混凝土侧压力计算公式为下式中的较小值：

$$F=0.28\gamma_c t_o \beta F=\gamma_c H$$

其中　γ_c——混凝土的重力密度，取 24.000kN/m^2；

t——新浇混凝土的初凝时间，为 0 时(表示无资料)取 200/(T+15)，取 5.714

T——混凝土的入模温度，取 20.000℃；

V——混凝土的浇筑速度，取 2.500m/h；

H——混凝土侧压力计算位置处至新浇混凝土顶面总高度，取 1.200m；

β——混凝土坍落度影响修正系数，取 0.850。

根据公式计算的新浇混凝土侧压力标准值 F_1=28.800kN/m^2

考虑结构的重要性系数 0.90，实际计算中采用新浇混凝土侧压力标准值：

$$F_1=0.90\times10.630=9.567\text{kN/m}^2$$

考虑结构的重要性系数 0.90，倒混凝土时产生的荷载标准值：

$$F_2=0.90\times4.000=3.600\text{kN/m}^2。$$

三、梁模板底模计算

本算例中，截面惯性矩 I 和截面抵抗矩 W 分别为：

截面抵抗矩 $W=bh^2/6=60.00\times1.50\times1.50/6=22.50cm^2$；

截面惯性矩 $I=bh^2/12=60.00\times1.50\times1.50\times1.50/12=16.88cm^4$；

式中：b 为板截面宽度，h 为板截面高度。

梁底模板面板按照三跨度连续梁计算，计算简图如下

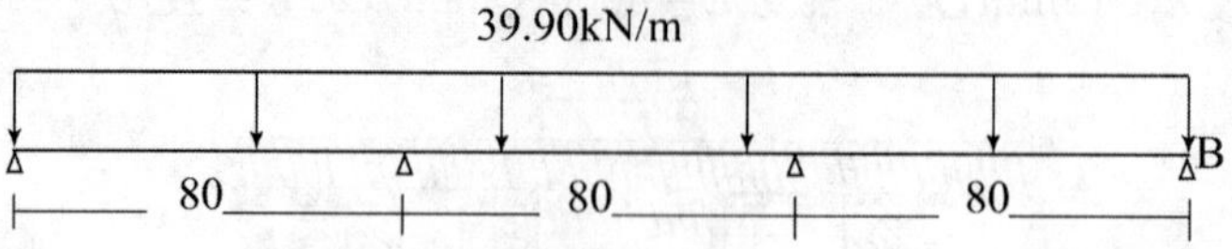

梁底模面板计算简图

1. 抗弯强度计算

抗弯强度计算公式要求：

$$f=M/W<[f]$$

其中 f——梁底模板的抗弯强度计算值(N/mm^2)；

M——计算的最大弯矩(kN·m)；

q——作用在梁底模板的均布荷载(kN/m)；

$q=0.9\times1.2\times(0.35\times0.60+24.00\times0.60\times2.20+2.50\times0.60\times2.20)+0.9\times1.40\times2.50\times0.60=39.90kN/m$

最大弯矩计算公式如下：

$$M_{max}=-0.10ql^2$$

$$M=-0.10\times39.895\times0.0802=-0.026kN\cdot m$$

$$f=0.026\times106/22500.0=1.135N/mm^2$$

梁底模面板抗弯计算强度小于 $15.00N/mm^2$，满足要求！

2. 抗剪计算

最大剪力的计算公式如下：

$$Q=0.6ql$$

截面抗剪强度必须满足：

$$T=3Q/2bh<[T]$$

其中最大剪力 $Q=0.6\times0.080\times39.895=1.915kN$

截面抗剪强度计算值 $T=3\times1915/(2\times600\times15)=0.319N/mm^2$

截面抗剪强度设计值 $[T]=1.40N/mm^2$

面板的抗剪强度计算满足要求！

3. 挠度计算

最大挠度计算公式如下：

$$V_{max}=0.677$$

其中 $q=0.9\times(0.35\times0.60+24.00\times0.60\times2.20+2.50\times0.60\times2.20)=31.671N/mm$

三跨连续梁均布荷载作用下的最大挠度

$v=0.677ql^4/100EI=0.677\times31.671\times80.04/(100\times6000.00\times168750.0)=0.009\text{mm}$

梁底模板的挠度计算值：v＝0.009mm，小于[v]＝80/250，满足要求！

四、梁模板底木方计算

梁底木方的计算在脚手架梁底支撑计算中已经包含！

五、梁模板侧模计算

面板直接承受模板传递的荷载，应该按照均布荷载下的连续梁计算，计算如下

作用在梁侧模板的均布荷载 $q=(1.2\times9.57+1.40\times3.60)\times2.20=36.345\text{N/mm}$

面板的截面惯性矩 I 和截面抵抗矩 W 分别为：

本算例中，截面惯性矩 I 和截面抵抗矩 W 分别为：

截面抵抗矩 $W=bh^2/6=220.00\times1.50\times1.50/6=82.50\text{cm}^2$；

截面惯性矩 $I=bh^2/12=220.00\times1.50\times1.50\times1.50/12=61.88\text{cm}^4$；

式中：b 为板截面宽度，h 为板截面高度。

(1)抗弯强度计算

$$f=M/W<[f]$$

其中　f——面板的抗弯强度计算值(N/mm^2)；

M——面板的最大弯距(N·mm)；

W——面板的净截面抵抗矩；

$[f]$——面板的抗弯强度设计值，取 15.00N/mm^2；

$$M=0.100ql^2$$

其中　q——荷载设计值(kN/m)；

经计算得到 $M=0.100\times(1.20\times21.047+1.40\times7.920)\times0.200\times0.200=0.145\text{kN}\cdot\text{m}$

经计算得到面板抗弯强度计算值 $f=0.145\times1000\times1000/82500=1.762\text{N/mm}^2$

面板的抗弯强度验算 $f<[f]$，满足要求！

(2)抗剪计算

$$T=3Q/2bh<[T]$$

其中最大剪力 $Q=0.600\times(1.20\times21.047+1.4\times7.920)\times0.200=4.361\text{kN}$

截面抗剪强度计算值 $T=3\times4361.0/(2\times2200.000\times15.000)=0.198\text{N/mm}^2$

截面抗剪强度设计值 $[T]=1.40\text{N/mm}^2$

面板抗剪强度验算 $T<[T]$，满足要求！

(3)挠度计算

$$v=0.677ql^4/100EI<[v]=l/250$$

面板最大挠度计算值 $v=0.677\times21.047\times2004/(100\times6000\times618750)=0.061\text{mm}$

面板的最大挠度小于200.0/250，满足要求！

六、穿梁螺栓计算

计算公式：

$$N<[N]=fA$$

其中　N——穿梁螺栓所受的拉力；

A——穿梁螺栓有效面积(mm^2)；

f——穿梁螺栓的抗拉强度设计值，取 170N/mm^2；

穿梁螺栓承受最大拉力 $N=(1.2\times9.57+1.40\times3.60)\times2.20\times0.60/5=4.36$kN

穿梁螺栓直径为16mm；

穿梁螺栓有效直径为13.6mm；

穿梁螺栓有效面积为 $A=144.000\text{mm}^2$；

穿梁螺栓最大容许拉力值为 $[N]=24.480$kN；

穿梁螺栓承受拉力最大值为 $N=4.361$kN；

穿梁螺栓的布置距离为侧龙骨的计算间距600mm。

每个截面布置5道穿梁螺栓。

穿梁螺栓强度满足要求！

七、梁支撑脚手架的计算

支撑条件采用钢管脚手架形式，参见楼板模板支架计算内容。

梁模板及支撑计算满足要求！

梁模板扣件钢管高支撑架计算书

依据规范：

《建筑施工扣件式钢管脚手架安全技术规范》JGJ130－2011

《建筑施工模板安全技术规范》JGJ162－2008

《建筑结构荷载规范》GB50009－2012

《钢结构设计规范》GB50017－2003

《混凝土结构设计规范》GB50010－2010

《建筑地基基础设计规范》GB50007－2011

《建筑施工木脚手架安全技术规范》JGJ164－2008

计算参数：

钢管强度为 205.0N/mm^2，钢管强度折减系数取1.00。

模板支架搭设高度为9.0m，

梁截面 $B\times D=600\text{mm}\times2200\text{mm}$，立杆的纵距(跨度方向) $l=0.40$m，立杆的步距 $h=0.50$m，

梁底增加4道承重立杆。

面板厚度15mm，剪切强度 1.4N/mm^2，抗弯强度 15.0N/mm^2，弹性模量 6000.0N/mm^2。

木方 40×90mm，剪切强度 1.3N/mm^2，抗弯强度 15.0N/mm^2，弹性模量 9000.0N/mm^2。

梁底支撑顶托梁长度1.20m。

顶托采用木方：100×100mm。

梁底按照均匀布置承重杆4根计算。

模板自重 0.35kN/m^2，混凝土钢筋自重 25.50kN/m^2。

倾倒混凝土荷载标准值 2.00kN/m^2，施工均布荷载标准值 1.50kN/m^2。

扣件计算折减系数取1.00。

按照模板规范4.3.1条规定确定荷载组合分项系数如下：

由可变荷载效应控制的组合

$$S=1.2\times(25.50\times2.20+0.35)+1.40\times2.00=70.540\text{kN/m}^2$$

由永久荷载效应控制的组合

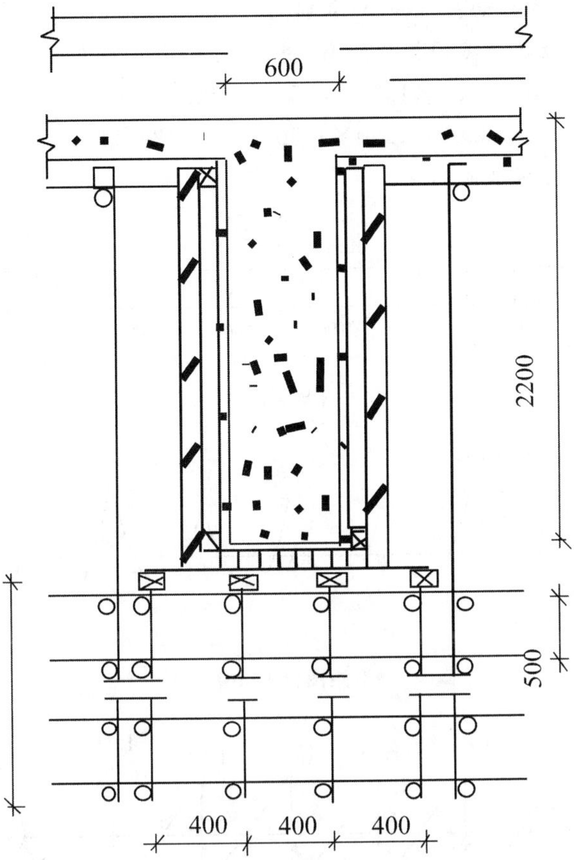

梁模板支撑架立面简图

$$S=1.35\times25.50\times2.20+0.7\times1.40\times2.00=77.695\text{kN/m}^2$$

由于永久荷载效应控制的组合 S 最大，永久荷载分项系数取 1.35，可变荷载分项系数取 $0.7\times1.40=0.98$ 采用的钢管类型为 Φ48×3.0。

钢管惯性矩计算采用 $I=\pi(D^4-d^4)/64$，抵抗距计算采用 $W=\pi(D^4-d^4)/32D$。

一、模板面板计算

面板为受弯结构，需要验算其抗弯强度和刚度。模板面板的按照多跨连续梁计算。

作用荷载包括梁与模板自重荷载，施工活荷载等。

荷载的计算：

(1)钢筋混凝土梁自重(kN/m)：

$q_1=25.500\times2.200\times0.400=22.440\text{kN/m}$

(2)模板的自重线荷载(kN/m)：

$q_2=0.350\times0.400\times(2\times2.200+0.600)/0.600=1.167\text{kN/m}$

(3)活荷载为施工荷载标准值与振捣混凝土时产生的荷载(kN)：

经计算得到，活荷载标准值 $P_1=(1.500+2.000)\times0.600\times0.400=0.840\text{kN}$

均布荷载 $q=1.35\times22.440+1.35\times1.167=31.869\text{kN/m}$

集中荷载 $P=0.98\times0.840=0.823\text{kN}$

面板的截面惯性矩 I 和截面抵抗矩 W 分别为：

本算例中，截面惯性矩 I 和截面抵抗矩 W 分别为：

截面抵抗矩 $W=bh^2/6=40.00\times1.50\times1.50/6=15.00\text{cm}^2$；

截面惯性矩 $I=bh^2/12=40.00\times1.50\times1.50\times1.50/12=11.25\text{cm}^4$；

式中：b 为板截面宽度，h 为板截面高度。

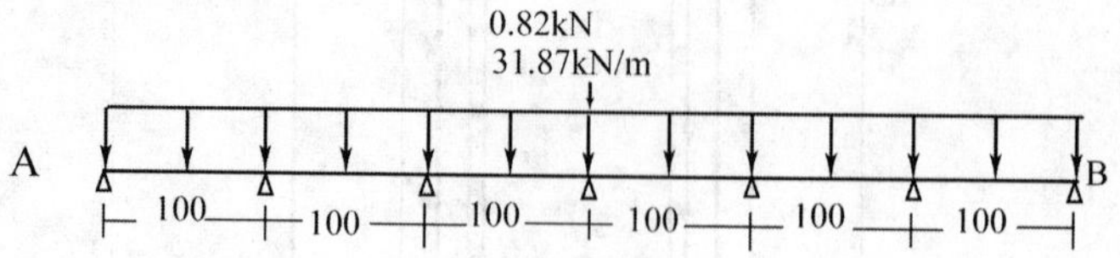

计算简图

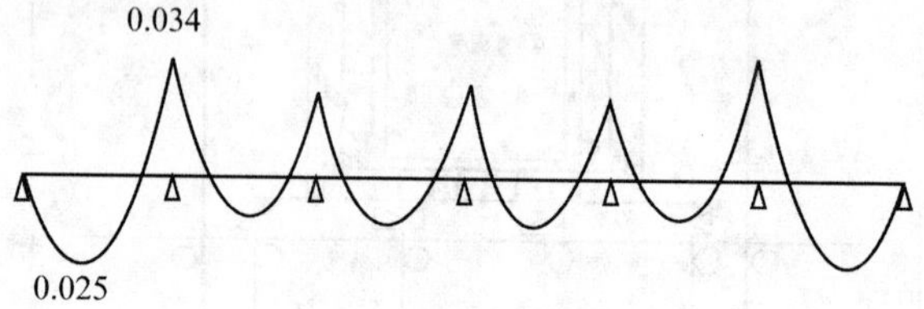

弯矩图(kN·m)

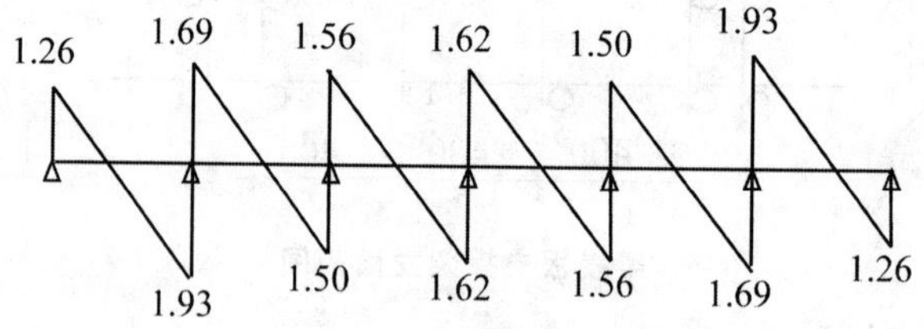

剪力图(kN)

变形的计算按照规范要求采用静荷载标准值，受力图与计算结果如下：

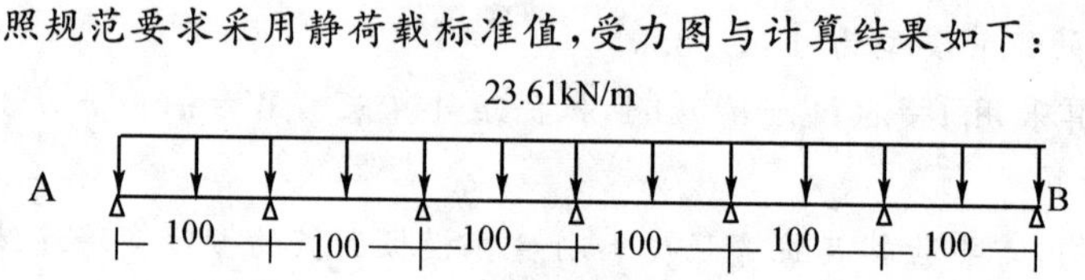

变形计算受力图

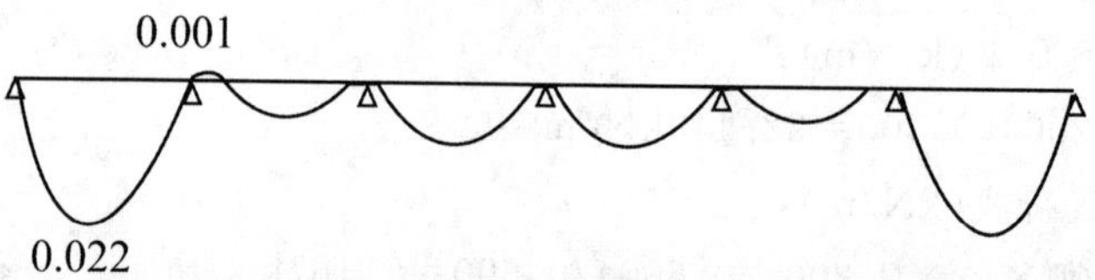

变形图(mm)

经过计算得到从左到右各支座力分别为

$N_1=1.256\text{kN}$

N_2=3.616kN

N_3=3.064kN

N_4=4.071kN

N_5=3.064kN

N_6=3.616kN

N_7=1.256kN

最大弯矩 M=0.033kN·m

最大变形 V=0.022mm

(1)抗弯强度计算

经计算得到面板抗弯强度计算值 $f=M/W$=0.033×1000×1000/15000=2.200N/mm^2

面板的抗弯强度设计值[f],取15.00N/mm^2;

面板的抗弯强度验算 $f<[f]$,满足要求!

(2)抗剪计算

截面抗剪强度计算值 $T=3Q/2bh$=3×1930.0/(2×400.000×15.000)=0.483N/mm^2

截面抗剪强度设计值[T]=1.40N/mm^2

面板抗剪强度验算 $T<[T]$,满足要求!

(3)挠度计算

面板最大挠度计算值 v=0.022mm

面板的最大挠度小于100.0/250,满足要求!

二、梁底支撑木方的计算

梁底木方计算

按照三跨连续梁计算,计算公式如下:

均布荷载 $q=P/l$=4.071/0.400=10.178kN/m

最大弯矩 $M=0.1ql^2$=0.1×10.18×0.40×0.40=0.163kN·m

最大剪力 $Q=0.6ql$=0.6×0.400×10.178=2.443kN

最大支座力 $N=1.1ql$=1.1×0.400×10.178=4.479kN

木方的截面力学参数为

本算例中,截面惯性矩 I 和截面抵抗矩 W 分别为:

截面抵抗矩 $W=bh^2/6$=4.00×9.00×9.00/6=54.00cm^3;

截面惯性矩 $I=bh^3/12$=4.00×9.00×9.00×9.00/12=243.00cm^4;

式中:b 为板截面宽度,h 为板截面高度。

(1)木方抗弯强度计算

抗弯计算强度 $f=M/W$=0.163×106/54000.0=3.02N/mm^2

木方的抗弯计算强度小于15.0N/mm^2,满足要求!

(2)木方抗剪计算

最大剪力的计算公式如下:

$$Q=0.6ql$$

截面抗剪强度必须满足:

$$T=3Q/2bh<[T]$$

截面抗剪强度计算值 $T=3\times2443/(2\times40\times90)=1.018\text{N/mm}^2$

截面抗剪强度设计值 $[T]=1.30\text{N/mm}$

木方的抗剪强度计算满足要求！

(3)木方挠度计算

挠度计算按照规范要求采用静荷载标准值，

均布荷载通过变形受力计算的最大支座力除以木方计算跨度(即木方下小横杆间距)

得到 $q=6.696\text{kN/m}$

最大变形 $v=0.677ql^4/100EI=0.677\times6.696\times400.04/(100\times9000.00\times2430000.0)=0.053\text{mm}$

木方的最大挠度小于400.0/250，满足要求！

三、托梁的计算

托梁按照集中与均布荷载下多跨连续梁计算。

均布荷载取托梁的自重 $q=0.087\text{kN/m}$。

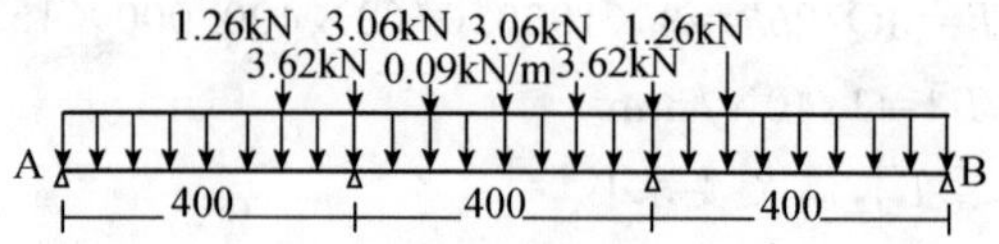

托梁计算简图

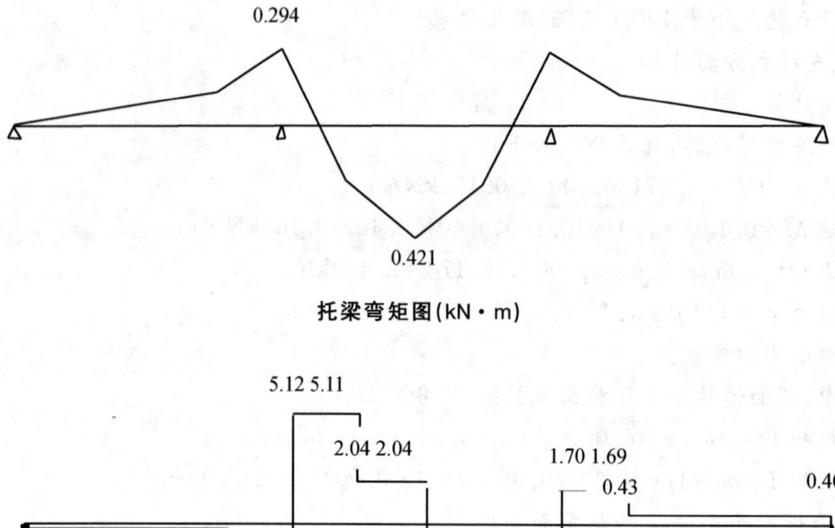

托梁弯矩图(kN·m)

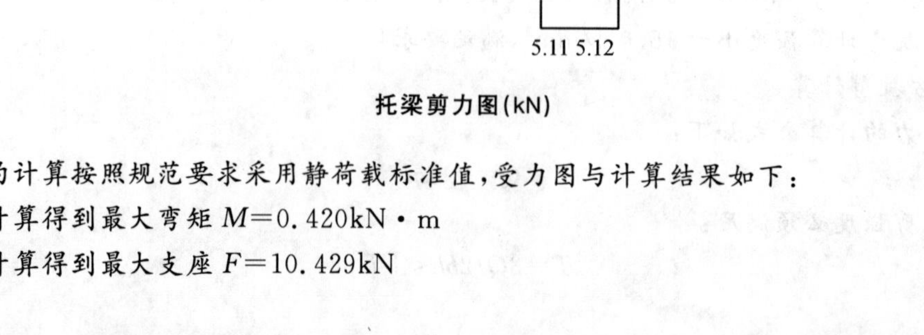

托梁剪力图(kN)

变形的计算按照规范要求采用静荷载标准值，受力图与计算结果如下：

经过计算得到最大弯矩 $M=0.420\text{kN}\cdot\text{m}$

经过计算得到最大支座 $F=10.429\text{kN}$

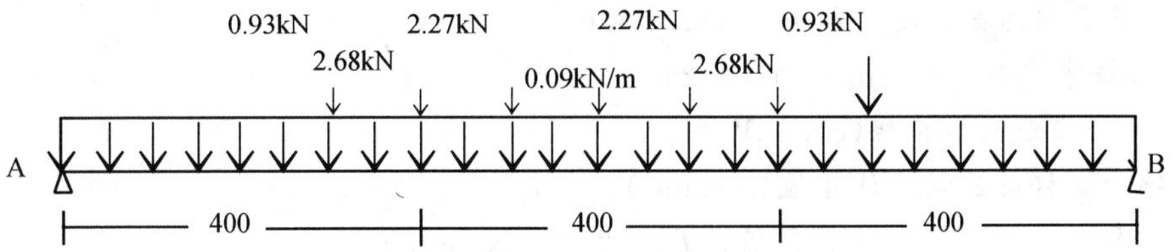

托梁变形计算受力图

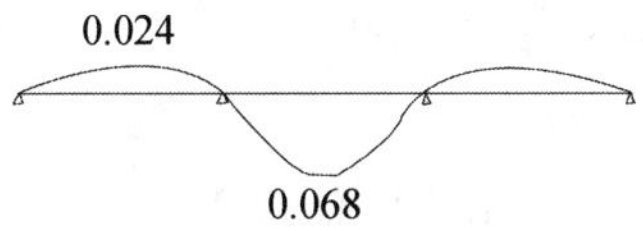

托梁变形图(mm)

经过计算得到最大变形 $V=0.068$mm

顶托梁的截面力学参数为

本算例中,截面惯性矩 I 和截面抵抗矩 W 分别为:

截面抵抗矩 $W=bh^2/6=9.00\times9.00\times9.00/6=121.50\text{cm}^3$;

截面惯性矩 $I=bh^2/12=9.00\times9.00\times9.00\times9.00/12=546.75\text{cm}^4$;

式中:b 为板截面宽度,h 为板截面高度。

(1)顶托梁抗弯强度计算

抗弯计算强度 $f=M/W=0.420\times106/121500.0=3.46\text{N/mm}^2$

顶托梁的抗弯计算强度小于 15.0N/mm²,满足要求!

(2)顶托梁抗剪计算

截面抗剪强度必须满足:

$$T=3Q/2bh<[T]$$

截面抗剪强度计算值 $T=3\times5117/(2\times90\times90)=0.948\text{N/mm}^2$

截面抗剪强度设计值 $[T]=1.30\text{N/mm}^2$

顶托梁的抗剪强度计算满足要求!

(3)顶托梁挠度计算

最大变形 $v=0.068$mm

顶托梁的最大挠度小于 400.0/250,满足要求!

四、立杆的稳定性计算

不考虑风荷载时,立杆的稳定性计算公式

其中　N——立杆的轴心压力设计值,它包括:

横杆的最大支座反力 $N_1=10.43$kN(已经包括组合系数)

脚手架钢管的自重 $N_2=1.35\times1.807=2.439$kN

顶部立杆段,脚手架钢管的自重 $N_2=1.35\times0.161=0.217$kN

非顶部立杆段 $N=10.429+2.439=12.868$kN

顶部立杆段 $N=10.429+0.217=10.646$kN

Φ——轴心受压立杆的稳定系数,由长细比 l_0/i 查表得到;

i——计算立杆的截面回转半径(cm);i=1.60

A——立杆净截面面积(cm^2);A=4.24

W——立杆净截面抵抗矩(cm^3);W=4.49

σ——钢管立杆抗压强度计算值(N/mm^2);

$[f]$——钢管立杆抗压强度设计值,$[f]$=205.00N/mm^2;

l_0——计算长度(m);

参照《扣件式规范》2011,由公式计算

顶部立杆段: $l_0=ku_1(h+2a)$ (1)

非顶部立杆段: $l_0=ku_2h$ (2)

k——计算长度附加系数,按照表5.4.6取值为1.185,当允许长细比验算时k取1;

u_1,u_2——计算长度系数,参照《扣件式规范》附录C表;

a——立杆上端伸出顶层横杆中心线至模板支撑点的长度;a=0.30m;

顶部立杆段:a=0.2m时,u_1=2.622,l_0=2.796m;

$$\lambda=2796/16.0=175.321$$

允许长细比λ=147.950<210 长细比验算满足要求!

$$\Phi=0.233$$

$$\sigma=10646/(0.233\times423.9)=107.891N/mm^2$$

a=0.5m时,u_1=1.699,l_0=3.020m;

$$\lambda=3020/16.0=189.340$$

允许长细比λ=159.781<210 长细比验算满足要求!

$$\Phi=0.201$$

$$\sigma=10646/(0.201\times423.9)=124.948N/mm^2$$

依据规范做承载力插值计算a=0.300时,σ=113.576N/mm^2,立杆的稳定性计算$\sigma<[f]$,满足要求!

非顶部立杆段:u_2=4.744,l_0=2.811m;

$$\lambda=2811/16.0=176.227$$

允许长细比λ=148.715<210 长细比验算满足要求!

$$\Phi=0.230$$

$\sigma=12868/(0.230\times423.9)=131.796N/mm^2$,立杆的稳定性计算$\sigma<[f]$,满足要求!

考虑风荷载时,立杆的稳定性计算公式为:

风荷载设计值产生的立杆段弯矩M_W依据扣件脚手架规范计算公式

$$M_W=0.9\times1.4W_klah^2/10$$

其中 W_k——风荷载标准值(kN/m^2);

$W_k=u_z\times u_s\times w_0=0.300\times0.650\times0.905=0.176kN/m^2$

h——立杆的步距,0.50m;

l_a——立杆迎风面的间距,1.20m;

l_b——与迎风面垂直方向的立杆间距,0.40m;

风荷载产生的弯矩$M_w=0.9\times1.4\times0.176\times1.200\times0.500\times0.500/10=0.007kN\cdot m$;

N_w——考虑风荷载时,立杆的轴心压力最大值;

顶部立杆

N_w=10.429+1.350×0.161+0.9×0.980×0.007/0.400=10.661kN

非顶部立杆

N_w=10.429+1.350×1.807+0.9×0.980×0.007/0.400=12.883kN

顶部立杆段:a=0.2m 时,u_1=2.622,l_0=2.796m;

λ=2796/16.0=175.321

允许长细比λ=147.950<210 长细比验算满足要求!

Φ=0.233

σ=10661/(0.233×423.9)+7000/4491=109.525N/mm²

a=0.5m 时,u_1=1.699,l0=3.020m;

λ=3020/16.0=189.340

允许长细比λ=159.781<210 长细比验算满足要求!

Φ=0.201

σ=10661/(0.201×423.9)+7000/4491=126.606N/mm²

依据规范做承载力插值计算 a=0.300 时,σ=115.219N/mm?,立杆的稳定性计算σ<[f],满足要求!

非顶部立杆段:u_2=4.744,l_0=2.811m;

λ=2811/16.0=176.227

允许长细比λ=148.715<210 长细比验算满足要求!

Φ=0.230

σ=12883/(0.230×423.9)+7000/4491=133.432N/mm²,立杆的稳定性计算σ<[f],满足要求!

模板承重架应尽量利用剪力墙或柱作为连接连墙件,否则存在安全隐患。

模板支撑架计算满足要求!

梁侧模板计算书

一、梁侧模板基本参数

计算断面宽度 600mm,高度 2200mm,两侧楼板厚度 250mm。

模板面板采用普通胶合板。

内龙骨布置 11 道,内龙骨采用 40×90mm 木方。

外龙骨间距 450mm,外龙骨采用双钢管 48mm×3.0mm。

对拉螺栓布置 4 道,在断面内水平间距 150+450+450+450mm,断面跨度方向间距 450mm,直径 16mm。

面板厚度 15mm,剪切强度 1.4N/mm²,抗弯强度 15.0N/mm²,弹性模量 6000.0N/mm²。

木方剪切强度 1.3N/mm²,抗弯强度 15.0N/mm²,弹性模量 9000.0N/mm²。

二、梁侧模板荷载标准值计算

强度验算要考虑新浇混凝土侧压力和倾倒混凝土时产生的荷载设计值;挠度验算只考虑新浇混凝土侧压力产生荷载标准值。

新浇混凝土侧压力计算公式为下式中的较小值:

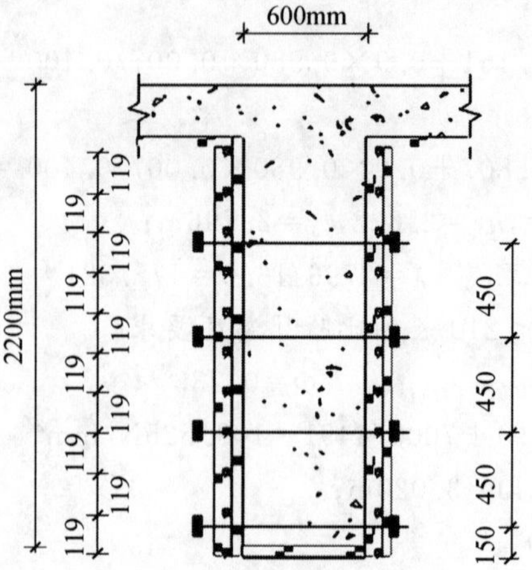

模板组装示意图

$$dF=0.28\gamma_c t_o \beta_F=\gamma_c H$$

其中 γ_c——混凝土的重力密度,取 24.000kN/m³;

t——新浇混凝土的初凝时间,为 0 时(表示无资料)取 200/(T+15),取 1.000h;

T——混凝土的入模温度,取 10.000℃;

V——混凝土的浇筑速度,取 2.500m/h;

H——混凝土侧压力计算位置处至新浇混凝土顶面总高度,取 1.200m;

β——混凝土坍落度影响修正系数,取 1.000。

根据公式计算的新浇混凝土侧压力标准值 F_1=10.620kN/m²

考虑结构的重要性系数 0.90,实际计算中采用新浇混凝土侧压力标准值:

$$F_1=0.90\times10.630=9.567\text{kN/m}^2$$

考虑结构的重要性系数 0.90,倒混凝土时产生的荷载标准值:

$$F_2=0.90\times4.000=3.600\text{kN/m}^2。$$

三、梁侧模板面板的计算

面板为受弯结构,需要验算其抗弯强度和刚度。模板面板的按照连续梁计算。

面板的计算宽度取 0.45m。

荷载计算值 q=1.2×9.567×0.450+1.40×3.600×0.450=7.434kN/m

面板的截面惯性矩 I 和截面抵抗矩 W 分别为:

本算例中,截面惯性矩 I 和截面抵抗矩 W 分别为:

截面抵抗矩 $W=bh^2/6$=45.00×1.50×1.50/6=16.88cm²;

截面惯性矩 $I=bh^2/12$=45.00×1.50×1.50×1.50/12=12.66cm⁴;

式中:b 为板截面宽度,h 为板截面高度。

变形的计算按照规范要求采用静荷载标准值,受力图与计算结果如下:

经过计算得到从左到右各支座力分别为

N_1=0.572kN

N_2=1.644kN

N_3=1.398kN

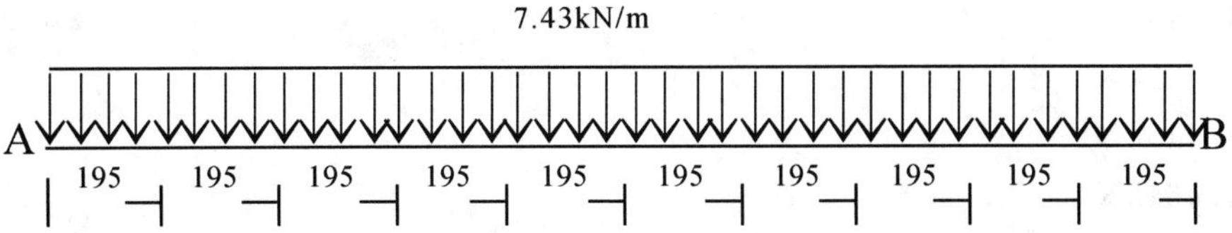

计算简图

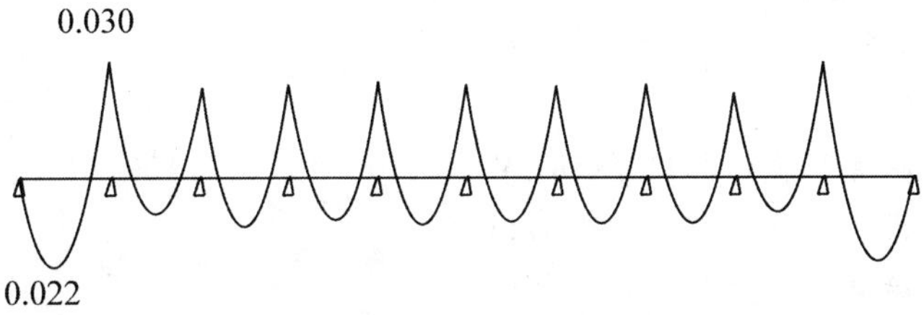

弯矩图(kN·m)

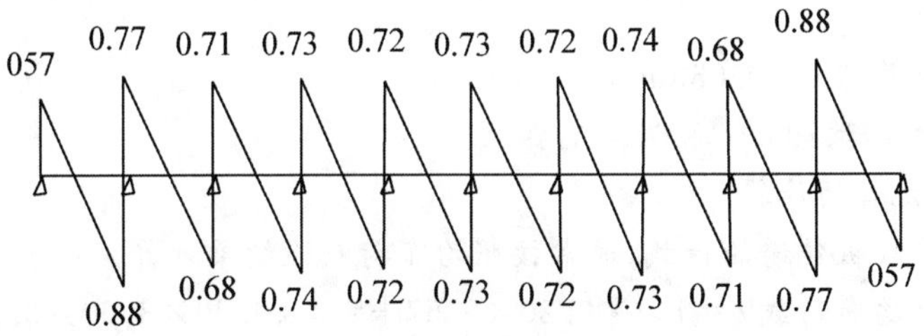

剪力图(kN)

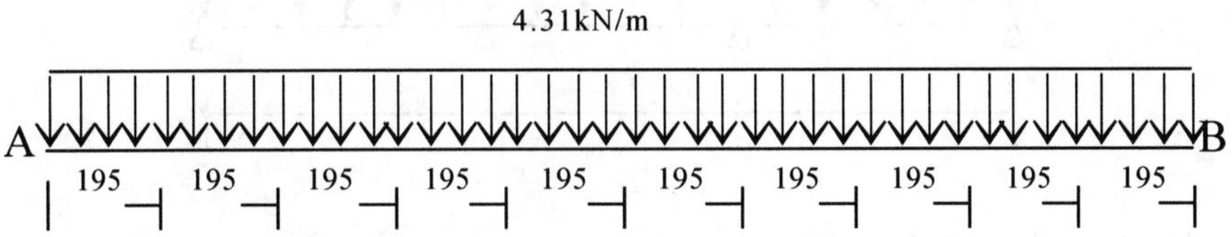

变形计算受力图

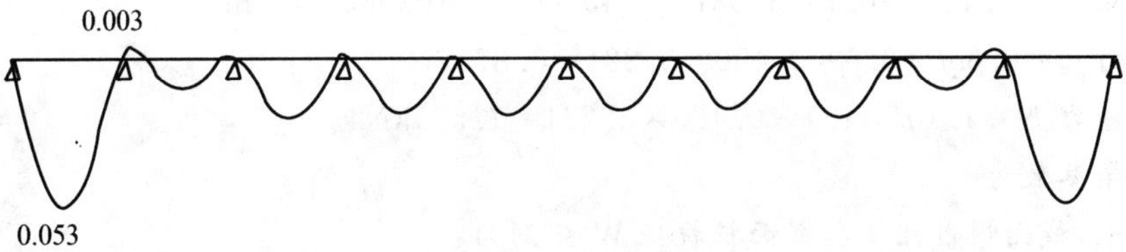

变形图(mm)

$N_4=1.464\text{kN}$

N_5＝1.446kN

N_6＝1.452kN

N_7＝1.446kN

N_8＝1.464kN

N_9＝1.398kN

N_{10}＝1.644kN

N_{11}＝0.572kN

最大弯矩 M＝0.029kN.m

最大变形 V＝0.053mm

(1)抗弯强度计算

经计算得到面板抗弯强度计算值 $f=M/W$＝0.029×1000×1000/16875＝1.719N/mm^2

面板的抗弯强度设计值[f]，取 15.00N/mm^2；

面板的抗弯强度验算 $f<[f]$，满足要求！

(2)抗剪计算

截面抗剪强度计算值 $T=3Q/2bh$＝3×878.0/(2×450.000×15.000)＝0.195N/mm^2

截面抗剪强度设计值[T]＝1.40N/mm^2

面板抗剪强度验算 $T<[T]$，满足要求！

(3)挠度计算

面板最大挠度计算值 v＝0.053mm

面板的最大挠度小于 195.0/250，满足要求！

四、梁侧模板内龙骨的计算

内龙骨直接承受模板传递的荷载，通常按照均布荷载连续梁计算。

内龙骨强度计算均布荷载 q＝1.2×0.20×9.57＋1.4×0.20×3.60＝3.221kN/m

挠度计算荷载标准值 q＝0.20×9.57＝1.866kN/m

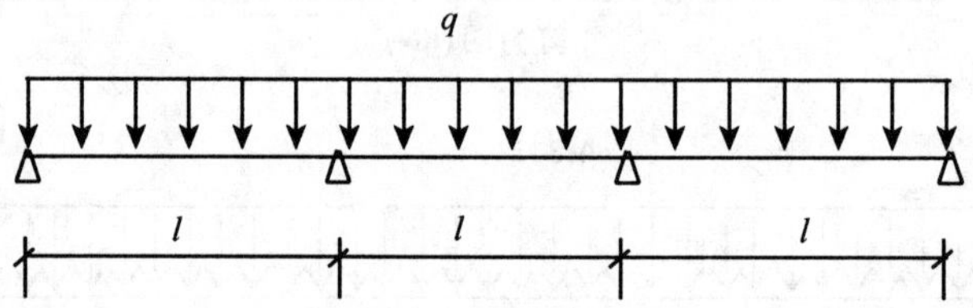

按照三跨连续梁计算，计算公式如下：

均布荷载 $q=P/l$＝1.450/0.450＝3.221kN/m

最大弯矩 $M=0.1ql^2$＝0.1×3.221×0.45×0.45＝0.065kN·m

最大剪力 $Q=0.6ql$＝0.6×0.450×3.221＝0.870kN

最大支座力 $N=1.1ql$＝1.1×0.450×3.221＝1.595kN

截面力学参数为

本算例中，截面惯性矩 I 和截面抵抗矩 W 分别为：

截面抵抗矩 $W=bh^2/6$＝4.00×9.00×9.00/6＝54.00cm^2；

截面惯性矩 $I=bh^2/12$＝4.00×9.00×9.00×9.00/12＝243.00cm^4；

式中：b 为板截面宽度，h 为板截面高度。

(1)抗弯强度计算

抗弯计算强度 $f=M/W=0.065\times106/54000.0=1.21\text{N/mm}^2$

抗弯计算强度小于 15.0N/mm^2，满足要求！

(2)抗剪计算

最大剪力的计算公式如下：

$$Q=0.6ql$$

截面抗剪强度必须满足：

$$T=3Q/2bh<[T]$$

截面抗剪强度计算值 $T=3\times870/(2\times40\times90)=0.362\text{N/mm}^2$

截面抗剪强度设计值 $[T]=1.30\text{N/mm}^2$

抗剪强度计算满足要求！

(3)挠度计算

最大变形

$v=0.677ql^4/100EI=0.677\times1.866\times450.04/(100\times9000.00\times2430000.0)=0.024\text{mm}$

最大挠度小于450.0/250，满足要求！

五、梁侧模板外龙骨的计算

外龙骨承受内龙骨传递的荷载，按照集中荷载下连续梁计算。

外龙骨按照集中荷载作用下的连续梁计算。

集中荷载 P 取横向支撑钢管传递力。

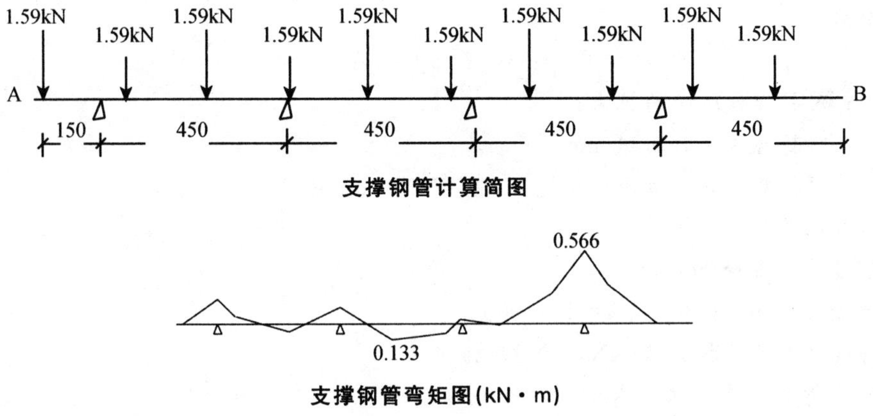

支撑钢管计算简图

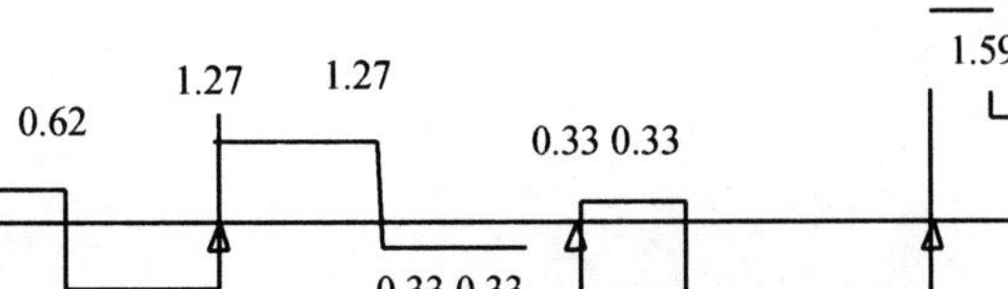

支撑钢管弯矩图(kN·m)

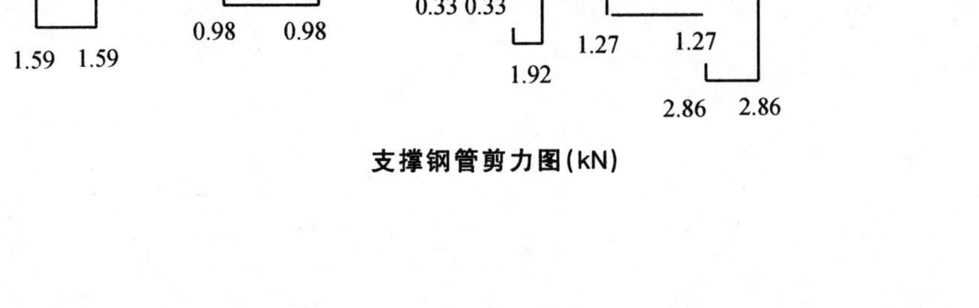

支撑钢管剪力图(kN)

变形的计算按照规范要求采用静荷载标准值，受力图与计算结果如下：

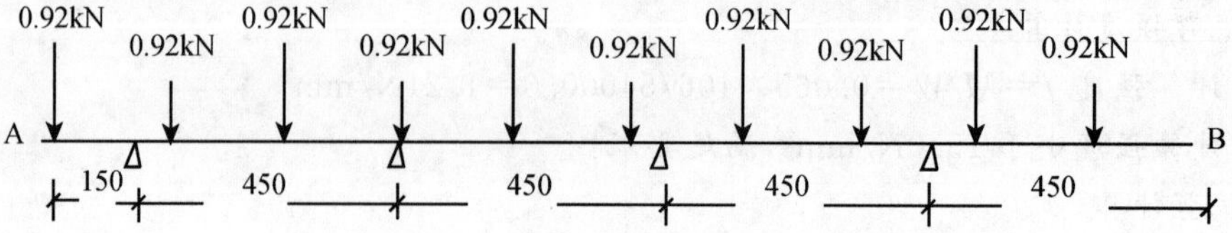

支撑钢管变形计算受力图

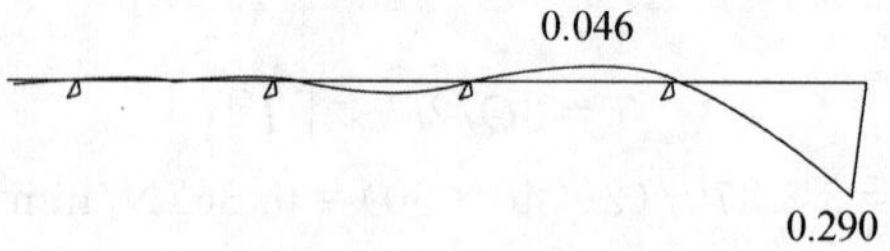

支撑钢管变形图(mm)

经过连续梁的计算得到

最大弯矩 $M_{max}=0.566kN\cdot m$

最大变形 $v_{max}=0.290mm$

最大支座力 $Q_{max}=6.050kN$

抗弯计算强度 $f=M/W=0.566\times10^6/8982.0=63.02N/mm^2$

支撑钢管的抗弯计算强度小于设计强度，满足要求！

支撑钢管的最大挠度小于 450.0/150 与 10mm，满足要求！

六、对拉螺栓的计算

计算公式：

$$N<[N]=fA$$

其中 N——对拉螺栓所受的拉力；

A——对拉螺栓有效面积(mm^2)；

f——对拉螺栓的抗拉强度设计值，取 $170N/mm^2$；

对拉螺栓的直径(mm)：16

对拉螺栓有效直径(mm)：14

对拉螺栓有效面积(mm^2)：A=144.000

对拉螺栓最大容许拉力值(kN)：[N]=24.480

对拉螺栓所受的最大拉力(kN)：N=6.050

对拉螺栓强度验算满足要求！

侧模板计算满足要求！

4.5.15　模板安装安全技术交底

模板安装工程施工现场安全技术交底表

工程名称:××大厦工程　　**施工单位:**××建设集团有限公司　　**编号:**×××

交底部门	安全部	**交底人**	王××
交底项目	模板安装工程	**交底时间**	×年×月×日

交底内容:

1.一般要求

(1)进入施工现场的操作人员必须戴好安全帽,扣好帽带。操作人员严禁穿硬底鞋及有跟鞋作业。

(2)高处和临边洞口作业应设护栏,挂安全网,如无可靠防护措施,必须佩带安全带,扣好带扣。高空、复杂结构模板的安装与拆除,事先应有切实的安全措施。

(3)工作前应先检查使用的工具是否牢固,扳手等工具必须用绳链系挂在身上,钉子必须放在工具袋内,以免掉落伤人。工作时要思想集中,防止钉子扎脚和空中滑落。

(4)楼层高度超过4m或二层及二层以上的建筑物,安装和拆除钢模板时,周围应设安全网或搭设脚手架和加设防护栏杆。在临街及交通要道地区,尚应设警示牌,并设专人维持安全,防止伤及行人。

(5)模板安装必须按模板的施工设计进行,严禁任意变动。

(6)支模应按规定的作业程序进行,模板未固定前不得进行下一道工序。严禁在连接件和支撑件上攀登上下。

(7)支模时,操作人员不得站在支撑上,而应设立人板,以便操作人员站立。立人板应用木质中板为宜,并适当绑扎固定。不得用钢模板或5cm×10cm的木板。

(8)高空作业要搭设脚手架或操作台,上、下要使用梯子,不许站立在墙上工作;不准站在大梁底模上行走。

(9)遇六级以上的大风时,应暂停室外的高空作业,雪雷雨后应先清扫施工现场,待地面略干不滑时再恢复工作。

2.现浇整体式模板的安装

(1)小钢模在运输及传递过程中,要放稳接牢,防止倒塌或掉落伤人。

(2)现浇整体式的多层房屋和构筑物安装上层楼板及其支架时,应符合下列要求:

1)下层楼板结构的强度要达到能承受上层模板、支撑系统和新浇筑混凝土的重量时,方可进行。否则下层楼板结构的支撑系统不能拆除,同是上下层支柱应在同一垂直线上。

2)下层楼板混凝土强度达到1.2MPa以后,才能上料具。料具要分散堆放,不得过分集中。

3)如采用悬吊模板、桁架支模方法,其支撑结构必须要有足够的强度和刚度。

(3)模板的支设必须严格按工序进行,模板没有固定前,不得进行下道工序的施工。模板及其支撑系统在安装过程中必须设置临时固定设施,而且要牢固可靠,严防倾覆。

(4)使用吊装机械吊装单片柱模时,应采用卡环和柱模连接,严禁用钢筋钩代替,以避免柱模翻转时脱钩造成事故,待模板立稳后并拉好支撑,方可摘取卡环。

(5)严禁在模板的连接件和支撑件上攀登上下,严禁在同一垂直面上安装模板。

(6)支设高度在3m以上的柱模板和梁模板时,应搭设工作平台,不足3m的,可使用马凳作业,不准站在柱模板上操作和在梁底模上行走,更不允许利用拉杆、支撑攀登上下。

(7)用钢管和扣件搭设双排立柱支架支撑梁模时,扣件应拧紧,横杆步距按设计规定,严禁随意增大。

(8)墙模板在未装对拉螺栓前,板面要向后倾斜一定角度并撑牢,以防倒塌。安装过程中要随时拆换支撑或增加支撑,以保持墙模处于稳定状态。模板未支撑稳固前不得松开卡环。

(9)平板模板安装就位时,要在支架搭设稳固,板下横楞与支架连接牢固后进行。U形卡要按设计规定安装,以增强整体陛,确保模板结构安全,防止整体倒塌。

交底部门	安全部	交底人	王××
交底项目	模板安装工程	交底时间	×年×月×日

交底内容：

3.大模板安装

(1)为防止大模板倒塌，存放在施工楼层上的大模板应有可靠的防倾倒措施。在地面存放时，两块大模板应采用板面对板面的存放方法，长期存放应将模板连成整体。对没有支撑或自稳角不足的大模板，应存放在专用的堆放架上，或者平卧堆放，严禁靠放到其他模板或构件上，以防下脚滑移倾翻伤人。

(2)大模板安装时，必须由塔吊等吊运机械配合施工，作业人员必须严格遵守机械的安全操作规程。

(3)吊装模板时，指挥、拆除和挂钩人员必须站在安全可靠的地方方可操作，严禁任何人随大模板起吊，安装外模板的操作人员应挂安全带。如有防止脱钩装置，可吊运同一房间的两块板，但禁止隔着墙同时吊运另一面的一块模板。

(4)大模板起吊前，应将吊机的位置调整适当，并检查吊装用绳索、卡具及每块模板上的吊环是否牢固可靠，然后将吊钩挂好，拆除一切临时支撑，稳起稳吊不得斜牵起吊，禁止用人力搬动模板。吊运安装过程中，严防模板大幅度摆或碰倒其他模板。

(5)组装平模时，应及时用卡或花篮螺丝将相邻模板连接好，防止倾倒；安装外墙外模板时，必须将悬挑扁担固定，位置调好后，方可摘钩。外墙外模板安装好后要立即穿好销杆，紧固螺栓。

(6)作业人员安装大模板要严格按照操作顺序进行，各种连接件、附件等绝不能省略。同时在安装过程中要有操作平台、上下梯道、防护栏杆等附属设施。

(7)大模板安装时作业人员要团结协作、互相照应。重点是要防止模板的倾倒，当模板安装就位，各支撑均稳固后方可摘钩，未就位和未固定前不得摘钩。

(8)大模板安装就位后，为便于混凝土浇筑，两道墙模板平台间应搭设临时走道，严禁在外墙板上行走。

(9)有平台的大模板起吊时，平台上禁止存放任何物料。里外角模和临时摘挂的板面与大模板必须连接牢固，防止脱开和断裂坠落。

(10)大模板组装时，指挥、拆除和挂钩人员，必须站在安全可靠的地方方可操作，严禁任何人员随大模板起吊，安装外模板的操作人员应配挂安全带。

(11)清扫模板和刷隔离剂时，必须将模板支撑牢固，两板中间保持不应少于60cm的走道。

(12)当风力超过5级时，要停止大模板的吊装作业。

4.组合钢模板安装

(1)在组合钢模板上架设的电线和使用的电动工具，应采用36V的低压电源或采取其他有效的安全措施。

(2)登高作业时，连接件必须放在箱盒或工具袋中，严禁放在模板或脚手板上，扳手等各类工具必须系挂在身上或置放于工具袋内，不得掉落。

(3)钢模板用于高耸建筑施工时，应有防雷击措施。

(4)高空作业人员严禁攀登组合钢模板或脚手架等上下，也不得在高空的墙顶、独立梁及其模板等上面行走。

(5)组合钢模板装拆时，上下应有人接应，钢模板应随装拆随转运，不得堆放在脚手板上，严禁抛掷踩撞，若中途停歇，必须把活动部件固定牢靠。

(6)装拆模板，必须有稳固的登高工具或脚手架，高度超过3.5m时，必须搭设脚手架。装拆过程中，除操作人员外，下面不得站人，高处作业时，操作人员应挂上安全带。

(7)安装墙、柱模板时，应随时支撑固定，防止倾覆。

(8)模板的预留孔洞、电梯井口等处，应加盖或设置防护栏，必要时应在洞口处设置安全网。

(9)安装预组装成片模板时，应边就位，边校正和安设连接件，并加设临时支撑稳固。

(10)预组装模板装拆时，垂直吊运应采取两个以上的吊点，水平吊运应采取四个吊点，吊点应合理布置并作受力计算。

(11)预组装模板拆除时，宜整体拆除，并应先挂好吊索，然后拆除支撑及拼接两片模板的配件，待模板离开结构表面后再起吊，吊钩不得脱钩。

(12)拆除承重模板时，为避免突然整块坍落，必要时应先设立临时支撑，然后进行拆卸。

交底部门	安全部	交底人	王××
交底项目	模板安装工程	交底时间	×年×月×日

交底内容：

5.滑模安装

(1)对参加滑模工程施工的人员，必须进行技术培训和安全教育，使其了解本工程滑模施工特点、熟悉规范的有关条文和本岗位的安全技术操作规程，并通过考核合格后方能上岗工作。主要施工人员应相对固定。

(2)滑模施工中应经常与当地气象台、站取得联系，遇到雷雨、六级和六级以上大风时，必须停止施工。停工前做好停滑措施，操作平台上人员撤离前，应对设备、工具、零散材料、可移动的铺板等进行整理、固定并做好防护，全部人员撤离后立即切断通向操作平台的供电电源。

(3)滑模操作平台上的施工人员应定期体检，经医生诊断凡患有高血压、心脏病、贫血、癫痫病及其他不适应高空作业疾病的，不得上操作平台工作。

(4)滑模施工工程操作人员的上下，应设置可靠楼梯或在建筑物内及时安装楼梯。

(5)液压控制台在安装前，必须预先做加压试车工作，经严格检查后，方准运到工程上去安装。

(6)操作平台上，不得多人聚集一处，下班时应清扫和整理好料具；夜间施工应有足够的照明，操作平台上的照明采用 36V 低压电灯。

(7)滑模在提升时，应统一指挥，并有专人负责量测千斤顶，升高时出现不正常情况时，应立即停止滑升，再找出原因，并制订相应措施后方准继续滑升。

(8)滑模施工中，应严格按施工组织设计要求分散堆载，平台不得超载且不应出现不均匀堆载的现象。施工人员必须服从统一指挥，不得擅自操作液压设备和机械设备。

(9)滑升过程中，要随时调整平台水平、中心的垂直度，以防平台扭转和水平位移。

(10)人货两用施工电梯，应安装柔性安全卡、限位开关等安全装置，上、下应有通讯联络设备。且应设有安全刹车装置。

(11)平台内，外吊脚手架使用前，应一律安装好轻质牢固的安全网，并将安全网靠紧筒壁，经验收后方可使用。

(12)为了防止高空物体坠落伤人。筒身内底部，一般在 2.5m 高处搭设保护棚，应十分坚固可靠，并在上部铺一层 6～8mm 钢板防护。

(13)滑升机具和操作平台应严格按照施工设计安装。平台四周要有防护栏杆和安全网，平台板铺设不得留空隙。施工区域下面应设安全围栏，经常出入的通道要搭设防护棚。

(14)危险警戒区内的建筑物出入口、地面通道及机械操作场所。应搭设高度不低于 2.5m 的安全防护棚。滑模工程进行立体交叉作业时，上、下工作面间，应搭设隔离防护棚。各种牵拉钢丝绳、滑轮装置、管道、电缆及设备等均应采取防护措施。

(15)地面施工作业人员，在警戒区内防护棚外进行短时间工作时，应与操作平台上作业人员取得联系，并指定专人负责警戒。

(16)模板安装完后，应进行全面检查，确实证明安全可靠后，方可进行下一工序的工作。

接底人	李××、章××、刘××、程××…

4.6 三宝、四口及临边防护安全管理资料

4.6.1 《安全网支挂验收表》填写范例

安全网支挂验收表

No. ×××

<table>
<tr><td>工程名称</td><td colspan="3">××小区×号楼工程</td><td>施工单位</td><td colspan="3">××建筑工程有限公司</td></tr>
<tr><td>架体高度</td><td>×m</td><td>支持部位</td><td>外檐防护</td><td>支挂形式</td><td>全封闭</td><td>验收日期</td><td>××年×月×日</td></tr>
<tr><td>项目经理</td><td colspan="2">×××</td><td colspan="2">参加验收人员</td><td colspan="3">×××、×××、×××</td></tr>
<tr><td colspan="8">验收情况
1. 脚手架四周用绿色密目安全网(2000 目/10cm×10cm)全封闭,网支挂在外排脚手架内侧,并与架体绑扎牢固,符合要求。
2. 脚手架内侧与建筑物间距×cm,下设兜网,兜网内缘与建筑物固定牢固,无空隙,符合要求。
3. 架体施工层以下每隔×m 设一道层间网,共×道,绑扎牢靠。
4. 安全网有合格证和检验报告×份</td></tr>
<tr><td>验收结果</td><td colspan="7">经检查,安全网支挂符合《建筑施工安全检查标准》(JGJ 59－2011)的要求

搭设负责人:××× 项目负责人:××× 安全负责人:×××

××年×月×日 ××年×月×日 ××年×月×日</td></tr>
</table>

注:1. 凡施工现场各洞口、各临边、各类脚手架、物料提升机(龙门架)隔离设施或垂直防护等,使用安全网做防护的均应验收。

2. 表中支挂部位系指安全网设置的具体位置,支挂形式指安全网挂设的方法。验收情况栏内写安全网支挂项目名称及部位、安全网的规格、支撑的水平、垂直度、绑扎的牢固度、网片之间的孔洞密封度等。

4.6.2 《“四口”及临边防护验收表》填写范例

“四口”及临边防护验收表

No. ×××

<table>
<tr><td>工程名称</td><td colspan="4">××工程</td><td colspan="2">施工单位</td><td colspan="3">××建筑工程有限公司</td></tr>
<tr><td>结构类型</td><td>框架剪力墙</td><td>栋号层数</td><td>×层</td><td colspan="2">验收层数</td><td>×层</td><td>验收日期</td><td colspan="2">×月×日</td></tr>
<tr><td>序号</td><td>验收项目</td><td colspan="5">防护标准要求</td><td colspan="3">验收情况</td></tr>
<tr><td>1</td><td>洞口</td><td colspan="5">2.5～50cm 采取封堵或用 2.5～5cm 木板封严井牢固;50～150cm 预留通长钢筋距离不大于 20cm,并用脚手板封严牢固;150cm 以上洞口四周有防护栏杆高度不低于 1.2m。立挂密目网封严,洞口下设水平安全网;凡高度超过 80cm 的立洞口须用密目网封严;大孔径桩口、降水井口应固定盖板封严</td><td colspan="3">符合要求</td></tr>
<tr><td>2</td><td>电梯井、竖向管道井、管道间</td><td colspan="5">电梯井必须装工具式可向上开启的金属门,高度不低于 1.5m,井道内按标准设水平安全网(安全网垂直距离不大于 10m),竖向管道井必须安装防护门或栏杆高度不低于 1.5m,井内按标准设水平网,竖向管道间有预留钢筋网片,应加固定盖板或防护门</td><td colspan="3">电梯井、竖向管道井、管道间安全防护到位</td></tr>
<tr><td>3</td><td>楼梯口</td><td colspan="5">设两道栏杆,高度不低于 1.2m</td><td colspan="3">符合要求</td></tr>
<tr><td>4</td><td>通道防护棚</td><td colspan="5">多层结构防护棚距结构或外脚手架外皮长度不小于 3m,高层结构不小于 6m,高度不低于 3m,宽于通道两侧各 50cm,两侧加栏杆,用密目网封严,顶部用不小于 5cm 厚脚手板盖严绑牢,50m 以上高层结构为双层板,间隔 30m</td><td colspan="3">符合要求</td></tr>
<tr><td>验收结果</td><td colspan="9">经检查,符合《建筑施工安全检查标准》(JGJ 59—2011)检查标准的要求,验收合格

搭设负责人:××× 项目负责人:××× 安全负责人:×××
××年×月×日 ××年×月×日 ××年×月×日</td></tr>
</table>

注:1. 凡楼梯口、电梯井口、预留洞口、坑井口、通道口防护;阳台、楼板、屋面、进料台、休息平台等临边防护的验收,均可参考使用本表。
2. 此表为验收结论性表格,应与部分检查标准相应的表配套使用,并按相关文件的具体要求进行。
3. 表中验收情况栏内填写时应与前项施工方案要求内容相对应,用文字和数据表述。

4.6.3 《"三宝"、"四口"安全检查记录》填写范例

"三宝"、"四口"安全检查记录

No. ×××

工程名称	××小区×号楼工程	检查时间	××年×月×日	部位	主体
施工单位	××建筑工程有限公司	检查负责人	×××		
参加检查人	×××、×××、×××、×××、×××、×××				

检查记录

应填写如下内容：

1. 现场每周定期对现场安全达标、文明施工进行检查并记录情况。记录工程中存在的隐患问题，下达隐患整改通知单，隐患整改反馈表，复查意见情况。

2. 安全保证资料的审查情况。

3. 上级主管部门的检查情况。

4. 其他

检查负责人：×××　　　　××年×月×日

4.6.4 《“三宝”产品登记表》填写范例

“三宝”产品登记表

No. ×××

生产经销单位	××建筑设备制造厂	产品类别及型号	安全帽
经销负责人	×××		×××
四证名称(编号)	×××、×××、×××、×××		

序号	产品进货情况		使用部位	使用情况	负责人签字
	时间	数量			
1	××年×月×日	×个	主体	达到标准要求	×××

4.6.5 《安全防护用具检查维修保养记录表》填写范例

安全防护用具检查维修保养记录表

工程名称:××小区×号楼工程

施工单位:××建筑工程有限公司

日　期	品　名	型号规格	数量	生产厂家	生产许可证号	合格证号	检查、维护、保养情况
××年×月×日	安全帽	XM-D2	50个	××有限公司	××-××	××-××	良好
××年×月×日	安全网	××	10张	××有限公司	××-××	××-××	良好
××年×月×日	安全带	××	25条	××有限公司	××-××	××-××	良好
××年×月×日	护目眼镜	××	4个	××有限公司	××-××	××-××	良好
××年×月×日	防护服	××	50套	××有限公司	××-××	××-××	良好

材料员:×××　　　　专职安全员:×××　　　　填表人:×××

4.6.6 《安全防护设施验收记录》填写范例

安全防护设施验收记录

工程名称	××小区×号楼工程		验收日期	××年×月×日
序号	验收内容		验收要求	验收结果
1	三宝	安全帽 安全带 安全网	有合格证，按规做试验。 有合格证，按规做试验。 有建设安全监督管理部门颁发的准用证，规格、质量符合要求，按规定做试验	有合格证，按规定做试验。 有合格证，按规定做试验。 有建设安全监督管理部门颁发的准用证，规格、质量符合要求，按规定做试验
2	楼梯口	防护栏杆 挡脚板	0.6m，1.2m 各设一道，定型化、工具化 18cm 高，3cm 厚连续设置	防护栏杆挡脚板 0.6m，1.2m 各设一道，定型化、工具化 18cm 高，3cm 厚连续设置
3	电梯井口	井内防护 井口防护	平网防护，两层设一道，不大于 10m。 设钢制防护门，定型化、工具化，防护严密	平网防护，两层设一道，不大于 10m。 设钢制防护门，定型化、工具化，防护严密
4	预留洞口	洞口防护	按规范要求设置，防护严密，定型化工具化	洞口防护按规范要求设置，防护严密，定型化工具化
5	通道口	长度、宽度 防护棚 防护栏杆 防护网	长 5.0m，宽 1.5m 5cm 厚木板，2.5m 高，设双层 0.6m，1.2m 各设一道 外侧用 2000 目立网封闭	通道口长度、宽度，长 5.0m，宽 1.5m 外侧用 2000 目立网封闭
6	各处临边	阳台 楼板 楼梯 基坑 屋面	0.6m，1.2m 各设一道防护栏杆，设置 18cm 高挡脚板，用安全立网封闭	各处临边 0.6m，1.2m 各设一道防护栏杆，设置 18cm 高挡脚板，用安全立网封闭
验收签字	搭设负责人：××× 安全负责人：×××			使用负责人：××× 项目负责人：×××
验收结论	验收合格 技术负责人：××× ××年×月×日			

4.6.7 《脚手架、安全网验收单》填写范例及说明

脚手架、安全网验收单

施工单位：××建筑工程有限公司

工地名称：××小区×号楼工程

架子名称		架子类别		材　质	√
方　案	√	审　批	√	荷　载	
验收部位		基　础	√	立杆横距	
立杆纵距		横杆步距		排木间距	
脚手板	√	挡脚板	√	护身栏	0.6m、1.2m
剪刀撑(戗)		拉　接	√	卸　荷	
绑　扎		挑　梁		吊　索	每组三节 吊杆 ϕ14
保险绳	（填写具体规格）	别　杠	√	虎头钩	√
螺栓(母)	√	天(地)轮	√	卸料平台	√
吊盘及进料口	√	限位装置	√	制动停靠装置	√
传动系统	√	缆风绳	√	地锚	√
卡　具	√	马道宽度	1.8m	马道坡度	1∶6
防滑条	30cm	安全网	√	网底有效高度	（填实测数据）
网内外差	50cm	其他			

验收意见	脚手架、安全网验收合格，同意使用					
验收人员	审批人	项目经理	技术负责人	安全员	架子工长	使用人
	×××	×××	×××	×××	×××	×××

【填写说明】

(1)本验收单适用于各种脚手架，按不同脚手架只填写相关的项目。

(2)“材质”填写杉槁、钢管及铸造扣件是否合格，合格“√”，不合格“×”。

(3)“方案”“审批”内容手续齐全有效，合格“√”，不合格“×”。

(4)“荷载”填写设计承载能力，单位：“N”。

(5)“基础”填实际验收基础夯实、排水、垫通板、纵横向扫地杆是否符合标准，合格“√”，不合格“×”。验收井架、龙门架填写基础混凝土垫板厚度，单位：“cm”。

(6)“立杆横距”、“立杆纵距”、“横杆步距”、“排木间距”、“马道宽度”，按实测数据填写。

(7)“脚手板”填写作业面是否满铺，合格“√”，不合格“×”。

(8)“挡脚板”填写作业面是否满铺，合格“√”，不合格“×”。

(9)“护身栏”填写实测高度，若为两道护身栏则应填写两个数据，单位：m。

(10)“剪刀撑”填写实测高度，若为两道护身栏则应填写两个数据，单位：m。

(11)“拉接”填写实际水平和垂直距离是否符合要求，合格“√”，不合格“×”。单位：m。

(12)“卸荷”填写脚手架卸荷方式，如：采用“撑”、“挑”、“吊”、“双杆”等。

(13)“挑梁”填写验收吊篮脚手架的挑梁末端稳固状态，及预埋环隐检单等。

(14)“吊索”填写验收吊篮脚手架的吊索类型及规格，如：每组三节吊杆 $\phi 14$。

(15)“保险绳”填写验吊篮保险钢丝绳的规格。

(16)“别杠”填写插口架子别杠实际验收情况，合格“√”，不合格“×”。

(17)“虎头钩”填写验收外挂架子虎头钩完好程度和数量是否合格，合格“√”，不合格“×”。

(18)“螺栓(母)”填写验收井架子的螺栓(母)是否合格，合格“√”，不合格“×”。

(19)“天(地)轮”填写验收井架、龙门架的天(地)轮是否符合标准，合格“√”，不合格“×”。

(20)“卸料平台”填写是否有门等防护门是否齐全，合格“√”，不合格“×”。

(21)“吊盘及进料口”填写实际验收的防护门是否齐全，合格“√”，不合格“×”。

(22)“限位装置”填写各种限位器是否齐全有效，合格“√”，不合格“×”。

(23)“制动停靠装置”填写实际验收吊盘的保险杠或保险钩，合格“√”，不合格“×”。

(24)“传动系统”填写实际验收传动系统的安全状态，合格“√”，不合格“×”。

注：传动系统包括：卷扬机与地锚的连接，卷筒防滑脱保险，钢丝绳。

(25)“缆风绳”填写实际验收状态，符合标准“√”，不符合标准“×”。

(26)“马道坡度”填写设计要求搭设的实际坡度比，如上人马道填 1∶3 或上料马道 1∶6。

(27)“防滑条”填写实测间距，单位：cm。

(28)“网底有效高度”填写安全网下的有效高度的实测数据，单位：m。

(29)“网内外差”填写支搭平网外高差的实测数据，单位：cm。

(30)“其他”填写本验收单例项以外的项目。

(31)“验收意见”简单填写验收中发现的问题和验收结论。

4.6.8 《“五临边”防护验收表》填写范例

“五临边”防护验收表

施工单位:××建筑工程有限公司

工程名称:××小区×号楼工程 部位:施工现场

序号	验收项目	具体要求	验收情况
1	基槽、坑沟	深度超过2m的槽、坑、沟应设置高度不低于1.2m的不少于2道防护栏杆,立挂密目网封闭	周边搭设1.2m的防护栏杆,外侧立挂密目安全网
2	结构周边、后浇带、伸缩缝	结构外侧无防护的必须设置高度不低于1.2m的两道临边防护栏杆,立挂密目网封严;后浇带、伸缩缝应用厚度不少于2.5cm盖板封严	符合要求
3	屋面周边	平屋顶周边防护高度不低于沿口1m,坡屋顶周边防护高度不低于檐口1.5m	防护栏杆高出屋面1.5m
4	平台周边	落地或悬挑平台周边必须设置高度不低于1.5m的防护栏杆,密目网封严并设置挡脚板	平台周边设1.5m防护栏杆,并立挂安全网、挂脚板高18cm连续设置
5	斜道楼梯侧边	斜道楼梯两侧必须按其坡度设置高度1.2m的两道栏杆,斜坡两侧设置挡脚板	防护栏杆高1.2m,挡脚板高18cm
验收意见	经检查“五临边”防护符合安全要求		

验收人员	主管工长	施工班组	安全员			
	×××	×××	×××			

××年×月×日

4.6.9 安全“三宝”管理制度

(1)进入施工现场的所有人员,都必须按要求正确佩戴安全帽。作业中不得将安全帽脱下,搁置一旁,或当坐垫使用。

(2)国家标准中规定佩戴安全帽的高度,为帽箍底边至人头顶端(以试验时木质人头模型作代表)的垂直距离为 80～90mm。国家标准对安全帽最主要的要求是能够承受 5000N 的冲击力。

(3)正确使用安全帽,要扣好帽带,调整好帽衬间距(一般约 40～50mm),帽衬不得轻易松脱或颠动摇晃。领取安全帽时应即使检查,发现有缺衬缺带或破损的安全帽应立即更换,不准使用有安全隐患的安全帽。

(4)使用安全带时要高挂低用,防止摆动碰撞,绳子不能打结,钩子要挂在连接环上。当发现有异常时要立即更换,换新绳时要加绳套。使用 3m 以上的长绳要加缓冲器。

(5)在攀登和悬空等作业中,必须佩戴安全带并有牢靠的挂钩设施,严禁只在腰间佩戴安全带,而不在固定的设施上拴挂钩环。

(6)安全带不使用时要妥善保管,不可接触高温、明火、强酸、强碱或尖锐物体。使用频繁的绳要经常做外观检查;使用两年后要做抽检,抽验过的样带要更换新绳。

(7)悬挂在施工现场的水平网内不得存留建筑垃圾,网下不能堆积物品,网身不能出现严重变形和磨损,防止受化学品与酸、碱烟雾的污染及电焊火花的烧灼等。

(8)安全网支撑架不得出现严重变形和磨损,其连接部位不得有松脱现象。网与网之间及网与支撑架之间的连接点不允许出现松脱。所有绑拉的绳都不能受到严重的磨损或有变形。

(9)施工现场水平网内的坠落物要经常清理,保持网体洁净。避免大量焊接或其他火星落入网内,避免高温或蒸汽环境。当网体受到化学品的污染、网绳嵌入粗砂粒或其他可能引起磨损的异物时,即须进行清洗,清洗后使其自然干燥。

(10)安全网在搬运中不可使用铁钩或带尖刺的工具,以防损伤网绳。网体要存放在仓库或专用场所,并将其分类、分批存放在架子上,不允许随意乱堆。仓库要求具备通风、遮光、隔热、防潮、避免化学物品侵蚀等条件。在存放过程中,要对网体作定期检验,发现问题,立即处理,以确保安全。

4.6.10 临边作业安全技术交底

临边作业 施工现场安全技术交底表

工程名称:××大厦工程 施工单位:××建设集团有限公司 编号:×××

交底部门	安全部	交底人	王××
交底项目	临边作业安全技术交底	交底时间	××年×月×日

交底内容:

(1)对临边高处作业,必须设置防护措施,并符合下列规定:

1)基坑周边,尚未安装栏杆或栏板的阳台、料台与挑平台周边,雨蓬与挑檐边,无外脚手的屋面与楼层周边及水箱与水塔周边等处,都必须设置防护栏杆。

2)首层墙高度超过3.2m的二层楼面周边,以及无外脚手架的高度超过3.2m的楼层周边,必须在外围架设安全平网一道。

3)分层施工的楼梯口和梯段边,必须安装临时护栏。顶层楼梯口应随工程结构进度安装正式防护栏杆。

4)井架与施工用电梯和脚手架等与建筑物通道的两侧边,必须设防护栏杆。地面通道上部应装设安全防护棚。双笼井架通道中间,应予分隔封闭。

5)各种垂直运输接料平台,除两侧设防护栏杆外,平台口还应设置安全门或活动防护栏杆。

(2)临边防护栏杆杆件的规格及连接要求,应符合下列规定:

1)毛竹横杆小头有效直径不应小于70mm,栏杆柱小头直径不应小于80mm,并须用不小于16号的镀锌钢丝绑扎,不应少于3圈,并无泻滑。

2)原木横杆上杆梢径不应小于70mm,下杆梢径不应小于60mm,栏杆柱梢径不应小于75mm。并须用相应长度的圆钉钉紧,或用不小于12号的镀锌钢丝绑扎,要求表面平顺和稳固无动摇。

3)钢筋横杆上杆直径不应小于16mm,下杆直径不应小于14mm,栏杆柱直径不应小于18mm,采用电焊或镀锌钢丝绑扎固定。

4)钢管横杆及栏杆柱均采用Φ48×(2.7 5～3.5)mm的管材,以扣件或电焊固定。

5)以其他钢材如角钢等作防护栏杆杆件时,应选用强度相当的规格,以电焊固定。

(3)搭设临边防护栏杆时,必须符合下列要求:

1)防护栏杆应由上、下两道横杆及栏杆柱组成,上杆离地高度为1.0～1.2m,下杆离地高度为0.5～0.6m。坡度大于1∶2.2的屋面,防护栏杆应高1.5m,并加挂安全立网。除经设计计算外,横杆长度大于2m时,必须加设栏杆柱。

2)栏杆柱的固定应符合下列要求:

①当在基坑四周固定时,可采用钢管并打入地面50～70cm深。钢管离边口的距离,不应小于50cm。当基坑周边采用板桩时,钢管可打在板桩外侧。

②当在混凝土楼面、屋面或墙面固定时,可用预埋件与钢管或钢筋焊牢。采用竹、木栏杆时,可在预埋件上焊接30cm长的50×5角钢,其上下各钻一孔,然后用10mm螺栓与竹、木杆件栓牢。

③当在砖或砌块等砌体上固定时,可预先砌入规格相适应的80×6弯转扁钢作预埋铁的混凝土块,然后用上项方法固定。

3)栏杆柱的固定及其与横杆的连接,其整体构造应使防护栏杆在上杆任何处,能经受任何方向的1000N外力。当栏杆所处位置有发生人群拥挤、车辆冲击或物件碰撞等可能时,应加大横杆截面或加密柱距。

交底部门	安全部	交底人	王××
交底项目	临边作业安全技术交底	交底时间	××年×月×日

交底内容：

4)防护栏杆必须自上而下用安全立网封闭，或在栏杆下边设置严密固定的高度不低于 18cm 的挡脚板或 40cm 的挡脚笆。挡脚板与挡脚笆上如有孔眼，不应大于 25mm。板与笆下边距离底面的空隙不应大于 10mm。

接料平台两侧的栏杆，必须自上而下加挂安全立网或满扎竹笆。

5)当临边的外侧面临街道时，除防护栏杆外，敞口立面必须采取满挂安全网或其他可靠措施作全封闭处理。

(4)临边防护栏杆的力学计算及构造型式应符合下列要求：

1)防护栏杆横杆上杆的计算，应按要求，以外力为活荷载(可变荷载)，取集中荷载作用于杆件中点，按式(1)计算弯矩，并按式(2)计算弯曲强度。需要控制变形时，尚应按式(3)计算挠度。荷载设计值的取用，应符合现行的《建筑结构荷载规范》(GB 50009－2012)的有关规定。强度设计值的取用，应符合相应的结构设计规范的有关规定。

①弯矩：

$$M=\frac{Fl}{4} \tag{1}$$

式中　M——上杆承受的弯矩最大值(N·m)；

F——上杆承受的集中荷载设计值(N)；

l——上杆长度(m)。

②弯曲强度：

$$M \leqslant W\text{n}f \tag{2}$$

式中　M——上杆的弯矩(N·m)；

W_n——上杆净截面抵抗矩(cm^3)；

f——上杆抗弯强度设计值(N/mm^2)。

③挠度：

$$\frac{fl^3}{48EI} \leqslant \text{容许挠度} \tag{3}$$

式中　F——上杆承受的集中荷载标准值(N)；

l——上杆长度(m)，计算中采用 1×103mm；

E——杆件的弹性模量(N/mm^2)，钢材可取 206×103N/mm^2；

I——杆件截面惯性矩(mm^4)。

注：①计算中，集中荷载设计值 F，应按可变荷载(活荷载)的标准值 $Q_k=1000N$ 乘以可变荷载的分项系数 $\gamma_Q=1.4$ 取用。

②抗弯强度设计值，采用钢材时可按 $f=215N/mm^2$ 取用。

③挠度及容许挠度均以 mm 计。

2)临边防护栏杆的构造型式见图 4-19～图 4-21。

交底部门	安全部	交底人	王××
交底项目	临边作业安全技术交底	交底时间	××年×月×日

交底内容：

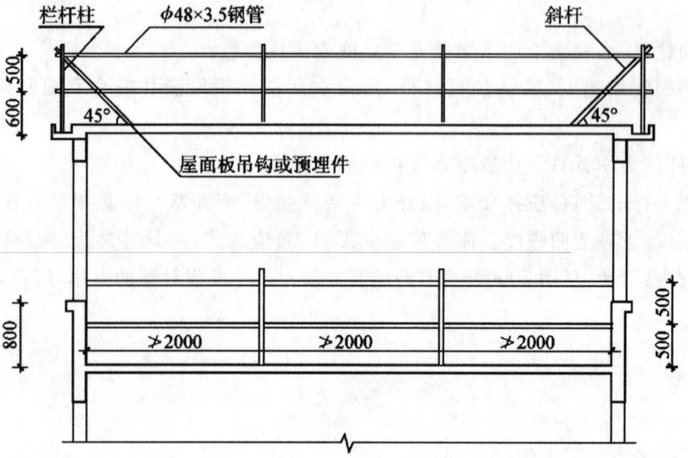

图 4-19 屋面和楼层临边防护栏杆(单位:mm)

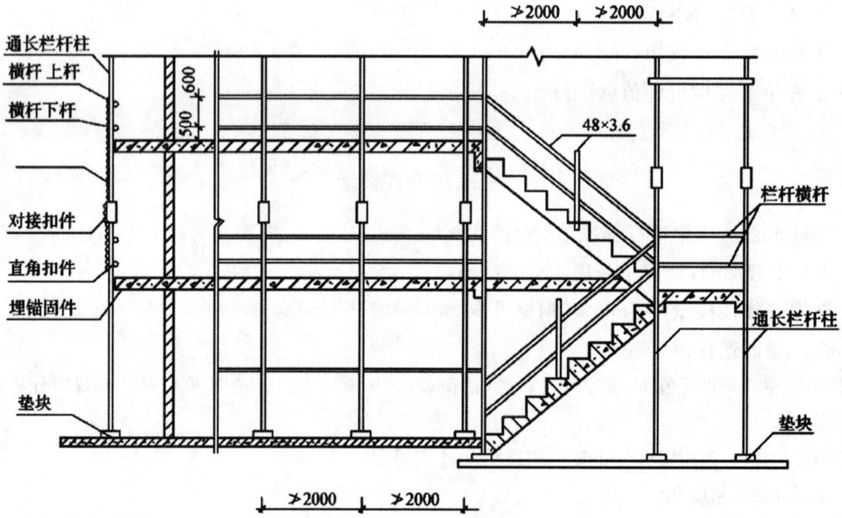

图 4-20 楼梯、楼层和阳台临边防护栏杆(单位:mm)

交底部门	安全部	交底人	王××
交底项目	临边作业安全技术交底	交底时间	××年×月×日

交底内容：

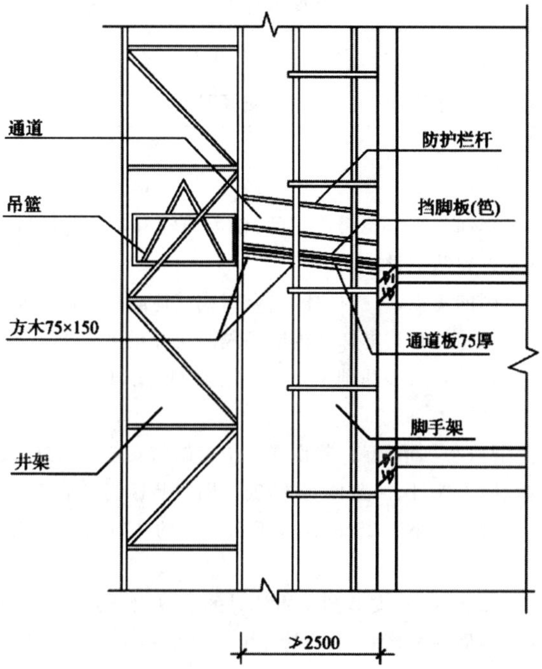

图 4-21　通道侧边防护栏杆(单位:mm)

接底人	李××、章××、刘××、程××…

4.6.11 洞口作业安全技术交底

洞口作业 施工现场安全技术交底表

工程名称：××大厦工程　　施工单位：××建设集团有限公司　　编号：×××

交底部门	安全部	交底人	王××
交底项目	洞口作业安全技术交底	交底时间	××年×月×日

交底内容：

(1)进行洞口作业以及在因工程和工序需要而产生的，使人与物有坠落危险或危及人身安全的其他洞口进行高处作业时，必须按下列规定设置防护设施：

1)板与墙的洞口，必须设置牢固的盖板、防护栏杆、安全网或其他防坠落的防护设施。

2)电梯井口必须设防护栏杆或固定栅门；电梯井内应每隔两层并最多隔10m设一道安全网。

3)钢管桩、钻孔桩等桩孔上口，杯形、条形基础上口，未填土的坑槽，以及人孔、天窗、地板门等处，均应按洞口防护设置稳固的盖件。

4)施工现场通道附近的各类洞口与坑槽等处，除设置防护设施与安全标志外，夜间还应设红灯示警。

(2)洞口根据具体情况采取设防护栏杆、加盖件、张挂安全网与装栅门等措施时，必须符合下列要求：

1)楼板、屋面和平台等面上短边尺寸小于25cm但大于2.5cm的孔口，必须用坚实的盖板盖设。盖板应能防止挪动移位。

2)楼板面等处边长为25～50cm的洞口、安装预制构件时的洞口以及缺件临时形成的洞口，可用竹、木等作盖板，盖住洞口。盖板须能保持四周搁置均衡，并有固定其位置的措施。

3)边长为50～150cm的洞口，必须设置以扣件扣接钢管而成的网格，并在其上满铺竹笆或脚手板。也可采用贯穿于混凝土板内的钢筋构成防护网，钢筋网格间距不得大于20cm。

4)边长在150cm以上的洞口，四周设防护栏杆，洞口下张设安全平网。

5)垃圾井道和烟道，应随楼层的砌筑或安装而消除洞口，或参照预留洞口作防护。管道井施工时，除按上款办理外，还应加设明显的标志。如有临时性拆移，需经施工负责人核准，工作完毕后必须恢复防护设施。

6)位于车辆行驶道旁的洞口、深沟与管道坑、槽，所加盖板应能承受不小于当地额定卡车后轮有效承载力2倍的荷载。

7)墙面等处的竖向洞口，凡落地的洞口应加装开关式、工具式或固定式的防护门，门栅网格的间距不交底内容：

8)下边沿至楼板或底面低于80cm的窗台等竖向洞口，如侧边落差大于2m时，应加设1.2m高的临时护栏。

9)对邻近的人与物有坠落危险性的其他竖向的孔、洞口，均应予以盖设或加以防护，并有固定其位置的措施。

(3)洞口作业安全设施实例(见图4-22～图4-24)。

交底部门	安全部	交底人	王××
交底项目	洞口作业安全技术交底	交底时间	××年×月×日

交底内容：

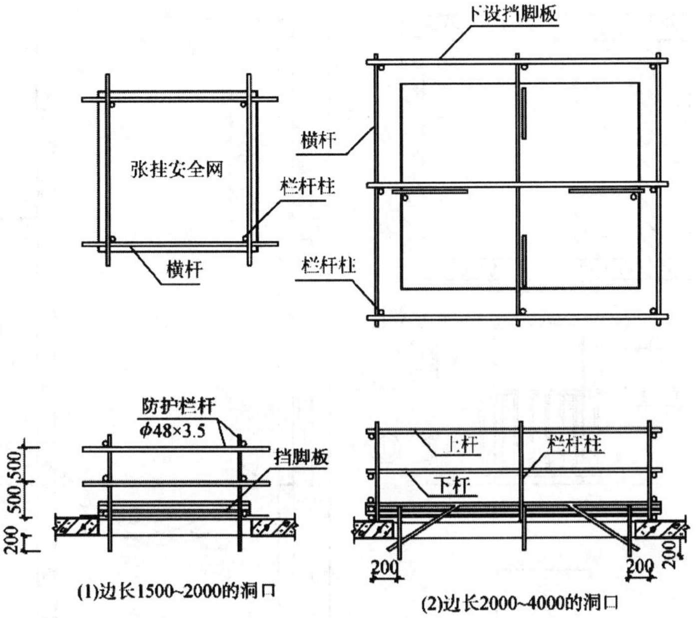

图 4-22　洞口防护栏杆(单位:mm)

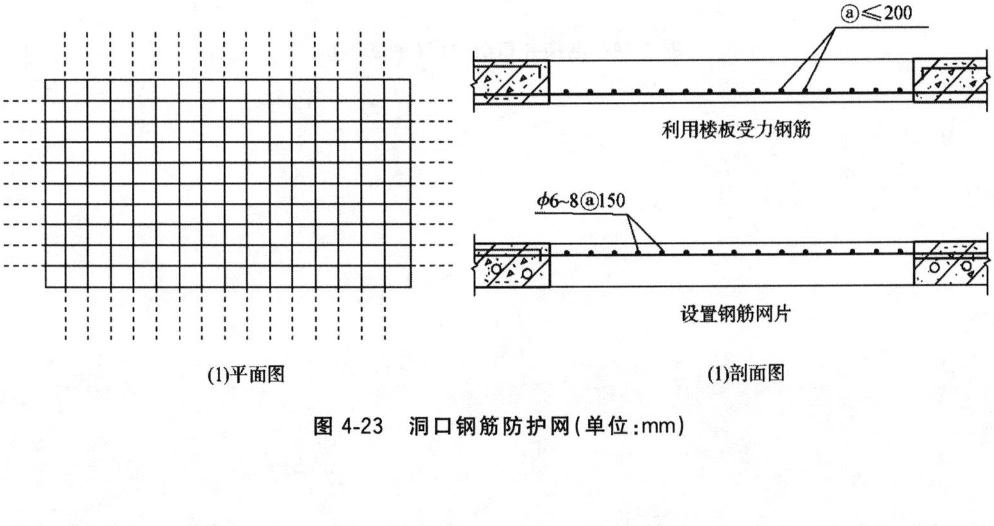

图 4-23　洞口钢筋防护网(单位:mm)

交底部门	安全部	交底人	王××
交底项目	洞口作业安全技术交底	交底时间	××年×月×日

交底内容:

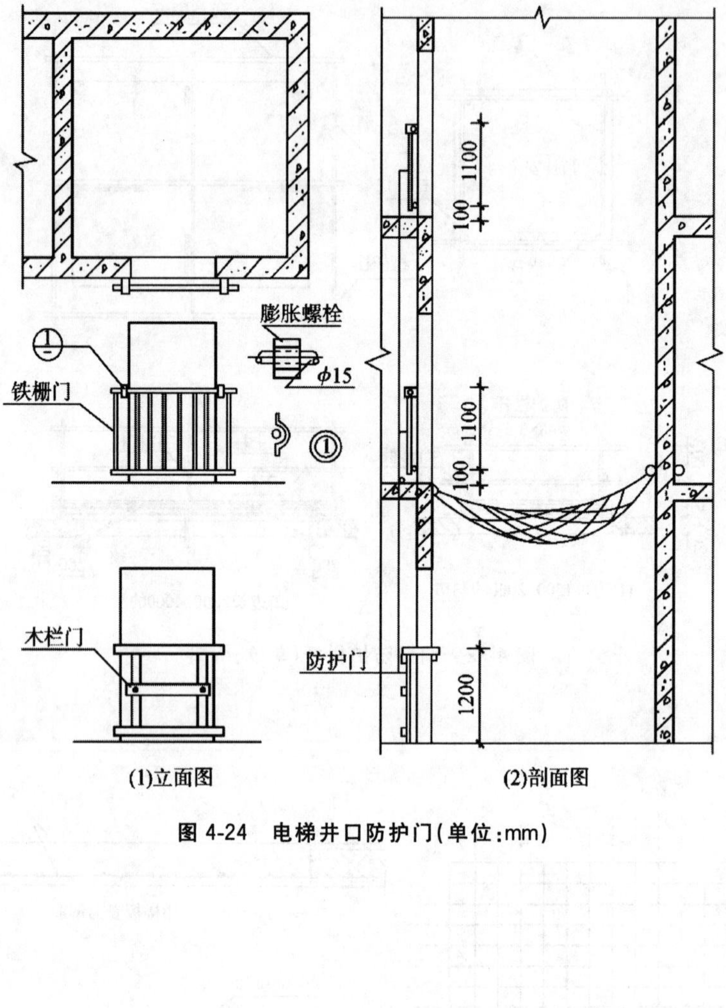

图 4-24 电梯井口防护门(单位:mm)

接底人	李××、章××、刘××、程××…

4.7　临时用电安全管理资料

4.7.1 《施工现场临时用电施工组织设计报审表》填写范例

施工现场临时用电施工组织设计报审表

工程名称:××小区×号楼工程　　　　　　　　　　编号:×××

致:　××监理公司　(监理单位): 我方已完成了××小区×号楼工程施工现场临时用电施工组织设计的编制,并经公司技术负责人批准,请予以审查。 附:《××小区×号楼工程施工现场临时用电施工组织设计》 承包单位(章):　××建筑工程有限公司 项目负责人:　××× 日　　期:　××年×月×日
专业监理工程师审查意见: 该安全施工组织设计编制合理,技术可行,报审手续齐全。同意按该施工组织设计施工 专业监理工程师:　××× 日　　期:　××年×月×日
总监理工程师审核意见: 同意按该安全施工组织设计组织施工 项目监理机构:　××监理公司 总监理工程师:　××× 日　　期:　××年×月×日

(编者:施工现场临时用电施工组织设计范例略)

4.7.2 《施工现场临时用电验收表》填写范例

施工现场临时用电验收表			编号	×××
工程名称	××小区×号楼		总包单位	××建筑工程有限公司
临时用电工程	××建筑工程有限公司		作业电工	×××
序号	检查项目	检查内容		检查结论
1	施工组织方案	用电设备5台以上或设备总容量在50kW以上者，应编制临时用电施工组织设计		有临时用电施工组织设计，审批手续齐全
2	外电防护	小于安全距离时应有安全防护措施；防护措施应符合要求		外电防护符合安全要求
3	接地与接零保护系统	应采用TN－S系统供电；重复接地符合要求，其电阻值应不大于10Ω；各种电气设备和施工机械的金属外壳、金属支架和底座必须按规定采取可靠的接零或接地保护		接地与接零保护系统符合安全要求
4	三级配电	配电室的设置应符合要求；现场实行三级本电，总配电箱应装设电压表、总电流表、总电度表及其他仪表；总配电箱应装设总开关和分路开关，开关均采用自动空气开关。分配电箱应设总开关和分开关，总开关应采用自动空气开关，分开关可采用漏电开关或刀闸开关并配备熔断器。开关箱内安装漏电开关、熔断器及插座		符合要求
5	漏电保护器	须实行两级漏电保护；严格实行“一机、一闸、一漏、一箱”；漏电保护装置应灵敏、有效，参数应匹配；在总、分配电箱上安装的漏电保护开关的漏电动作电流应为50～100mA，开关箱必须装漏电保护器，其额定漏电动作电流不大于30mA，额定漏电动作时间0.1s		符合要求

续表

6	配电箱设置	配电箱安装位置应符合要求，箱体应采用铁板或优质绝缘材料制作，不得使用木质材料制作，箱体应牢固、防雨；箱内电器安装板应为绝缘材料；金属箱体等不带电的金属体必须作保护接零；进线口及出线口应设在箱体的下面，并加护套保护；工作零线、保护零线应分设接线端子板，并通过端子板接线；箱内接线应采用绝缘导线，接头不得松动，不得有带电体明露；闸具、容断器参数与设备容量应匹配，安装应符合要求；不得用其他导线替代熔丝；箱内应设有线路图	良好
7	配电线路	电缆架设或埋设符合规定要求；须使用五芯线电缆，电缆完好，无老化、破皮现象	良好
8	其他	照明灯具金属外壳须作保护接零，使用行灯和低压照明灯具，其电源电压不应超过36V；行灯和低压灯的变压器应装设在电箱内，符合房外电气安装要求；交流电焊机须装设专用防触电保护装置、电焊把线应双线到位、电缆线应绝缘无破损	良好
9	其他增加的验收项目		
10	验收结论： 经检查，临时用电符合安全要求 ××年×月×日		
验收人签名	总包单位	分包单位	作业队伍
	×××	×××	×××
监理单位意见： 经验收，临时用电各保护措施落实到位，符合安全要求，验收合格 监理工程师(签字)：××× ××年×月×日			

注：本表由施工单位填报，监理单位、施工单位各存一份。

要求：施工现场临时用电工程必须经相关单位验收合格后方可使用，验收时可根据施工进度分部位分回路进行，并填写本表。项目监理部对验收资料及实物进行检查并签署意见。

4.7.3 总、分包临电安全管理协议

总包单位:××建筑工程有限公司(以下简称甲方)

分包单位:××建筑工程安装有限公司(以下简称乙方)

工程名称:××小区×号楼

为了确保××小区×号楼工程施工现场临时用电安全,防止各类触电事故的发生,依据《中华人民共和国安全生产法》、《建设工程安全生产管理条例》、建设部《施工现场临时用电安全技术规范》(JGJ 46—2005)、《建筑施工安全检查标准》(JGJ 59－2011)的有关规定签订本协议。甲、乙双方应按照各自职责,对建设工程临时用电进行监督管理,严格遵守本协议书规定的权利、责任和义务,保障施工现场临时用电安全。

一、甲方的权利、责任和义务

1. 贯彻落实国家及××市施工现场临时用电的有关规定,负责对施工现场临时用电进行全面监督、管理,并对施工现场临时用电进行安全检查和指导。

2. 负责提供施工电源,并把施工电源送到(经双方共同验收)符合安全标准的B级配电箱,并对乙方的使用情况进行监督检查。

3. 审阅乙方临时用电申请,并把乙方临时用电安全技术措施和电气防火措施进行备案。

4. 对乙方特种作业人员的花名册、操作证复印件及培训记录进行存档备案;未经安全生产教育培训和无证人员,不得上岗作业。

5. 向乙方提供电源时,应与乙方办理交接验收手续。

6. 现场发生触电事故时,经主管部门鉴定属于甲方临时用电线路和设施问题或管理不善造成的事故,由甲方负全责。

7. 按照有关临时用电标准对乙方的临时用电设备、设施进行监督和检查;发现乙方在临时用电中存在隐患必须现成乙方予以整改,并监督整改落实情况。

二、乙方的权利、责任和义务

1. 严格执行国家及××市施工现场临时用电的有关技术规范和安全操作规程,对施工区域内自行管辖的临时用电负全面管理责任。

2. 保证B级配电箱以下管辖区域内各种用电设备、设施完好,临时用电设施和器材必须使用正规厂家的合格产品,严禁使用假冒伪劣等不合格产品;加强维护保养工作,严禁各种机电设备带病运行,保证临时用电符合有关安全用电标准。

3. 向甲方提供书面的临时用电申请;设备设施需要增容时,必须重新办理用电申请手续。

4. 在使用甲方提供临时电源时,对不符合临时用电标准的电源,向甲方提出整改意见;有权拒绝在不符合临时用电标准的电源上拉接电源;对甲方在安全检查中提出的关于临时用电方面存在的问题或隐患,必须按要求认真落实整改。

5. 现场发生触电事故时,经主管部门鉴定属于乙方因违反上述协议和违章指挥、违章操作,对提供的电源线路设施未经甲方同意擅自拆、改、接,不服从甲方管理造成事故的,由乙方负全责。

6. 执行临时用电安全技术交底制度,对施工区域内自行管辖的操作人员进行临时用电安全技术交底,避免违章指挥、违章操作和误码操作,确保安全用电。

7. 对特种作业人员进行上岗前的职业技能、安全生产等方面的培训未经安全生产教育培训及培训不合格和无证人员，不得上岗作业；特种作业人员必须依照有关规定持证上岗；向甲方提供特种作业人员花名册、操作证复印件和培训记录。

三、争议

当甲、乙双方发生争议时，可以通过甲、乙双方上级主管部门协商解决，若意见不一致时，按××市政府有关部门认定结果执行。

四、双方有关未尽事宜补充条款

补充条款如下：____

____

____

本协议书一式两份，甲、乙各保存一份，双方签字盖章后生效。

本协议书自签字之日生效至工程完工终止。

总包单位：(盖章)　　　　分包单位：(盖章)

负责人签字：×××　　　　负责人签字：×××

××年×月×日　　　　××年×月×日

4.7.4 《施工用电线路系统验收表》填写范例

施工用电线路系统验收表

No. ×××

工程名称		××小区×号楼工程		施工单位	××建筑工程有限公司
敷设形式		直埋电缆		验收日期	××年×月×日
项目经理		×××	参加验收人员	×××、×××、×××、×××	
序号	验收项目	施工方案要求		验收情况	
1	现场照明线路	生活区宿舍照明应采用安全电压，照明线路分设，并穿管固定		生活区采用×台×V行灯变压器供电，并穿管固定，现场照明线路分设，照明采用高光效×灯×盏，架高×m。符合要求	
2	接地与接零保护	重复接地为三角形设置三组，其阻值不大于10Ω。必须设保护接零		重复接地设置×组，第一组×Ω，第二组×Ω，第三组×Ω。保护零线均采用黄绿双色双股铜线，截面为×mm^2，符合要求	
3	配电线路敷设	干线埋设应采用五芯电缆，埋深0.2～0.7m砖砌电缆沟，电缆上下铺0.1m厚细砂，盖砖保护		电缆型号××××，埋设深度为×m，沟槽底面与侧面砌砖，槽内宽×m，底部铺×cm厚细砂，电缆上部铺×cm厚细砂，盖整砖后用干土平整，符合要求	
4	其他				
验收结果	合格 安装负责人：××× 项目负责人：××× 电气负责人：××× ××年×月×日 ××年×月×日 ××年×月×日				

注：1. 凡施工现场敷设的施工用电电气线路系统的验收均可参考使用本表。
2. 验收的依据为临时用电施工组织设计及电工技术规范。
3. 表中验收项目系指电气线路的具体位置和名称。
4. 表中验收情况栏内填写内容应与前项施工方案要求内容相对应，用文字和数据表述。
5. 此表为验收结论性表格，应与部颁检查标准相应的表配套使用，并按市建委相关文件的具体要求进行。

4.7.5 《电气设备安装验收表》填写范例

电气设备安装验收表

<table>
<tr><td>工程名称</td><td colspan="3">××小区×号楼</td><td>施工单位</td><td>××建筑工程有限公司</td></tr>
<tr><td>验收负责人</td><td>×××</td><td>验收时间</td><td>××年×月×日</td><td>设备名称及编号</td><td>××××××</td></tr>
<tr><td>参加验收人员</td><td colspan="5">×××、×××、×××、×××</td></tr>
<tr><td>序号</td><td>电气设备安装标准要求</td><td colspan="4">验　收　情　况</td></tr>
<tr><td>1</td><td>采用标准系列电闸箱，铁皮厚度不小于1.5mm，有标识及分路图</td><td colspan="4">该箱为标准分配电箱，铁皮厚×mm，有××厂标识和分路图</td></tr>
<tr><td>2</td><td>闸箱门与箱体应进行电器连接</td><td colspan="4">门、锁齐全，与箱电器连接，防雨、防尘，符合要求</td></tr>
<tr><td>3</td><td>箱内电器元件完好，安装拆卸符合标准做保护接零</td><td colspan="4">闸箱内电器元件合格，安装板为×mm厚铁板，并与箱体做保护接零</td></tr>
<tr><td>4</td><td>导线截面应符合设计要求，绝缘良好，接头紧固</td><td colspan="4">导线均按设计配备，绝缘良好，绝缘阻值为×MΩ，导线截面为×mm^2，工作零线为×mm^2，保护零线为×mm^2，导线无裸露，接头紧固。符合要求</td></tr>
<tr><td>5</td><td>漏电保护器匹配灵敏有效</td><td colspan="4">箱内设有×台××型漏电保护器，动作电流为×mA，不动作电流×mA，动作时间×s，符合标准要求</td></tr>
<tr><td>6</td><td>箱体安装应距地高1.3～1.5m</td><td colspan="4">配电箱底距地面高度为×m</td></tr>
<tr><td>7</td><td>其他</td><td colspan="4"></td></tr>
<tr><td colspan="6">符合规范标准的要求

安装电工：×××　　设备负责人：×××　　安全负责人：×××

××年×月×日　　××年×月×日　　××年×月×日</td></tr>
</table>

注：1. 此表使用方法同施工用电线路系统验收表。凡现场安装的电气设备，可参考使用本表。

2. 电气设备安装要依据国家标准要求，分项目填写。

3. 应有相关专业负责人参加电气设备安装验收，并认真按规范及量化标准填写内容。

4.7.6 《电气线路系统及设备检查记录》填写范例

电气线路系统及设备检查记录

No.×××

<table>
<tr><td>工程名称</td><td>××小区×号楼工程</td><td>检查时间</td><td>××年×月×日</td><td rowspan="2">部位</td><td rowspan="2">现场1#变压器</td></tr>
<tr><td>施工单位</td><td>××建筑工程有限公司</td><td>检查负责人</td><td>×××</td></tr>
<tr><td>参加检查人</td><td colspan="5">×××、×××、×××、×××、×××、×××</td></tr>
<tr><td colspan="6">检查记录
应填写如下内容：
1. 现场每周定期对现场安全达标、文明施工进行检查和记录情况。记录工程存在的隐患问题，下达隐患整改通知单，隐患整改反馈表，复查意见情况。
2. 安全保证资料的审查情况。
3. 上级主管部门的检查情况。
4. 其他

检查负责人：××× ××年×月×日</td></tr>
</table>

4.7.7 《漏电保护器测试记录》填写范例

漏电保护器测试记录

No. ×××

工程名称	××小区×号楼工程		施工单位	××建筑工程有限公司	
漏电保护器编号	×××	闸箱编号	××××	安装日期	××年×月×日
测试负责人	×××	参加测试人员		×××、×××、××	
型号	×××	相线级	三相三级	额定动作电流	×mA

序号	测试日期	运行测试方式		运行动作情况		试验人
		按钮(周)	仪表(月)	漏电动作电流	漏电动作时间	
1	×月×日	×次正常	×型号	×mA	×s	×××
2	×月×日	×次正常	×型号	×mA	×s	×××
3	×月×日	×次正常	×型号	×mA	×s	×××
备注						

注:1. 凡施工现场使用的漏电保护器,必须定期进行测试并填写本表。

2. 对不符合标准规范要求的漏电保护器,应及时调整或更换,并将有关情况填写在备注栏内。

4.7.8 《电工作业人员登记表》填写范例

电工作业人员登记表

No. ×××

单位名称		××建筑工程有限公司			登记日期	××年×月×日	
序	姓名	工种	工龄	等级	发证单位	证件编号	备注
1	×××	电工	8年	特	×××	××××	
2	×××	电工	6年	特	×××	××××	
3	×××	电工	4年	特	×××	××××	
4	×××	电工	6年	特	×××	××××	
5	×××	电工	5年	特	×××	××××	

填表人：×××　　　　时间：××年×月×日

4.7.9 《供电系统产品登记表》填写范例

供电系统产品登记表

No. ×××

<table>
<tr><td colspan="2">生产经销单位</td><td colspan="2">××厂</td><td rowspan="2">产品类别
及型号</td><td>××××</td></tr>
<tr><td colspan="2">经销负责人</td><td colspan="2">×××</td><td>××××</td></tr>
<tr><td colspan="2">四证名称(编号)</td><td colspan="4">×××、×××、×××、×××</td></tr>
<tr><td rowspan="2">序号</td><td colspan="2">产品进货情况</td><td rowspan="2">使用部位</td><td rowspan="2">使用情况</td><td rowspan="2">负责人签字</td></tr>
<tr><td>时间</td><td>数量</td></tr>
<tr><td>1</td><td>×年×月×日</td><td>×个</td><td>施工现场</td><td>达到标准要求</td><td>×××</td></tr>
<tr><td></td><td></td><td></td><td></td><td></td><td></td></tr>
<tr><td></td><td></td><td></td><td></td><td></td><td></td></tr>
<tr><td></td><td></td><td></td><td></td><td></td><td></td></tr>
<tr><td></td><td></td><td></td><td></td><td></td><td></td></tr>
<tr><td></td><td></td><td></td><td></td><td></td><td></td></tr>
<tr><td></td><td></td><td></td><td></td><td></td><td></td></tr>
<tr><td></td><td></td><td></td><td></td><td></td><td></td></tr>
<tr><td></td><td></td><td></td><td></td><td></td><td></td></tr>
<tr><td></td><td></td><td></td><td></td><td></td><td></td></tr>
<tr><td></td><td></td><td></td><td></td><td></td><td></td></tr>
<tr><td></td><td></td><td></td><td></td><td></td><td></td></tr>
<tr><td></td><td></td><td></td><td></td><td></td><td></td></tr>
<tr><td></td><td></td><td></td><td></td><td></td><td></td></tr>
<tr><td></td><td></td><td></td><td></td><td></td><td></td></tr>
<tr><td></td><td></td><td></td><td></td><td></td><td></td></tr>
<tr><td></td><td></td><td></td><td></td><td></td><td></td></tr>
<tr><td></td><td></td><td></td><td></td><td></td><td></td></tr>
<tr><td></td><td></td><td></td><td></td><td></td><td></td></tr>
<tr><td></td><td></td><td></td><td></td><td></td><td></td></tr>
<tr><td></td><td></td><td></td><td></td><td></td><td></td></tr>
</table>

4.7.10 《临时用电检查整改记录表》填写范例

临时用电检查整改记录表

单位名称:××建筑工程有限公司 工程名称:××小区×号楼工程

参加检查人员	×××、×××、×××、×××
存在的问题(隐患): 1. 钢筋加工机械电闸箱箱门损坏,无防雨措施。 2. 木工加工机械电闸箱箱体安装高度不符合要求	
整改措施: 1. 电闸箱箱门与箱体应进行电器连接,门和锁都应齐全与箱体电器连接,防雨、防尘措施必须有效。 2. 箱体安装应距地面 1.5m **落实人:**×××	
复查结论: 上述问题已于××年×月×日按要求整改完毕复查合格 **复查人:**×××	

记录人:××× 日期:××年×月×日

4.7.11 《电气设备调试检测记录》填写范例

电气设备调试检测记录

<table>
<tr><td>工程名称</td><td colspan="3">××小区×号楼</td><td>施工单位</td><td colspan="2">××建筑工程公司</td></tr>
<tr><td>验收负责人</td><td>×××</td><td>验收时间</td><td>××年×月×日</td><td colspan="2">设备名称及编号</td><td>××××××</td></tr>
<tr><td>参加验收人员</td><td colspan="6">×××、×××、×××、×××</td></tr>
<tr><td>序号</td><td colspan="2">电气设备安装标准要求</td><td colspan="4">验收情况</td></tr>
<tr><td>1</td><td colspan="2">采用标准系列电闸箱，铁皮厚度≮1.5mm，有标识及分路图</td><td colspan="4">该箱为标准分配电箱，铁皮厚×mm，有××标识和分路图</td></tr>
<tr><td>2</td><td colspan="2">闸箱门与箱体应进行电器连接</td><td colspan="4">门、锁齐全，与箱电器连接，防雨、防尘，符合要求</td></tr>
<tr><td>3</td><td colspan="2">箱内电器元件完好，安装拆符合标准，应做保护接零</td><td colspan="4">闸箱内电器元件合格，安装板为×mm 厚铁板，并与箱体做保护接零</td></tr>
<tr><td>4</td><td colspan="2">导线截面应符合设计，绝缘良好，接头紧固</td><td colspan="4">导线均按设计配备，绝缘良好，绝缘阻值为×MΩ，导线截面为×mm^2，工作零线为×mm^2，保护零线为×mm^2，导线无裸露，接头紧固。符合要求</td></tr>
<tr><td>5</td><td colspan="2">漏电保护器匹配灵敏有效</td><td colspan="4">箱内设有×台××型漏电保护器，动作电流为×mA，不动作电流×mA，动作时间×s，符合标准要求</td></tr>
<tr><td>6</td><td colspan="2">箱体安装应距地高 1.3～1.5m</td><td colspan="4">配电箱底距地面高度为×m</td></tr>
<tr><td>7</td><td colspan="2">其他</td><td colspan="4"></td></tr>
<tr><td colspan="7">符合国家有关验收规范的要求

安装电工：×××　×年×月×日　　设备负责人：×××　×年×月×日　　安全负责人：×××　×年×月×日</td></tr>
</table>

注：1. 施工现场安装的电气设备均应检查验收并填写本表。
2. 电气设备安装要参照国家标准要求分项目填写。
3. 应有相关专业负责人参加电气设备安装验收，并认真按规范及量化标准填写内容

4.7.12 《临时用电安全检查记录表》填写范例

临时用电安全检查记录表

检查类型：　专项检查

<table>
<tr><td>单位名称</td><td>××建筑工程有限公司</td><td>工程名称</td><td>××小区×号楼工程</td><td>××年×月×日</td></tr>
<tr><td>检查单位</td><td colspan="4">××建筑工程有限公司××小区×号楼工程项目部</td></tr>
<tr><td>检查项目或部位</td><td colspan="4">施工现场临时用电</td></tr>
<tr><td>检查人员</td><td colspan="4">×××(项目经理)、×××(安全员)、×××(施工员)、×××(技术员)、×××(电工)</td></tr>
<tr><td colspan="5">检查记录及结论：
1. 地下室照明未使用安全电压。
2. 对焊机未使用专用开关箱

记录人：×××</td></tr>
<tr><td colspan="5">整改措施：
1. 认真组织学习《施工现场临时用电安全技术规范》与项目安保计划。
2. 安排电工将地下室照明于3日内全部改成36V照明。
3. 安排采购员购买100A漏电开关，为对焊机设置专用开关箱

制订人：×××　　负责人：×××</td></tr>
<tr><td colspan="5">复查意见：
经复查，×月×日地下室已使用36V安全电压照明，×月×日对焊机已使用专用开关箱

负责人：×××</td></tr>
</table>

注：每月必须组织检查一次。

4.7.13 《安全用电设施交接验收记录表》填写范例

安全用电设施交接验收记录表

<table>
<tr><td>工程名称</td><td>×××小区×号楼工程</td><td>总包单位</td><td>××建筑工程有限公司</td></tr>
<tr><td>设施移交单位</td><td>××建筑工程有限公司</td><td>设施接受单位</td><td>××建筑安装有限公司</td></tr>
<tr><td>移交部位或设施</td><td colspan="3">临时用电设施</td></tr>
<tr><td colspan="2">移交单位意见：
×××小区×号楼工程楼现场用电设施和职工宿舍用电均按施工现场临时用电施工组织设计及楼层用电方案进行布置，符合《施工现场临时用电安全技术规范》(JGJ 46－2005)用电规范及《建筑施工安全检查标准》(JGJ 59－2011)安全检查标准要求，验收合格，现移交给施工方，请验收</td><td colspan="2">接受单位意见：
现场临时用电设施和职工宿舍用电符合规定要求，同意接收</td></tr>
<tr><td>移交单位安全员</td><td>×××、×××、×××、×××</td><td>接受单位安全员</td><td>×××、×××、×××</td></tr>
<tr><td>移交单位负责人</td><td>×××、×××</td><td>接受单位负责人</td><td>×××、×××</td></tr>
<tr><td>移交日期</td><td>××年×月×日</td><td>接受日期</td><td>××年×月×日</td></tr>
<tr><td colspan="4">总包单位意见：
同意移交，并需做好如下几点：
1. 各单位安装、维修、拆除各自区域内的临时用电工程均应按已上报的专业电工完成，持双证(有效证件)上岗。
2. 各单位在各自区域配电时应符合《施工现场临时用电安全技术规范》(JGJ 46－2005)用电规范及《建筑施工安全检查标准》(JGJ 59－2011)安全检查标准要求。
3. 各单位应对各自区域内的用电设施做好日常检查和检修工作，严禁带病运转，并对我方用电设施进行妥善维护

负责人：××× 日期：××年×月×日</td></tr>
</table>

注：1. 凡施工中甲单位的安全防护设施或设备，由乙单位在施工中使用时，或由乙单位委托甲单位搭设的安全防护设施及提供的设备时，必须填写交接验收记录。

2. 移交单位的安全防护设施或设备、防护标准必须符合规定要求，接收单位在验收合格接受后，施工中必须保持安全设施或设备的完好。

4.7.14 《电气线路绝缘强度测试记录》填写范例

电气线路绝缘强度测试记录						编号	×××			
工程名称	××小区×号楼				施工单位	××建筑工程有限公司				
计量单位	MΩ(兆欧)				测试日期	××年×月×日				
仪表型号	2C－7	电压	1000V		天气情况		晴	气温	23℃	
测试项目	相间			相对零			相对地			零对地
测试内容	A－B	B－C	C－A	A－N	B－N	C－N	A－E	B－E	C－E	N－E
三层 $3AL_{3-1}$										
支路 1	750			700			700			700
支路 2			600			650			700	700
支路 3			700			700			750	700
支路 4	700			700			700			700
支路 5		750			600			650		700
支路 6			700			700			750	750
测试结论	经测试××小区×号楼工程三层 $3AL_{3-1}$ 电气线路绝缘强度符合设计要求和《建筑电气工程质量验收规程》(GB 50303－2002)的规定									
参加人员签字	监理负责人		电气负责人		安全员		测试电工(二人)			
	×××		×××		×××		××× ×××			

监理单位意见：

符合测试程序，同意使用(√)

不符合测试程序，重新组织验收(　)

监理工程师(签字)：

××年×月×日

注：1. 本表由施工单位填写，建设单位、施工单位各存一份。

2. 本表适用单相、单相三线、三相四线制、三相五线制的照明、动力线路及电缆线路、电机、设备电器等绝缘电阻的测试。

3. 表中 A 代表第一相、B 代表第二相、C 代表第三相、N 代表零线(中性线)、E 代表接地线。

要求：主要包括临时用电动力、照明线路及其他必须进行的绝缘电阻测试，工程项目应将测量结果按系统回路填入本表后报项目监理部审核，项目监理部应对测量的程序进行审核，如发现测量数据异常的，应立即督促施工单位采取必要的措施。

4.7.15 《临时用电接地电阻测试记录表》填写范例

<table>
<tr><td colspan="4">临时用电接地电阻测试记录表</td><td>编号</td><td colspan="2">×××</td></tr>
<tr><td>工程名称</td><td colspan="2">××小区×号楼</td><td>施工单位</td><td colspan="3">××建筑工程有限公司</td></tr>
<tr><td>仪表型号</td><td colspan="2">2C－8/500V</td><td>测试日期</td><td colspan="3">××年×月×日</td></tr>
<tr><td>计量单位</td><td colspan="2">Ω</td><td>天气情况</td><td>晴</td><td>气温</td><td>25℃</td></tr>
<tr><td>接地类型
测试内容</td><td>防雷接地</td><td>保护接地</td><td>重复接地</td><td>接地</td><td colspan="2">接地</td></tr>
<tr><td>塔吊</td><td>1.8Ω</td><td></td><td></td><td></td><td colspan="2"></td></tr>
<tr><td>配电箱保护零线</td><td></td><td></td><td>1.2Ω</td><td></td><td colspan="2"></td></tr>
<tr><td>配电室</td><td></td><td></td><td></td><td></td><td colspan="2">1.1Ω</td></tr>
<tr><td></td><td></td><td></td><td></td><td></td><td colspan="2"></td></tr>
<tr><td></td><td></td><td></td><td></td><td></td><td colspan="2"></td></tr>
<tr><td></td><td></td><td></td><td></td><td></td><td colspan="2"></td></tr>
<tr><td></td><td></td><td></td><td></td><td></td><td colspan="2"></td></tr>
<tr><td></td><td></td><td></td><td></td><td></td><td colspan="2"></td></tr>
<tr><td>设计要求</td><td>≤10Ω</td><td>≤4Ω</td><td>≤10Ω</td><td>≤4Ω</td><td colspan="2">≤4Ω</td></tr>
<tr><td>测试结论</td><td colspan="6">符合设计要求和《建筑电气工程质量验收规范》(GB 50303－2002)的规定</td></tr>
<tr><td rowspan="2">参加人员
签　　字</td><td>监理负责人</td><td>电气负责人</td><td>安全员</td><td colspan="3">测试电工(二人)</td></tr>
<tr><td>×××</td><td>×××</td><td>×××</td><td colspan="3">×××　　×××</td></tr>
<tr><td colspan="7">监理单位意见：

符合测试程序，同意使用(√)
不符合测试程序，重新组织验收(　)
监理工程师(签字)：
××年×月×日</td></tr>
</table>

注：本表由施工单位填写，监理单位、施工单位各存一份。

要求：主要包括临时用电系统、设备的重复接地、防雷接地、保护接地以及设计有要求的接地电阻测试，工程项目部门应将测量结果填入本表后报项目监理部审核，项目监理部应对测量的程序进行审核，如发现测量数据异常的，应立即督促施工单位采取必要的措施。

4.7.16 《电工巡检维修记录》填写范例

电工巡检维修记录

工程名称：××小区×号楼工程

施工单位：××建筑工程有限公司

××市建设委员会制定

电工巡检维修记录

电工姓名	×××	值班时间	××时×分至×时×分
供电方式		额定容量	

序号	巡视检查项目	巡视检查内容	隐患	维修结果
1	高压线防护	按方案进行防护并做到严密,安全可靠		
2	接地或接零保护系统	工作接地、重复接地牢固可靠系统保护零线重复接地不少于3处。工作接地电阻不大于4Ω,定期检测重复接地电阻,阻值不大于10Ω。保护零线正确,采用绿/黄双色线其截面与工作零线截面相同或不小于相线的1/2,严禁将绿/黄双色线用做负荷线	正常	
3	配电箱开关箱	总配电箱中应在电源隔离开关(可视明显断开点)的负荷侧装置漏电保护器,并灵敏可靠。分配电箱设置正确并与开关箱距离不大于30m。固定开关箱(一机一闸一漏一箱)漏电保护装置在设备负荷侧,灵敏可靠,并距离设备不大于3m。固定配电箱、开关箱装位置正确,高度在1.4～1.6m。移动配电箱、开关箱安装高度在0.8～0.6m。电箱底进出线,不混乱,并应加绝缘护套采用固定线夹成束卡固在箱体花栏架构上。箱内无杂物,有门、锁、编号、防触电标志及防雨措施。闸具、保护零线端子、工作零线端子齐全完好。箱门与箱体之间必须采用编制软铜线电气连接。电器用途明确标识。箱内不应有带电明露点。箱内应有本箱体的配电系统图	移动配电箱箱底线路磨损,混乱	重新更换新电线,线路排列有序
4	现场、生活区照明	现场照明回路有漏电保护器,动作灵敏可靠灯具金属外壳应做保护接零。室内220V灯具安装高度大于2.5m,低于2.5m使用安全电压供电。手持照明灯具必须使用电压36V(含)以下照明,电源线必须采用橡套电缆线,不得使用塑绞线,手柄及外防护罩完好无损。低压安全变压器应放置在专用配电箱内。碘钨灯照明必须采用密闭式防雨灯具,金属灯具和金属支架应做好保护接零,架杆手持部位应采取绝缘措施,电源线必须采用橡套电缆线,电源侧应装设漏电保护器	正常	
5	配电线路	配电线路无老化、破损、断裂现象,与交通线路交叉的电源线应符合有关安装架设标准有线路过路保护。架空线路架符合有关规定,严禁架在树木、脚手架上	正常	
6	变配电装置	露天变压器设置符合规定要求,配电元器件间距符合规范要求,并有可靠安全的防护措施,及正确悬挂警告标志,门应朝外开,有锁。变配电室内不得堆入杂物,并设有消防器材。发电机组及其配电室内严禁存放贮油桶,发电机设有短路、过负荷保护。配电室必须有相应的配电制度、配电平面图、配电系统图、防火管理制度、值班制度、责任人;具有良好的照明及应急照明;具有防止小动物的措施;具有良好的绝缘操作措施;良好通风条件。易发热元件是否在正常工作范围内	正常	
7	其他	除以上内容发现的其他隐患。	正常	

要求:施工现场电工应按有关要求进行巡检维修、并由值班电工每日填写本表,每月送交项目安全管理部门存档。

4.7.17 防雷及接地安全技术交底

1. 防护接零安全技术交底

防护接零施工现场安全技术交底表

工程名称:××大厦工程　　**施工单位**:××建设集团有限公司　　**编号**:×××

交底部门	安全部	**交底人**	王××
交底项目	防护接零安全技术交底	**交底时间**	×年×月×日
交底内容: (1)在 TN 系统中,下列电气设备不带电的外露可导电部分应做保护接零: 1)电机、变压器、电器、照明器具、手持式电动工具的金属外壳; 2)电气设备传动装置的金属部件; 3)配电柜与控制柜的金属框架; 4)配电装置的金属箱体、框架及靠近带电部分的金属围栏和金属门; 5)电力线路的金属保护管、敷线的钢索、起重机的底座和轨道、滑升模板金属操作平台等; 6)安装在电力线路杆(塔)上的开关、电容器等电气装置的金属外壳及支架。 (2)城防、人防、隧道等潮湿或条件特别恶劣施工现场的电气设备必须采用保护接零。 (3)在 TN 系统中,下列电气设备不带电的外露可导电部分,可不做保护接零: 1)在木质、沥青等不良导电地坪的干燥房间内,交流电压 380V 及以下的电气装置金属外壳(当维修人员可能同时触及电气设备金属外壳和接地金属物件时除外); 2)安装在配电柜、控制柜金属框架和配电箱的金属箱体上,且与其可靠电气连接的电气测量仪表、电流互感器、电器的金属外壳。			
接底人	李××、章××、刘××、程××…		

2. 接地与接地电阻安全技术交底

接地与接地电阻施工现场安全技术交底表

工程名称：××大厦工程　**施工单位：**××建设集团有限公司　**编号：**×××

交底部门	安全部	交底人	王××
交底项目	接地与接地电阻安全技术交底	交底时间	×年×月×日

交底内容：

(1)单台容量超过100kVA或使用同一接地装置并联运行且总容量超过100kVA的电力变压器或发电机的工作接地电阻值不得大于4Ω。单台容量不超过100kVA或使用同一接地装置并联运行且总容量不超过100kVA的电力变压器或发电机的工作接地电阻值不得大于10Ω。在土壤电阻率大于1000Ω·m的地区，当达到上述接地电阻值有困难时，工作接地电阻值可提高到30Ω。

(2)TN系统中的保护零线除必须在配电室或总配电箱处做重复接地外，还必须在配电系统的中间处和末端处做重复接地。

在TN系统中，保护零线每一处重复接地装置的接地电阻值不应大于10Ω。在工作接地电阻值允许达到10Ω的电力系统中，所有重复接地的等效电阻值不应大于10Ω。

(3)在TN系统中，严禁将单独敷设的工作零线再做重复接地。

(4)每一接地装置的接地线应采用2根及以上导体，在不同点与接地体做电气连接。

不得采用铝导体做接地体或地下接地线。垂直接地体宜采用角钢、钢管或光面圆钢，不得采用螺纹钢。

接地可利用自然接地体，但应保证其电气连接和热稳定。

(5)移动式发电机供电的用电设备，其金属外壳或底座应与发电机电源的接地装置有可靠的电气连接。

(6)移动式发电机系统接地应符合电力变压器系统接地的要求。下列情况可不另做保护接零：

1)移动式发电机和用电设备固定在同一金属支架上，且不供给其他设备用电时；

2)不超过2台的用电设备由专用的移动式发电机供电，供、用电设备间距不超过50m，且供、用电设备的金属外壳之间有可靠的电气连接时。

(7)在有静电的施工现场内，对集聚在机械设备上的静电应采取接地泄漏措施。每组专设的静电接地体的接地电阻值不应大于100Ω，高土壤电阻率地区不应大于1000Ω。

接底人	李××、章××、刘××、程××…

3.防雷安全技术交底

防雷施工现场安全技术交底表

工程名称：××大厦工程　**施工单位**：××建设集团有限公司　**编号**：×××

交底部门	安全部	交底人	王××
交底项目	防雷安全技术交底	交底时间	×年×月×日

交底内容：

(1)在土壤电阻率低于200Ω·m区域的电杆可不另设防雷接地装置，但在配电室的架空进线或出线处应将绝缘子铁脚与配电室的接地装置相连接。

(2)施工现场内的起重机、井字架、龙门架等机械设备，以及钢脚手架和正在施工的在建工程等的金属结构，当在相邻建筑物、构筑物等设施的防雷装置接闪器的保护范围以外时，应按下表规定安装防雷装置。表中地区年均雷暴日(d)应按《施工现场临时用电安全技术规范》(JGJ 46－2005)附录A执行。

当最高机械设备上避雷针(接闪器)的保护范围能覆盖其他设备，且又最后退出现场，则其他设备可不设防雷装置。

确定防雷装置接闪器的保护范围可采用《施工现场临时用电安全技术规范》(JGJ 46－2005)附录B的滚球法。

施工现场内机械设备及高架设施需安装防雷装置的规定

地区年平均雷暴日(d)	机械设备高度(m)
≤15	≥50
>15，<40	≥32
≥40，<90	≥20
≥90及雷害特别严重地区	≥12

(3)机械设备或设施的防雷引下线可利用该设备或设施的金属结构体，但应保证电气连接。

(4)机械设备上的避雷针(接闪器)长度应为1～2m。塔式起重机可不另设避雷针(接闪器)。

(5)安装避雷针(接闪器)的机械设备，所有固定的动力、控制、照明、信号及通信线路，宜采用钢管敷设。钢管与该机械设备的金属结构体应做电气连接。

(6)施工现场内所有防雷装置的冲击接地电阻值不得大于30Ω。

(7)做防雷接地机械上的电气设备，所连接的PE线必须同时做重复接地，同一台机械电气设备的重复接地和机械的防雷接地可共用同一接地体，但接地电阻应符合重复接地电阻值的要求。

接底人	李××、章××、刘××、程××…

4.8　施工升降机安全管理资料

4.8.1 《施工升降机拆除施工方案报审》填写范例

施工升降机拆除施工方案报审表

工程名称:××小区×号楼工程　　　　编号:×××

<table>
<tr><td>致:　××监理公司　(监理单位)
我方已完成了××小区×号楼工程施工升降机拆除施工方案的编制,并经公司技术负责人批准,请予以审查。
附:《××小区×号楼工程施工升降机拆除施工方案》

承包单位(章):××建筑工程有限公司
项目负责人:×××
日期:××年×月×日</td></tr>
<tr><td>专业监理工程师审查意见:
同意按该施工方案组织施工

专业监理工程师:×××
日期:××年×月×日</td></tr>
<tr><td>总监理工程师审核意见:
同意按该施工方案组织施工

项目监理机构:××监理有限公司
总监理工程师:×××
日期:××年×月×日</td></tr>
</table>

(编者:施工升降机拆除施工方案范例略)

4.8.2 《施工升降机安装/拆卸任务书》填写范例

施工升降机安装/拆卸任务书

档案编号：　　　　　　　　　　　　××年×月×日

安装/拆卸单位	××机械设备安装有限公司　(盖章)		
施工地点	××市××路××号××小区	工程名称	××小区×号楼
施工单位	××建筑工程有限公司	统一编号	×××
设备型号	SCD200/200	安装高度	×m
安/拆日期	××年×月×日	任务下达者	×××

安装/拆卸说明、要求：

1. 首先把电梯周边的垃圾杂物等清理干净，保证道路畅通。
2. 电梯安装/拆卸应由经过专门培训的人员进行，施工时严禁垂直交叉作业，杜绝一切违章作业。
3. 在安装电梯附臂时，各施工人员必须系好安全带，并拧紧一切联接螺栓。
4. 电梯安装完毕，必须经有关部门验收合格后方可正式运行

安装负责人(签字)：×××

××年×月×日

要求：1. 施工升降机安装过程中，安装单位或施工单位应根据施工进度分别认真填写本表的有关内容。
2. 本表共七张，适用于施工升降机的安装、接高、附着和拆卸的过程控制记录。
3. 施工升降机拆卸时，填写表《施工升降机安装/拆卸任务书》、《施工升降机安装/拆卸安全技术交底》、《施工升降机安装/拆卸过程记录》。
4. 每次接高时，均应填写《施工升降机接高验收记录》。
5. 除表《施工升降机基础验收表》以外，其他表格均应由拆装单位加盖公章。复印件无效。
6. 以上资料，监理单位、施工单位、租赁单位、拆装单位各留存一份原件。

4.8.3 《施工升降机安装/拆卸安全技术交底》填写范例

施工升降机安装/拆卸安全技术交底

档案编号：　　　　　　　　　　　　　　　　　　　　　　××年×月×日

<table>
<tr><td>安装/拆卸单位</td><td colspan="3">××机械设备安装有限公司　　　　(盖章)</td></tr>
<tr><td>施工地点</td><td>××市××路××号××小区</td><td>工程名称</td><td>××小区×号楼</td></tr>
<tr><td>施工单位</td><td>××建筑工程有限公司</td><td>统一编号</td><td>×××</td></tr>
<tr><td>设备型号</td><td>SCD200/200</td><td>安装高度</td><td>×m</td></tr>
<tr><td>安/拆日期</td><td>××年×月×日</td><td>任务下达者</td><td>×××</td></tr>
<tr><td colspan="4">一、安全交底：

(编者:具体内容略)

安全交底人(签字):×××
××年×月×日
二、技术交底

(编者:具体内容略)

技术交底人(签字):×××
××年×月×日</td></tr>
<tr><td colspan="4">安装负责人(签字):×××

××年×月×日</td></tr>
</table>

4.8.4 《施工升降机基础验收表》填写范例

施工升降机基础验收表

档案编号：　　　　　　　　　　　　　　　　　　　　　　××年×月×日

施工单位	××建筑工程有限公司	施工地点	××市××路××号××小区
工程名称	××小区×号楼	工地负责人	×××
验收项目及标准要求		实测数据	验收结论
地基的承载能力不小于	× MPa	×MPa	合格
土壤干容重	× g/cm^3	×g/cm^3	合格
基础混凝土强度(并附试验报告)		C30	合格
基础周围有无排水设施		有排水设施	合格
基础地下有无暗沟、孔洞(附钎探资料)		无暗沟、孔洞	合格
混凝土基础尺寸(预埋件尺寸)和地脚螺栓数量、规格是否符合图纸及说明书要求		4200×4500 ××个螺栓	符合要求
混凝土基础表面平整情况		平整	符合要求
验收意见： 经检查，××小区×号楼工程施工升降机基础施工符合安全要求，验收合格，可以使用			
基础施工负责人(签字)：××× ××年×月×日			

4.8.5 《施工升降机安装/拆卸过程记录》填写范例

施工升降机安装/拆卸过程记录

档案编号：　　　　　　　　　　　　　　　　××年×月×日

安装/拆卸单位	××机械设备安装有限公司　　（盖章）		
工程名称	××小区×号楼		
施工地点	××小区×号楼	安、拆装负责人	×××
设备编号	×××	设备型号	SCD200/200
安/拆时间	××年×月×日	安、拆装高度	×m

姓　名	工　种	工　作　内　容
×××	机械工	安装
×××	机械工	安装
×××	机械工	安装
×××	信号工	安装
×××	指挥	指挥
×××	机械工	安装
×××	机械工	安装
×××	机械工	安装
×××	机械工	安装

安装/拆卸负责人(签字)：×××

××年×月×日

4.8.6 《施工升降机安装完毕验收记录》填写范例

施工升降机安装完毕验收记录
(1)

档案编号:　　××年×月×日

安装单位	××机械设备安装有限公司　　(盖章)		
施工地点	××市××路××号××小区	工程名称	××小区×号楼
施工单位	××建筑工程有限公司	统一编号	×××
型　号	SCD200/200	安装高度	×m
最大载重量	×t	安装负责人	×××

结构名称	验收内容和标准要求	结论
金属结构	零部件是否齐全,安装是否符合产品说明书要求	齐全、符合要求
	结构有无变形、开焊、裂纹、破损等问题	无开焊裂纹,变形
	联结螺栓和拧紧力矩是否符合产品说明书要求	符合产品说明书要求
	相邻标准节的立管对接处的错位阶差不大于0.8mm	0.5mm,符合要求
	对重安装是否符合产品说明书要求	符合产品说明书要求
	导轨架对底座水平基准面的垂直度是否符合国家标准	符合国家标准
电器及控制系统	电线、电缆有无破损,供电电压380V±5%	无破损、衡压380V
	接地是否符合技术要求,接地电阻是否不大于4Ω	符合要求,2Ω
	电机及电气元件(电子元器件部分除外)的对地缘电阻应≥0.5MΩ,电气线路的对地缘电阻应≥1MΩ	符合要求
	仪表、照明、电箱是否完好有效	完好有效
	操纵装置动作是否灵敏可靠	灵敏可靠
	是否配备专门的供电电源箱	有专门的供电电源箱
绳轮系统	钢丝绳的规格是否正确,是否达到报废标准	符合要求
	滑轮、滑轮组在运行中有无卡塞,润滑是否良好	无卡塞、润滑良好
	滑轮、滑轮组的防绳脱槽装置是否有效、可靠	有效、可靠
	钢丝绳的固定方式是否符合国家标准	符合国家标准
	卷扬机传动时,应有排绳措施,润滑是否良好(对SS型)	有措施,润滑良好
导轨架附着	附着联结方式及紧固是否符合产品说明书要求	符合产品说明书要求
	最上一道附着以上自由高度是多少(说明要求×m)	×m,符合要求
	附着架的间距是多少(说明书要求×m)	×m,符合要求

要求:施工升降机安装完毕后,应当由施工总承包单位、分包单位、出租单位和安装单位,按照本表的内容共同进行验收,验收合格后方可使用。

(2)

施工升降机安装完毕验收记录

档案编号:　　　　　　　　　　　　　　　　　　××年×月×日

<table>
<tr><td rowspan="10">安全装置</td><td colspan="3">吊笼门的机电、联锁装置是否灵敏、可靠</td><td>灵敏、可靠</td></tr>
<tr><td colspan="3">吊笼顶部活板门安全开关是否灵敏、可靠</td><td>灵敏、可靠</td></tr>
<tr><td colspan="3">基础防护围栏门的机、电联锁装置是否灵敏可靠</td><td>灵敏可靠</td></tr>
<tr><td colspan="3">防坠安全器(即限速器)的上次标定时间(是否符合国家标准)</td><td>符合国家标准</td></tr>
<tr><td colspan="3">吊笼的安全钩是否可靠(对 SC 型)</td><td>安全可靠</td></tr>
<tr><td colspan="3">上、下限位开关是否灵敏、可靠</td><td>灵敏、可靠</td></tr>
<tr><td colspan="3">上、下极限开关是否灵敏、可靠</td><td>灵敏、可靠</td></tr>
<tr><td colspan="3">急停开关是否灵敏、可靠</td><td>灵敏、可靠</td></tr>
<tr><td colspan="3">防松(断)强保护安全装置是否灵敏、可靠</td><td>灵敏、可靠</td></tr>
<tr><td colspan="3">安全标志(限载标志、危险警示、操作标识、操作规程、是否齐全)</td><td>齐全</td></tr>
<tr><td rowspan="6">传动系统检查</td><td colspan="3">各机构传动是否平稳,是否有漏油等异常现象,润滑是否良好</td><td>平稳、无异常、润滑良好</td></tr>
<tr><td colspan="3">齿轮与齿条的啮合侧隙应为 0.2～0.5mm(对 SC 型)</td><td>符合要求</td></tr>
<tr><td colspan="3">相邻两齿条的对接处沿齿高方向的附差不大于 0.3mm(对 SC 型)</td><td>0.15mm,符合要求</td></tr>
<tr><td colspan="3">滚轮与导轨架立管的间隙是否符合产品说明书要求</td><td>符合产品说明书要求</td></tr>
<tr><td colspan="3">齿轮齿的磨损是否符合产品说明书要求</td><td>符合产品说明书要求</td></tr>
<tr><td colspan="3">靠背轮与齿条背面的间隙是否符合产品说明书要求</td><td>符合产品说明书要求</td></tr>
<tr><td rowspan="3">试运行</td><td>空载荷</td><td>额定载荷</td><td>超载 25% 动载</td><td rowspan="2">符合要求</td></tr>
<tr><td>××</td><td>××</td><td>××</td></tr>
<tr><td colspan="3">双笼升降机应该分别进行空载荷和额定载荷试运行,试验应符合起、制动正常,运行平稳,无异常现象。</td><td>运行平稳、无异常</td></tr>
<tr><td>坠落实验</td><td colspan="3">吊笼制动停止后:结构及联接应无任何损坏及永久变形、制动距离是多少(是否符合国家标准)</td><td>符合国家标准</td></tr>
<tr><td colspan="5">验收结论:经检查,××小区×号楼工程施工升降机安装符合安全要求,验收合格

安装单位(盖章)　　　　××年×月×日</td></tr>
</table>

<table>
<tr><td rowspan="2">验收责任人签　字</td><td>安装单位</td><td>质量检查员:×××
拆装负责人:×××</td><td>安　全　员:×××
技术负责人:×××</td></tr>
<tr><td>设备租赁(或产权)单位</td><td>单位负责人:×××</td><td>外梯机长:×××</td></tr>
</table>

注:新安装的施工升降机及在用的施工升降机至少每三个月进行一次额定载荷的坠落实验;只有新安装及大修后的施工升降机才做“超 25% 动”试运行。

4.8.7 《施工升降机接高验收记录》填写范例

施工升降机接高验收记录

档案编号： ××年×月×日

安装单位	××机械设备安装有限公司		工程名称	××小区×号楼	
设备编号	×××		施工地点	××市××路××号××小区	
规格型号	SCD200/200	原 高 度	×m	接高后高度	×m
项　目	检查内容				结　果
接高前检查	天轮及对重是否按要求拆下				是
	附着件、标准型号及数量是否正确、齐全				正确、齐全
	附着件、标准节是否有开焊、变形和裂纹等问题				无开焊，变形、裂纹
	吊杆是否灵活可靠、吊具是否齐全				灵活可靠齐全
	吊笼起、制动是否正常无异响				正常、无异响
	安全装置是否灵敏、可靠				灵敏、可靠
	地线是否压接牢固				压接牢固
	在使用控制盒操作时，其他操作装置应均不起作用，但吊笼的安全装置仍应起保护作用				符合要求
接高后检查	标准节联合是否可靠，螺栓是否齐全				可靠、齐全
	标准节联合是否可靠，螺栓是否符合技术要求				可靠、符合技术要求
	导轨架安装垂直误差是否符合技术要求				符合技术要求
	天轮与对重安装是否符合技术要求				符合技术要求
	限位开关\极限开关安装是否符合技术要求、是否灵敏、可靠				灵敏、可靠
	附着件的安装是否符合设计要求				符合设计要求
	附着架的安装间距是多少米(说明书要求×m)				×m，符合要求
验收结论	经检查、××小区×号楼施工升降机安装符合安全要求，验收合格，同意使用 验收单位(盖章)				
验收责任人签字	安装负责人：××× 外梯机长：×××	安装技术负责人：××× 安装单位安全员：××× ××年×月×日			

4.8.8 施工升降机施工方案

施工升降机安装、拆卸方案

一、工程概况：

工程名称：××××二期工程

建设单位：××市××开发有限公司

监理单位：××市工程建设监理有限公司

施工单位：××市建设发展总公司

安装单位：××市顺安消防工程有限公司

工程地址：××市区临江北路

建筑占地面积60000m²，建筑层次18层，建筑高度：71m。为配合工程施工作业，需要安装由××实业有限公司生产的 叁 台SC200/200型施工升降机配合施工。SC200/200型施工升降机是一种齿轮齿条传动的电梯，主要用于高层建筑施工的人、货运输。SC200/200型施工升降机，有非常可靠的电气和机械安全系统，是建筑施工中安全、高效的垂直运输设备，这种电梯可以非常方便的自行安装和拆卸，并可随着建筑物的增高而增高。

二、设备概况

施工升降机拟使用的SC200/200施工升降机由××××× 公司生产，该施工升降机为双笼式，传动机构在吊笼上方，每个吊笼载重量为2t，第一道附墙高＋9米。该机整机状况良好，符合国家升降机设备标准要求，符合政府有关部门对升降机的施工验收的要求。施工升降机安装完毕必须报政府有关部门验收，验收合格并取得准用证后才能使用。主要技术参数如下：

1. 型号：SC200/200

2. 额定载重量(kg)：2000/2000

3. 起升速度(米/分)：34

4. 最大提升高度(米)：242

5. 电机功率(千瓦)：3×11

6. 吊笼尺寸(长×宽×高)(米)：3.2×1.5×2.5

SC200/200施工升降机组成：

SC200/200施工升降机由外笼、标准节、附墙架、吊笼传动机构、限速器、吊杆、电缆导向装置、安全控制系统。

(1)外笼

外笼由固定标准节的底盘和防护围栏组成，外笼门由机械和电气锁定，除非吊笼落下来，外笼门将不能打开。如外笼门未关，吊笼将不能启动。

(2)标准节

每节标准节长1508mm。

多节标准节用螺栓相连组成导轨架，通过附墙架与建筑物固定，作为吊笼上下运行的导轨。

(3)附墙架

有多种型号的附墙架，根据需要而选择其中任一型。附墙架可在一定范围内调节某些尺寸。

(4)沿导轨架高度，每9m均要求安装一个附墙架。

(5)吊笼

吊笼为一钢结构,四周有坚固的钢丝网并设有进、出口门(即双笼开吊笼门),由安装在吊笼上的滚轮导轨架运行。

吊笼上设有安全钩(亦可设置电气控制)以防止吊笼从导轨架顶部脱离。

在安装时,吊笼顶部可作为工作平台。由安全栏杆围住。顶上有一活动门,通过配备的专用梯子,可方便的攀登导轨顶上进行安装和维修。

(6)传动机构

由电动机、电磁制动器、弹性联轴结、减速机及专动齿轮等组成,传动机构弹性联接在吊笼上通过齿轮与齿条咬合,使吊笼运行。

(7)限速器

限速器由外壳、制动锥鼓、离心块、弹簧等组成。当吊笼超速时,限速器里的离心块克服弹簧拉力带动锥鼓旋转,与其相连的螺杆同时旋进,制动锥鼓与外壳接触逐渐增加摩擦力,确保吊笼平缓制动。

(8)吊杆安装在吊笼上,在装、拆导轨架时,用来起吊标准节或附墙架等零部件。

吊杆上的手摇卷扬机具由制动功能,起吊重物时按顺时针方向摇动摇把,停止移动并平缓的松开摇把后,卷扬机即可制动。放下重物时,即按相反的方向摇动。

(9)电缆导向装置

①将电缆随线的插头插入插座,并固定在电缆托架上。

②将另一端连接于电源箱内。

③安装导轨架至半高度加 3 米,电缆随线自由悬垂。为确保做到这一点,安装时,底层应有一人将电缆拉直。

④用吊杆将电缆卷起放在吊笼顶部。

⑤吊笼升至导轨架顶端,同时由一人站在地面确保电缆拉直、无卷曲。

⑥在导轨架顶端安装电缆挑线架。

⑦把电缆的一端连接到电缆跳线架上的中间接线盒中。

⑧把电缆线与导轨架卡紧在一起。

⑨吊笼下降 mei1.5m 安装一个卡子,使电缆线固定在导轨上,直至降至底层。

⑩吊笼升起至导轨架顶部电缆挑线架处。

⑪切断电源同时从底层电源箱上拆下电缆随线之后把固定电缆接到电源箱内。

⑫卷起电缆随线将线一端接到电缆跳线架上中间接线盒中,安装电缆于电缆跳线架上。

⑬打开主电源,并确定电缆接线相位正确。缓慢下降升降机。每隔六米停下安装一个电缆保护架。垫起吊笼,这样在吊笼底下安装电缆小车时就没有危险。

⑭在电缆小车的一侧取下两个滚轮,并将电缆小车安装在吊笼下面。重装滚轮,只用手拧紧螺钉即可。调整滚轮轴使各滚轮与立管的间隙为 0.5 mm. 在轮的另一侧滚轮紧靠标准即立管。试推动电缆小车,无卡阻现象。

⑮取下电缆滑轮侧盖装入电缆,装上侧盖。同时注意电缆随线未被挤塞。取出垫块。电缆滑轮在原位,拉直电缆随线。进一步拉直电缆随线以使电缆滑轮接近吊笼底部。将电缆固定在吊笼上电缆托架架上。

⑯卷起所剩电缆,用胶带固定于吊笼安全栏上。

(10)安全控制系统

安全控制系统由电路里设置的各种安全开关装置及其他控制器件组成。在升降机运行发生异常情况时，将自动切断升降机电源，使吊笼停止运行，以保证升降机的安全。

吊笼的单、双门及吊笼顶部活动板门上均设有安全开关，如任一门开启或未关闭，吊笼均不能运行，钢丝绳锚点处设有断绳保护开关，吊笼上下限位开关和极限开关，当吊笼运行至上下终端站时，可自动停车，若此时因故不停车超过安全距离时，极限开关动作切断电源，使吊笼制动。此外在限速器尾盖内设有限速保护开关，限速器动作时，通过机电连锁切断电源。

三、附墙架

依工地现场情况，采用使用说明书中型号Ⅱ的附墙架可达到使用要求，附墙架安装见使用说明书。

四、安装安全要求：

1. 安装场地应清理干净，并用标志杆等围起来禁止非工作人员入内。

2. 防止安装地点上方掉落物体，必要时应加安全网。

3. 安装过程中，必须由专人负责，统一指挥。

4. 升降机运行时，人员的头、手绝对不能露出安全栏外。

5. 如果有人在导轨上或附墙架上工作时，绝对不允许开动升降机，当吊笼升起时严禁进入外笼内。

6. 吊笼上的所有零件部件，必须放置平稳，不得露出安全栏外。

7. 利用吊杆进行安装时，不允许超载，吊杆只可用来安装或拆卸升降机零部件，不得用于其它起重用途。

8. 吊杆上有悬挂物时，不得开动吊笼。

9. 安装工作人员应按空中作业的安全要求，包括必须戴安全帽，系安全带，穿防滑鞋等，不要穿过于宽松的衣服，应穿工作服，以免被卷入运动部件中，发生安全事故。

10. 操作升降机，必须将操纵盒拿到吊笼顶部，不允许在吊笼内操作。

11. 吊笼启动前，应先进行全面检查，消除所有不安全隐患。

12. 安装运行时，必须按升降机额定安装载重量载重，不允许超载运行。

13. 雷雨天、雪天或风速超过13m/s的恶劣天气不能进行安装工作。

14. 升降机运行前，应首先将保护接地装置与升降机金属结构联通，接地电阻$\leqslant 4\Omega$，并于顶部安装避雷针作为避雷装置。

五、升降机安装前的准备

1. 安装工地应具备能量足够的电源，并必须配备一个专供升降机用的电源箱，每个吊笼均应由一个开关控制，供电熔断器的电流参见升降机性能参数表。

2. 应具备合适的起重设备及安装工具。

3. 应具备运输和堆置升降机零件的道路及场地。

4. 用户应按要求制作基础。

5. 确定附墙架与建筑物连接方案，按需要准备好预埋件或固定件等。

六、安装外笼底盘

1. 将基础表面清扫干净。

2. 用起重设备将底盘吊装就位。

3. 用钢板2～12mm的不同厚度，调整底盘的水平度。保证其标准节的安装底盘座端的水平度不得超过 1/1000，并拧紧地脚螺栓。

七、安装基础节及两节标准节

1. 将基础节及两节标准节对接好，并紧固螺栓。

2. 标准节立管的接缝处其错位价差不得超过 0.8 mm.

3. 标准节齿条的联接处，其其相邻齿高的差价不超过 0.3 mm，齿周节距离不得大于 0.6mm。

4. 用起重设备将基础节及两节标准节的组合件、吊装就位，安装在地盘上，其垂直度不大于架设高度的 1/1000，并紧固螺栓。

1)安装吊笼

1. 用起重设备将吊笼拉位，并调整其相对位置。

2. 调整滚轮，导轨于齿条，导轨架的间隙。

3. 各导向轮于齿条背面的间隙为≤0.5 mm，并拧紧螺栓。

4. 齿轮于齿的啮合侧隙，保证 0.2～0.3 mm范围，(内置式)并拧紧螺栓。

5. 各滚轮于标准节立管的间隙≤0.5 mm，并拧紧螺栓。

6. 吊笼(运动部分)与建筑物(固定设施)间应保持最小的相对安全距离。

7. 安装吊杆—将吊杆放入吊笼顶部安装孔内(注意轴承加油)。

8. 安装吊笼顶的围栏。

9. 检查吊笼门开启自如，开关灵活。

九、安装外笼

1. 用起重设备将前、后围栏及侧围栏分别就位，吊装在底盘的相应位置上，调整距离后，用螺栓紧固。

2. 将外笼门、门支撑安装就位，调整其位置，用螺栓紧固。

3. 安装外笼门的配重、滑道、外笼滑轮、外笼门锁、电机联锁装置，松断保护装置等，并调整好位置，使其开启自如，手动及自动安全装置，开关灵活，使上下限位极限、急停等电气安全可靠，将弹簧缓冲器安装在缓冲器座中。

十、导轨安装(按照第一次附墙的高度要求来安装标准节导轨架的高度)

1. 将标准节两端的管子接头处及齿条销子处，擦拭干净，并加少量润滑油。

2. 在塔机或其他起重设备可利用的，则可在地面，将标准节对接好(4～7 节为一组)

3. 标准节齿条联接处，其相邻两齿条的齿周节误差≤0. 6mm。齿高方面价差不超过 0. 3mm。

4. 标准节立管接缝处，其错位价差≤0. 8mm。

5. 有对重装置的标准节，其对重滑道接缝处错位价差≤0. 8mm。

6. 用起重设备将标准节组合件吊装就位。(注意锥套的一端向下(。

7. 用经纬仪测试：导轨架轴心线对底座水平基础面垂直度。

8. 施工现场没有起重设施，使用本机吊杆的操作方法。

9. 打开一扇护身围栏，将吊杆的吊钩放下，并钩住标准节吊具。吊杆的钢丝绳直径不得小于 5mm。

10. 摇动手摇卷扬机，将已清洁干净，并加上润滑油的标准节，吊至吊笼顶部缓缓放下，点动行驶，直至距导轨架顶部大约 300mm 左右时停止。

11. 同吊杆吊起标准节，对准下面标准节立管和齿条上的销孔。进行对接好，放下吊钩，并用螺栓紧固。

12.松开吊钩,将吊钩回转,复检标准节立管的接缝处的错位价差及齿条齿高方面的价差,符合要求后,再将螺栓紧固。

13.当无对重要求时,标准节顶部立管管口,应安装防雨橡胶套。

十一、安装专动机构—驱动体总成(外置式)、(内置式在吊笼内进行安装)

1.同起重设备将驱动体总成吊装就位,并调整其相对位置。

2.调整齿轮、滚轮、导向轮与齿条、导轨架间的间隙。

3.各导轮与齿轮条啮合式,沿齿条高的方向不得小于40%,沿齿长方向,不得小于50%,齿面侧隙应为0.2～0.5mm。

4.各滚轮与标准节立管的间隙为≤0.5mm,并拧紧螺栓。

5.起重量力矩限制器的安装。

6.点动驱动体小车就位到适当位置,安装起重量力矩限制器及其联结板,插销及开口销等。

7.安装电器限位开关,使其超载时能反应及时、有效。

十二、安装附墙架

1.以混凝土上面为基础平面,每隔六米安装附架一组。

2.前杆紧固于标准节框架上,后杆及附墙座用穿墙螺栓紧固于墙体上。

3.校正导轨垂直度后与后架扣瓦固定在后杆上。

1)电源线安装及电气安全测试

1.安装电源线及安装螺栓。

2.检查电动机及电气对地绝缘电阻值。

3.电动机及电气元件(电子元件部分除外)的对地绝缘电阻不小于0.5。

4.电气线路的对地绝缘电阻不小于1M。

5.检查电气设备的金属外壳是否可靠接地。

6.接零时电源线。

7.送电检查。

8.试验外笼门开启状况。

9.试验吊笼单开门,双开门状况。

10.吊笼门安全门(天门)开启状况。

11.断绳开关,在断绳、松绳位置状况。

12.上下限位开关状态。

13.上下极限限位开关状态。

14.急停开关状态。

15.打开任意一个门后,其它电气状态。

16.照明电源与动力电源相互独立,切断电源后状态。

17.检查电动机旋转方向相序。

18.检查制动器松紧程度。

十三、安装电缆滑轮及导电装置

1.将电缆随线一端插入吊笼插座,并将电缆固定于电缆架上。

2.将电缆加一端联接到电气电源箱内。

3.用吊杆电缆放置于吊笼顶部，用一根轴穿入电缆卷里，使其能依轴转动，起升吊笼至导轨架顶部，将电缆穿进安全围栏向下垂放电缆。

4.安装电缆导轨架至半高度以上三米处，使电缆随线自然下垂。

5.在导轨架顶部安装电缆线架，把电缆的一端接到电缆挑线架的中间接线盒中。

6.将电缆与导轨架在一起。

7.吊笼下降每一米五要装一具电缆卡，将电缆固定在导轨架上直至底层。

8.吊笼升至导轨架顶部的电缆挑线架处。

9.切断电源，从底层电箱上拆下电源随线，把固定电缆接至电线箱内。

10.卷起电缆随线，将一端接至电缆跳线架上，中间接线盒中。

11.将电缆固定于电缆跳线架上，合闸并确认电源箱相位正确。

12.缓慢下降升降机，每隔六米，停下安装一个电缆保护架。

13.垫起吊笼，以便安装电缆滑轮。

14.在靠电缆滑轮的一侧，方向两个滚轮，并将电缆滑轮安装在吊笼下面。

15.重装滚轮，调整滚轮与导轨架的空隙。

16.取下电缆滑轮侧盖，装入电缆后盖上侧盖。

17.取出吊笼垫。

18.电缆滑轮在原位，接直电缆随线，使电缆滑轮碰到吊笼底部，将电缆固定于吊笼的电缆托架上。

19.卷起所剩电缆，并用尼龙电缆锁上带，将其固定在吊笼栏杆上。

十四、电缆保护架(筒式)安装

1.用起重工具将电缆悬挂在于电缆筒上。

2.放出约2.5米的电缆，以便把电缆接到电源箱上。

3.从电缆筒底部位拉出电缆至电源箱，暂不连接。

4.将电缆一圈一圈地顺时针放在电缆筒中，尽量使一圈一样大，其直径略少于电缆筒径。

5.将电缆固定于电缆托架上，将电缆插头插入插座。

6.将电缆至电源箱，起动升降机检查是否缠绕。

7.在导轨加高过程中，要同时安装电缆保护架，每隔六米安装一个。

8.调整电缆保护架，以及电缆托架的位置，确保电缆在保护架U型中心。

十五、防风圈安装

1.从地面起，第一个防风圈在距电缆筒一米五，第二防风圈相隔三米，第三防风圈开始每隔六米接一个。

2.紧固螺栓，保证安装牢固。

十六、限位碰铁的安装

(1)安装下限位碰铁及下极限位开关碰铁。

(2)根据中吊笼下降至缓冲器前，留有安全距离的动作位置，安装下极限限位。

(3)根据下极限限位位置及吊笼下降惯性，调整限位碰铁位置。

(4)安装上限位碰铁及上极限限位开关碰铁。

(5)根据吊笼上升至天轮之前留有安全距离的动作位置，安装上极限限位。

(6)根据上极限限位位置挤掉了上升惯性，调整限额为i碰铁尺寸，

十七、层门安装

1.层门每一层设置一组,门框应与建筑物联接牢固。

2.层门的安装,有安装机电联锁保护装置。

3.层门框两侧围栏应安装可靠。

十八、安装时气候条件要求

1.环境温度负200℃~400℃。

2.风速≤20m(六级风)时允许进行中下段的标准节安装。

3.风速≤13m(四级风)时允许进行顶部标准节安装。

十九、安装后的查验

1.紧固所有螺栓。

2.调整滚轮与导向轮间隙。

3.测试导轨垂直度,并记录再案。

4.各润滑部位加足润滑脂或润滑油。

5.做上下运动试验及各限位开关和层门等试验。

6.做静态试验,吊笼离地一米高,吊笼内装125%负载,检验下滑现象。

7.做安全限速器坠落试验三次,检查制动距离。

8.做起重力矩限制器效果试验,超载125%时,电器系统停止工作。

9.空载试验:上下运行三个循环,每个循环上升,下降各一次。正常制动。

10.额定负载试验:上下运行三个循环,每个循环上升,下降各做一次,正常制动。

11.超载试验:上下运行三个循环,每个循环上升,下降各做一次,正常制动。

二十、升降机的拆卸

1.拆线场地应清理干净,并有标志杆围起来,禁止非工作人员入内。

2.防止拆卸地点上方掉落物体,必要时加安全网。

3.拆卸过程中必须有专人负责统一指挥。

4.升降机运行时,人员的头、手绝不能露出安全栏外。

5.如果有人在导轨架上或附墙架工作时,绝对不允许开动升降机,当吊笼运行时严禁进入外笼内。

6.吊笼上的零部件必须放置平稳,不得露出安全栏外。

7.利用吊杆进行拆卸时,不允许超载,吊杆只可用来安装和拆卸升降机零部件,不得用于其它用途。

8.吊杆上有悬挂物时,不得开动吊笼。

9.拆卸作业人员应按空中作业的安全要求,包括必须戴安全帽、系安全带、穿防滑鞋等。不要穿过于宽松的衣服,应穿工作服,以免被卷入运行部件中,发生安全事故。

10.拆卸过程中,必须笼顶操作,不允许笼内操作。

11.吊笼启动前应限进行全面检查,确保升降机运行通道无障碍,消除所有不安全隐患。

12.拆卸运行时,绝对不允许超过额定拆卸载重量。

13.雷雨天、雪天或风速超过13m/s的恶劣天气下不能进行拆卸作业。

14.升降机运行前,将接地装置与升降机金属结构联通,接地电阻≤4Ω.

15.严禁夜间进行拆卸作业。

16.拆卸前必须进行一次限速器坠落试验。

二十一、天轮及对重系统的拆卸

1.拆下上限位将吊笼升到距天轮装置底部约1米处(注意防止吊笼冲撞天轮装置),使对重着地后拆下对重端钢丝绳卡。

2.将吊笼向下运行到比对重端的钢丝绳高出约3米处停下,松开吊笼点处的绳卡。

3.用手卷绕吊笼顶的卷筒绕钢丝绳约3米时,将吊笼上行3米,如此多次卷绕钢丝绳,直到对重端的钢丝绳头距导轨架顶点约5米时,用手扶住天轮吊点将对重端的钢丝绳头从天轮的绳槽缓慢拉出,然后全部卷绕在卷筒上。

4.拆下导轨架顶部的天轮装置。

5.拆卸钢丝绳时注意必须保证吊笼位置高于对重端钢丝绳头的位置,以避免钢丝绳因自重力而自由滑出轮槽发生事故。

二十二、电缆导向装置的拆卸

1.拆下所有电缆保护架。

2.将吊笼开到笼底,拆下电缆小车。

3.若为电缆滑车装置,还须拆卸工字钢导轨及轨道支撑。

二十三、导轨架及附墙架的拆卸

1.如果工地无塔机配合,应先将吊杆安装在吊笼顶的吊杆孔内,然后利用吊杆的葫芦将标准节逐节提起,从上往下逐节拆卸导轨架及附墙架,直至中间挑线架处,

2.如果工地有塔机配合,可先拆下最顶部一道附墙,再用塔机将顶部标准节吊住,每6节标准节为一体拆掉,逐步拆卸导轨架及附墙架,直至中间挑线架处。

3.拆卸中间挑线架及静电缆。

4.接上述方式拆卸其余导轨架、附墙架,直至仅剩3～4个标准节。

5.拆卸外笼门限位,外笼门锁喷铁,掉笼门锁碰铁,下限位碰铁及笼顶安全围栏。

6.拆卸导轨架及附墙架时必须注意:

a.拆卸时,每次用吊车吊起的标准节不超过6节;

b.从拆卸处到最顶部未拆的附墙的距离不得大于7.5m。

c.拆卸时的载重量不得大于该升降机额定拆卸载重量。

d.拆卸时必须随时注意电缆,防止电缆挂在别的零部件上而拉断电缆。

二十四、上传动机械、吊笼的拆卸

1.将吊笼开到最底部,拆卸传动小车与吊笼的连接销。

2.切断总电源,并拆卸随行电缆。

3.用一台8吨以上吊车或塔机,将传动小车及吊笼吊起拆卸。

4.若为带对重升降机,还须用吊车或塔机将对重吊起拆卸。

5.拆卸其余标准节。

二十五、外笼的拆卸

1.拆卸所有外笼围栏。

2.拆卸底盘。

二十六、现场清理

拆卸完毕,应当清理现场,将各零部件分类,整齐放置,清楚安全隐患。

4.8.9　施工升降机操作安全技术交底

施工升降机操作　施工现场安全技术交底表

工程名称:××大厦工程　施工单位:××建设集团有限公司　编号:×××

交底部门	安全部	交底人	王××
交底项目	施工升降机操作安全技术交底	交底时间	××年×月×日

交底内容:

(1)施工升降机应为人货两用电梯,其安装和拆卸工作必须由取得建设行政主管部门颁发的拆装资质证书的专业队负责,并必须由经过专业培训、取得操作证的专业人员进行操作和维修。

(2)地基应浇制混凝土基础,其承载能力应大于 150KPa,地基上表面平整度允许偏差为 10mm,并应有排水设施。

(3)应保证升降机的整体稳定性,升降机导轨架的纵向中心线至建筑物外墙面的距离宜选用较小的安装尺寸。

(4)导轨架安装时,应用经纬仪对升降机在两个方向进行测量校准,其垂直度允许偏差为其高度的 5/10000。

(5)导轨架顶端自由高度、导轨架与附壁距离、导轨架的两附壁连接点间距离和最低附壁点高度均不得超过出厂规定。

(6)升降机的专用开关箱应设在底架附近便于操作的位置,馈电容量应满足升降机直接启动的要求,箱内必须设短路、过载、相序、断相及零位保护等装置。升降机所有电气装置均应执行 JGJ 33－2012 的相关规定。

(7)升降机梯笼周围 2.5m 范围内应设置稳固的防护栏杆,各楼层平台通道应平整牢固,出入口应设防护栏杆和防护门。全行程四周不得有危害运行的障碍物。

(8)升降机安装在建筑物内部井道中间时,应在全行程范围井壁四周搭设封闭屏障。装设在阴暗处或夜班作业的升降机,应在全行程上装设足够的照明和明亮的楼层编号标志灯。

(9)升降机安装后,应经企业技术负责人会同有关部门对基础和附壁支架以及升降机架设安装的质量、精度等进行全面检查,并应按规定程序进行技术试验(包括坠落试验),经试验合格签证后,方可投入运行。

(10)升降机的防坠安全器,在使用中不得任意拆检调整,需要拆检调整时或每用满 1 年后,均应交底由生产厂或指定的认可单位进行调整、检修或鉴定。

(11)新安装或转移工地重新安装以及经过大修后的升降机,在投入使用前,必须经过坠落试验。升降机在使用中每隔 3 个月,应进行一次坠落试验。试验程序应按说明书规定进行,当试验中梯笼坠落超过 1.2m 制动距离时,应查明原因,并应调整防坠安全器,切实保证不超过 1.2m 制动距离。试验后以及正常操作中每发生一次防坠动作,均必须对防坠安全器进行复位。

(12)作业前重点检查项目应符合下列要求:

1)各部结构无变形,连接螺栓无松动;

2)齿条与齿轮、导向轮与导轨均接合正常;

3)各部钢丝绳固定良好,无异常磨损;

4)运行范围内无障碍。

(13)启动前,应检查并确认电缆、接地线完整无损,控制开关在零位。电源接通后,应检查并确认电压正常,应测试无漏电现象。应试验并确认各限位装置、梯笼、围护门等处的电器联锁装置良好可靠,电器仪表灵敏有效。启动后,应进行空载升降试验,测定各传动机构制动器的效能,确认正常后,方可开始作业。

交底部门	安全部	交底人	王××
交底项目	施工升降机操作安全技术交底	交底时间	××年×月×日

交底内容：

(14)升降机在每班首次载重运行时，当梯笼升离地面1～2m时，应停机试验制动器的可靠性；当发现制动效果不良时，应调整或修复后方可运行。

(15)梯笼内乘人或载物时，应使载荷均匀分布，不得偏重。严禁超载运行。

(16)操作人员应根据指挥信号操作。作业前应鸣声示意。在升降机未切断总电源开关前，操作人员不得离开操作岗位。

(17)当升降机运行中发现有异常情况时，应立即停机并采取有效措施将梯笼降到底层，排除故障后方可继续运行。在运行中发现电气失控时，应立即按下急停按钮；在未排除故障前，不得打开急停按钮。

(18)升降机在大雨、大雾、六级及以上大风以及导轨架、电缆等结冰时，必须停止运行，并将梯笼降到底层，切断电源。暴风雨后，应对升降机各有关安全装置进行一次检查，确认正常后，方可运行。

(19)升降机运行到最上层或最下层时，严禁用行程限位开关作为停止运行的控制开关。

(20)当升降机在运行中由于断电或其他原因而中途停止时，可进行手动下降，将电动机尾端制动电磁铁手动释放拉手缓缓向外拉出，使梯笼缓慢地向下滑行。梯笼下滑时，不得超过额定运行速度，手动下降必须由专业维修人员进行操纵。

(21)作业后，应将梯笼降到底层，各控制开关拨到零位，切断电源，锁好开关箱，闭锁梯笼门和围护门。

接底人	李××、章××、刘××、程××…

4.9　塔吊及起重吊装安全管理资料

4.9.1　《塔式起重机安装、调试记录》填写范例

塔式起重机安装、调试记录

工程名称	××小区×号楼工程			施工单位	××建筑工程有限公司		
调试负责人	×××		调试人	×××	机长	×××	
塔型	×××	编号	×××	安装高度	×m	臂长	×m
起重力矩	×m	最大起重量	×t	调试高度	×m		

	调式内容	调试方法	调试情况
安全装置调试	力矩限位器	吊重×t,按力矩要求调试不少于三次	吊重×t,小车在×米范围内行起正常,起升、下降功能正常。增加×kg小车向前至×米处,自动断电
	重量荷载限位器	×m点内吊重×t	吊重×t升降正常,小车在设定点处停止,增加到×t,自动断电
	变幅限位器	小车向前后运动	距大臂前后两端头×m处自动断电
	行走限位器	塔吊向前后行走	距轨道两端×m处自动断电停止行走
	超高低限位器	起钩距大臂	运动到×m时,自动停止落钩正常
		落钩距地面	×m时自动停止,起钩正常
	回转限位器	大臂朝一方向转动	×m时自动停止,反方向转动正常

	项目	安载试验	额定荷载试验	超载试验
荷载试验	结构	臂杆尖端保持水平面以上×m	大臂保持水平	已做超载试验
	提升机构	升降正常,制动灵敏	升降可靠,制动有效	
	回转机构	运转平稳,制动有效	运转平稳,制动有效	
	行走机构	行走正常	行走正常	
其他				
验收结果	经验收××号塔吊符合《建筑施工安全检查标准》(JGJ 59－2011)要求,同意使用 调试人:×××　××年×月×日 安装负责人:×××　××年×月×日			

注:本表适用于施工现场各种型号的塔式起重机安装调试记录。

4.9.2 《司机、司索等作业人员登记表》填写范例

司机、司索等作业人员登记表

No. ×××

单位名称		××建筑工程有限公司			登记日期	××年×月×日	
序号	姓名	工种	工龄	等级	发证单位	证件编号	备注
1	×××	司机	9	特	×××	×××××	
2	×××	司机	5	特	×××	×××××	
3	×××	司机	8	特	×××	×××××	

填表人：×××　　　　时间：××年×月×日

4.9.3 《司机、司索等作业人员操作证复印件》填写范例

司机、司索等作业人员操作证复印件

No.×××

序号	×××	所属单位	××建筑工程有限公司	项目部名称	××项目部	工种	司机
操作证复印件粘贴处							

序号	×××	所属单位	××建筑工程有限公司	项目部名称	××项目部	工种	司机
操作证复印件粘贴处							

填表人：×××　　　　日期：××年×月×日

4.9.4 《塔式起重机产品登记表》填写范例

塔式起重机产品登记表

No. ×××

生产经销单位	××起重机制造厂	产品类别及型号	××××
经销负责人	×××		××××
四证名称(编号)	×××、×××、×××、×××		

序号	产品进货情况		使用部位	使用情况	负责人签字
	时间	数量			
1	×年×月×日	×个	施工现场	达到标准要求	×××
2	×年×月×日	×个	施工现场	达到标准要求	×××
3	×年×月×日	×个	施工现场	达到标准要求	×××

4.9.5 《塔式起重机安全技术检查报告》填写范例

塔式起重机安全技术

检　查　报　告

登记编号：×××

使用单位：××建筑工程有限公司

检验日期：××年×月×日

说　明

1. 本报告书适用于建筑塔式起重机，其他型式的塔式起重机的特殊检验项目，可在“其他”栏或另加附页列出。

2. 露天工作的起重机，检验时环境温度应在－25℃～＋40℃之间；风力不大于5级。

3. 检验用仪器、量具和工具必须有产品合格证，其性能和精度应符合有关标准的规定，并在国家计量部门定期校准的有效期内。

4. 检验人员应具备检验资格，上机检验前，作业环境所需要的检验员自身安全防护用品应装束整齐。检验前必须先切断起重机动力电源，试车时送电。

5. 判废的起重机，报当地技术监督局审核批准后，一律拆除。临时停止使用的起重机事后报市技术监督局备案。

6. 用钢笔填写，字迹工整。

7. 本报告书一式二份，由检验单位和被检单位分存，保存期为三年。

8. 本报告书无检验员和审核负责人签章无效。

9. 报告书实测栏应填写检测数据或特殊情况的说明。

设备名称	塔式起重机	设备编号	×××	型号	
制造单位	××机械设备厂				
使用单位	××建筑工程有限公司				
安装单位	××建筑安装有限公司				
安装地点	××小区×号楼工程		安装日期	××年×月	
起重力矩	76t·m		基本臂最大幅度	×m	
基本臂最大幅度处的额定起重量		××t	最大额定起重量	×t	
(轨道式/附着式)起升高度		××m	轨　距	×m	

检验项目	序号	检验内容与要求	实测	结果
作业环境	1	起重机与周围建筑物、固定设备等的距离不应小于 0.5m	1.5m	合格
	2	起重机工作时,臂架、吊具、辅具、钢丝绳级重物等与输电线的最小距离应大于 5m	10m	合格
金属结构	3	塔身主弦杆与连接套、塔帽、平衡臂等焊接不得有裂纹、扭曲和变形	无	合格
	4	梯子、栏杆、护圈必须符合标准要求,固定可靠	固定可靠	合格
吊钩	5	吊钩应有防脱钩装置,转动部分灵活;必须用锻造吊钩	符合要求	合格
钢丝绳	6	绳端固定应牢固,用绳卡连接,数量不少于 3 个;用楔块连接时,楔块不应松动移位;用合金压缩法连接时,套筒两端不得有断丝,套筒不得有裂纹	符合要求	合格
	7	余留圈数不应少于 3 圈	60 圈	合格
	8	断丝达到《起重机 钢丝绳 保养、维护、安装、检验和报废》(GB 5972－2009)规定数值时报废		
	9	钢丝绳直径减少量应不大于公称值的 7%		
	10	钢丝绳不允许有扭结、压扁、弯折和笼状畸变、断股、波浪形、钢丝或绳股、绳芯挤出等变形现象	没有类似的现象	合格
卷筒	11	卷筒上的钢丝绳应固定牢靠,排列整齐。卷筒上最外层钢丝绳与端部凸缘高差≥2.5d	4d	合格
滑轮	12	应无裂纹、轮缘无缺损;滑轮槽表面应光洁平滑,不应有严重磨损和损伤钢丝绳的缺陷;应有防止钢丝绳跳出轮槽的装置,且不得损坏	符合要求	合格

续表

检验项目	序号	检验内容与要求	实测	结果
制动器	13	制动轮磨擦面与磨擦片之间应接触均匀，且不得有影响制动性能的缺陷或油污；开闭灵活，制动平衡可靠	制动器符合要求	合格
	14	制动轮不得有裂纹或破损；凸凹不平度不得大于 1.5mm；不得有磨擦垫片固定铆钉引起的划痕	符合要求	合格
减速器	15	地脚螺栓、壳体连接螺栓不能松动；工作时无异常声响、振动或漏油	减速器符合安全要求	合格
齿轮	16	开式齿轮和回转机构小齿轮与内齿圈啮合平稳，无异常声音	齿轮符合安全要求	合格
联轴器	17	运转时无撞击、振动、零件无损坏，联结无松动	联轴器联结无松动	合格
附着装置	18	附着杆与建筑物连接的锚固点应设在距楼板上、下皮不大于 15cm 处的结构上。卡子固定牢靠	固定牢固	合格
基础与轨道	19	固定起重机应有混凝土基础；轨道式起重机碎石基础必须平整、捣实，道木之间应填满碎石；钢轨接头处必须有道木支撑，不得悬空	C40 混凝土强度达 75%	合格
	20	钢轨接头间隙不大于 4mm；接头处两轨顶高差不大于 2mm	钢轨接头间隙 2mm	合格
	21	轨距误差不得大于名义值的 1/1000，其绝对值不大于 6mm，每隔 6m 设轨距拉杆一个	符合要求	合格
轨道	22	轨道式起重机安装后，无风状态下，塔身轴心对支撑平面的侧向垂直不大于 4/1000	1.5/1000	合格
压配重	23	压重与配重的重量足够，固定可靠	固定可靠	合格
电路和电器保护	24	总电源应设失压保护	有	合格
	25	总电源回路应设断路器或熔断器做短路保护	有	合格
	26	机构电动机采用不能自动复位的控制器控制时，机构应设零位保护	有	合格
	27	每个操作控制点上(包括携带式控制装置)均应设置紧急断电开关，能有效的断开总电源	有	合格

续表

检验项目	序号	检验内容与要求	实测	结果
配线	28	电气线路对地绝缘电阻不低于 0.5MΩ,潮湿环境不低于 0.25MΩ	15MΩ	合格
接地	29	供电电源是中性点直接接地的低压系统时,金属结构应采用接零保护。且单项短路电流校验合格	符合要求	合格
	30	在起重机,零线应重复接地,为了防雷,大车轨道应直接接地,接地电阻不大于 10MΩ,所有金属构架必须与本体金属结构有可靠的电气连接	符合要求	合格
起升高度限位器	31	对动臂变幅的起重机或小车变幅的起重机,当吊钩装置顶部升至上极限位置时,应能立即停止起升运动	符合要求	合格
回转限位器	32	回转限位装置应有效。不设集电器而采用软电缆供电的回转机构,或有特殊使用需要的起重机,安装的限制回转角度限位开关应有效,对有自锁作用的回转机构应装极限力矩联轴器	符合要求	合格
幅度限位器	33	动臂变幅起重机在臂架低位和臂架位的幅度限位开关应可靠有效。小车变幅起重机幅度限位装置应灵敏可靠。小车变幅速度超过 0.67m/s 时,在小车向外运行时,当起重力矩达到 80%时,应自动转换为慢速运行	符合要求	合格
行程限位和端部止档	34	轨道式起重机的运行机构中,应在每个运行方各装设行程限位开关,在行程端部安装的限位开关挡铁应有效,且保证起重机在驶入轨道末端时,或与同一轨道上其他起重机相距 0.5m 范围内能自动停车。挡铁的安装距离应小于电缆长度	符合要求	合格
超载保护装置	35	起重力矩大于 25t·m 的起重机应装超载保护装置。对于起重量随工作幅度改变的起重机应装起重力矩限制器,反之应装起重量限制器超载限制器应有产品合格证和例行安全监检合格证明	有	合格
防风装置	36	轨道式起重机必须安装夹轨器和锚定装置或铁鞋	有	合格
空载试验	37	在空载状态下,检查起升、回转、变幅、行走机构运转应无爬行、振动、过热、啃道等异常现象;各控制器、接触器、断电器的操作应灵敏、可靠、准确	无	合格
额定载荷试验	38	起升、回转、行走、变幅机构启动、制动平稳在最大额定起重量或最大幅度下的额定重量工况进行	符合要求	合格
	39	满载下滑时的制动距离为 50～200mm	100mm	合格
其他				

续表

<table>
<tr><td colspan="4">检验结论：
经检验，塔式起重机安装合格，可以投入使用

检验员(签章)：×××　　　××年×月×日</td></tr>
<tr><td colspan="4">复检结论：
塔式起重机安装合格，同意使用

检验员(签章)：×××　　　××年×月×日</td></tr>
<tr><td colspan="2">审核意见：
符合安全要求，准予使用

审核者(签章)：×××

检验部门(章)</td><td colspan="2">复核意见：
符合安全要求，准予使用

审核者(签章)：×××

检验部门(章)</td></tr>
<tr><td>证书编号</td><td>×××</td><td>发证日期</td><td>××年×月×日</td></tr>
</table>

4.9.6 《塔式起重机交接班记录》填写范例

塔 式 起 重 机

交接班记录

施工单位：××建筑工程有限公司

工程名称：××小区×号楼工程

设备编号：×××

规格型号：×××

资料员(章)：×××

4.9.7 《塔式起重机交接班记录》填写范例

塔式起重机交接班记录

本班设备运行情况： 塔身连拉螺栓无松动；各部钢丝绳无断丝和松股现象；整机无变形、开焊、裂纹等现象；各种件、连接部位紧固、严禁；电缆线无破损及漏电现象；各机构运转正常、无噪音；安全装置、行程开关安全可靠；各限位及保险灵敏可靠	
本班设备作业项目及内容： 往材料区及工作面吊运材料	
下班应注意的事项： 做好清洁、润滑、紧固防腐、调整等工作，及时发现故障情况，消除安全隐患	
交班司机：×××	**接班司机：**×××
交接时间： ××年×月×日×时×分	

4.9.8 《施工起重机试车检查记录》填写范例

塔式起重机试车检查记录

检查项目及要求	结　果
路基与轨道符合要求	路基与轨道符合要求
各部结构无变形,螺栓紧固,焊缝无裂纹和开焊	无变形,螺栓紧固,无裂纹和开焊
减速机润滑油油质、油量符合要求	符合要求
接通电源前各控制开关应处于零位,操作系统灵活准确,电气元件牢固正常	操作系统灵活准确,电气元件牢固正常
制动器动作灵活,制动可靠	制动器动作灵活,制动可靠
吊钩及各部滑轮转动灵活,无卡塞现象	转动灵活,无卡塞现象
各部钢丝绳应完好,固定端牢固,缠绕整齐	符合要求
安全保护装置灵敏可靠。 吊钩保险、卷筒保险牢固有效	安全保护装置灵敏可靠。吊钩保险、卷筒保险牢固有效
附着装置安全可靠	附着装置安全可靠
空载运转一个作业循环,机构无异常	机构无异常

本班司机:×××　　　　××年×月×日

说明:1. 严禁司机无证上岗。
2. 严禁超载和违反操作规程。
3. 经试车存在有不安全因素,应立即停车维修,严禁设备带病作业。
4. 交接班时,必须由交班司机和接班司机分别签字,严禁代签。
5. 交接时间准确。

4.9.9 《施工起重机械运行记录》填写范例

施工起重机械运行记录

第 × 页

<table>
<tr><td colspan="3">××年</td><td rowspan="2">主要内容</td><td rowspan="2">司机(签名)</td></tr>
<tr><td>月</td><td>日</td><td>时 分</td></tr>
<tr><td>×</td><td>×</td><td>×起
×止</td><td>1)结构部分:各结构构件连接可靠;结构件无变形,开焊、裂纹现象;附墙撑杆、螺栓、销轴连接紧固、可靠;立销、开口销、螺栓齐全有效;
2)机构部分:各部轮滑组、各钢丝绳、回转机构、卷扬机构、变幅机构、吊构总成运转正常;
3)安全限位和保险装置:力矩限制器、重量限制器、回转限制器、变幅限位器、超高限位器、吊钩保险,变幅断绳、保险灵敏、可靠;
4)安全防护:平台配置符合规范,爬梯,护拦无变形、开焊,连接可靠,各防护罩壳齐全;
5)履历书填写认真、及时;
6)十字作业:清洁、润滑、防腐、调整、紧固</td><td>×××</td></tr>
<tr><td></td><td></td><td>起
止</td><td></td><td></td></tr>
<tr><td></td><td></td><td>起
止</td><td></td><td></td></tr>
</table>

填表说明:

1. 外用电梯、塔吊、井字架等起重机械的司机,应按照规定认真填写记录。
2. 工作记录主要内容:
   (1)每班首次作业前试验情况;
   (2)各安全装置、电气线路检查的情况;
   (3)设备作业的情况。
3. 运行中如发现设备有异常情况,应立即停机检查报修,排除故障后方可继续运行,同时将情况填入记录。
4. 起重机械工作记录单独组卷,每本填写后送交资料员存档。

4.9.10　塔吊装拆安全监控员证书

企业内部安全监控员证书	安全监控员安全生产责任
照片 姓名：××× 性别：× 岗位：安全监控员 编号：×××××× 项目名称：××小区×号楼工程 经××建筑有限公司内部安全监控员培训班学习，成绩合格，特发此证。 ××建筑工程有限公司 ××年×月×日	(1)安全监控员必须认真贯彻执行国家、企业有关安全生产的法规、规程、规范和各种规章制度，积极做好本职工作。 (2)安全监控员必须服从项目经理对危险点控制的安排，认真做好本职工作。 (3)安全监护人员必须在项目经理的领导下积极做好安全监护员工作，及时向有关领导汇报工作。 (4)安全监护人员在工作时间必须要到岗、到位、认真巡查，积极做好本职工作。 (5)对防火工作，安全监护人员要验证动火证、特殊工种上岗证及灭火器材。以上内容缺一不可。 (6)对于监控范围内的“四口”、“五临边”等安全防护设施要严加看管，不得让人随便移动、损坏和拆除；对于违反上述条款的人员，安全监护人员有权对其进行教育和给予相应罚款处理。 (7)对监控范围 内的施工人员不戴安全帽，不听从安全监护人员劝告或妨碍安全监护人员工作的人员，安全监护人员有权对其教育和给予相应罚款处理。 (8)安全监护人员每天做好详细记录，若遇到不能解决的问题，要及时向项目部汇报

4.9.11 《危险作业的监控记录表》填写范例

危险作业的监控记录表

单位名称	××建筑工程有限公司	工地名称	××小区×号楼工程
监控项目	大型机械安装	监控地点	××路××号
监控责任人	×××	监控人员	×××

监控交底内容：

1. 加强对大型机械安装(拆卸)全过程的监控；
2. 认真执行施工方案中各项安全技术措施，并做好记录；
3. 检验装拆人员持有效证件上岗情况，对无证人员拒绝其施工作业；
4. 在监控过程中掌握安全动态，对存在的安全隐患向现场负责人指出并要求立即整改；
5. 发现违章违规操作行为，立即纠正

交底人：×××
××年×月×日

监控过程记录：

1. 所有装拆人员全部持有效证件上岗；
2. 操作人员能严格执行安全生产六大纪律；
3. 现场有统一指挥人员，一切按施工方案要求进行操作

监控人：×××
××年×月×日

监控信息反馈内容：

安装人员严格执行安全技术交底要求，认真、负责地实施安装工作

监控人：×××
××年×月×日

处理结果：

希望继续做到遵章守纪，按时、安全地完成任务

处理负责人：×××
××年×月×日

4.9.12 《塔机安装前零部件检验表》填写范例

塔机安装前零部件检验表

<table>
<tr><td>工程名称</td><td colspan="2">××小区×号楼工程</td><td>设备编号</td><td>001</td></tr>
<tr><td>规格型号</td><td colspan="2"></td><td>生产厂家</td><td>××机械设备厂</td></tr>
<tr><td colspan="4">检验项目及要求</td><td>检验结果</td></tr>
<tr><td>钢结构</td><td colspan="3">钢结构齐全、无丢失、无变形、无开焊、裂纹，结构表面无严重锈蚀，油漆无大面积脱落</td><td>钢结构齐全、无丢失、无变形、无焊、裂纹，结构表面无严重锈蚀，油漆无大面积脱落</td></tr>
<tr><td>机构传动</td><td colspan="3">减速机、卷扬机、制动器、回转机构、液压顶升系统部件齐全，工作正常</td><td>机构传动减速机、卷扬机、制动器、回转机构、液压顶升系统部件齐全，工作正常</td></tr>
<tr><td>吊钩</td><td colspan="3">无裂纹、变形、严重磨损，钩身无补焊、钻孔现象</td><td>吊钩无裂纹、变形、严重磨损，钩身无补焊、钻孔现象</td></tr>
<tr><td>钢丝绳子</td><td colspan="3">完好、无断股、断丝不超过规范要求</td><td>钢丝绳子完好、无断股、断丝不超过规范要求</td></tr>
<tr><td>滑轮</td><td colspan="3">完好、转动灵活，无卡、塞现象</td><td>滑轮完好、转动灵活，无卡、塞现象</td></tr>
<tr><td>安全装置</td><td colspan="3">各限位装置、保险装置齐全、牢固、动作灵敏</td><td>安全装置各限位装置、保险装置齐全、牢固、动作灵敏</td></tr>
<tr><td>电气</td><td colspan="3">电缆无破损，控制开关无损坏、丢失、开关灵敏</td><td>电缆无破损，控制开关无损坏、丢失、开关灵敏</td></tr>
<tr><td>油料</td><td colspan="3">各部油箱油量、油质符合本机说明书要求，油路畅通无泄露、堵塞现象</td><td>各部油箱油量、油质符合本机说明书要求，油路畅通无泄露、堵塞现象</td></tr>
<tr><td>其他部件</td><td colspan="3">齐全、无损坏、丢失</td><td>其他部件齐全、无损坏、丢失</td></tr>
<tr><td>验收结论</td><td colspan="4">塔机安装前零部件验收合格
安装负责人：×××　　　　检验人员：×××
××年×月×日</td></tr>
</table>

4.9.13 《起重吊装机具验收表》填写范例

起重吊装机具验收表

<table>
<tr><td>工程名称</td><td colspan="3">××小区1号楼</td><td>施工单位</td><td colspan="2">××建筑工程公司</td></tr>
<tr><td>设备类型</td><td>汽车式起重机</td><td>吨位台数</td><td>×t</td><td>验收日期</td><td colspan="2">×月×日</td></tr>
<tr><td>项目经理</td><td>×××</td><td>参加验收人员</td><td colspan="4">×××、×××、×××、×××</td></tr>
<tr><td>验收项目</td><td colspan="2">标准要求</td><td colspan="4">验收情况</td></tr>
<tr><td>施工方案</td><td colspan="2">应有审批，现场勘察，安全技术措施，安全技术交底等内容</td><td colspan="4">有公司主管部门和总工程师审批，有现场勘察记录，安全技术措施×项施内容，安全技术交底内容全面有针对性，均符合要求</td></tr>
<tr><td>起重机构</td><td colspan="2">机械完好、安全装置齐全、有效</td><td colspan="4">设进场验收合格有记录，吊装系统完好，起重臂、转台、车架、支腿、水平仪、稳定器等符合要求。起升、变幅、回转、吊臂伸缩等安全装置齐全可靠</td></tr>
<tr><td>吊索装具</td><td colspan="2">索具、吊具的安全系数≥6</td><td colspan="4">直径为×mm钢丝绳吊索×根，卡环×个，均已按规定鉴定合格</td></tr>
<tr><td>其他</td><td colspan="2"></td><td colspan="4"></td></tr>
<tr><td rowspan="3">验收结果</td><td colspan="6">经验收××号塔吊锚固符合《建筑施工安全检查标准》(JGJ 59－2011)检查标准，同意使用</td></tr>
<tr><td>安装负责人</td><td>×××</td><td>项目负责人</td><td>×××</td><td>安全技术主管部门</td><td>×××</td></tr>
<tr><td colspan="2">××年×月×日</td><td colspan="2">×年×月×日</td><td colspan="2">×年×月×日</td></tr>
</table>

注：(1)本表适用施工现场所采用的各类起重吊装机械，起重扒杆及机具进行吊装作业用验收记录。

(2)表中验收情况栏内填写时应与前项施工方案要求内容相对应，用文字和数据表述。

(3)此表为验收结论性表格，应与部分检查标准相应的表格配套使用。

4.9.14 《起重吊装检查记录》填写范例

起重吊装检查记录

No. ×××

<table>
<tr><td>工程名称</td><td>××小区×号楼工程</td><td>检查时间</td><td>××年×月×日</td><td rowspan="2">部位</td><td rowspan="2">主体</td></tr>
<tr><td>施工单位</td><td>××建筑工程有限公司</td><td>检查负责人</td><td>×××</td></tr>
<tr><td>参加检查人</td><td colspan="5">×××、×××、×××、×××、×××、×××</td></tr>
<tr><td colspan="6">检查记录
应填写如下内容：
1. 每周定期对现场安全达标、文明施工进行检查并记录情况。记录工程存在的隐患问题，下达隐患整改通知单，填写隐患整改反馈表，复查意见情况；
2. 安全保证资料的审查情况；
3. 上级主管部门的检查情况；
4. 其他

检查负责人：×××　　××年×月×日</td></tr>
</table>

4.9.15 《起重、指挥作业人员登记表》填写范例

起重、指挥作业人员登记表

No. ×××

单位名称		××建筑工程有限公司			登记日期	××年×月×日	
序号	姓名	工种	工龄	等级	发证单位	证件编号	备注
1	×××	起重工	5	特	××××	×××	
2	×××	起重工	7	特	××××	×××	
3	×××	起重工	4	特	××××	×××	

填表人:××× 时间:××年×月×日

4.9.16 《起重、指挥作业人员操作证复印件》填写范例

起重、指挥作业人员操作证复印件

No. ×××

序号	×	所属单位	××建筑工程有限公司	项目部名称	××项目部	工种	起重工
操作证复印件粘贴处							

序号	×	所属单位	××建筑工程有限公司	项目部名称	××项目部	工种	起重工
操作证复印件粘贴处							

填表人:×××　　　　日期:××年×月×日

4.9.17 《起重吊装产品登记表》填写范例

起重吊装产品登记表

No. ×××

生产经销单位	××起重机制造厂	产品类别及型号	×××
经销负责人	×××		×××
四证名称(编号)	×××、×××、×××、×××		

序号	产品进货情况		使用部位	使用情况	负责人签字
	时间	数量			
1	×年×月×日	×个	施工现场	达到标准要求	×××
2	×年×月×日	×个	施工现场	达到标准要求	×××
3	×年×月×日	×个	施工现场	达到标准要求	×××

4.9.18　建筑施工机械设备审核资料

1. 建筑施工机械设备准用证

建筑施工机械设备

准　用　证

建筑施工企业：××建筑工程有限公司 施工现场：××小区×号楼工程

机械设备名称：　塔吊　规格型号：　××

现场产品编号：　××—××

根据(×××)号检测报告及现场验收，符合安装技术规范和安全技术标准，准许使用。特发此证！有效期壹年。

发证单位：××市建设安全监督管理站(盖章)

发证日期：××年×月×日

注：施工现场使用的各种机工设备，大型机具，必须经当地建设安全监督部门委托或授权的具有专业资质的检测、检验机构进行检测、检验，验收合格后，以当地建设安全监督部门发放准用证，方可投入使用。

2. 大型机械生产厂家生产许可证

全国工业产品生产
许可证

XX建设机械有限公司

生产的QTZ400型塔机

经审查,符合有关条件,特发此证.

以资证明.

证书编号　XK21-XXX　XXX

有效期　至XX年X月X日止

3. 大型机械出厂合格证

通　联®

TONG LIAN

许可证号: XK21-XXX XXX

ISO9001: 2000国际质量体系

认证注册号: 1902QXXXROM

QTZ40B

塔式起重机

合格证

XX通联建设机械有限公司　质检专用章

XX通联建设机械有限公司

地址: XX省XX市X路X号

电话: XXXXXX

传真: XXXXXX

4. 机械使用说明书

许可证号：×××　×××

×××型塔机

安装、调试、使用、维修
说　明　书

××建设机械有限公司

说明书内容：

1. 概述
2. 起重机技术性能
3. 起重机构造简述
4. 起重机的安装与拆卸
5. 起重机附着工作状态的安装与拆卸
6. 起重机的使用
7. 起重机的维修保养
8. 附表目录

注：除阅读本说明书外，还应阅读其他随机文件，如起升机构、气系统、液压顶升系统、行程限位器等。当本说明与随机文件冲突时，以随机文件为准。

5.安装单位资质证书

企业法人

营业执照

注　册　号　×××

成立日期　××年×月×日

登记机关（机关盖章）

××年×月×日

名　　称　XX 公司

住　　所　XX 区 XX 路 XX 号

法定代表人　XXX

注册资金　人民币XXX

企业类型　有限责任公司(国内含资)

经营范围　升降机、塔吊、电梯、自动扶梯安装维修及相关配件销售；机械式停车设备的安装、维修（以上涉及专项规定凭许可证经营）

营业期限　自　××年×月×日

至　××年×月×日

6.特种设备安装改装维修保养单位资格认可证

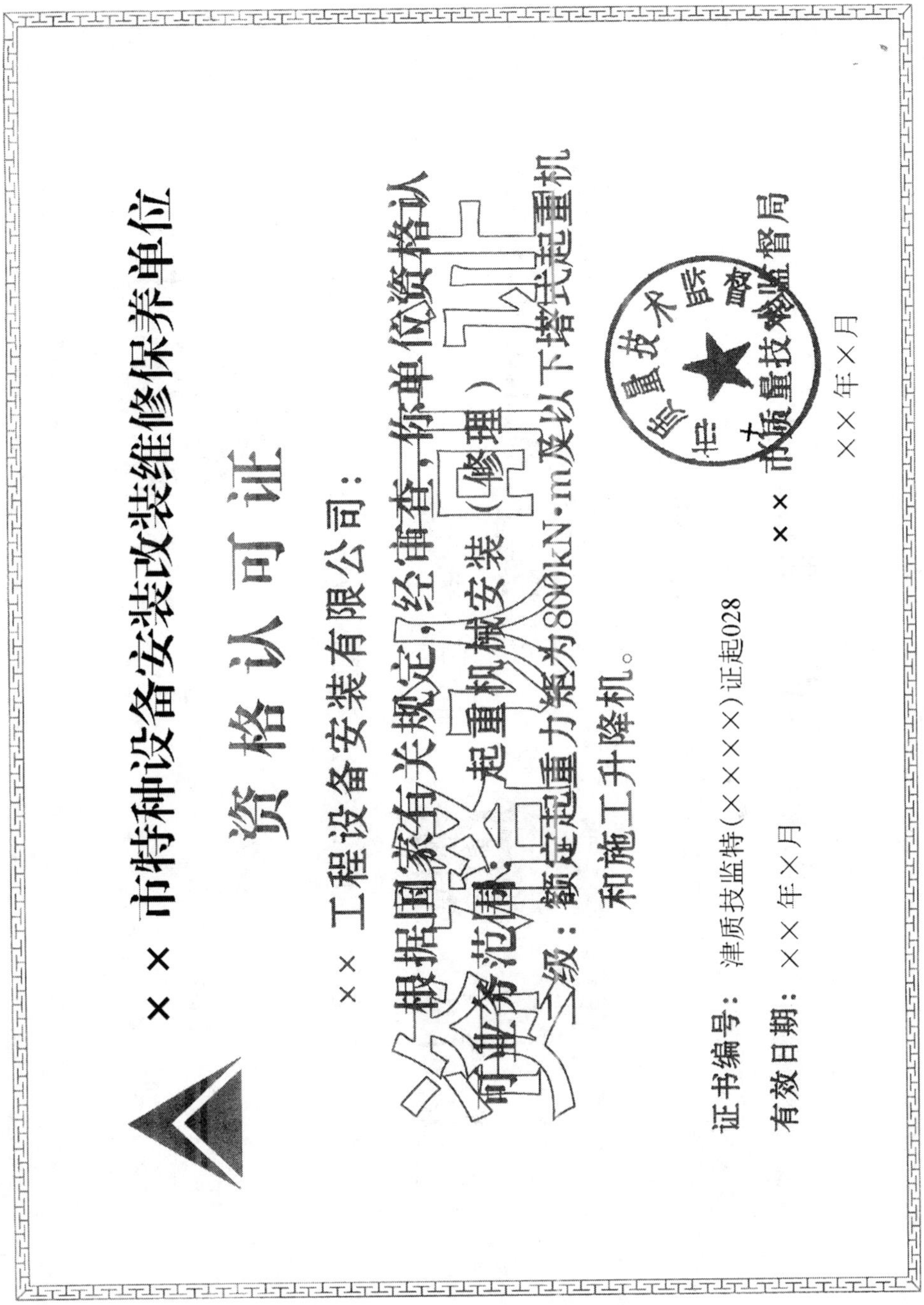

××市特种设备安装改装维修保养单位

资格认可证

××工程设备安装有限公司:

根据国家有关规定,经审查,你单位资格认可业务范围:起重机械安装(修理)

二级:额定起重力矩为800kN·m及以下塔式起重机和施工升降机。

证书编号:津质技监特(××××)证起028

有效日期:××年×月

××市质量技术监督局

××年×月

7. 特种设备制造单位安全认可证

××市特种设备制造单位

安全认可证

××工程机械有限公司：

根据国家有关规定，经审查，你单位制造安全认可业务范围： 起重机械

SCQ200/200VA 型施工升降机。

证书编号：津质技监特（××××）证起制

有效日期：××年×月

××市质量技术监督局

××年×月

8. 与分包方安装单位的协议书

安全生产协议

定作方：<u>　×××建筑工程有限公司　</u>(以下简称甲方)

承揽方：<u>　××安装公司　</u>(以下简称乙方)

根据天津市建委关于《施工现场机械设备安全管理规定》和天津市安全生产监察局关于《天津市起重机械安全管理试行规定》的原则，结合本建筑机械设备的具体情况，明确双方在起重设备装、拆、运输过程中的安全责任。为确保施工安全、双方在签订合同的同时签订本协议，双方严格执行。

设备名称、型号：××塔式起重机

工程名称、地点：××工地××路××号

协议内容：

(1)甲、乙双方必须认真贯彻国家和上级劳动保护，安全生产主管部门颁布的有关安全生产、消防工作的方针、政策，严格执行有关劳动保护法规、条例、规定。

(2)施工前，甲方应保证作业区域道路畅通、平整，夜间施工提供照明设备，负责设置作业区域安全警戒线，有明显标志，并派专人监护，严禁无关人员进入现场，如有违反，造成后果，由甲方负责。

(3)施工前，乙方派<u>×××</u>同志负责机械设备的有关安全工作。甲方派<u>×××</u>同志负责联系并予以协助，双方应经常联系、合作，预防事故发生。

(4)乙方人员必须持证上岗，严格按安装、拆卸工艺规程和施工技术方案进行，如违反而引发的一切后果，均由乙方负责。

(5)甲、乙双方的有关领导必须认真对本单位职工进行安全生产制度及安全技术知识教育，增强法制教育，提高职工的安全生产意识和自我保护能力，督促职工自觉遵守安全纪律、制度、法规。

(6)设备安装调试完毕后，双方一起参加验收，向有关部门申报，合格后方能投入使用。

(7)本协议经双方盖章后生效，协议作为合同正本的附件一式二份，甲、乙双方各执一份。

(8)双方在施工期间必须严格遵守安全生产的有关规定，按《建筑机械使用安全技术规程》的规定进行作业，对任何一方人员违反安全生产规定、制度等情况，双方都有权拒绝执行。

(9)其他。

定作方(甲方)：××建筑工程有限公司
单位名称(盖章)：××建筑工程有限公司
单位地址：××路××号
代表(签章)：×××
××年×月×日

承揽方(乙方)：××安装公司
单位名称(盖章)：××安装公司
单位地址：××路××号
代表(签章)：×××
××年×月×日

4.9.19 《塔式起重机安装、拆卸任务书》填写范例

塔式起重机安装、拆卸任务书

档案编号：　　　　　　　　　　　　　　　　　　××年×月×日

<table>
<tr><td>工程名称</td><td colspan="3">××小区×号楼</td><td colspan="2">安、拆装单位</td><td colspan="3">××机械安装有限公司 （盖章）</td></tr>
<tr><td>施工地点</td><td colspan="3">××市××路××号××小区</td><td colspan="2">工地负责人</td><td>×××</td><td>电话</td><td>×××</td></tr>
<tr><td>资质等级</td><td colspan="3">一级</td><td colspan="3">安全生产许可证编号</td><td colspan="2">×××－××－×××</td></tr>
<tr><td>塔式起重机</td><td>型号</td><td>H3/36B</td><td>统一编号</td><td>×××</td><td>塔高</td><td>×(m)</td><td>臂长</td><td>×(m)</td></tr>
<tr><td>安、拆期限</td><td colspan="4">××年×月×日至××年×月×日</td><td colspan="2">任务下达者</td><td colspan="2">×××</td></tr>
<tr><td colspan="9">要求及说明：

按照塔式起重机安装工艺和QTZ400塔式起重机安装说明书及相关的安全技术交底进行安装施工

现场情况和建筑物平面示意图：
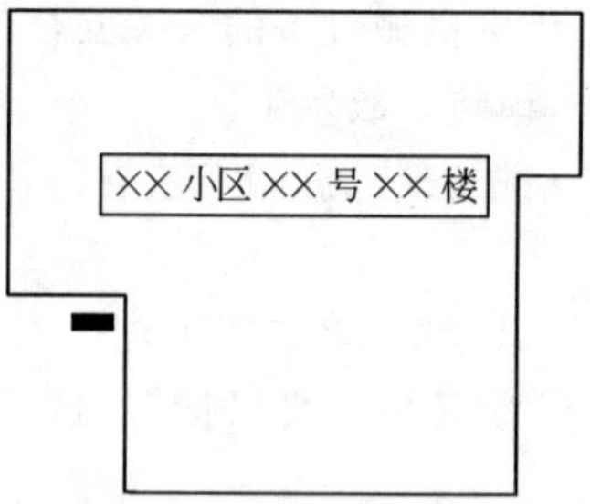</td></tr>
<tr><td colspan="9">任务接受者：×××

××年×月×日</td></tr>
</table>

要求：塔式起重机安装过程中，安装单位或施工单位应根据施工进度分别认真填写本表的有关内容。

4.9.20 《塔式起重机基础检查记录》填写范例

塔式起重机基础检查记录

档案编号：　　　　　　　　　　　　××年×月×日

工程名称	××小区×号楼	施工单位	××建筑工程有限公司
施工地点	××市××路××号××小区	工地负责人	×××
检　验　项　目		实测数据	结　论
路基允许承载能力		198kN/m²	合格
土壤干容量		1.56g/cm³	合格
石灰:土		4∶6	合格
基坑边坡坡度		×°	合格
路基距基坑边距离		×m	合格
暗沟、防空洞坑(有、无)		无	合格
排水沟(有、无)		有水泵排水	合格
高压线(有、无)		有防护架	合格
场地平整情况		良好	合格
混凝土强度		C40 达 99%	合格
固定支腿安装垂直度、平面度			
固定支腿接地电阻的设置			
其他			
检验意见： 经检验，基础符合设计要求，同意立塔施工 ××× ××年×月×日		基础施工负责人(签字)：××× ××年×月×日	

4.9.21 《塔式起重机轨道验收记录》填写范例

塔式起重机轨道验收记录

档案编号： ××年×月×日

<table>
<tr><td>工程名称</td><td colspan="3">××小区×号楼</td><td>施工单位</td><td colspan="2">××建筑工程有限公司</td></tr>
<tr><td>施工地点</td><td colspan="3">××市××路××号××小区</td><td>工地负责人</td><td colspan="2">×××</td></tr>
<tr><td>塔机型号</td><td>H3/36B</td><td>钢轨型号</td><td>××</td><td colspan="2">轨道长度×(m)</td><td>轨距×(m)</td></tr>
<tr><td colspan="4">检验项目和标准</td><td colspan="2">实测数据</td><td>结论</td></tr>
<tr><td colspan="4">碎石粒度 20～40mm</td><td colspan="2">18～35mm</td><td>合格</td></tr>
<tr><td colspan="4">路基碎石厚度 大于 250mm</td><td colspan="2">270mm</td><td>合格</td></tr>
<tr><td colspan="4">枕木间距 小于等于 600mm</td><td colspan="2">600mm</td><td>合格</td></tr>
<tr><td colspan="4">钢轨接头间隙 不大于 4mm</td><td colspan="2">3mm</td><td>合格</td></tr>
<tr><td colspan="4">钢轨接头高度差 小于等于 2mm</td><td colspan="2">1.2mm</td><td>合格</td></tr>
<tr><td colspan="4">两头钢轨接头错开距离 大于 1.5mm</td><td colspan="2">2mm</td><td>合格</td></tr>
<tr><td colspan="4">两头拉杆距离 小于等于 6m</td><td colspan="2">6m</td><td>合格</td></tr>
<tr><td colspan="4">轨距误差 小于等于 1‰</td><td colspan="2">0.9‰</td><td>合格</td></tr>
<tr><td colspan="4">钢轨顶面纵、横方向倾斜度 小于等于 2.5‰
测量点距离不大于 10m</td><td colspan="2">倾斜度：纵向最大
偏差 43mm</td><td>合格</td></tr>
<tr><td colspan="4">接地装置组数(每隔 20m 设 1 组)和质量</td><td colspan="2">2 组</td><td>合格</td></tr>
<tr><td colspan="4">接地电阻 小于等于 4Ω</td><td colspan="2">2.3Ω</td><td>合格</td></tr>
<tr><td>检查意见</td><td colspan="3">符合设计要求，同意立塔</td><td colspan="3">验收签字：×××
轨道铺设负责人：×××
塔吊安装负责人：×××
土建施工安全负责人：×××
××年×月×日</td></tr>
</table>

4.9.22 《塔式起重机安装、拆卸安全和技术交底书》填写范例

塔式起重机安装、拆卸安全和技术交底书

档案编号：　　　　　　　　　　××年×月×日

<table>
<tr><td>工程名称</td><td colspan="3">××小区×号楼</td><td colspan="2">施工地点</td><td colspan="3">××市××路××号××小区</td></tr>
<tr><td>施工单位</td><td colspan="3">××建筑工程有限公司</td><td colspan="2">安、拆装单位</td><td colspan="3">××机械设备安装有限公司(盖章)</td></tr>
<tr><td>塔式起重机</td><td>型号</td><td>H3/36B</td><td>统一编号</td><td>×××</td><td>塔高</td><td>×(m)</td><td>臂长</td><td>×(m)</td></tr>
<tr><td>起重设备配备</td><td colspan="3">90t.50t 汽车吊</td><td colspan="2">运输设备配备</td><td colspan="3"></td></tr>
<tr><td colspan="9">交　底　内　容
一、安全交底
(编者：具体内定略)
交底人(签字)：×××
××年×月×日
二、技术交底
(编者：具体内容略)
交底人(签字)：×××
××年×月×日</td></tr>
<tr><td colspan="9">安装负责人签字：×××　　××年×月×日</td></tr>
</table>

说明：1.常规拆装只需写明按说明书或按照拆装工艺。

2.特殊情况拆装必须进行交底并附拆装方案。

4.9.23 《塔式起重机安装、拆卸过程记录》填写范例

塔式起重机安装、拆卸过程记录

档案编号：　　　　　　　　　　　　　　　　　　　　　　　　　　××年×月×日

工程名称	××小区×号楼			安、拆装单位	××机械安装有限公司 （盖章）			
施工地点	××市××路××号××小区			安、拆负责人	×××			
塔式起重机	型号	H3/36B	统一编号	×××	塔高	×(m)	臂长	×(m)
起重设备配备	90t、50t 汽车吊			司机	×××　×××			
日期/风力	××年×月×日/1～2级	××年×月×日/2～3级	××年×月×日/1～2级	××年×月×日/2～3级				

人员工种	工作内容						
姓　名	工　种						
×××	指挥	指挥	指挥	指挥	指挥		
×××	指挥	指挥	指挥	指挥	指挥		
×××	信号工	信号	信号	信号	信号		
×××	信号工	信号	信号	信号	信号		
×××	安装工	安装	安装	安装	安装		
×××	安装工	安装	安装	安装	安装		
×××	安装工	安装	安装	安装	安装		
×××	安装工	安装	安装	安装	安装		
×××	安装工	安装	安装	安装	安装		
×××	安装工	安装	安装	安装	安装		
×××	安装工	安装	安装	安装	安装		
×××	电工	现场用电	现场用电	现场用电	现场用电		
×××	司机	驾驶汽车吊	驾驶汽车吊	驾驶汽车吊	驾驶汽车吊		
×××	司机	驾驶汽车吊	驾驶汽车吊	驾驶汽车吊	驾驶汽车吊		

4.9.24　《塔式起重机安装完毕验收记录》填写范例

塔式起重机安装完毕验收记录

(1)

档案编号:　　　　××年×月×日

<table>
<tr><td>工程名称</td><td colspan="3">××小区×号楼</td><td colspan="2">施工地点</td><td colspan="2">××市××路××号××小区</td></tr>
<tr><td>施工单位</td><td colspan="3">××建筑工程有限公司</td><td colspan="2">安、拆装单位</td><td colspan="2">××机械设备安装有限公司　(盖章)</td></tr>
<tr><td rowspan="3">塔式起重机</td><td>型号</td><td>H3/36B</td><td>统一编号</td><td>×××</td><td>起升高度</td><td colspan="2">48m</td></tr>
<tr><td>幅度</td><td>65m</td><td>起重力矩</td><td>290t・m</td><td>最大起重量</td><td colspan="2">12t</td></tr>
<tr><td>中心压重重量</td><td>×t</td><td>平衡重重量</td><td>×t</td><td>臂端起重量(2/4 绳)</td><td colspan="2">×/t</td></tr>
<tr><td>项　　目</td><td colspan="5">内容和要求</td><td colspan="2">结　　果</td></tr>
<tr><td rowspan="4">塔吊结构</td><td colspan="5">部件、附件、联结件安装是否齐全,位置是否正确</td><td colspan="2">齐全正确</td></tr>
<tr><td colspan="5">螺栓拧紧力矩是否达到技术要求,开口销是否安全撬开</td><td colspan="2">开口销安全撬开</td></tr>
<tr><td colspan="5">结构是否有变形、开焊、疲劳裂纹</td><td colspan="2">无开焊裂纹</td></tr>
<tr><td colspan="5">压重、配重重量、位置是否达到说明书要求</td><td colspan="2">达到相关要求</td></tr>
<tr><td rowspan="5">绳轮钩系统</td><td colspan="5">钢丝绳在卷筒上面缠绕是否整齐、润滑是否良好</td><td colspan="2">整齐良好</td></tr>
<tr><td colspan="5">钢丝绳规格是否正确、断丝和磨损是否达到报废标准</td><td colspan="2">符合要求</td></tr>
<tr><td colspan="5">钢丝绳固定是否符合国家标准</td><td colspan="2">符合标准</td></tr>
<tr><td colspan="5">各部件滑轮转动是否灵活、可靠,有无卡塞现象</td><td colspan="2">灵活可靠</td></tr>
<tr><td colspan="5">吊钩磨损是否达到报废标准、保险装置是否可靠</td><td colspan="2">安全可靠</td></tr>
<tr><td rowspan="3">传动系统</td><td colspan="5">各机构转动是否平稳、有无异常响声</td><td colspan="2">平稳无异响</td></tr>
<tr><td colspan="5">各润滑点是否润滑良好、润滑油牌号是否正确</td><td colspan="2">良好正确</td></tr>
<tr><td colspan="5">制动器、离合器动作是否灵活可靠</td><td colspan="2">灵活可靠</td></tr>
<tr><td rowspan="6">电气系统</td><td colspan="5">电缆供电系统供电是否充分、正常工作、电压(380±5%)V</td><td colspan="2">380V</td></tr>
<tr><td colspan="5">炭刷、接触器、继电器触点是否良好</td><td colspan="2">良好可靠</td></tr>
<tr><td colspan="5">仪表、照明、报警系统是否完好、可靠</td><td colspan="2">完好可靠</td></tr>
<tr><td colspan="5">控制、操纵装置动作是否灵活、可靠</td><td colspan="2">灵活可靠</td></tr>
<tr><td colspan="5">电气各项安全保护装置是否齐全、可靠</td><td colspan="2">齐全可靠</td></tr>
<tr><td colspan="5">电气系统对塔吊的绝缘电阻不小于 0.5MΩ</td><td colspan="2">0.7MΩ</td></tr>
</table>

要求:塔式起重机安装完毕后,应当由施工总承包单位、分包单位、出租单位和安装单位,按照本表的内容共同进行验收。

塔式起重机安装完毕验收记录

(2)

档案编号：　　　　　　　　　　　　　　　　　　　　　　　　××年×月×日

<table>
<tr><td rowspan="9">安全限位和保险装置</td><td colspan="7">力矩限制器是否灵活、可靠、其综合误差不大于额定值的8%</td><td>灵活可靠，5%</td></tr>
<tr><td colspan="7">重量限制器是否灵活、可靠、其误差不大于额定值的8%</td><td>灵活可靠，5%</td></tr>
<tr><td colspan="7">回转限位器是否灵活、可靠</td><td>灵活可靠</td></tr>
<tr><td colspan="7">行走限位是否灵活、可靠</td><td>灵活可靠</td></tr>
<tr><td colspan="7">变幅限位器是否灵活、可靠</td><td>灵活可靠</td></tr>
<tr><td colspan="7">吊钩保险是否灵活、可靠</td><td>灵活可靠</td></tr>
<tr><td colspan="7">卷筒保险是否灵活、可靠</td><td>灵活可靠</td></tr>
<tr><td colspan="7">小车断绳保护器是否灵敏可靠</td><td>灵敏可靠</td></tr>
<tr><td colspan="7">小车断轴保护器是否灵敏可靠</td><td>灵敏可靠</td></tr>
<tr><td rowspan="5">路基复验</td><td colspan="7">复查路基资料是否齐全、准确</td><td>齐全、准确</td></tr>
<tr><td colspan="7">钢轨顶面纵、横方向上的倾斜度不大于5‰</td><td>3‰</td></tr>
<tr><td colspan="7">在空载无风状态下塔身对支承面垂直度小于等于4‰</td><td>2‰</td></tr>
<tr><td colspan="7">止挡装置距钢轨两端距离　　　　大于等于1m</td><td>固定式</td></tr>
<tr><td colspan="7">行走限位装置距止挡装置距离　　　　大于等于1.5m</td><td>固定式</td></tr>
<tr><td rowspan="4">试运行</td><td>空载荷</td><td colspan="2">额定载荷</td><td colspan="2">超载10%动载</td><td colspan="2">超载25%静载</td><td></td></tr>
<tr><td></td><td>幅度</td><td>重量</td><td>幅度</td><td>重量</td><td>幅度</td><td>重量</td><td></td></tr>
<tr><td></td><td></td><td></td><td></td><td></td><td></td><td></td><td></td></tr>
<tr><td colspan="8">检查各传动机构工作是否准确、平稳，有无异常声音，液压系统是否渗漏，操作和控制系统是否灵敏可靠，钢结构是否有永久变形和开焊，制动是否可靠。调整安全装置并进行不少于3次的检验</td></tr>
<tr><td>验收结论</td><td colspan="8">经检查，塔式起重机安装符合安全要求，验收合格

安装单位(盖章)</td></tr>
<tr><td rowspan="4">验收责任人签　　字</td><td>安装单位</td><td colspan="7">质量检查员：×××　　　　安　全　员：×××
拆装负责人：×××　　　　技术负责人：×××</td></tr>
<tr><td>设备租赁(或产权)单位</td><td colspan="7">单位负责人：×××　　　　塔吊机长：×××</td></tr>
<tr><td>总承包单位</td><td colspan="7">单位负责人：</td></tr>
<tr><td>分包单位</td><td colspan="7">单位负责人：</td></tr>
</table>

说明："试运行"栏中"超过25%静载"只在新塔和大修后第一次安装时做。

4.9.25 《塔式起重机顶升检验记录》填写范例

塔式起重机顶升检验记录

档案编号:　　　　　　　　　　　　　　××年×月×日

工程名称	××小区×号楼		施工单位	××建筑工程有限公司 (盖章)	
施工地点	××市××路××号××小区		顶升负责人	×××	
塔机型号	H3/36B	统一编号	×××	原塔高×m	顶升后高×m
顶升之前检查	标准节数量和型号是否正确				正确
	标准节套架,平台等是否开焊、变形和裂纹				无开焊裂纹
	套架滚轮转动是否灵活,与塔身的间隙是否合适				灵活合适
	液压系统压力是否达到要求,油路是否畅通,无泄漏				达到要求无泄漏
	钢轨顶纵横方向倾斜度是否超过 5‰				固定式
	电缆线是否放松到足够高度				是
	顶升套架和回转支承是否可靠连接				可靠连接
顶升之后检查	塔身连接是否可靠,螺栓和销子是否齐全				可靠齐全
	塔身与回转平台连接是否可靠,螺栓拧紧力矩是否达标				可靠达标
	套架是否降低到规定位置,电源是否接好				符合要求
	塔身对支承面垂直度是否小于 4‰				偏差 3.5cm 为 1‰～3‰
	顶升油缸是否放置在规定位置				符合要求
检查验收结论	××小区×号楼工程塔式起重机顶升验收合格				
验收签字	安装单位技术负责人:××× 安装单位安全员:××× 顶升作业负责人:××× ××年×月×日				

4.9.26 《塔式起重机附着锚固检验记录》填写范例

塔式起重机附着锚固检验记录

档案编号： ××年×月×日

<table>
<tr><td>工程名称</td><td colspan="3">××小区×号楼</td><td colspan="2">安装单位</td><td colspan="3">××机械设备安装有限公司 （盖章）</td></tr>
<tr><td>施工地点</td><td colspan="3">××市××路××号××小区</td><td colspan="2">锚固负责人</td><td colspan="3">×××</td></tr>
<tr><td rowspan="2">塔式起重机</td><td>型号</td><td>H3/36B</td><td>统一编号</td><td>×××</td><td>塔高</td><td>×m</td><td>锚固后高</td><td>×m</td></tr>
<tr><td>附着道数</td><td>×</td><td>与下面一道附着间距</td><td colspan="2">×m</td><td colspan="2">与建筑物水平附着距离</td><td>×m</td></tr>
<tr><td rowspan="6">附着锚固之前检查项目</td><td colspan="5">框架、锚杆、墙板等是否开焊、变形和裂纹</td><td colspan="3">无开焊、无裂纹</td></tr>
<tr><td colspan="5">锚杆长度和结构形式是符合附着要求</td><td colspan="3">符合要求</td></tr>
<tr><td colspan="5">建筑物上附着点布置和强度是否符合要求</td><td colspan="3">符合要求</td></tr>
<tr><td colspan="5">基础经过加固后强度是否满足承压要求</td><td colspan="3">满足承压要求</td></tr>
<tr><td colspan="5">第一道锚固以下高度不得大于说明书中规定</td><td colspan="3">符合要求</td></tr>
<tr><td colspan="5">锚固之间距离符合要求</td><td colspan="3">符合要求</td></tr>
<tr><td rowspan="7">附着锚固之后检验项目</td><td colspan="5">锚固框架安装位置是否符合规定要求</td><td colspan="3">符合规定要求</td></tr>
<tr><td colspan="5">塔身与锚固框架是否固定牢靠</td><td colspan="3">固定牢靠</td></tr>
<tr><td colspan="5">框架、锚杆、墙板等各处螺栓、销轴是否齐全、正确、可靠</td><td colspan="3">齐全、正确可靠</td></tr>
<tr><td colspan="5">垫铁、楔块等零、部件齐全可靠</td><td colspan="3">齐全可靠</td></tr>
<tr><td colspan="5">最高附着点以下塔身轴线对支承面垂直度不得大小于相应高度的2‰</td><td colspan="3">1‰</td></tr>
<tr><td colspan="5">最高附着点以上塔身轴线对支承垂直度不得大小于4‰</td><td colspan="3">2‰</td></tr>
<tr><td colspan="5">锚固点以上塔机自由高度不得大于说明书要求</td><td colspan="3">符合要求</td></tr>
<tr><td>检查验收结论</td><td colspan="5">经检查，符合安全要求，验收合格，同意使用</td><td colspan="3"></td></tr>
<tr><td>验收负责人签字</td><td colspan="8">安装技术负责人：×××
安装员：×××
土建安全负责人：××× ××年×月×日</td></tr>
</table>

4.9.27 《塔式起重机安装施工安全方案报审表》填写范例

塔式起重机安装施工安全方案报审表

工程名称:××小区×号楼工程　　　　编号:×××

致:××监理公司　　　　(监理单位)

我方已完成了××小区×号楼工程塔式起重机安装施工安全方案的编制,并经公司技术负责人批准,请予以审查。

附:《××小区×号楼工程塔式起重机安装施工安全方案》

承包单位(章):××建筑工程有限公司
项目负责人:×××
日　期:××年×月×日

专业监理工程师审查意见:

同意按该施工组织设计施工

专业监理工程师:×××
日　期:××年×月×日

总监理工程师审核意见:

同意按该施工组织设计组织施工

项目监理机构:××监理有限公司
总监理工程师:×××
日　期:××年×月×日

(编者:塔式起重机安装施工安全方案范例略)

4.9.28 《塔式起重机拆卸施工安全方案报审表》填写范例

塔式起重机拆卸施工安全方案报审表

工程名称:××小区×号楼工程　　　　编号:×××

致:××监理公司　　　　(监理单位) 我方已完成了××小区×号楼工程塔式起重机拆卸施工安全方案的编制,并经公司技术负责人批准,请予以审查。 附:《××小区×号楼工程塔式起重机拆卸施工安全方案》 承包单位(章):××建筑工程有限公司 项目负责人:××× 日　　期:××年×月×日
专业监理工程师审查意见: 同意按该方案组织施工 专业监理工程师:××× 日　　期:××年×月×日
总监理工程师审核意见: 同意按该方案组织施工 项目监理机构:××监理有限公司 总监理工程师:××× 日　　期:××年×月×日

(编者:塔式起重机拆卸施工安全方案范例略)

4.9.29 《起重吊装工程施工安全方案报审表》填写范例

起重吊装工程施工安全方案报审表

工程名称:××小区×号楼工程　　　　编号:×××

致:××监理公司　　(监理单位) 我方已完成了××小区×号楼起重吊装工程施工安全方案的编制,并经公司技术负责人批准,请予以审查。 附:《××小区×号楼起重吊装工程施工安全方案》 承包单位(章):××建筑工程有限公司 项目负责人:××× 日　期:××年×月×日
专业监理工程师审查意见: 该方案编制合理,技术可行,同意按此方案组织施工 专业监理工程师:××× 日　期:××年×月×日
总监理工程师审核意见: 同意按该方案组织施工 项目监理机构:××监理有限公司 总监理工程师:××× 日　期:××年×月×日

(编者:起重吊装工程施工安全方案范例略)

4.9.30 《起重吊装安全技术交底》填写范例

起重吊装安全技术交底

施工企业：××建筑工程有限公司 No.×××

<table>
<tr><td>工程名称</td><td colspan="2">××小区×号楼工程</td><td colspan="2">工种</td><td>机械工</td></tr>
<tr><td>施工部位</td><td colspan="2">施工现场</td><td colspan="2">交底时间</td><td>××年×月×日</td></tr>
<tr><td colspan="6">交底内容
应填写内容：
1. 应填写有关技术规程、规范；
2. 施工方案的安全防护措施，施工技术操作要求，特种工艺要求；
3. 安全保证资料的要求；
4. 其他补充内容</td></tr>
<tr><td>被交底人</td><td>×××</td><td>交底人</td><td>×××</td><td>安全员</td><td>×××</td></tr>
<tr><td colspan="2">××年×月×日</td><td colspan="2">××年×月×日</td><td colspan="2">××年×月×日</td></tr>
</table>

注：1. 安全技术交底由项目经理、单项或分部(分项)工程负责人负责，应依据设计图纸及有关国家规范标准，书写安全技术交底。

2. 安全技术交底的内容应翔实、具体、具有针对性、可操作性、技术性。

3. 交底人及被交底人双方必须在书面交底上签字。

4.9.31 塔式起重机安装拆卸专项施工方案实例

××办公楼工程塔式起重机安装拆卸专项施工方案

一、工程概况

工程名称:××市××国际大厦工程

工程地址:××市××路与滏西街交叉口滏阳公园东行100米路北

建设单位:××市××通房地产开发有限公司

监理单位:××市××监理有限公司

设计单位:中煤××设计工程有限责任公司

施工单位:××冶金建设有限公司

建筑面积:总建筑面积48737.04m^2

结构类型:钢筋混凝土框剪结构

基础形式:主楼桩筏基础,裙楼独立基础。

根据现场工程施工需要,拟在该建筑安装塔式起重机QTZ63一台。具体安装位置详见现场塔机位置示意图。

二、QTZ63塔式起重机基本技术参数

(1)安装高度:115米(注:附着6道)

(2)工作幅度:最大55米,最小2.5米

(3)最大起重量:6吨

(4)臂端最大起重量1.0吨

(5)起重力矩:63吨·米

(6)总功率:54.6KW

(7)工作温度:-20℃~40℃,风力小于6级

(8)自重:65t

三、方案编制依据

(1)国家标准

《塔式起重机安全规程》GB5144-2006

《起重机、钢丝绳、保养、维护、安装、检验和报废》GB5972-2009

《建筑机械使用安全技术规程》JGJ33-2012

《起重吊运指挥信号》GB5082-85

(2)厂家提供的技术资料:

QTZ63塔式起重机安装、使用说明书(厂家提供)

(3)行业主管部门及中诚公司有关塔机拆安安全管理方面的文件、制度和规定。

(4)《中华人民共和国建筑法》、《中华人民共和国安全生产法》及《建筑工程安全生产管理条例》。

四、定位要求及基础施工处理

1.现场定位

塔机的现场定位由项目经理部会同机械公司技术人员,根据现场施工、塔机性能及安装需要

安装在⑥、⑦轴中间，塔吊基础北侧边距A轴3米。

2. 地基处理

(1)塔吊基础下设置9根钢筋混凝土灌注桩，桩长15米，桩径800mm，C25混凝土。

(2)本机采用预埋塔机脚柱钢筋混凝土固定基础，要求地基承载力不小于0.2Mpa。

3. 基础施工制作

(1)基础尺寸：5500×5500×1500mm。详见附图。

(2)支腿的主弦杆严格按基础制作方案要求预埋并用定位框架进行精确定位，底部用钢筋马凳或混凝土垫块(严禁用木板或砖块)垫实。

(3)基础布筋严格按照基础制作方案施工，不得减少和短缺，不得随意更改。

(4)安装人员安放预埋件。准确定位，按基础制作方案中图四在混凝土中固定。安装人员通过架设固定调整基础的水平度及垂直度(为确保定位准确，可进行四边及两对角线实地测量，并作些微调整)，并用斜铁找平。塔机基础垂直度控制在1‰内，达到要求后将马镫、斜铁及预埋地脚固定好，以免由于后工序的操作动摇了已调整好的水平度。

(5)混凝土标号：混凝土C35。均匀浇注混凝土，并捣实。

(6)再次测试塔机固定架的垂直度公差小于等于2mm，调整，使其符合规定，做好最终测量记录、存档。

(7)基础平面平整，平面度公差在1.7m×1.7m平面内水平度公差小于2mm。固定架水平标高小于2 mm，脚柱垂直度公差小于2mm；

(8)注意正确接地和排水设置。接地电阻与预埋固定角钢焊好，并将接地电阻的另一端插入土层1.5米，测试电阻值，保证阻值不大于4Ω并做好记录、存档。

(9)塔机基础保养要良好，做好混凝土强度报告。混凝土强度达到90%后方可进行整机安装。

五、配合安装机械、器具

1. 基本准备

(1)塔机专用电箱。为了满足塔机正常工作，塔机必须使用专用配电箱，250A空气开关一只，应根据塔机的定位对配电箱合理安放。

(2)道路及安装场地。项目部应提供专门堆放塔机部件的场地，有长约60m用以安装塔臂的平整场地或道路；安装区域地面平整，施工道路上无障碍物，能保证25T汽车吊及运输车辆的顺利通行。

2. 安装前准备及检查工作

(1)备好电源线、25T汽车吊一台、运输车辆，其中一台长度不得小于12m用于对塔机平衡臂的运输。索具、3t手拉葫芦、专用扳手4把、大锤2把、配套钢丝绳三付、撬棍及其它辅助工具的准备工作，并对安装场地进行清理、检查。

(2)按要求复核所有的基础埋件质量，基础和预埋件水平度必须严格符合基础要求(水平度公差不得大于2mm)，验收不合格者不得安装。复核验收资料经双方签字后存档；

(3)安装前的塔身、起重臂、平衡臂、塔尖、司机室等机械部分要做好油漆保养工作；

(4)待安装的塔机应做到性能完好，金属结构部分无疲劳损伤、变形、无焊缝开裂、脱焊。对钢丝绳、滑轮组、电器设备、顶升机构等安装前均应认真检查，发现问题应及时修理或更换。否则不得安装。

(5)组织作业人员，现场协调员1名，高空指挥1名，高空作业人员4名，地面作业人员1名，塔机司机1名。作业人员必须戴好安全帽，高空作业人员系好安全带，并了解本次安拆机械性能。

(6)对索具、起重机具、手拉葫芦、专用扳手及其它辅助工具认真检查，不合格者一概不允许使用。

六、安装要求及步骤

1.塔机安装起吊重量技术参数

(1)塔机安装采用25t汽车吊。

(2)塔机初始安装为3节加强节，高度2.8m×3=8.4m，重量2.5 t。

(3)套架总成高6.868m，起吊重量为3.8t(包括爬升套架、平台、顶升衡梁、油缸、油箱即泵站)

(4)支座(包括回转支撑、爬梯信道、引进梁)高2m，重量为5.61t。

(5)塔顶(包括塔尖、信道、司机室)高6.5m，起吊重量为1.43t。

(6)塔吊平衡臂及起升机构长11.8m，起吊重量为4.8t。

(7)吊装司机操作室。

(8)塔机大臂配置55m。起吊重量6.76t(包括：起重臂、起重臂拉杆、小车牵引机构、载重小车)。

(9)平衡重总计12.6吨，共7块。

2.塔机安装要求

(1)塔机安装作业时要设专人指挥，工作人员的联络，必须规定严格的信号，手势或旗号等，最好采用步话机，对讲机，扩音话筒等联络。

(2)各部螺栓必须拧紧，钢丝绳夹必须压紧，尤其是起升卷扬机卷筒与减速器输出轴联接滑块处的螺栓切不可松动。

(3)平衡臂两根钢丝绳拉索长短应调整一致，使其受力均匀。

(4)顶升过程中，塔机除自己安装需要吊装外，不得进行其它吊装作业，更不准回转。

(5)吊臂和平衡臂安装时，一定要把吊绳与汽车吊钩用钢丝绳夹或卸扣夹牢，防止斜拉塔帽越过自身重心及钢丝绳脱钩而造成事故。

(6)液压顶升之前必须调整好套架滚轮与导轨的间隙，要求2∽5mm，且四个方向应均匀。

(7)液压顶升油缸在每次间隙使用前或停机过夜后，均应对油缸进行空行程试运转(伸长，缩回)动作，以排出缸内空气而实现顶升不爬行和颤动。

(8)液压系统溢流阀开启压力应调整到210Kg/cm(2.1Mpa)。

(9)电缆长度按塔机预定高度加2m的余留量，盘绕好放置于底架的方框内部，电缆的上引部分用电缆夹固定于标准节腹杆上，每9m一个夹子。每次顶升前先松开所有电缆夹头，每顶升一次，放出一段电缆。

(10)未安装平衡臂，吊臂之前，必须进行顶升试运转。

(11)每次顶升完成，收回油缸活塞之前，必须检查套架挡块在标准节支承块的上表面是否放牢，否则，绝对禁止收回油缸活塞。

(12)压板碰触高度限位器，幅度限位器，回转限位器后必须能灵敏，准确地切断相应的电器回路，高度限位器切断起升回路电源时，吊钩滑轮在上限位置距小车滑轮的距离，应大于 200mm。

(13)塔机的安装位置,必须使塔机的最大旋转部分——吊臂,吊钩等避离输电线 5m 以上,否则,会触电产生人机伤亡事故。(必要时候必须搭设防护)

(14)司机在接通地面电源,登上塔机进入司机室内应全面检查各按钮,操纵手柄等是否处于非工作状态,确实无误后方可启动总按钮。

(15)塔身标准节的安装不得任意交换位置,套架装油缸的一侧要与塔身标准节带支承块的一侧重合,否则将无法顶升。

(16)塔机各部分所有可拆螺栓,销轴等必须按随机附件表所列规格和材料,准确无误地使用,不得代换。

(17)吊臂(起重臂)组装必须注意以下主要事项:

①由于吊臂由多节制成,必须按出厂规定的标记或标牌组装,切不可相互更换。

②由于连接各节吊臂的销轴数量多,直径也不同,但差异不大,故应注意按相应的配合尺寸对应安装,千万不可错装,杜绝出现把小销轴装入大孔的错误。

③吊臂相互连接用的上,下弦销;均是专用特制零件,不可用其它销轴代用。

(18)整机安装完毕后,应检查塔身的不垂直度,要求偏差≤2/1000。

(19)收紧变幅小车的钢丝拉绳,以小车在载重情况下不打滑为宜。

(20)夜间作业,作业现场必须备有充分的照明设施。

(21)塔机试验或工作时,各机构的操作必须按挡位从低速—中速—高速的顺序起动,由高速—中速—低速的顺序停止,中间不得越挡操作,每挡的停歇约为 2~5 秒。

(22)各机构需要反向运行时,必须等电机正转停止后才能启动反转,反之亦同样。

(23)操作必须由专人负责,不得乱用人操作。

(24)塔机不得斜拉或斜吊重物,禁止用于拔桩等类似作业。

(25)试验时,如发现塔机有异常现象,应停机切断电源,待查清并排除故障后再使用。

(26)起重钩及吊物下严禁站人。

3.安装程序

(1)将 25t 汽车吊在现场选择合理位置就位。作为本次塔机安装的起重设备,严格按操作规范精心操作安全工作。

(2)将基础节连接好套入套架,吊起固定在预埋脚柱上。注意套架开口方向,方便塔机顶升作业时标准节的引入。用销轴联接好。

(3)吊起回转支承与塔身标准节及套架连接,其顶升梁要位于顶升套架开口处。

(4)用螺栓将外下转台和塔身标准节连接好,调整套架导轮和标准节之间的间隙达到 0.5~2mm。方便塔机顶升时套架升高。

(5)将驾驶室吊起置于转台上面,对好定位销孔,并注意驾驶室的方向。

(6)将塔帽头吊起,缓缓置于转台的上方,对准塔顶下端四个耳孔与上转台相应的耳板,并注意塔顶的前后方向和起重臂方向的一致性。然后将四个连接销轴穿好并锁上弹簧销,螺栓连接部分要拧紧预紧力。

(7)将平衡臂及安放其上的电器、卷筒钢丝绳等吊起安装于上转台相应的位置,打入连接销轴并穿入开口销轴固定。

(8)用起重机吊起安放于最外侧一块平衡重置于平衡臂后端最外侧,并保证平衡重落实固定在平衡臂上，不得出现平衡重倾斜或虚放等情况。

(9)将起重臂在地面按规定连接好后由水平地缓缓吊起，将臂根铰点对准上转台上相应的耳板，然后穿好销轴并锁好，再向上微提吊钩，使起重臂向上仰起3°～4°，由操作人员将起重臂上弦杆销轴打入，然后慢慢落钩待耳板轴孔对准塔顶连接耳板轴孔时将销轴穿好并锁住。缓慢下勾，待绳索松弛后摘钩。

(10)用起重机将其余平衡重稳平稳地安放在平衡臂相应位置上。

(11)专业安装人员严格按说明书穿绕起升机构钢丝绳子及小车变幅机构钢丝绳。

(12)安装并调试液压、电器、各限位系统，检查金属结构等相关部件，均合格正常工作后方可进行顶升作业。

4.顶升程序

(1)先用小车将一节标准节送挂在套架牵引机构上，再在起重臂距回转中心18.4m附近吊起一节，不要离地太高。

(2)打开套架下转台四根短立柱与塔身标准节之间的连接螺栓，给液压装置接通电源。

(3)操纵三位四通阀使液压缸下铰点板梁两端轴头卡入顶升耳板内，继续让液压缸缓缓伸出。

(4)继续操纵三位四通阀，让液压缸再向外伸出，当顶升至塔身耳板时，换向阀回到中位，这时操作套架上的机械锁板，将外套架锁定在塔身顶长耳板上，缓缓往回收液压缸，让液压缸下铰点板梁从顶升耳板内脱出，当液压缸收至塔身标准节上面一个顶升耳板附近时，再将板梁两端卡入耳板内。

(5)再开动三位四通阀，让液压缸伸出，继续进行第二步顶升，当又顶时，换向阀回到中位并将套架锁定在该位置。

(6)操作人员迅速将事先挂在牵引梁上的一个标准节推入套架正中。操作换向阀，让套架慢慢下落，待该标准节下端四个连接止口和塔身上端四个止口吻合后停止下落套架，穿好8个联结销轴并插入立销。将索引机构上的吊钩从刚接好的标准节上摘下并向外推出，准备迎接下一个标准节。再缓缓下落套架，待推入的标准节上端四个止口与套架下转台的四个短立柱止口相吻合，然后穿好螺栓并紧固。

(7)如此循环往复，继续顶升加节。整个顶升接高可归纳为如下顺序：

悬挂标准节→打开上端连接螺栓→套架顶升机械锁板锁定→收液压钢板梁进入下一个顶升耳板→顶升→标准节下端止口就位并紧固→上端止口就位并紧固。就此塔身可一直接高至最大独立起升高度。

5.立塔后的自检、报检

塔机安装完毕后，必须按照说明书立塔后自检要求严格检测试验设备。并填写当地塔式起重机折装检查验收纪录进行检测表。

6.运转前的准备工作(日常保养)

(1)阅读上班的工作记录，首先处理上一班发现的问题，故障未排除，不准开车。

(2)检查电气系统工作是否正常，各安全装置是否灵敏，可靠，绝对不可在失灵状态下勉强工作。

(3)钢丝绳在卷筒上缠绕必须整齐，不得打结，折弯，挤压等，使用中避免反向弯曲，在一个节距内断丝8根，或名义直径磨损缩小超过5%，应换新钢丝绳，检查绳夹是否松动，其它其重零部件的连接是否可靠。

(4)检查卷扬机制动器工作是否可靠;刹车瓦片磨损是否过大。

(5)金属结构的连接螺栓是否松动。

(6)传动机构的响声有否异常。

(7)接地线与塔身连接是否可靠。

(8)注意润滑作业。

(9)安全操作要求:

(10)司机必须身体健康,符合高空作业及起重机械对司机的要求。

(11)司机必须经过培训,合格后方可开车,非司机严禁开车。

(12)司机班前不得喝酒,工作要精力集中,严禁与别人闲谈,看书看报,更不准打闹。

(13)司机应配备试电笔,班前检查机壳是否有电。

(14)司机应随时注意建筑物的外伸物,防止相撞。

(15)合闸后司机不得离开驾驶室,如遇停电或急事必须离开工作岗位时,必须把吊钩升至建筑物之上,将主令开关手柄置于零位,按下总停按钮,切断总电源开关,否则,不准离开操作岗位。

(16)开车前应鸣铃示意。

(17)吊装作业时,地面,楼台施工面要设专人指挥塔机作业,与司机的联络,必须规定严格的信号,手势或旗号等,最好采用对讲机联络。

(18)司机必须严格按照本塔机技术性能表和起重特性曲线图的规定作业,不得超载,不可强行操作。

(19)在多台塔机同时进入一个施工现场时,塔机的平面布置要合理,相互之间不得在空间交错和发生干涉。

(20)当风力大于10级时,应将塔机降至5个标准节以下的高度,或用牵缆绳等加固。

(21)所有安全装置,必须随时保养,不得任意搬动,拆卸,严禁超载使用。

(22)停机修理和保养时,必须切断总电源开关,不许带电作业。

(23)夜间不工作时,不得熄灭障碍灯。

(24)减速器,滑轮,轴承等要按规定日常保养加油,发现有漏油现象,要即使处理。

(25)检修人员在使用变幅小车处的吊栏进行检修前,必须严格检查和拧紧吊栏的连接螺栓。

(26)塔机在每班作业完毕后,必须将吊臂转到下风处,吊钩升至离开最高建筑物的位置,小车停在吊臂全长的中点处,切断电源,各控制开关回到零位方可离去。

(27)塔机大修或转移工地重新安装,必须认真检查金属结构的各焊缝,对各种机构,电气,液压顶升系统等进行时运转,正常后进行空载,额定载荷,超载10%的动载试验,超载25%的静载试验,合格后才能进行正常的吊装作业。

(28)严禁故意用保护装置达到停车的目的。(除检查之外)

(29)起升的低速挡主要用于负重起动和吊物慢就位,运行时间不可过长;而高速挡只能承担轻负荷,主要用于空钩升降。

(30)下班应作好交接班记录,尤其是未处理的故障一定要写清。

除以上要求外,司机应熟悉国家关于起重机械建筑施工的各项规范和要求,严格照章办事。

七、配合拆卸机械、器具

本机采用预埋脚柱式钢筋混凝土固定基础,为固定式安装。根据现场需要,当塔机可降至基本的初始安装高度,计划采用25吨汽车吊一台,运输车辆视情况定,其中一台长度不得小于12m用于对塔机平衡臂的运输。索具、3t手拉葫芦、专用扳手大扳手4把、大锤4把、配套钢丝绳三付、撬棍及其它辅助工具

八、拆卸步骤及要求

1.拆卸前准备工作

(1)塔机拆卸前的检查。待拆卸的塔机应做到性能完好,金属结构部分无疲劳损伤、无焊缝开裂、脱焊。对钢丝绳、滑轮组、电器设备、项升机构及各工作机构、安全装置等拆卸前均应认真检查,发现问题应及时修理或更换。

(2)作好电源线、50T汽车吊、运输车辆、索具、手拉葫芦、专用扳手及其它辅助工具的准备工作,并对拆卸场地进行清理、检查;有长约60m用以拆卸塔臂的平整场地或道路。拆卸区域地面平整,施工道路上无障碍物,能保证50T汽车吊及运输车辆的顺利通行。

(3)组织作业队伍。作业人员必须戴好安全帽,高空作业人员第好安全带,对索具、起重机具、手拉葫芦、专用扳手及其它辅助工具认真检查,不合格者一概不允许使用。

2.降塔程序

(1)自升式起重机长降塔身时,必须严格按说明书规定,使起重机处于最佳平衡状态,并将导向装置调整到规定间隙。

(2)升降塔身时,必须有专人检查,预防电缆被硬拉、刮伤、挤伤等。

(3)对顶升液压系统进行专人检查,并进行空载伸缩,检查液压系统。注意防止过载的安全阀和平衡阀,使之达到正常的工作压力。

(4)顶升拆卸标准节作业中,严禁塔式起重机作任何动作。如旋转、小车行走、起升等。

(5)顶升油缸工作一个行程后,等套架、底部的自行爬爪支承在油缸横梁下一个踏步上并接触良好后再收缸作下一个行程。

(6)升降后应将操作杆回零,并切断液压顶升机构的电源。

重复以上程序,将塔机降至初始安装高度。(能够用25T汽车吊作业的高度)

3.拆卸主机程序

(1)将25t汽车吊在现场选择合理位置就位。作为本次塔机拆除的起重设备,严格按操作规范认真操作。

(2)将平衡重逐块卸下(留最里面一块)。

(3)将塔机起重臂吊起达一定高度,将起重臂拉杆在大臂上捆绑好后解开与塔帽的连接,将大臂放至水平打掉大臂与塔帽的联结销轴,拆下起重臂。

(4)将平衡臂上的最后一块平衡重卸下,与拆起重臂一样拆下平衡臂。

(5)将驾驶室及塔帽依此吊下。

(6)将起重机回转机构整体吊下。

(7)吊下液压油箱并依此拆卸各平台及其护拦。

(8)按操作规范拆卸套架(连同基础节)。

(9)将塔机各部件盘点、装车运输出工地。

至此,整机拆除完毕。

九、塔式起重机拆装安全操作规程

1.适用范围:

本规程适用于本公司所有的塔式起重机及同类型的塔式起重机的拆装作业，包括顶升、附着。

2.对拆装工（起重工）的要求

（1）拆装工必须年满18周岁以上，并且有初中以上文化程度。

（2）拆装工必须经当地劳动部门或指定单位培训，取得特种作业许可证后，方可参加起重机拆装作业。

（3）每个拆装工每次拆装作业中，必须了解所从事的项目、部位、内容及要求，对所拆装的部位必须做到：

1）准确了解其重量；

2）吊点位置；

3）选择合适的吊挂位置；

4）正确地选择吊具和索具。

（4）拆装人员在进入工作现场时，必须戴安全帽。高空作业还必须穿防滑鞋，系安全带，戴手套。

（5）拆装人员必须在指定的专门指挥人员指挥下作业，其它人员不得发出指挥信号。

（6）作业前，拆装工人必须对所有使用的钢丝绳、链条、卡环、吊钩及各种吊具和索具按有关规定作认真检查，合格后方准使用。

（7）起重作业中，不允许把钢丝绳和链条等不同种类的索具混合用于一个重物的捆扎或吊运。

（8）拆装人员如遇身体不适，不得参加高空作业。

3.指挥人员

（1）在拆装作业过程中，必须指定专门指挥人员，并在其指挥下工作。

（2）起重作业中，指挥人员是唯一的发布号令者，严禁无证人员指挥。

（3）挥人员在作业中，必须佩带有“指挥”案的袖标。

（4）指挥人员必须了解所指挥作业的起重机的性能。

（5）作业中两个或两个以上指挥人员指挥同一台起重机作业时：

1）所有指挥人员必须佩带相同标志。

2）各指挥人员必须使用同一种指挥信号。

3）作业中，只允许一个人对司机操作发出指挥信号，严禁有两个或两个以上的人对司机发出指挥信号，其它指挥人员只能相互传递指挥信号。利用通讯设备进行指挥时，所有指挥人员用的通讯设备中，只允许有一个与司机的通讯设备的频率相同。

4）指挥人员这间必须有良好的配合，特别是在起重机作业时，由一个指挥人员转入另一个指挥人员作业时，相互交接的指挥人员必须事先联系好后方能交接，绝对不允许两个人同时指挥，间断指挥或无指挥作业。

（6）指挥人员必须了解每项作业的内容和要求。

（7）指挥人员在作业中，按有关规定，检查所用的钢丝绳和吊钩是否符合要求，不符合要求严禁使用。

（8）起重机的工作条件不符合有关的安全规定时，指挥人员不得指挥作业。

（9）指挥人员要监督本职所辖范围的作业人员戴安全帽，系安全带，穿工作鞋。

4.指挥信号的要求

(1)起重作业中所用的各种指挥信号及通讯种类必须符合GB5082—85规定的要求。指挥人员在作业中必须位于司机听力或视力所及的明显处,不允许进入司机的盲区和隔音区指挥。

(2)指挥信号,必须清晰可辨,随时都可以传递指挥信号。

(3)作业前,指挥人员与司机必须相互约定所采用的指挥信号种类。

(4)不准中途改用未经约定的指挥信号种类,在需要更换时,必须使起重机停止运转,指挥人员与司机取得联系,并经双方认可后更换。

(5)作业中,各种指挥信号可单独使用,也可两种信号配合使用。

5.对电工及操作者的要求

(1)电器部分的拆装,必须由持上岗证的电工进行,严禁他人拆装。

(2)必须严格遵守安全操作规程及其它安全用电要求。

(3)塔吊的司机,必须持证上岗,严格遵守安全操作规程。

6.拆装作业前、中、后,拆装人员必须遵守下列安全规程工作

(1)工作前

1)拆装作业前,拆装负责人必须对所有拆装人员先公布拆装方案,后进行安全技术交代和作业进度交底及人员分工等。

2)拆装负责人要向塔吊机长了解塔机技术情况等。

3)对轨道路基或预埋基础进行验收(包括地耐力、平整度、垂直度、混凝土标号及预埋基础图)。

4)拆安负责人要指定专人对所使用的钢丝绳、卡环、吊钩,各种吊具索具作认真检查,不符合标准严禁使用。

5)拆安负责人指挥正式指挥人担任指挥工作并与司机约定采用的指挥信号种类。

6)作业人员必须身体状况良好,对身体不适者不得从事高空作业。

7)进入施工现场必须戴安全帽,高空人员必须穿防滑鞋,系好安全带。

8)拆装人员必须了解下列指示:

①了解起重机的性能和工作任务及安全交底。

②必须详细了解并严格按照说明书中规定的安装机拆卸程序进行作业,严禁对拆装程序作改动。

③起重机拼装或解体,各部件相连处采用连接形式和使用的连接件的尺寸、规格及要求。对有润滑要求的螺栓需按说明书要求进行润滑。

④了解每个拆装件的重量和吊点

9)起重机司机应保证塔吊技术状况良好,做好制动器、钢丝绳等要害部位的检查工作,保证安全装置灵敏可靠。

(2)工作中:

1)起重机司机,只服从指定的指挥人员的指挥。

2)作业中有两个指挥人员同时发出信号,不得操作。只有一个指挥发出信号时方可操作。

3)对所拆装的部件,必须选择合适的吊点和吊挂部分,严防由于吊挂不当造成零部件的损坏或造成钢丝绳的断裂。

4)必须按拆装工艺作业,安装过程中,发现不符合技术要求的零部件不得安装。

5)在安装或拆卸带有起重臂和平衡臂的起重机时,禁止只拆装一个臂就中断作业。

6)预紧力的螺栓时,必须使用专用的可读数的工具。

7)安装起重机时必须将各部的销、平台、扶杆、护圈等安全防护零部件装齐。

(3)工作后:

1)装完毕的起重机,必须使各工作机构工作正常。

2)对各安全保护装置进行调试,保证灵敏可靠。

3)把起重机停放在不防碍回转的位置,松开回转制动,进入风标效应。如起重要在回转范围内有障碍物,要将大臂与建筑物用绳索拉结,以防与周围建筑物干涉。

4)小车变幅起重机要把小车开到规定位置,吊钩开至最高点。

5)各控制器回零,切断总电源,关好门窗,收好工具。

6)拆装负责人负责填写验收表。并与塔机机长、安全员、现场负责人按验收项目进行验收,符合规定后,予以签字认可。

7)验收中如发现安装质量问题,由拆装负责人与技术负责人提出解决方案,由拆装队负责解决,否则塔机不得投入使用。

8)塔式起重机安装完毕,其塔身对支承面垂直偏差不大于2‰。

十、设备进出场安拆作业对场地和环境的要求

(1)塔式起重要进入施工现场前,设备租出单位必须向使用单位(项目经理部)进行安全技术交底。提出进场时所需的环境、场地和交通条件,对行走式塔机提供路基铺设方案图。对预埋脚柱式基础,提供厂家施工图纸,以便经理部根据现场情况进行选择。

(2)对于现场或工程较复杂而造成塔式起重机易装难拆的工程。在安装前必须制定出符合安全规定的拆除方案。

(3)现场情况必须满足拆装需要,拆装的辅助设备如汽车起重机等,必须符合起重性能的要求。

(4)轨道辅设或预埋基础施工必须符合使用说明书中的有关规定。

(5)塔式起重机接地必须牢固可靠,接地电阻不大于4Ω,接地装置选择和安装应符合有关的电器安全的要求。

(6)拆装塔式起重机的气候条件:

①温度－20℃—＋40℃。

②风力不高于4级风。

③大雪、大雨、大雾及能风度低情况下不得进行拆装作业。

(7)供电电压浮动不得超过额定电压的5%。

(8)起重机在任何部位与架空输电线的安全距离应符合有关安全标准的规定。

4.9.32 履带式起重机操作安全技术交底

履带式起重机操作 施工现场安全技术交底表

工程名称:××大厦工程 **施工单位**:××建设集团有限公司 **编号**:×××

交底部门	安全部	交底人	王××
交底项目	履带式起重机操作	交底时间	××年×月×日

交底内容:

1.一般安全操作规程

(1)司机必须须持特种作业资格证书上岗。严禁非起重机驾驶人员驾驶、操作起重机。

(2)起重机作业场地应平整坚实,如地面松软,应夯实后用枕木横向垫于履带下方。起重机工作、行驶与停放时,应按安全技术措施交底的要求与沟渠、基坑保持安全距离,不得停放在斜坡上。

(3)夜间操作必须有足够的照明设备,遇有恶劣气候应停止吊装作业。雨雪后进行吊装作业时,应及时清理冰雪并应采取防滑和防漏电措施,先试吊,确认制动器灵敏可靠后方可进行作业。

(4)新购置或新大修的起重机使用前必须经过检查、试吊,如静载试验(最大起重量加25%)及动载试验(最大起重量加10%),确认合格后方可使用。

(5)操作前应对传动部分试运转一次,重点检查安全装置、操纵装置、制动器和保险装置、钢丝绳及连接部位应符合规定。燃油、润滑油、冷却水等充足,各连接件无松动。

(6)启动前应将主离合器脱开,将各操纵杆放在空挡位置。

(7)内燃机启动后应检查各仪表指示值,待运转正常再连接主离合器,进行空载运转,确认正常,方可作业。

(8)起重机卷筒上的钢丝绳在工作时应排列整齐,钢丝绳在卷筒上至少应保留3圈余量。

(9)起重机械在最大工作幅度和高度以外3m范围内,不得有障碍物,特殊情况必须采取有效安全措施。

(10)加油时附近严禁烟火,油料着火严禁浇水,应用泡沫灭火器、沙土或湿麻袋等物扑灭。

2.使用中安全操作规程

(1)起吊过程中,在起重机行走、回转、俯仰吊臂、起落吊钩等动作前,起重司机应鸣声示意。一次只宜进行一个动作,待前一动作结束后,再进行下一动作。

(2)作业时变幅应缓慢平稳。严禁在起重臂未停稳前变换挡位,满载荷或接近满载荷时严禁下落臂杆。

(3)重物起吊离地10~50cm时,应检查机身稳定性,制动灵活可靠,绑扎牢固,确认后方可继续作业。起吊重物下方严禁有人停留或行走。

(4)作业时臂杆的最大仰角不得超过说明书的规定。无资料可查时,不得超过78°。

(5)起重机在满负荷或接近满负荷时,严禁同时进行两种操作动作和降落臂杆。

(6)起吊重物左右回转时,应平稳进行,不得使用紧急制动或在没有停稳前作反向旋转。起重机行驶时,回转、臂杆、吊钩的制动器必须刹住。

(7)起重机需带载荷行走时,载荷不得超过额定起重量的70%。行走时,吊物应在起重机行走正前方向,离地高度不得超过50cm,行驶速度应缓慢。严禁带载荷长距离行驶。

(8)转弯时,如转弯半径过小,应分次转弯(一次不超过15°)。下坡时严禁空挡滑行。

(9)双机抬吊重物时,应使用性能相近的起重机。抬吊时应统一指挥,动作应协调一致。载荷应分配合理,单机荷载不得超过额定起重量的80%。

交底部门	安全部	交底人	王××
交底项目	履带式起重机操作	交底时间	××年×月×日

交底内容：

3.停机后安全操作规程

(1)起重机转移工地应用长板拖车运送。近距离自行转移时，必须卸去配重，拆短臂杆，主动轮在后面，回转、臂杆、吊钩等必须处于制动位置。

(2)起重机通过桥、管道(沟)前，必须按安全技术措施交底，确认安全后方可通过。通过铁路、地面电缆等设施时应铺设木板保护，通过时不得在上面转弯。

(3)作业后臂杆应转至顺方向，并降至40°～60°之间，吊钩应提升到接近顶端的位置。各部制动器都应保险固定，操作室和机棚应关门上锁。

接底人	李××、章××、刘××、程××…

4.10 施工机具安全管理资料

4.10.1 《塔式起重机租赁合同》范例

甲方:××建筑工程有限公司

乙方:××机械设备有限公司

根据《中华人民共和国合同法》,经甲乙双方平等协商同意,甲方向乙方租用H3/36B塔式起重机 一 台,由乙方塔吊负责完成工程主体结构施工配合任务,并签订合同,共同遵守。

一、工程名称: ××办公楼工程

二、工程地点: ××市××区××路××号

三、设备编号: ××××

产权单位: ××建筑工程公司

四、机械租赁期限: 8个月

五、机械租赁方式: 按台班租赁

六、双方责任和义务

1.甲方负责为乙方塔式起重机进出场安装、拆塔提供现场条件(现场照明、电源),完成塔吊基础和预埋基础的制做工作,并提供基础检测的技术报告。

2.甲方根据施工进度,提前一周向乙方通报塔吊顶升的工作要求。

3.甲方负责乙方运塔车辆出工地时车轮泥土的清理工作。

4.甲方负责指导乙方人员将废弃物分类存放到指定地点,不能造成污染。

5.甲方负责施工工地场界噪声的控制,乙方机组人员应全力配合甲方控制噪声符合法规要求。

6.甲方安装在塔机上的照明灯具辐射范围需控制在工地范围内,防止光污染。

7.甲方根据施工进度,在结构出地平面后一周向乙方通报塔吊锚固的工作要求,并提供所需图纸及数据。

8.甲方在乙方塔吊发生重大机件更换时,负责配合完成架子搭设工作。

9.甲方负责为乙方塔吊机组提供休息用房及冬季一切取暖,保暖措施,并应该合乎防火,消防安全和环保的要求。

10.甲方负责乙方进入现场后,塔吊机械设备,附属材料,配电设施及乙方机组宿舍的安全保卫工作。

11.乙方对设备电路系统要经常检查,以防因线路老化、短路造成火灾事故。

12.乙方要及时完成塔吊的故障排除工作,24h保障塔吊正常运行。

13.乙方必须按照合同要求将塔吊的顶升部件运到现场,及时完成顶升。

14.乙方按施工要求,向甲方提供塔吊基础制作技术要求、塔式起重机立塔方案及锚固技术方案。

15.在作业中严禁在塔身及其他金属结构上安装悬挂标语或其他挡风物体。

16.乙方按甲方要求,待甲方完成基础铺设任务后,及时到现场验收合格后,完成立塔工作。

17.乙方按合同规定安排好塔吊机组作业班次,施工中全心全意为甲方服务,做到24h服务。

18.乙方出租设备必须经常保养和润滑，运行中其现场噪声及废气废水排放必须符合国家及地方政府提出的环境保护标准。

19.乙方设备维修过程中，废弃物要按甲方指定地点分类存放，有毒有害废弃物需放入甲方指定的不易燃且不易泄漏的容器中存放，由甲方集中消纳。

20.甲乙双方都须遵守关于环境保护的法律法规以及相关规定，杜绝违法行为。

七、塔吊台班费的收取办法

1.塔吊台班费：××元

2.塔吊预埋费：××元

3. 春节期间停工时间在一个月内按实际发生收取台班费，停工三个月以内按50%收取台班费，停工三个月以上按100%收取台班费。

4. 合同工期内，乙方施工机械每月允许故障停机24h，不减收台班费；如乙方原因停机超过24h，超过部分，乙方按双方约定减收台班费；如甲方原因造成停工，甲方按合同规定全额付给乙方台班费。

5.乙方塔式起重机月租台班费，甲方在次月5日前向乙方支付；如在次月15日前不支付费用，乙方有权停止机械运转，由此而造成的停机，乙方不得减收台班费，费用付清后乙方机械恢复运转。

6. 报停后五日内结清全部费用。

八、施工安全

1.甲方配备专业指挥信号工(有特殊工程操作证)，按操作规程负责塔吊指挥工作。乙方按甲方信号工指挥操作机械。

2.甲方信号指挥人员必须持证上岗，了解所指挥塔吊的技术性能。

3.甲方夜间施工要配有足够的照明灯具。

4.对散件，吊装时甲方要将其绑扎牢固后方可指挥起吊(小钢模、砖块等必须加容器)。

5.甲方施工中如有隔楼吊装，需配接力信号指挥。

6.甲方信号指挥人员要增强责任心，班前、班中严禁喝酒，不盲目指挥。

7.甲方信号指挥人员必须了解现场情况，工作中要精神集中，现场狭小，吊装重物不得超出施工现场。

8.甲方信号指挥人员盲目指挥所发生的事故，由信号指挥人员负责。

9.乙方进入施工现场人员必须遵守施工现场管理规定，服从现场管理人员指挥，不损坏现场各种安全防护设施。

10.乙方塔吊经验收合格后方可投入使用。

11.乙方塔吊司机要持证上岗。

12.乙方塔吊司机工作时必须精神集中，听从信号指挥，鸣笛提示对方，各项动作要稳准。

13.乙方塔吊司机不服从信号指挥私自操作，发生事故由塔吊司机负责。

14.乙方塔吊司机按照“塔式起重机作业指导书”规定，对塔吊认真做好三检制。

15.乙方塔吊司机要服从信号工指挥，工作中严禁酒后作业。

16.甲乙双方必须共同遵守塔机安全使用的有关规定，禁止超载作业，防止高空坠落事故，杜绝违章作业和违章指挥。

九、乙方机组人员必须严格按照国家行业标准《建筑机械使用安全技术规程》(JGJ33—2012)

和××市机械施工公司颁发的《塔式起重机作业指导书》施工。

十、为了加强对乙方服务的管理，现将乙方《塔式起重机服务守则》及《塔吊使用安全协议》作为合同附件，请甲方监督执行。

十一、鉴于建筑工程受各种因素影响较多，塔机的实际启用和停用日期，经双方同意，以甲方书面通知为准。

十二、本合同自签字之日起生效。合同附件及相关洽商记录，与本合同有同等法律效力。

十三、双方应本着友好协商，通力合作的原则履约，如发生争议，可以通过协商或者申请施工合同管理机构会同有关部门调解，不愿调解或调解不成的，提交当地人民法院处理。

十四、补充条款如下：

____

____

十五、本合同甲、乙双方代表签字盖章后生效，甲、乙双方各持正本一本，副本______本。

甲方负责人：×××　　　　　　　　乙方负责人：×××

甲方盖章　　　　　　　　　　　　乙方盖章

电话：××××　　　　　　　　　　电话：××××

签约日期：　　　　　　××年×月×日

4.10.2　机械设备管理制度

1.机械设备的使用管理规定

(1)必须严格按照厂家说明书规定的要求和操作规程使用机械。

(2)实习操作人员(起重机械、起吊指挥、挂钩作业人员、电梯驾驶等)必须按国家和市安全生产监察局的要求培训和考试、取得市安全生产监察局颁布发的“上海市特种作业人员安全操作证”后，方可上岗操作，并按国家规定的要求和期限进行审证。

(3)经过大修理的设备，应该由有关部门验收发给使用证后方可使用。

(4)在非生产时间内，未经主管部门批准，任何人不得私自动用设备。

(5)有单独机械操作者，该人员为机械使用负责人。

(6)在交班时，机组负责人应及时、认真地填写机械设备运行记录。

(7)机长及机组长是机组的领导者和组织者，负责本机组设备的所有活动。

(8)多班作业或多人操作的机械(如塔吊、升降机)，应任命一人为机长，其余为组员。

(9)新购或改装的大型施工设备应由公司设备科验收合格后方可投稿运行，现场使用的机械设备都必须标识、挂牌。

(10)配备熟练的操作人员，操作人员必须身体健康，经过专门训练，方可上岗操作。

(11)机械使用必须贯彻“管用结合”、“人机固定”的规定，实行定人、定机、定岗位的网位责任制。

(12)班组共同使用的机械以及一些不宜固定操作人员的机械设备，应将这类设备编为一组，任命一人为机组长，对机组内所有设备负责。

(13)起重机械必须严格执行“十不吊”的规定，遇六级(含六级)以上的大风或大雨、大雪、打雷等恶劣天气，应停止使用。

(14)特种作业人员(起重机械、起吊指挥、挂钩作业人员、电梯驾驶等)必须按国家和市安全生产监察局的要求培训和考试取得市安全生产监察局颁布发的“上海市特种作业人员安全操作证”后,方可上岗操作,并按国家规定的要求和期限进行审证。

(15)所有施工现场的机管员、机修和操作人员必须严格执行机械设备的保养规程。

(16)机械设备转场过程中,一定要进行中修保养、更换已损坏部件、紧固螺钉、加润滑油,脱漆严重的要重新油漆。

2.机械设备采购规定

(1)设备采购范围划分

1)大型设备:40kN·m以上塔吊(包括40kN·m)、人货电梯、输送泵送。

2)中小型设备:各种混凝土搅拌机、井架、卷扬机,焊机、切断机、弯曲机、电焊机、木工机械等。

(2)中小型设备的采购由项目部自行制定采购计划采购,在购置订货时必须严格按照材料管理制度执行。

1)按《经济合同法》签订订货合同。

2)编制采购计划,填写:材料采购(要料)计划表。

3)对采购的设备进行验收,填写:材料进场验收记录。

4)选择合格的供方,对供方进行评价,填写:物资供方评定表。

5)对采购的设备在使用过程中进行评价,填写:1)物资供方业绩评定表;2)合格物资供方名录。

(3)大型设备若项目部需要采购,必须将采购计划表报送公司设备科,经公司设备科审核并报总经理批准后方可采购,采购程序仍按材料管理制度中有关规定严格执行。

3.机械设备检查规定

为了确保现场机械设备在施工中正常运转,搞好机械设备的平时维修、保养和合理使用,提高机械设备完好、使用率,杜绝重大机械事故,避免一般机械事故,延长机械使用寿命,做到安全生产,文明施工,特作下列检查规定:

(1)设备检查方法:

各项目部机管员每月定期对本项目部的机械设备进行一次检查,并将检查资料整理归档后备查。

(2)对查处的问题各项目部应立即改正,并做好相应记录,整改情况及时反馈给公司设备科。

(3)设备检查内容:

1)各类设备制动装置性能是否灵敏可靠。

2)设备钢丝绳、吊索具是否符合安全要求。

3)轨道铺设平整,拉杆、压板是否符合要求。

4)固定使用设备的布局搭设是否符合有关规定。

5)人货电梯限速器,附墙装置是否符合有关规定。

6)吊轨道接地线、路轨顶端止挡装置是否齐全可靠。

7)井架、人货电梯进出口处,防护棚、门搭设是否符合有关规定。

8)操作人员是否持证上岗。

9)现场设备用电装置是否符合有关规定。

10)机械设备的清洁工作是否做好。

11)机械设备重要部位螺钉紧固,各类减速箱和滑轮等需要润滑部位的润滑是否符合有关规定。

12)各类机械设备安全装置是否齐全,限位开关是否可靠有效,设备接地线是否符合有关规定。

4.机械设备的拆装规定

为确保大型施工设备进出场时设备安全及人身安全,保证工作顺利进行,特作如下规定:

(1)项目部不得自己组织队伍及未经公司审批私自拆装。

(2)办理拆装方案手续(施工组织设计审批表)。

(3)安装完毕后,须经公司设备科、市检测中心检验后方可投入使用。

(4)拆装方案由设备科会同技术、安全科、总工室会审签署后方可进行拆装。

(5)塔吊、人货梯的升级及附墙的安装、拆卸必须有资质队伍进行,并做好相应记录。

(6)严格按照工程专业分包管理制度中的有关规定执行,对拆装队伍进行评估,选择有资质的合格的拆装队伍(工程专业分包商评定表)。

(7)拆装前,拆装单位必须把施工方案、资质证书、安全协议,人员名单等上报公司的设备科,项目部必须做好基础隐蔽工程验收并归档备查。

5.大型施工设备的租赁规定

为确保各项目在施工过程中所用的大型施工设备完好及机械设备在使用过程中处于安全运转、环境影响达标。具体如下:

(1)在公司设备不够或不能满足施工要求时,由设备科向外单位租赁。

(2)各项目部需要大型施工设备时必须先申报公司设备科,由设备科统一安排调度。

(3)在征得公司同意后,项目部可提出推荐单位,在确保设备完好及安全、环境影响达标的前提下,由公司设备科出面签定合同。

(4)向外单位租赁的设备,归入公司设备管理范围。

6.机械设备安装后启用验收检测规定

(1)设备启用验收前,项目部必须依照编制的施工组织设计制定的方案实施,核对基础处理安装要求,施工位置及安全、环境影响达标等方面工作。

(2)由政府文件规定须经市检测站验收的设备,一定要申报,安排时间验收,验收后将验收文件存档。

(3)机械设备使用,必须认真执行有关操作规程和保养规定。未通过验收的设备任何人不得违章开动设备,在验收过程中弄虚作假,必须追究责任,严肃处理。

(4)大型设备的基础施工由项目部指定专人负责,与设备科联系确定合理位置,按随机基础图要求说明书,或施工组织设计中的要求组织施工并验收,合格后方可安装。项目工程师要详细做好技术资料记录,并归档成册备查。特殊项目大型设备基础施工方案,由总工程师组织技术科、设备科及项目部研究确定。

(5)塔中、升降机、附着式脚手架在公司与产权方共同验收合格后,应委托检测机构检测合格后使用。

(6)参加大型设备启用验收,由公司设备科会同项目部技术员、机管员、安全员、设备安装人员及操作工参加,依照公司大型设备验收用表实施工,做好详细记录。

(7)设备启用验收范围划分:

1)中型设备:各种混凝土搅拌机、井架等。

2)大型设备:40kN·m以上塔吊(包括40kN·m)、人货电梯、输送泵等。

(8)中小型设备验收,由项目部组织相关技术人员、机管员、安全员、设备安装人员及操作工参加,依照设备启用验收表实施,做好记录,验收合格后方可使用。

(9)设备启用验收项目内容:

1)检查起重限位、变幅限位、轿箱限位、冲顶限位。

2)检查吊具、索具等是否齐全符合标准,安全可靠。

3)检查塔吊、人货电梯、井架等避雷针、接地装置是否装好有效。

4)检查钢丝绳的规格及磨损和断丝情况,以及钢丝绳端头紧固情况。

5)检查机械各传动部分是否正常,各螺钉紧固是否松动。

6)检查各制动器,制动效果是否可靠,制动片磨损是否超标,保证制动器有效工作。

7)检查各传动机构、机械运动处、减速箱、蜗轮箱等工作是否正常,杜绝隐患存在。

8)检查塔吊路轨型号、轨距、拉杆、四组轨牌及路轨端头硬靠山是否齐全可靠完好。

9)检查各变速机械、龄轮啮合部位、液力偶合器、钢丝绳、滑轮以及黄油嘴处是否加足各种润滑油。

10)小型设备固定使用设备安装牢固稳定,安全防护装置齐全,并搭设工棚保护设备。

11)检查各种设备电器,包括外接电器装置,电器部分验收均按行业用电规范及当地相关标准,严格执行。

7.分承包单位机械设备管理办法

为了加强对分承包单位机械设备的管理,防止设备事故的发生,特定此管理办法:

(1)项目部机管员对分包方施工设备负责监督与管理。

(2)分包方自备的机械操作人员,特种工种等必须持有上海市安全生产监察局,市建委指定的培训单位培训、考核合格证,做到持证上岗。

(3)分包方使用的机械,必须在验收合格后方可使用,自备机械纳入公司项目部管理范围。现场使用的机械必须标识、挂牌。

(4)分包方借用的机械,工具必须符合安全使用要求,做好维护,保养工作,确保安全使用。自备的起重机械、人货电梯安装必须由市级认可的“起重机械安装单位”安装,投入使用前必须有市级颁发的“安装验收合格证”。

8.机械设备等级保养及维修规定

(1)设备的定期保养周期,作业项目,技术规范,必须遵循设备各总成和零部件的磨损规律,结合使用的条件,参照说明书的要求执行。

(2)各项目机管员应每月督促操作工进行一次等级保养,并保存相应记录,整理汇总后备查。

(3)机械设备的修理,按照作业范围可区分为:

1)大修:大多数的总成部分即将到达极限磨损的程度,必须送生产厂家修理或委托有资格修理的单位进行修理。

2)中修:大型设备在每次转场前必须进行检查与修理,更换已磨损的零部件,对有异议的总成部件进行解体检查,整理电器控制部分,更换已损的线路。

3)小修:小修是维护性修理,主要是解决设备在使用过程中发生的故障和局部损伤,维护设备的正常运行,应尽可能按功能结合保养进行并做好记录。

4)项目修理:以状态检查为基础,对设备磨损接近修理极限前的总成,有计划地进行预防性、恢复性的修理,延长大修的周期。

(4)通过定期保养,减少施工机械在施工过程的噪声、振动、强光等对环境造成的污染,在保养过程中产生的废油、废弃物作业人员及时清理回收,确保其对环境影响达标。

(5)定期保养一般分为例行保养和分级保养:分级保养分二级保养,以清洁、润滑、紧固、调整、防腐为主要内容。

1)一级保养由机操工或机组人员执行,主要以润滑、紧固为中心,通过检查、紧固外部紧固件,并按润滑图表加注润滑脂,加添润滑油,或更换滤芯等。

2)二级保养由机管员协同机操工,机修工等人员执行,主要以紧固、调整为中心,除执行一级保养作业项目外,还应检查电气设备、操作系统、传动、制动、变速和行走机构的工作装置,以及紧固所有的紧固件。

(6)各级保养均应保证其系统性和完整性,必须按照规定或说明书规定的要求如期执行,不应有所偏废。

(7)例行保养是由机械工或设备使用人员在上、下班或交接班时间进行,重点是清洁、润滑、检查、并作好记录。

9.主要设备完好标准

(1)塔式起重机完好标准

1)主要计量仪板面的刻度清楚,读数正确。

2)塔吊附墙杆安装合理符合有关规定。

3)各部传动滑轮组完整,转动灵活,无歪斜和卡阻现象。

4)驾驶室内窗开启自如,无破损,并能避雨防潮,玻璃窗清晰,视线良好。

5)各部动作的齿轮箱、蜗轮箱、液力偶合器没有漏油现象,电缆、电器箱、电器线路没有漏电现象,接触器释放正常。

6)机械各传动部位磨损不超过规定,整机损耗磨损程度不超过技术规定,主杆腹杆头焊缝无开裂。

7)行走、变幅、起吊、升降驾驶动作灵敏可靠,限位位置正确,吊钩保险、卷扬机绳筒保险、升降驾驶、弹闸保险灵敏可靠。

8)轨道路基、纵横间距符合要求,路轨阻挡器、行走限位碰击装置位置适当,固定牢靠。接地桩、接地线连接符合要求,夹轨器夹固良好,无变形弯曲现象。

9)塔式起重机技术性能良好,工作能力达到设计要求,能满足施工现场需要,运转过程中各传动系统平稳,零部件齐全,无其他异响。

10)塔式起重机行走、起吊、变幅、回转、升降驾驶室电动机转动正常,钢丝绳断丝磨损不超过有关规定。制动器刹车片间隙适当,刹车片磨损不超过原厚度 50%,减速正常,润滑油质量和数量符合规定要求,联轴节转动正常,皮圈完好,固定螺钉紧固牢靠。

(2)建筑施工电梯完好标准

1)电器部分

①各限位完好,通讯装置灵敏可靠;

②电缆线完整无损,各传动线无外裸;

③各操纵开关和电气仪表灵敏有效;

④冲顶限位碰击装置固定合理,不松动;

⑤无漏电现象,接地装置良好,符合规定要求。

2)结构部分

①滑轮转动正常无异响;

②梯笼运行范围内无障碍物;

③门电连锁良好,内外安全门操作自如;

④标准节整体无脱焊和变形断裂;

⑤扶壁撑、稳固撑、导轨等安装符合有关规定;

⑥各部连接螺栓无松动,梯笼和立柱之间的滚压轮转动良好。

3)传动机构

①齿轮齿条啮合正常;

②刹车片磨损不超过原厚度50%;

③钢丝绳不得有扭曲,断丝在规定以内;

④制动灵敏,刹车片间隙在0.61～1mm之内;

⑤电动机及减速器传动正常,无异响和振动;

⑥安全限速制动器必须完好,无点击声响。

(3)卷扬机完好标准

1)电动机工作正常。

2)制动器灵敏可靠。

3)钢丝绳断丝不超过标准。

4)减速器传动正常,无异响。

5)刹车片磨损不超过原厚度50%。

6)电器部分无漏电,绝缘良好。

7)防护装置(包括绳筒保险)齐全、有效。

8)联轴节及螺丝皮圈不得有明显松动,磨损。

9)卷扬机制动灵敏,刹车片间隙在0.61～1mm之内。

(4)运输车辆完好标准

1)车容整洁,装备安全,保证车辆的完好性。

2)汽车各总成,组合件、零件和设备,连接牢固可靠,作用正常。

3)汽车钢板弹簧,无断裂或错开现象;轮胎气压符合规定。

4)前轮定位符合规定,转向轻便灵活,无旷隙;方向盘自由转动量不超过规定。

5)燃油系统工作正常,耗油量不超过额定值;润滑系统油压符合原车规定,消耗正常;冷却系统能保持发动机的正常工作温度。

6)发动机运转良好,无异响,达到额定功率,保证汽车的牵引性能有最佳的动力效果,发动机启动容易,怠速动转平稳、加速均匀。

7)燃油、润滑油、冷却液及各种溶液均应注满,并做到四不漏(油、水、气、电)。

8)制动系统工作可靠,制动距离与踏板自由行程符合规定,不跑偏,不发咬。手制动作用可靠。

9)离合器分离彻底,不打滑、不振抖;变速器换档轻便自如,不跳档,不乱档,无异响;传动轴无弯曲,工作时无振摆,无松旷,后桥工作时无异响,不过热。

(5)混凝土搅拌机完好标准

1)各部坚固件牢靠紧固。

2)上料斗、出料口操作轻巧,离合器间隙符合规定要求。

3)传动零件的润滑正常,皮带传动良好。

4)齿箱、齿圈啮合正常,无其他异响,齿箱润滑油质量和数量符合要求。

5)电线、电器箱、操作开关无漏电现象,操作方便,整机具有良好的接地性能。

6)料斗钢丝绳、绳卡符合规定要求,上料斗挂钩保险完整有效,跳动杆使用正常。

7)水泵、水管、水箱、计量算尺刻度等给水系统正常,计算正确,跳动杆使用正常。

8)搅拌机技术性能良好,工作能力达到设计要求,能满足生产工艺要求,整机运转过程中各部传动系统平稳,零部件齐全无异响。

(6)强制式混凝土搅拌机完好标准

1)整机外观清洁、整齐、润滑良好,支撑架无变形现象。

2)减速箱、水泵、水箱等给水系统正常,计量正确,无漏水现象。

3)搅拌机无漏浆现象,拌筒内无结石,拌叶、拌臂不变形。

4)卸料机构操作轻松,出料快,卸料门与拌筒的密封良好,无泄漏现象。

5)电器系统操作方便,接地良好,操作开关无漏电现象,电器箱门锁齐全,

6)搅拌臂和拌叶的连接牢靠,无松动现象,拌叶和衬板的间隙均控制在 3～6mm。

7)料斗运行轨道平直,料斗限位灵敏可靠,料斗门开启自如,保险完好齐全,提斗钢丝绳断丝、锈蚀不超标,卷扬机、电动机无异响,制动性能良好。

8)机械性能良好,零部件齐全,整机运转过程中各部传动系统平稳,无异响。

(7)混凝土泵完好标准

1)电缆绝缘良好。

2)液压系统正常无泄漏。

3)各部位操纵机关、调整手柄、手轮、控制杆螺栓均在正确位置。

4)泵送设备的各部螺栓紧固,管道接头应紧固密封、防护装置齐全可靠。

5)停车制动和锁紧制动应完好,水管结扎牢靠,料斗无杂物,各润滑点润滑正常。

(8)灰浆机完好标准

1)机身部分

①主要部位无明显脱焊;

②主要零部件不得缺损、松动;

③机体不得有明显变形、开裂、腐蚀。

2)电器部分

①电动机风叶及防护罩齐全、有效;

②电动机作正常,电线无老化,接地良好,不漏电。

3)传动机构

①搅拌轴端无严重漏浆;

②联轴节传动无冲击、滑移;

③拌叶无明显变形、卡阻、不得有碰击异响;

④减速器工作正常,无异响,三角皮带盘无缺边,三角皮带无破损、脱层。

4.10.3 《机械设备安装安全协议书》范例

定作方:<u>　　　　××建筑工程有限公司　　　　</u>(以下简称甲方)

承揽方:<u>　　　　××××公司　　　　　　　　</u>(以下简称乙方)

1. 设备名称、型号:

2. 工程名称、地点:××路××号××小区×号楼工程

3. 协议内容:

(1)甲、乙双方必须认真贯彻国家和上级劳动保护,安全生产主管部门颁布的有关安全生产、消防工作的方针、政策严格执行有关劳动保护法规、条例、规定。

(2)施工前,甲方应保证作业区域道路畅通、平整,夜间施工提供照明设备,负责设置作业区域安全警戒线,有明显标志,并派专人监护,严禁无关人员进入现场,如有违反,造成后果,由甲方负责。

(3)甲、乙双方的有关领导必须认真对本单位职工进行安全生产制度及安全技术知识教育,增强法制教育,提高职工的安全生产意识和自我保护能力,督促职工自学遵守安全纪律、制度、法规。

(4)乙方人员必须持证上岗,严格按安装、拆卸工艺规程和施工技术方案进行,如违反而引发的一切后果,均由乙方负责。

(5)双方在施工期间必须严格遵守安全生产的有关规定,按《建筑机械使用安全技术规程》的规定进行作业,对任何一方人员违反安全生产规定、制度等情况,双方都有权拒绝执行。

(6)设备安装调试完毕后,双方一起参加验收,向有关部门申报,合格拉开距离主能投稿使用。

(7)本协议经双方盖章后生效,协议作为合同正本的附件一式二份,甲、乙双方各执一份。

(8)其他。

定作方(甲方):	承揽方(乙方):
单位名称(盖章):	单位名称(盖章):
单位地址:××路××号	单位地址:××路××号
代表(签章):×××	代表(签章):×××
<u>××</u>年<u>×</u>月<u>×</u>日	<u>××</u>年<u>×</u>月<u>×</u>日

4.10.4 《井字架(龙门架)安装施工安全方案报审表》填写范例

井字架(龙门架)安装施工安全方案报审表

工程名称:××小区×号楼工程　　编号:×××

致:××监理公司　(监理单位) 我方已完成了××小区×号楼工程井字架(龙门架)安装施工组织设计(专项施工方案)的编制,并经公司技术负责人批准,请予以审查。 附:《××小区×号楼工程井字架(龙门架)安装施工安全方案》 承包单位(章):××建筑工程有限公司 项目负责人:××× 日　　期:××年×月×日
专业监理工程师审查意见: 该施工组织设计编制合理,安全方案可行,同意按该施工组织设计组织施工 专业监理工程师:××× 日　　期:××年×月×日
总监理工程师审核意见: 同意按该施工组织设计组织施工 项目监理机构:××监理有限公司 总监理工程师:××× 日　　期:××年×月×日

(编者:井字架(龙门架)安装施工安全方案范例略)

4.10.5 《施工电梯安装施工安全方案报审表》填写范例

施工电梯安装施工安全方案报审表

工程名称:××小区×号楼工程　　　　编号:×××

<table>
<tr><td>致:××监理公司　　　　(监理单位)

我方已完成了××小区×号楼工程施工电梯安装施工安全方案的编制,并经公司技术负责人批准,请予以审查。

附:《××小区×号楼工程施工电梯安装施工安全方案》

承包单位(章):××建筑工程有限公司
项目负责人:×××
日　　期:××年×月×日</td></tr>
<tr><td>专业监理工程师审查意见:

同意按该施工组织设计施工

专业监理工程师:×××
日　　期:××年×月×日</td></tr>
<tr><td>总监理工程师审核意见:

同意按该施工组织设计组织施工

项目监理机构:××监理有限公司
总监理工程师:×××
日　　期:××年×月×日</td></tr>
</table>

(编者:施工电梯安装施工安全方案范例略)

4.10.6 《施工机械检查验收表(电动吊篮)》填写范例

施工机械检查验收表(电动吊篮)		编号	×××
工程名称	××小区×号楼	设备型号	
总包单位	××建筑工程有限公司	项目负责人	×××
使用单位	××建筑工程有限公司	额定载荷	×××
租赁单位	××建筑机械租赁有限公司	安全锁编号	
市建委统一编号	×××	提升机编号	
标定日期	××年×月×日	验收日期	××年×月×日

验收项目		验收结果
技术资料	经过审批合格的安装;技术方案	有方案、审批手续齐全
	出租单位营业执照、产品合格证齐全	齐全
	安全锁的标定证书	符合要求
	安装、使用维护保养说明书齐全	齐全
	安装人员的操作证	持证率100%
	产品标牌内容是否齐全(产品名称、主要技术性能、制造日期、出厂编号、制造厂名称)	齐全、完整
吊篮平台防护	吊篮主构件有无开焊或明显腐蚀,螺栓有无松动、缺损,外框有无明显变形、锈蚀	无开焊、无变形、无腐蚀
	吊篮平台使用所需的长度不能超过厂家使用说明书所规定	符合要求
	吊篮平台底板四周是否装有标准高度的踢脚板、吊篮平台底板是否有防滑措施,三面用密目网封闭	符合要求
提升机构	提升机构的所有装置外露部分是否装防护装置	有防护装置
	提升机的连接螺母是否紧固	紧固
	电磁型制动器和机械制动器是否灵敏有效	灵敏有效
安全装置	上、下行程限位装置是否灵敏可靠	灵敏可靠
	超高限位器止挡安装在距顶端80cm处固定	符合要求
	安全锁灵敏可靠在标定有效期内,离心触发式制动距离100mm,摆臂防倾3°～8°锁绳	符合要求
	独立设置保险绳,直径不小于16mm的锦纶绳,锁绳器符合要求	符合要求

续表

<table>
<tr><td colspan="2">验收项目</td><td colspan="3">验收结果</td></tr>
<tr><td rowspan="3">钢丝绳</td><td>钢丝绳无断丝、磨损、扭结、变形、腐蚀，无沙砾、灰尘附着，符合吊篮安全使用要求</td><td colspan="3">符合吊篮安全使用要求</td></tr>
<tr><td>钢丝绳的固定是否符合要求</td><td colspan="3">符合要求</td></tr>
<tr><td>钢丝绳坠重应距地 15cm 垂直绷紧</td><td colspan="3">符合要求</td></tr>
<tr><td rowspan="4">悬挂机构</td><td>悬挂机构的零部件是否齐全正确，安装是否符合要求，钢结构有无开焊、变形、裂纹、破损</td><td colspan="3">无开焊、变形、裂纹、破损</td></tr>
<tr><td>配重应固定牢固，重量及块数×（是否符合要求）</td><td colspan="3">符合要求</td></tr>
<tr><td>悬挂机构挑梁外伸长度×（≤1.5M），两根挑梁之间的距离是×m，悬挂机构前高后低设置，纤绳张紧度为前端翘 2～3cm，抗倾覆系数符合安全使用要求（>2）</td><td colspan="3">符合安全要求</td></tr>
<tr><td>行走轮用木方垫起脱离地面</td><td colspan="3">符合要求</td></tr>
<tr><td rowspan="5">电气系统</td><td>电动吊篮专用箱必须达到一机、一闸、一漏</td><td colspan="3">达到一机、一闸、一漏</td></tr>
<tr><td>配电箱外壳的绝缘电阻不小于 0.5MΩ</td><td colspan="3">符合要求</td></tr>
<tr><td>电线、电缆有无破损，供电电压（380 ±10%）V</td><td colspan="3">衡压 380V</td></tr>
<tr><td>电气系统各种安全保护装置是否齐全、可靠</td><td colspan="3">齐全、可靠</td></tr>
<tr><td>电气元件是否灵敏可靠</td><td colspan="3">灵敏可靠</td></tr>
<tr><td>验收结论</td><td colspan="4">经验收，××小区×号楼电动吊篮安装符合要求</td></tr>
<tr><td rowspan="2">验收人签字</td><td>总包单位</td><td>分包单位</td><td>租赁单位</td><td>安装单位</td></tr>
<tr><td>×××</td><td>×××</td><td>×××</td><td>×××</td></tr>
<tr><td colspan="5">监理单位验收：验收合格</td></tr>
<tr><td colspan="5">符合验收程序，同意使用（√） 不符合验收程序，重新组织验收（×）</td></tr>
<tr><td colspan="5">监理工程师（签字）：××× ××年×月×日</td></tr>
</table>

注：本表由施工单位填报，监理单位、施工单位、租赁单位、拆装单位各存一份。

要求：电动吊篮必须有××市建委颁发的统一编号，电动吊篮安装完成后，应由项目经理部组织分包单位、安装单位、出租单位相关人员对设备进行安装验收，并填写本表。

4.10.7 《打桩(钻孔)机械验收记录》填写范例

打桩(钻孔)机械验收记录				编号	×××
工程名称		××小区×号楼	设备型号		
总包单位		××建筑工程有限公司	分包单位	××建筑安装公司	
租赁单位		××机械设备安装有限公司	安装单位	××机械设备安装有限公司	
验收日期		××年×月×日			
序号	检查项目	验　收　内　容			验收结果
一	外观验收	灯光正常、仪表正常齐全有效			齐全有效
		全车各部位无变形、驱动轮、托链轮、支重轮无变形、行走链条磨损符合机械性能要求			符合要求
		配重安装符合要求			符合要求
		无任何部位的漏油、漏气、漏水、机容机况整洁			机容整洁
二	油位水位检查	水箱水位、电瓶水位正常			水位正常
		机油油位正常、液压油位正常			油位正常
		方向机油油位正常、刹车制动油位正常			油位正常
		变速箱油位正常、各齿轮油位正常			油位正常
三	部分发动机	机油压力怠速时不少于 1.5kg/cm^2			符合要求
		水温正常			水温正常
		发动机运转正常无异响			运转正常无异响
		各辅助机构工作正常			工作正常
四	部分传动液压	液压泵压力正常、液压油温无异常			油温无异常
		支腿正常伸缩,无下滑拖滞现象、回转正常			一切正常
		变幅油缸无下滑现象、钻斗提升油缸正常			油缸正常
五	部分底盘	变速箱正常			变速箱正常
		刹车系统正常、各操作控制机构正常			一切正常
		动力头运转正常、钻杆无弯扭变形			无弯扭变形
六	安全防护部分	有产品质量合格证			有合格证
		起重钢丝绳无断丝、断股,润滑良好,符合安全使用要求			符合安全要求
		吊钩、卷筒、滑轮无裂纹,符合安全使用要求			符合安全要求
		起升高度限位器的报警切断动力功能正常			正常
		水平仪的指示正常			正常
		防过放绳装置的功能正常			功能正常
		高压线附近作业,保证足够的安全距离			符合要求
		设置专用配电箱,符合临电规范要求,电源线按要求架设或有保护措施			有保护措施
		操作工持证上岗,遵守操作规程			持证率 100%
		驾驶室内挂设安全技术性能表和操作规程			已挂设
验收结论		经检查,打桩机械符合安全要求,验收合格			
验收人签字		总包单位	分包单位	租赁单位	安装单位
		×××	×××	×××	×××
监理单位意见: 符合验收程序,同意使用(√)　不符合验收程序,重新组织验收(×)					
监理工程师(签字):×××　××年×月×日					

4.10.8 《施工机械检查验收表(混凝土搅拌机)》填写范例

施工机械检查验收表(混凝土搅拌机)			编号	×××
工程名称	××小区×号楼		设备型号	JDY350
施工单位	××建筑工程有限公司		分包单位	××建筑安装公司
租赁单位	××机械设备安装有限公司		机具安装位置	××小区×号楼
验收日期	××年×月×日			
检查项目	检查内容与要求		验收结果	
	机体安装在有防雨、防砸、防噪音操作棚内		符合要求	
	设备周围排水通畅、严禁积水,必须设置沉淀池		排水通畅、无积水、有沉淀池	
	安装牢固平稳,轮胎离地并做保护		牢固平稳、符合要求	
	搅拌机离合器、制动传动部位有防护罩		有防护罩	
	操作手柄有保险装置		有保险装置	
	料斗保险挂钩齐全定好		齐全完好	
	钢丝绳使用符合规定要求		符合规定要求	
	开关箱距设备距离不大于3m且电源线穿管保护		符合要求	
	挂设安全操作规程牌		有各种安全标牌	
	操作人员持证上岗		持证率100%	
	按要求设置喷淋降尘装置		有喷淋降尘装置	
验收结论	经检查,××小区×号楼工程搅拌机符合安全要求,验收合格,同意使用			
验收人签字	总包单位	分包单位	租赁单位	
	×××	×××	×××	
监理单位意见: 符合验收程序,同意使用(√) 不符合验收程序,重新组织验收( ) 监理工程师(签字):×××　　××年×月×日				

注:本表由施工单位填写,监理单位、施工单位、租赁单位各存一份。

要求:施工现场各类机械进场安装或组装完毕后,必须经相关部门验收合格后方可使用。项目经理部应按照本表的要求自检合格后,将相关资料报送项目监理部,项目监理部应对验收程序进行审核,并签署审核意见。

4.10.9 《施工机械检查验收表(机动翻斗车)》填写范例

施工机械检查验收表(机动翻斗车)			编号	×××
工程名称	××小区×号楼	设备型号	F20	
总包单位	××建筑工程有限公司	分包单位	××建筑安装公司	
租赁单位	××机械设备安装有限公司	验收日期	××年×月×日	
检查项目	检查内容与要求		验收结果	
发动机	冷却水充足,水箱浮子有效		冷却水充足,水箱浮子有效	
	曲轴箱机油油面在油标尺上两条刻线中间		符合要求	
	机油指示器有效		符合要求	
	空气滤清器清洁,机油添加符合要求		符合要求	
	减压装置灵敏有效		灵敏有效	
	不漏水,不漏油,不漏气		不漏水,不漏油,不漏气	
	放水嘴通畅		通畅	
转向系统	方向盘自由行程小于15°		符合要求	
	转向桥与车架连接可靠		连接可靠	
行驶系统	离合器踏板自由行程36～30mm		符合要求	
	离合器结合时不发抖、不打滑		不发抖、不打滑	
	轮胎气压符合要求		符合要求	
	变速箱齿轮油添加符合要求		符合要求	
	车辆制动灵敏有效		灵敏有效	
	脚制动踏板自由行程10～15mm		符合要求	
	传动三角皮带不的老化,张紧度符合要求		符合要求	
	手刹手柄向后拉过3～4齿时,制动应起作用		符合要求	
其他	锁斗器、回斗器灵敏有效		灵敏有效	
	灯光、喇叭齐全有效		齐全有效	
	蓄电池外观清洁,符合要求		符合要求	
	设备操作人员持证上岗操作		持证率100%	
	设备具有生产合格证书		有合格证书	
	驾驶室内挂设设备操作规程		有挂设	
	整机清洁、防护齐全		整机清洁、防护齐全	
验收结论	经检查,××小区×号楼工程机动翻斗车符合安全要求,验收合格,同意使用			
验收人签字	总包单位	分包单位	租赁单位	
	×××	×××	×××	

监理单位意见:

符合验收程序,同意使用(√)

不符合验收程序,重新组织验收(　)

监理工程师(签字):×××　　××年×月×日

注:本表由施工单位填写,监理单位、施工单位、租赁单位各存一份。

4.10.10 《施工机械检查验收表(龙门吊)》填写范例

施工机械检查验收表(龙门吊)			编号	×××
工程名称	××小区×号楼	设备名称及型号	PA1000A	
总包单位	××建筑工程有限公司	分包单位	××建筑安装公司	
租赁单位	××机械设备租赁有限公司	安装单位	××机械设备安装有限公司	
验收日期	××年×月×日			

验收项目	检查内容	验收结果
安全管理	施工方案	有方案,审批手续齐全
	安全使用技术交底	有安全技术交底
	操作人员持证上岗	持证率100%
	设备产品生产合格证	有产品合格证
轨道铺设	路基、固定基础承载能力符合要求,有排水、防雨设施,没有积水;道渣层厚度大于250mm;枕木间距小于600mm,道钉数量不得少于50%	符合要求。道渣300mm,道钉一个不少
	钢轨接头间隙不大于2～4mm,两轨顶高度差不大于2mm。鱼尾板安装符合要求	间隙4mm,高度差1mm,鱼尾板安装符合要求
	纵横方向上钢轨顶面倾斜度不得大于1‰	倾斜度0.8‰
安全装置	起升超高限位器	距深1.5m,灵敏
	小车行走限位器	灵敏有效
	大车行走限位器	灵敏可靠
	操作室门连锁安全限位器	灵敏有效
	维修平台门连锁安全限位器	灵敏有效
	警示电铃完好有效	灵敏有效
	多机在同一轨道作业防碰撞限位器	已安装
	吊钩保险装置齐全	齐全
	大车夹轨器,轨道终端1m处必须设置缓冲止挡器	有夹轨器,止档终端
钢丝绳	起重钢丝绳无断丝、断股,润滑良好,符合安全使用要求	符合安全使用要求
吊钩滑轮	吊钩、卷筒、滑轮无裂纹,符合安全使用要求	符合安全使用要求
架体	架体稳固、焊缝无开裂、符合安装技术要求	符合安装技术要求
用电管理	设置专用配电箱,符合临电规范要求	配专用电箱符合规范
	卷线器、滑线器运转正常电源线无破损,压接、固定牢固	运转正常电源线符合要求
	地线设置符合规范要求,地线接地电阻≤4Ω	符合要求1Ω
机械机构	各传动部分运转正常无异响	符合要求
验收结论	经检查,××小区×号楼工程所使用的龙门吊符合安全要求,同意使用	

验收人	总包单位	分包单位	出租单位	安装单位
签字	×××	×××	×××	×××

监理单位意见:

符合验收程序,同意使用(√)

不符合验收程序,重新组织验收( )

监理工程师(签字):××× ××年×月×日

注:本表由施工单位填写,监理单位、施工单位、租赁单位各存一份。

4.10.11 《施工机械检查验收表(汽车吊)》填写范例

施工机械检查验收表(汽车吊)			编号	×××
工程名称		××小区×号楼	设备型号	KATO—40/50
总包单位		××建筑工程有限公司	分包单位	××建筑安装公司
租赁单位		××机械设备租赁有限公司	验收日期	××年×月×日
序号	验收项目	检查内容		验收结果
一	外观验收	灯光正常		灯光正常
		仪表正常,齐全有效		仪表正常,齐全有效
		轮胎螺丝紧固无缺少		螺丝紧固
		传动轴螺丝紧固无缺少		螺丝紧固无缺少
		方向机横竖拉杆无松动		拉杆无松动
		无任何部位的漏油、漏气、漏水		无漏水、漏气、漏油
		全车各部位无变形		无变形
二	检查各油位水位	水箱水位正常		水箱水位正常
		机油油位正常		机油油位正常
		方向机油油位正常		方向机油油位正常
		刹车制动油正常		刹车制动油正常
		变速箱油位正常		变速箱油位正常
		液压油位正常		液压油位正常
		各齿轮油位正常		各齿轮油位正常
		电瓶水位正常		电瓶水位正常
三	发动机部分	机油压力怠速时不少于 1.5kg/cm^2		不少于 1.5kg/cm^2
		水温正常		水温正常
		发动机运转正常无异响		符合要求
		各附属机构齐全正常		齐全正常

续表

序号	验收项目	检查内容	验收结果
四	液压传动部分	液压泵压力正常	压力正常
		支腿正常伸缩,无下滑拖滞现象	正常
		变幅油缸无下滑现象	无下滑现象
		主臂伸缩油缸正常,无下滑	正常,无下滑
		回转正常	回转正常
		液压油温无异常	无异常
五	底盘部分	离合器正常无打滑	正常无打滑
		变速箱正常	变速箱正常
		刹车系统正常	刹车系统正常
		各操控机构正常	正常
		行走系统正常	行走系统正常
六	安全防护部分	有产品合格证	有合格证
		起重钢丝绳无断丝、断股,润滑良好,直径缩径不大于10%	3%
		吊钩及滑轮无裂纹,危险断面磨损不大于原尺寸的10%	符合要求
		起重量一幅度指示器正常	指示器正常
		力矩限制器(安全载荷限制器)装置灵敏可靠	灵敏可靠
		起升高度限位器的报警切断动力功能正常	正常
		水平仪的指示正常	正常
		防过放绳装置的功能正常	功能正常
		卷筒无裂纹无乱绳现象	无裂纹无乱绳现象
		吊钩防脱装置工作可靠	防脱装置工作可靠
		操作人员持证上岗	持证率100%
		驾驶室内挂设安全技术操作规程	有挂设

验收结论	经检查,××小区×号楼工程所用汽车吊符合安全要求,同意使用			
验收人签字	总包单位	分包单位	租赁单位	
	×××	×××	×××	

监理单位意见:

符合验收程序,同意使用(√)

不符合验收程序,重新组织验收( )

监理工程师(签字):×××　　　　××年×月×日

注:本表由施工单位填写,监理单位、施工单位、租赁单位各存一份。

4.10.12 《施工机械检查验收表(挖掘机)》填写范例

施工机械检查验收表(挖掘机)			编号	×××
工程名称	××小区×号楼		设备型号	HITACHI－EX100
总包单位	××建筑工程有限公司		分包单位	××建筑安装公司
租赁单位	××机械设备租赁有限公司		验收日期	××年×月×日

序号	验收项目	检查内容	验收结果
一	外观验收	灯光正常	灯光正常
		仪表齐全有效	齐全有效
		驱动轮、托链轮、支重轮无变形	无变形
		行走链条磨损符合机械性能要求	符合机械性能要求
		配重安装正常	安装正常
		无任何部位的漏油、漏气、漏水	无漏水、漏气、漏水
		全车各部位无变形	无变形
二	检查各油位水位	水箱水位正常	水箱水位正常
		机油油位正常	机油油位正常
		变速箱油位正常	变速箱油位正常
		液压油位正常	液压油位正常
		各齿轮油位正常	各齿轮油位正常
		电瓶水位正常	电瓶水位正常
三	发动机部分	机油压力怠速时不少于 1.5kg/m²	不少于 1.5kg/m²
		水温正常	水温正常
		发动机运转正常无异响	正常无异响
		各辅助机构工作正常	工作正常
四	液压传动部分	液压泵压力正常	压力正常
		大臂油缸伸缩正常	伸缩正常
		小臂油缸伸缩正常	伸缩正常
		转斗油缸伸缩正常	伸缩正常
		回转正常	回转正常
		液压油温无异常	油温无异常
五	底盘部分	变速箱正常	变速箱正常
		刹车系统正常	刹车系统正常
		各操控正常	各操控正常
		行走系统正常	行走系统正常
六	安全防护	具有产品质量合格证	有合格证
		操作人员持证上岗	持证率 100%
		驾驶室内挂设安全技术操作规程	有挂设
验收结论		经检查,××小区×号楼工程所用挖掘机符合安全要求,同意使用	

验收人签字	总包单位	分包单位	租赁单位	
	×××	×××	×××	

监理单位意见:

符合验收程序,同意使用(√)

不符合验收程序,重新组织验收( )

监理工程师(签字):××× ××年×月×日

注:本表由施工单位填写,监理单位、施工单位、租赁单位各存一份。

4.10.13 《施工机械检查验收表(装载机)》填写范例

施工机械检查验收表(装载机)			编号	×××
工程名称		××小区×号楼	设备型号	CAT－988
总包单位		××建筑工程有限公司	分包单位	××建筑安装公司
租赁单位		××机械设备租赁有限公司	验收日期	××年×月×日
序号	验收项目	检查内容		验收结果
一	外观验收	1.灯光正常		灯光正常
		2.仪表正常,齐全有效		齐全有效
		3.轮胎螺丝紧固无缺少		紧固无缺少
		4.传动轴螺丝紧固无缺少		紧固无缺少
		5.方向机横竖拉杆无松动		拉杆无松动
		6.无任何部位的漏油、漏气、漏水		无漏油、漏气、漏水
		7.全车各部位无变形		无变形
二	检查各油位水位	1.水箱水位正常		水箱水位正常
		2.机油油位正常		机油油位正常
		3.方向机油油位正常		方向机油油位正常
		4.刹车机动油正常		刹车机动油正常
		5.变速箱油位正常		变速箱油位正常
		6.液压油位正常		液压油位正常
		7.各齿轮油位正常		各齿轮油位正常
		8.电瓶水位正常		电瓶水位正常
三	发动机部分	1.机油压力怠速时不少于 1.5kg/cm²		不少于 1.5kg/cm²
		2.水温正常		水温正常
		3.发动机运转正常无异响		正常无异响
		4.各辅助机构工作正常		工作正常
四	液压传动部分	1.液压泵压力正常		压力正常
		2.行走系统正常		行走系统正常
		3.举臂油缸起升正常无下滑		正常无下滑
		4.转斗油缸起升正常		正常
		5.液压油温无异常		油温无异常
五	底盘部分	1.液压偶合器正常		正常
		2.变速箱正常		变速箱正常
		3.刹车系统正常		刹车系统正常
		4.各操控正常		各操控正常
		5.行走系统正常		行走系统正常
六	安全防护	1.具有产品质量合格证		有产品质量合格证
		2.操作人员持证上岗		持证率 100%
		3.驾驶室内挂设安全技术操作规程		有操作规程
验收结论		经检查××小区×号楼工程所使用的装载机符合安全要求		
验收人签字		总包单位	分包单位	租赁单位
		×××	×××	×××

监理单位意见:

符合验收程序,同意使用(√)

不符合验收程序,重新组织验收( )

监理工程师(签字):××× ××年×月×日

注:本表由施工单位填写,监理单位、施工单位、租赁单位各存一份。

4.10.14 《施工机械检查验收表(物料提升机)》填写范例

施工机械检查验收表(物料提升机)			编号	×××	
工程名称	××小区×号楼		设备型号	×××	
总包单位	××建筑工程有限公司		分包单位	××建筑安装公司	
租赁单位	××机械设备租赁有限公司		安装单位	××机械设备安装有限公司	
验收项目		验收结果	验收项目		验收结果
管理	安装方案	有方案	吊盘	两侧防护	防护到位
	安全技术交底	有交底		导轨间隙	符合要求
基础	基础承载能力	$1.65\times10^5 N/m^2$	安全装置	安全停靠装置	符合要求
	水平偏差	±0.1mm		超高(低)限位装置	有限位器
架体	标准节连接	连接牢固可靠		信号装置	有信号装置
				断绳保护装置	有断绳保护装置
	垂直度	<1.5‰		限重装置	有限重装置
	架体防护	防护牢固		制动装置	有制动装置
	缆风和拉接	符合安全要求	防护门	进料门	符合安全要求
	自由高度	×m		出料门	符合安全要求
	防雷装置	符合用电安全要求		吊盘防护门	符合安全要求
卷扬机	锚固	牢固	首层防护	护头棚	有护头棚
	与定滑轮距离	符合要求		周边防护	防护到位
	机棚及护栏	有机棚及护栏		其他	其他防护到位
钢丝绳	钢丝绳过路保护	有保护	持证上岗		持证率100%
	钢丝绳	符合要求			
验收结论	经检查××小区×号楼工程所使用的物料提升机符合安全要求				
验收人签字	总包单位	分包单位	租赁单位	安装单位	
	×××	×××	×××	×××	

监理单位意见:

符合验收程序,同意验收(√)

不符合验收程序,重新组织验收(　　)

监理工程师(签字):×××　　　　××年×月×日

注:本表由施工单位填写,监理单位、施工单位、租赁单位、拆装单位各存一份。

4.10.15 《施工机械检查验收表(混凝土泵)》填写范例

<table>
<tr><td colspan="3">施工机械检查验收表(混凝土泵)</td><td>编号</td><td>×××</td></tr>
<tr><td colspan="2">工程名称</td><td>××小区×号楼</td><td>设备型号</td><td>HB48</td></tr>
<tr><td colspan="2">总包单位</td><td>××建筑工程有限公司</td><td>分包单位</td><td>××建筑安装公司</td></tr>
<tr><td colspan="2">租赁单位</td><td>××机械设备租赁有限公司</td><td>验收日期</td><td>××年×月×日</td></tr>
<tr><td>序号</td><td>验收项目</td><td colspan="2">检查内容</td><td>验收结果</td></tr>
<tr><td rowspan="6">一</td><td rowspan="6">外观验收</td><td colspan="2">设备基础平整坚实,安装平稳,有足够的操作空间</td><td>安装平稳、空间足够</td></tr>
<tr><td colspan="2">仪表齐全有效</td><td>仪表齐全有效</td></tr>
<tr><td colspan="2">轮胎螺丝紧固无缺失,地泵支腿插销入位,安全可靠</td><td>紧固无缺失,安装可靠</td></tr>
<tr><td colspan="2">料斗螺丝紧固无缺失,隔栅安装可靠</td><td>紧固无缺失,安装可靠</td></tr>
<tr><td colspan="2">机容机况整洁,无任何部位的漏油、漏气、漏水</td><td>无漏油、漏气、漏水</td></tr>
<tr><td colspan="2">泵体各部位无变形</td><td>各部位无变形</td></tr>
<tr><td rowspan="5">二</td><td rowspan="5">检查各油位水位</td><td colspan="2">水箱水位正常</td><td>水箱水位正常</td></tr>
<tr><td colspan="2">机油油位正常</td><td>机油油位正常</td></tr>
<tr><td colspan="2">液压油位正常</td><td>液压油位正常</td></tr>
<tr><td colspan="2">液压油位正常</td><td>液压油位正常</td></tr>
<tr><td colspan="2">电瓶水位正常</td><td>电瓶水位正常</td></tr>
<tr><td rowspan="5">三</td><td rowspan="5">发动机部分</td><td colspan="2">机油压力怠速时不少于 1.5kg/cm²</td><td>不少于 1.5kg/cm²</td></tr>
<tr><td colspan="2">水温正常</td><td>水温正常</td></tr>
<tr><td colspan="2">发动机运转正常无异响</td><td>正常无异响</td></tr>
<tr><td colspan="2">液压泵压力正常</td><td>液压泵压力正常</td></tr>
<tr><td colspan="2">各辅助机构工作正常</td><td>工作正常</td></tr>
<tr><td rowspan="3">四</td><td rowspan="3">底盘部分</td><td colspan="2">变速箱正常</td><td>变速箱正常</td></tr>
<tr><td colspan="2">行走、刹车系统正常</td><td>系统正常</td></tr>
<tr><td colspan="2">各操控机构正常</td><td>各操控机构正常</td></tr>
<tr><td rowspan="3">五</td><td rowspan="3">安全防护</td><td colspan="2">具有产品质量合格证</td><td>有产品质量合格证</td></tr>
<tr><td colspan="2">泵管布设合理,壁厚和材质符合安全使用要求,卡箍安装到位,逆止阀工作可靠</td><td>符合安全使用要求</td></tr>
<tr><td colspan="2">搭设符合要求的防雨、防砸、防噪声的操作棚,棚内悬挂安全技术操作程,操作人员持证上岗</td><td>持证率 100%</td></tr>
<tr><td colspan="2">验收结论</td><td colspan="3">经检查,××小区×号楼所使用的混凝土泵符合安全要求</td></tr>
<tr><td colspan="2" rowspan="2">验收人签字</td><td>总包单位</td><td>分包单位</td><td>租赁单位</td></tr>
<tr><td>×××</td><td>×××</td><td>×××</td></tr>
<tr><td colspan="5">监理单位意见:
符合验收程序,同意使用(√)
不符合验收程序,重新组织验收(　)
监理工程师(签字):×××　　　　××年×月×日</td></tr>
</table>

注:本表由施工单位填写,监理单位、施工单位、租赁单位各存一份。

4.10.16 《施工机械安装验收表(钢筋机械)》填写范例

施工机械安装验收表(钢筋机械)			编号	×××
工程名称	××小区×号楼		验收日期	××年×月×日
总包单位	××建筑工程有限公司		分包单位	××建筑安装公司
安装单位	××机械设备安装有限公司		机具安装位置	××小区×号楼
检查项目	检查内容与要求		验收结果	
	钢筋机械必须安装在符合要求的防护棚内,基础平整坚实,周围排水畅通,安装平稳牢固,保持水平位置		有防护棚、安装牢固	
	调直机工作区域应设置警戒区,并且安装防护栏杆及警告标志;冷拉机防护棚前用钢管做防回弹隔挡;切断机旁应有存放材料\半成品的场地		没有警戒区、有防护栏及警告标志	
	设备完好,安全装置齐全有效,传动部位必须安装防护罩,传动箱齿轮油应清洁饱满		设备完好、齐全有效、有防护罩	
	切断机切刀无裂痕\刀架螺栓紧固,防护罩牢固可靠		紧固、可靠	
	弯曲机传动机构间隙符合要求,龄轮啮合和滑动部位润滑良好,运行无异响;芯轴和成型轴\挡铁轴及轴套符合工作要求并且无裂痕和损伤		符合要求,无裂痕和损伤	
	冷拉卷扬机连轴器的连接螺栓连接牢固\抱闸间隙符合1~1.5mm要求;钢丝绳应经滑轮并和被拉钢筋水平方向成直角,操作人员要能看见整个冷拉场地,卷杨机与冷拉中线不得小于5m;卷扬机必须使用封闭式导向滑轮,严禁使用开口拉板式滑轮,卷筒上的钢丝绳应排列整齐,至少保留3~5圈,夹板完好;卷杨机背后应设置稳固可靠的地锚并与卷扬机底座牢固连接		连接牢固,符合安全要求	
	设置独立的开关箱必须达到"一机、一闸、一箱、一漏",开关箱距设备距离不大于3m且电源线穿管保护。漏电保护开关灵敏、匹配正确、保护接零符合要求,严禁使用铁壳倒顺开关		开关箱专机专用,保护开关灵敏、无铁壳倒顺开关	
	电动机、电缆线绝缘电阻是否符合要求		符合要求	
	机旁悬挂设安全操作规程牌,明确责任人,操作人员持证上岗		持证率100%	
验收结论	经检查,钢筋弯曲机符合安全要求,同意使用			
验收人签字	总包单位	分包单位	租赁单位	
	×××	×××	×××	

监理单位意见:

符合验收程序,同意使用(√)

不符合验收程序,重新组织验收(　)

监理工程师(签字):×××　　××年×月×日

注:1.以钢筋加工棚为单位进行验收。

2.本表由施工单位填写,监理单位、施工单位、租赁单位各存一份。

4.10.17 《施工机械检查验收表(木工设备)》填写范例

<table>
<tr><td colspan="3">施工机械检查验收表(木工设备)</td><td>编号</td><td>×××</td></tr>
<tr><td colspan="2">工程名称</td><td>××小区×号楼</td><td>验收日期</td><td>××年×月×日</td></tr>
<tr><td colspan="2">总包单位</td><td>××建筑工程有限公司</td><td>分包单位</td><td>××建筑安装公司</td></tr>
<tr><td colspan="2">租赁单位</td><td>××机械设备安装有限公司</td><td>安装位置</td><td>××小区×号楼</td></tr>
<tr><td colspan="2">机具安装位置</td><td colspan="2">××市××路×号××小区×号楼工程</td><td></td></tr>
<tr><td rowspan="9">检查项目</td><td colspan="3">检查内容与要求</td><td>验收结果</td></tr>
<tr><td colspan="3">安装在符合降低噪声要求的防护棚内并有良好的通风</td><td>有防护棚,通风良好</td></tr>
<tr><td colspan="3">安装平稳牢固、工作台平整光滑,床身工作时不的有明显震动,有足够宽敞场地保证操作</td><td>安装牢固,场地宽敞</td></tr>
<tr><td colspan="3">平刨必须安装安全保护手装置,圆盘锯锯盘护罩、分料器(锯尾刀)、防护挡板安全装置齐全有效</td><td>各种安全防护,设施到位</td></tr>
<tr><td colspan="3">刀片和刀片螺丝的硬度、重量必须一致,刀片严禁有裂纹,刀架夹板必须平整贴紧,合金刀片焊缝的高度不得超出刀头,刀片紧固螺丝应按入刀片槽内,槽端离刀背不得小于10mm</td><td>刀片安装符合各项要求</td></tr>
<tr><td colspan="3">传动部位防护罩齐全牢固</td><td>防护罩齐全牢固</td></tr>
<tr><td colspan="3">设置独立的开关箱必须达到“一机、一闸、一箱、一漏”,开关箱距设备距离不大于3m且电源线穿管保护。漏电保护开关灵敏、匹配正确、保护接零符合要求,严禁使用铁壳倒顺开关</td><td>开关箱专箱专机、
漏电保护开关灵活</td></tr>
<tr><td colspan="3">必须独立使用一台电动机,不得与其他机械用同一台电动机,多功能木工设备严禁两项(含)以上功能同时使用</td><td>专机专用,符合安全要求</td></tr>
<tr><td colspan="3">设备旁悬挂设安全操作规程牌,明确责任人,操作人员持证上岗</td><td>持证率100%</td></tr>
<tr><td colspan="2">验收结论</td><td colspan="3">经检查××小区×号楼工程木工设备符合安全要求,同意使用</td></tr>
<tr><td colspan="2" rowspan="2">验收人
签字</td><td>总包单位</td><td>分包单位</td><td>租赁单位</td></tr>
<tr><td>×××</td><td>×××</td><td>×××</td></tr>
<tr><td colspan="5">监理单位意见:
符合验收程序,同意使用(√)
不符合验收程序,重新组织验收( )
监理工程师(签字):××× ××年×月×日</td></tr>
</table>

注:1.以木工机械房为单位进行验收。

2.本表由施工单位填写,监理单位、施工单位、租赁单位各存一份。

4.10.18 《施工机具安装验收表(其他中小型)》填写范例

<table>
<tr><td colspan="3">施工机具安装验收表(其他中小型)</td><td>编号</td><td colspan="2">×××</td></tr>
<tr><td colspan="2">工程名称</td><td>××小区×号楼</td><td>设备名称及型号</td><td colspan="2">砂轮切割机</td></tr>
<tr><td colspan="2">总包单位</td><td>××建筑工程有限公司</td><td>分包单位</td><td colspan="2">××建筑安装公司</td></tr>
<tr><td colspan="2">租赁单位</td><td>××机械设备安装有限公司</td><td>验收日期</td><td colspan="2">××年×月×日</td></tr>
<tr><td colspan="2">验收项目</td><td>验收结果</td><td colspan="2">验收项目</td><td>验收结果</td></tr>
<tr><td rowspan="3">状况</td><td>机架、机座</td><td>牢固</td><td rowspan="5">电源部分</td><td>开关箱</td><td>专用开关箱(设备)</td></tr>
<tr><td>动力、传动部分</td><td>运转正常</td><td>一(二)次线</td><td>开关箱距设备3m</td></tr>
<tr><td>附件</td><td>—</td><td>漏(触)电保护</td><td>灵敏，可靠</td></tr>
<tr><td rowspan="5">防护装置</td><td>防护罩</td><td>安全可靠</td><td>接零保护</td><td>符合要求</td></tr>
<tr><td>轴盖</td><td>压接牢固</td><td>绝缘保护</td><td>符合要求</td></tr>
<tr><td>刃口防护</td><td>—</td><td colspan="2" rowspan="2">操作场所空间、安装情况</td><td rowspan="2">有足够空间，周边清洁，安装牢固，稳定</td></tr>
<tr><td>挡板</td><td>齐全、有效</td></tr>
<tr><td>阀</td><td>—</td><td colspan="2"></td><td></td></tr>
<tr><td>验收结论</td><td colspan="5">验收合格，同意使用</td></tr>
<tr><td rowspan="2">验收人签字</td><td>总包单位</td><td>分包单位</td><td>出租单位</td><td></td><td></td></tr>
<tr><td>×××</td><td>×××</td><td>×××</td><td></td><td></td></tr>
<tr><td colspan="6">监理单位意见：

符合验收程序，同意验收(√)

不符合验收程序，重新组织验收(　　)

监理工程师(签字)：×××　　　　××年×月×日</td></tr>
</table>

注：本表由施工单位填写，施工单位、租赁单位各存一份。

4.10.19 《机械设备检查维修保养记录表》填写范例

<table>
<tr><td colspan="3">机械设备检查维修保养记录表</td><td>编号</td><td colspan="2">×××</td></tr>
<tr><td>工程名称</td><td colspan="2">××小区×号楼</td><td>使用单位</td><td colspan="2">××建筑工程有限公司</td></tr>
<tr><td>租赁单位</td><td colspan="2">××机械设备租赁有限公司</td><td>备　案　号</td><td colspan="2">×××</td></tr>
<tr><td>设备名称</td><td>规格型号</td><td>自编号码</td><td>出厂日期</td><td>使用年限</td><td>上次维修
保养时间</td></tr>
<tr><td>施工电梯</td><td>SCD200/200</td><td>×××</td><td>××年×月×日</td><td>×年</td><td>××年×月×日</td></tr>
<tr><td>检查维修保养记录</td><td colspan="5">电源线老化,电源控制开关不灵敏</td></tr>
<tr><td>更换主要配件记录</td><td colspan="5">更换电源线,更换电源控制开关</td></tr>
<tr><td></td><td colspan="5">记录人:×××　　　　××年×月×日</td></tr>
</table>

注:本表由施工单位填写,此表适用各类型的井字架(龙门架)、外用电梯、塔吊等机械设备检查维修记录。

4.11　文明生产(料具堆放、生活区、环境保护)安全管理资料

4.11.1　工程项目生活区资料

1.《现场、生活区卫生设施布置图》范例

现场、生活区卫生设施布置图

工程名称:××小区×号楼工程　　　　施工单位:××建筑工程有限公司

(编者:现场、生活区卫生设施布置图略)

审批人:×××　　　　绘制人:×××　　　　日期:××年×月×日

说明:

1. 安全标志平面布置图必须针对工程项目的作业环境、危险部位,按照禁止标志、警告标志、指令标志、提示标志详细绘制。当建筑物各层平面不一致时,按各层列表或绘制分层布置图。安全警示标志平面布置图应有绘制人签名,经项目技术负责人审批。施工现场应根据该图在醒目、与安全有关的地方悬挂安全标志,不能流于形式将全部标志牌不论该处是否需要并排挂设在一起。
2. 施工单位应当在施工现场入口处、施工起重机械、临时用电设施、脚手架、出入通道口、楼梯口电梯井口、孔洞口、桥梁口、隧道口、基坑沿、爆破物及有害危险气体和液体存放处等危险部位设置明显的安全警示标志。安全警示标志必须符合国家标准。

2.宿舍卫生管理制度

(1)铺下卫生整洁,脸盆、鞋子码放整齐一致,地面无烟头、纸屑。

(2)室内不准私自乱接乱拉电线。

(3)室内应设置简易物架柜、碗架柜,并有遮挡,毛巾悬挂一条线。

(4)铺上被褥要卫生整洁,叠放整齐,不准使用光板棉套,铺上不准吸烟。

(5)室内严禁存放或使用煤油炉、煤气罐、电炉做饭,室内不得存放工具、材料。

(6)牙具、餐具要干净卫生,无剩饭,牙具、餐具要存入碗柜架。

(7)室内有防蚊蝇措施,预防传染病发生。

(8)室内布置科学合理,有明确的卫生轮流值班制度。

(9)冬季取暖用水,要按有关规定安装风斗,炉火设施要齐全有效,并有有关部门签发的炉火合格证。

3.安全生产例会制度

班前安全活动,是安全管理的一个重要环节,是提高职工安全意识,做到遵章守纪,实现安全生产的途径。为了认真贯彻"生产必须安全"的原则,进一步强化施工过程中的安全生产管理,从根本上提高职工的自我保护意识,达到人人讲安全,人人管安全的目的,实现安全生产,特制订本制度。

(1)各班组必须领会班前活动制度的意义,掌握自己工种的安全技术内容,并能熟练运用。

(2)对新工艺、新技术、新设备或特殊部位的施工,应组织对安全技术操作规程及有关资料的学习。

(3)班前安全活动作为安全生产考核的一项指标,公司分管安全经理、安全科将不定时抽查班组班前安全活动情况并记录打分。每月安全科在安全检查中此项将作为一个分项进行检查。班前安全活动不合格单位不能参加先进班组的评选;负责人不能参加安全生产标兵及先进工作者的评选。

(4)对班前使用的机械设备、施工机具、安全防护用品、设施、周围环境等要认真进行检查,确认安全完好,才能使用和进行作业。

(5)工地负责人在每天早晨上班前15min,要抽出时间召开班组长安全例会,总结前一天安全施工情况,结合当天任务,在布置生产任务的同时,应同时布置安全工作,要针对不同工种的实际情况或操作时的位置进行安全交底,使班组人员能够从思想上引起高度重视。

(6)班组长每月5日前要将上个月安全活动记录交给安全员,安全员检查登记并提出改进意见之后交资料员保管。

(7)对于危险性较大的施工项目,除了制订有针对性的安全技术措施及施工方案外,还应组织召开由全体操作人员参加的安全会议,交待施工中应注意的安全问题,克服冒险蛮干,违章指挥,确保安全生产。

(8)班前安全活动上,应对头一天的安全情况作出总结。

(9)各班组长在安排操作工人上岗前,应对作业面进行一次全面检查,并针对当日的施工部位,操作中应注意的事项,向操作人员进行详细的安全技术交底,使操作人员上岗前具备较强的安全意识。

(10)分析工人的安全思想动态及施工现场安全生产形势,表扬好人好事和需推广的先进安全技术及应吸取的教训。

(11)每个班组每天上班前由班长认真组织全班人员进行安全活动,并做好交底和记录。

4.工地生活区管理制度

为维护本区工人利益,保证正常的工作次序和生活次序,特制订如下制度:

(1)严禁在本生活区内聚众赌博、打架斗殴和其他违法乱纪活动。

(2)严格遵守和执行项目部制订的纪律和规章制度,服从领导安排。

(3)爱护环境卫生,生活垃圾、剩饭、剩菜,必须扔到指定地点;每周进行一次环境卫生大清理,各班组必须派人负责本责任区的清洁工作。

(4)工人进场应按登记房号、床号就位,未经同意,不得更改。退场时,必须到登记处注销床号。

(5)执行用电用水制度。室内不准随意牵拉电线,接灯头、插座。早上7点钟以后要关灯,用完水以后要关闭水龙头。

(6)工人入住本生活区,必须由班组长申请,经项目部领导签字同意。非本工地工作人员,一律不准住在本生活区。

(7)爱护公共财物,如有意损坏者,要照价赔偿损失,并将视情节给予罚款。

5.食堂卫生管理制度

(1)设专人负责,卫生分工明确。

(2)炊管人员应注意做好个人卫生,按时进行体检,操作时穿工作服,戴工作帽,经常剪指甲,便后、操作前要洗手,卖饭时用夹子,做到货款分开。

(3)操作间、库房要布局合理,整齐干净,做到四壁无尘土、无落灰和蜘蛛网,门窗玻璃光亮,灯具无尘土,夏季有防蚊蝇设备,冬季有保温防尘设备;达到无蝇、无蛆、无鼠、无蟑螂、无害虫。

(4)各种炊具、如刀、勺、菜盆、餐盒、水池、抹布、冰箱冷藏等,要严格生熟分开,冲洗干净,达到木见本色,铁不生锈,特别是盛过生鱼生肉的容器,必须用热碱水进行彻底洗刷消毒。

(5)严格实行食品验收、验售制度,注意食品采购、运输、保管中的卫生和容器的卫生清洁,防止污染。一切销售的食品必须做到无毒、无疾病细菌、无寄生虫、无腐烂霉变、清洁无杂质,坚决做到不买、不卖、不吃腐烂变质的食品。

(6)剩的菜和购入的直接入口的生熟食品必须加热后出售。

(7)蔬菜必须先洗后切,做到菜内无泥沙、无虫。小卖部内严禁出售直接入口的食物。

6. 食堂卫生“五四制”

(1)食品“四不”

1)采购员:不买腐烂变质食品;

2)保管验收员:不收腐烂变质食品;

3)加工人员:不加工腐烂变质食品;

4)营业服务人员:不卖腐烂变质食品。

(2)食物存放实行四隔离制度

1)生熟食隔离;

2)半成品与成品隔离;

3)食品与杂物、药物隔离,货款分开;

4)食品与天然冰隔离。

(3)食品与用具实行四过关

去残渣 →碱水刷 →净水冲→ 消毒

(4)环境卫生四定制度

定专人、定物、定时间、定质量,划片分工包工负责。

(5)个人卫生做到四勤

1)勤洗换工作服;

2)勤理发、洗澡;

3)勤洗手、剪指甲;

4)勤洗衣服被褥。

7. 安全用电管理制度

(1)对变电、配电室的检修工作可采取全部停电、部分停电或不停电检修三种方法。为了保证检修工作的安全,应建立必要的行之有效的安全技术措施。

(2)工作票制度

工作票制度一般有两种

1)变电所第一种工作票使用的场合如下:

①在高压设备上工作需要全部停电或部分停电时;

②在高压室内的二次回路和照明回路上工作,需要将高压设备停电或采取安全措施时。

2)变电室第二种工作票使用的场合如下:

①在带电作业和带电设备外壳上的工作;

②在控制盘和低压配电盘、配电箱、电源干线上工作;

③在高压设备无需停电的二次接线回路上工作等。

根据不同的检修任务,不同的设备条件,以及不同的管理机构,可选用或制订适当格式的工作票。但是无论哪种工作票,都必须以保证检修工作的绝对安全为前提。

(3)工作票所涉人员的安全责任

1)工作票签发人

工作票的签发人,必须是熟悉情况的领导担任,其安全责任如下:

①认识工作的必要性;

②工作是否安全可靠;

③工作票上所填的安全措施是否正确完备;

④所派工作负责人和检修人员是否适当和配备充足。

2)工作许可人

工作许可人一般由值班员、工地值班员或变电、配电室值班员担任,其安全责任如下:

①审查工作的必要性;

②按工作票停电,然后向检修负责人交代,并一同检查停电范围和安全措施,指明带电部分和安全措施,移交工作现场,双方认可签名以后才允许进行检修工作;

③检修工作结束时,工作许可人收到工作票,并且双方签名后才告结束。值班人员按工作票送电前,还需仔细检查现场,并通知有关单位确认无误方可送电。

3)工作负责人

工作负责人是这项工作的具体负责人,又是这项工作的监护人,其安全责任:

①在工作票上填写清楚检修项目、计划工作时间、工作人员名单等;

②结合实际进行安全教育、针对性的安全技术措施交底,严格执行工作票中所制订的安全措施;

③必须始终在操作现场,对工作人员进行认真监护、随时提醒与纠正工作,保证操作的正常与安全;

④检修工作结束后,清理现场,清点人数确认无误,带领撤出现场。

4)工作班成员

①在检修工作中,要明确工作任务、范围、安全技术措施、带电的具体部位等安全注意事项;

②工作时认真负责、思想集中、遵守纪律、听从指挥；

③如被工作负责人指定为监护的工作人员，要认真履行监护职责；

④工作结束后，要认真清扫现场、清点工具，随工作负责人一起撤出现场。

(4)停电安全措施

全部停电和部分停电的检修工作的步骤是：停电、验电、放电、装临时接地线、装设遮拦和挂上对号的安全警示牌等，然后正式开始检修，以确保检修工作的安全。

1)对部分不停电设备与检修人员之间的安全距离：带电体在10kV时小于0.25m，20kV～35kV的带电设备之间小于0.8m时，这些带电体应停电；

2)停电时，应注意对所有能够检修部分与送电线路，要全部切断，而且每处至少要有一个明显的断开点，开关应采用防止误合闸的措施；

3)对于多回路的线路，还要注意防止其他方面的突然来电，特别要注意防止低压方面的反馈电。

(5)验电措施

1)对已停电的线路或设备，不能光看指示灯信号和仪表(电压表)上反映出无电，均应进行必要的验电步骤；

2)验电时应带绝缘手套，按电压等级选择相应的验电器。

(6)放电措施

放电的目的是消除检修设备上残存的静电。

1)放电应使用专用的导线，用绝缘棒或开关操作，人手不得与放电导体相接触；

2)线与线之间、线与地之间，均应放电。电容器和电缆线的残余电荷较多，最好有专门的放电设备。

(7)装接临时接地线

为了防止意外送电和二次系统外的反馈电，以及消除其他方面的感应电，应在被检修的部分外端装接必要的临时接地线。

1)临时接地线的装拆程序是装时先接接地线，拆时后拆接地端；

2)应验明线路或设备切实无电后，方可装设临时接地线。

(8)装设遮拦

在部分停电检修时，应对带电部分进行遮护，使检修人员与带电导体之间保证安全。

(9)悬挂警示标志

警示牌的作用是提醒大家注意。悬挂的警示标志要对上号有针对性。

(10)不停电检修

1)不停电检修工作必须严格执行监护制度，保证有足够的安全距离。不停电检修工作时间不宜太长，对不停电检修所使用的工具应经过检查与试验。检修人员应经过严格培训，要能熟练掌握不停电检修技术与安全操作知识。

2)低压系统的检修工作，一般应停电进行，如必须带电检修时，应制订出相应的安全操作技术措施和相应的操作规程。

3)建筑施工现场的高压配电系统，有许多是当地供电部门管理检修。如属施工现场自行管理检修，检修人员必须经当地供电部门的高压检修的培训、考核合格后发高压电工上岗证。无高压证者不得进入高压室操作。

8.《应急药品、器材的登记及使用记录》填写范例

应急药品、器材的登记及使用记录

工程项目:××小区×号楼工程　　　　施工单位:××建筑工程有限公司

序号	药物或器械名称	单位	数量	购置日期	备注
1	医药箱	个	2	××年×月×日	
2	担架	付	2	××年×月×日	
3	医用清毒液	瓶	2	××年×月×日	
4	氧气瓶及输氧设备	套	1	××年×月×日	
5	中暑药品		若干	××年×月×日	
6	应急灯、手电筒		若干	××年×月×日	
7	其他常用药品		若干	××年×月×日	
8	简单手术器械		若干	××年×月×日	

记录人:×××　　　　日期:××年×月×日

9.《厨房工作人员健康证登记表》填写范例

厨房工作人员健康证登记表

工程名称:××小区×号楼工程

施工单位:××建筑工程有限公司　　No.×××

序号	姓名	性别	年龄	职务	发证机关	证件编号	有效期 至××年××月	备　注
1	×××	男	36	××	×××	××	××年×月	
2	×××	男	30	××	×××	××	××年×月	
3	×××	女	28	××	×××	××	××年×月	
4	×××	男	26	××	×××	××	××年×月	
5	×××	男	31	××	×××	××	××年×月	

项目负责人:×××　　专职安全员:×××

填表人:×××　　填表日期:××年×月×日

10.《炊事人员体检合格证复印件》范例

炊事人员体检合格证复印件

No. ×××

序号	××	所属单位	××建筑工程有限公司	项目部名称	××项目部	证件类型	体检合格证
体检合格证复印件粘贴处							

序号	××	所属单位	××建筑工程有限公司	项目部名称	××项目部	证件类型	体检合格证
体检合格证复印件粘贴处							

填表人:××× 日期:××年×月×日

11.《炊事人员卫生知识培训合格证复印件》范例

炊事人员卫生知识培训合格证复印件

No.×××

序号	××	所属单位	××建筑工程有限公司	项目部名称	××项目部	工种	炊事人员
培训合格证复印件粘贴处							

序号	××	所属单位	××建筑工程有限公司	项目部名称	××项目部	工种	炊事人员
培训合格证复印件粘贴处							

填表人:×××　　日期:××年×月×日

12.《急救人员培训合格证复印件》范例

急救人员培训合格证复印件

No.×××

序号	××	所属单位	××建筑工程有限公司	项目部名称	××项目部	工种	急救人员
培训合格证复印件粘贴处							

序号	××	所属单位	××建筑工程有限公司	项目部名称	××项目部	工种	急救人员
培训合格证复印件粘贴处							

填表人:×××

日期:××年×月×日

13.《急救人员登记表》填写范例

急救人员登记表

工程名称：××小区×号楼工程

施工单位：××建筑工程有限公司　　No. ×××

序号	姓名	性别	年龄	职务	发证机关	证件编号	有效期 至　年　月	备注
1	×××	男	40	××	×××	××	××年×月	××
2	×××	男	38	××	×××	××	××年×月	××
3	×××	男	43	××	×××	××	××年×月	××
4	×××	男	40	××	×××	××	××年×月	××
5	×××	男	32	××	×××	××	××年×月	××
6	×××	男	42	××	×××	××	××年×月	××
7	×××	男	39	××	×××	××	××年×月	××
8	×××	男	28	××	×××	××	××年×月	××

项目负责人：×××　　**专职安全员**：×××

填表人：×××　　**填表日期**：××年×月×日

14.《义务消防人员登记表》填写范例

义务消防人员登记表

工程名称：××小区×号楼工程

施工单位：××建筑工程有限公司　　　　No.×××

序号	姓名	性别	年龄	职务	发证机关	证件编号	有效期 至××年××月	备注
1	×××	男	38	××	×××	××	××年×月	
2	×××	男	46	××	×××	××	××年×月	
3	×××	男	32	××	×××	××	××年×月	
4	×××	男	28	××	×××	××	××年×月	
5	×××	男	29	××	×××	××	××年×月	

项目负责人：×××　　　　专职安全员：×××

填表人：×××　　　　填表日期：××年×月×日

15.《职工传染病登记表》填写范例

职工传染病登记表

工程项目:××小区×号楼工程

施工单位:××建筑工程有限公司　　No.×××

序号	姓名	性别	年龄	患病时间	就诊医院	诊断报告	医治情况	备注
1	×××	男	28	××年×月×日	××医院	皮肤病	已冶愈	
2	×××	男	32	××年×月×日	××医院	脑膜炎	已冶愈	
3	×××	男	27	××年×月×日	××医院	黄胆性肝炎	已冶愈	

记录人:×××　　日期:××年×月×日

16.《保健箱药物、器械登记表》填写范例

保健箱药物、器械登记表

工程项目：××小区×号楼工程

施工单位：××建筑工程有限公司　　　　No.×××

序号	药物或器械名称	单位	数量	购置日期	备注
1	医药箱	个	2	××年×月×日	
2	医用清毒液	瓶	2	××年×月×日	
3	中暑药品		若干	××年×月×日	
4	简单手术器械		若干	××年×月×日	

记录人：×××　　　　日期：××年×月×日

4.11.2　工程现场、料具资料

1.《居民来访记录》填写范例

居民来访记录

施工企业:××建筑工程公司

工程名称:××小区×号楼　　No.×××

来访时间	反映问题	解决措施	解决时间	完成负责人
××年×月×日	夜间连续施工,卷扬机龙门架上料声音太大,影响居民休息	从×月×日起,晚上 10:00 至早 6:00 不得施工	××年×月×日	×××
××年×月×日	夜间施工卸料、噪音太大影响居民休息	卸料时减少噪音,适当调整夜间施工卸料时间,并设专人负责	××年×月×日	×××

注:对群众来信、来访应热情接待,对群众反映的施工扰民问题,指定负责人按市建委有关规定尽快。做好此表登记。

2.材料保存、保管措施

(1)库房管理措施

1)库内货架应摆放合理,利于货物的存储,按照品种、规格进行码放,标明货物的名称、规格、数量。

2)易燃、易爆、贵重物品及有毒物品应设专库存放,并有保管措施。

3)材料管理人员要坚守岗位,保持库容整洁干净,对入库的各种材料,对照计划单,来料单逐一核对,对物资的品种、规格、质量、数量,时行验收入库。

4)做到先入库,后使用的原则,按照制度规定的手续发料,做好货物的发料记录。

5)易燃、易爆材料严禁在结构工程内部存放。

6)出入库的账目要齐全,要有出门证,账实相符,日清月结,做到有物必有账。

7)库房要达到防火、防盗要求,进入库房的工作人员严禁吸烟,库内配置灭火器材。

8)根据材料性能要求,保管好物资,做好防护措施。

9)对质量、数量、品种、规格、型号不符合要求的,有权拒绝入库,并及时向上级有关部门反映。

(2)现场料具使用和周转管理措施

1)各种工具、材料,因保管不当丢失的照价赔偿。

2)所有工程用料必须按计划使用,不得随意丢弃浪费和损坏,对故意损坏浪费材料的人酌情进行处罚。

3)各班组、各外包队班组,必须设有专人领料,由材料人员登记入账。

4)妥善保管和合理使用各种工具,不得损坏,不得丢失。

5)超计划用料必须由工地经理签发领料单。

6)各种工具、劳保工具、机具,使用完毕后,必须清理干净,完整的交回材料组,不得在班组长期存放。

7)负责现场材料管理工作,对进场材料认真检验,做好检测、发放记录,建立健全材料采购台账。

8)负责场容管理工作,现场材料要分规格、分区域码放,做到标识清楚。

(3)现场材料管理措施

为了加强施工现场管理,提高现场的管理水平,合理、有效的使用面积狭窄的施工现场规定如下:

1)凡进入施工现场的车辆需把车停在指定位置,不得影响施工作业。

2)做好施工现场的安全、保卫、防火、防盗的工作,设专人作好施工现场的清洁保洁工作。

3)卸料时要轻拿轻放,码放整齐,不得随意抛、投,不得超高码放,夜间来料卸料不能影响周围居民的休息。

4)保持施工现场的道路畅通。

5)一切运送材料的车辆进入现场后必须听从材料人员的指挥,把材料卸到指定地点。

3. 现场成品保护方案

(1)钢筋的成品保护

1)顶板钢筋绑轧完毕后,要避免在上面堆积重物,并且不得随意上人,如果因为施工操作及运送材料必须上人,须采取一定措施,如增设马凳、铺脚手板等。

2)水电专业做管时注意绝不允许切断钢筋,若需要断筋,应及时通报土建技术负责人,做好必要的加固补强,方可断筋,并应注意钢筋混凝土保护层的控制。

3)墙柱钢筋绑扎完成后不得上人蹬踏。

4)直螺纹戴好保护套,防止撞伤螺纹。

5)注意防止钢筋的污染,并做好钢筋的除锈、防锈工作。

6)钢筋的原材加工、预制好的成品料做好标识,要用 100mm× 100mm 的木方垫起,做好防潮工作。雨期施工时钢筋堆放地要做好排水措施和必要的苫盖。

(2)模板的成品保护

1)塔式起重机运料时不得碰撞支设好的柱模及墙模。

2)水电做管须穿过模板时,模板上打孔必须使用手枪钻或开孔器,不得使用攒子。

3)顶板模板支设完毕后,注意其上堆料不得过重以防模板变形甚而压塌模板。

4)梁板钢筋绑扎时注意保护梁底模板,防止移位;钢筋绑扎时不得划伤木模多层板覆膜面,以免影响混凝土表面光洁效果。

5)所有预留孔洞,埋件均应在支模前做好预埋,严禁事后剔凿。大模板拆模及时擦油清理,保证板面平整洁净,不得粘连混凝土。

6)模板的支撑件其他工种不得随意拆除。模板拆除后要及时清理、修理板面,边缘破损的模板及时裁方,刷好封边漆,以增加模板的周转次数。木模板的龙骨使用竖向木方支撑,避免锯木方,造成木材的浪费。

(3)混凝土的成品保护

1)混凝土顶板在浇筑后 24h 内不得堆料上人,防止混凝土板早期强度被破坏,板面出现裂缝。混凝土板上堆料要堆放在有支座点的混凝土梁部位。

2)顶板混凝土不具备一定强度(跨度大于 8m,混凝土抗压强度达到 100%才可拆模;小于 8m,混凝土达到 75%以上才可拆模;目测硬物无深划痕)时不得上人及堆料。

3)所有墙、柱、较大孔洞口、楼梯踏步,在拆模后及时用废旧的多层板条做好角部包封,防止撞伤混凝土阳角。

4)施工过程中必要的剔凿必须待混凝土基本达到设计强度(硬物无深划痕)时方可进行。

5)后浇带、孔洞口在清理处理好后及时封盖,避免因混凝土养护用水泡导致钢筋锈蚀。

6)现场混凝土墙面、柱面不得随意涂画,做好成品的清洁。

7)由于模板拆除时混凝土强度较低,须特别注意塔式起重机运料及人工运料的过程中不得碰撞混凝土墙、柱,以免影响混凝土的观感。

(4)测量放线

1)定位标准桩和水准基点周围应做保护及明显标志,应经常测量和校核其平面位置、水平标高是否符合设计要求。

2)因现场施工需要,必须破坏控制桩时,应提前向技术质量部提出申请。

3)本工程主要轴线由项目部进行测放,在交由施工队组前应进行校核,并办交接手续。

(5)回填土工程

1)回填土必须过50mm筛,将尖棱碎石、腐殖土、冻块挑出。回填时禁止从槽上直接往下倒土,应用容器或搭设溜槽。

2)同部位的回填土工程宜连续完成,如工程需要分次回填,待第二次回填时,应将下部已回填部分土的表面重新处理,包括清除杂物、夯实等。

3)在回填土施工过程中,如遇降雪应及时用防火草帘覆盖填土,当排水不畅时,应设置临时集水坑,用水泵抽水。

(6)水电预埋(留)管线、孔洞的成品保护

技术及工长等有关管理人员,必须了解水电管线埋设情况,并与水电队技术人员配合,加强施工中对水电管线的预留和保护,尽量避免破坏其管线、孔洞。

(7)防水

1)防水层做好施工后水泥砂浆层的保护,防止钢筋、木料撞破防水层。

2)防水预留边角要用塑料布隔离,用水泥砂浆将防水层边角保护抹严,并随时检查,发现有保护层破损的及时修补。

3)防水材料进场后及时存入库房立放,防止防水材料损坏。

(8)材料管理

1)各种材料根据材料性能妥善保管,采取必要的防雨、防潮、防晒、防冻、防火、防损坏等措施,贵重物品、易燃、易爆和有毒物品应及时入库,专库专管,加设明显标志,并建立严格的领、退料管理手续。

2)施工现场内各种材料应按施工现场平面布置图的指定位置存放,堆放时要求界限清楚,不得混杂。

(9)地面的成品保护

1)地面未达到足够强度前不得上人及堆放材料。

2)后续其他工种施工时,所用高凳、梯子、手推车车腿要用软物包好,以免破坏地面。

3)大理石地面、釉面砖地面铺设完成后做好保护及封蜡。

4)电专业所有在地面下暗敷的管线必须于地面施工前完成,并做好专业间的交接手续,以避免地面施工后再次剔凿。

5)在地面上倒运暖气片等较重设备时注意轻挪轻放,以防碰坏地面。

6)油漆、浆活施工时地面、门窗加以遮盖,以防污染。

7)地面施工完毕后,水电专业进行电、气焊作业时,地面上要铺防火苫布,以防焊渣损坏地面。

8)现制水磨石地面细磨后,迅速封蜡保护,以免污染磨石面层。

(10)顶棚(矿棉吸声板或铝合金吸声板)的成品保护

1)墙面涂料施工时注意不要污染圈边龙骨及顶棚;室内清理时应适量洒水,以免扬尘污染顶棚。

2)吊顶内的水电设备、管线必须于吊顶龙骨施工前完成,以免滞后施工造成龙骨损坏。

3)吊顶封完面板后确因工作需要进行吊顶内施工,面板拆除须由木工进行,其他工种不得擅自拆除,专业设备及收线不得借吊、利用吊顶的吊杆及龙骨。

4)水、电专业在顶棚处施工时注意不要乱摸,安装施工时要带洁净的手套,以防污染顶棚。

(11)墙面(抹灰、乳胶漆、厕所釉面砖等)的成品保护

1)水、电专业须穿墙或于墙内暗敷的管线要及时施工,以避免再次凿开墙面。

2)若楼内油漆工程在内墙涂料之后施工,施工时油漆与浆活分界处须贴上胶条,以防造成交叉污染。

3)水专业暖气片刷防锈漆、银粉时注意不要污染墙面。

4)墙面腻子刮完后,成品保护队队员即应昼夜巡视,防止墙面因乱涂乱划遭受污染。

5)抹灰层完成后,倒、运料时注意柱、墙棱角的保护,尽量避免磕碰。在通道位置的门口、墙角用旧多层板钉好护面。

6)竣工清理时注意不要污染墙面。

(12)玻璃幕墙的成品保护

1)脚手架拆除时要小心,以免碰坏玻璃。

2)按施工安排,玻璃幕墙安装于抹灰完毕、内外墙涂料开始前进行,粉刷涂料过程中注意落在幕墙上的涂料及时擦拭。

3)拆脚手架前对玻璃幕外立面进行擦拭。

(13)木门、铝合金门的成品保护

1)木门框须于地面工程施工前安装,为防止使用小车运料过程中碰坏门框,在门框之上钉旧木条做好保护。

2)木门涂刷油漆时注意不要污染门上玻璃。

3)木门油漆施工时,油漆未干之前严禁手摸。

4)门框处抹灰掩口时注意灰浆不要污染门框,尤其是铝合金门框。

5)带有玻璃的木门、铝合金门,玻璃装上之后启闭要轻,以防振坏玻璃。

6)注意门窗五金的看护,防止被毁、被盗。

(14)屋顶、成品保护

1)屋顶防水做法为×××。(根据具体工程按照具体设计制订)

2)冷底子油未干之前不得在其上走动,以免造成破坏。

3)屋面防水开始涂刷冷底子油之后,闲杂人等不得进入屋面。

4)卷材铺贴完后,进行保护层施工时运送砂浆的手推车车腿要用软物包裹,以防刮破防水层。

(15)卫生洁具的成品保护

卫生洁具主要包括蹲便器、坐便器、洗手盆、浴盆、拖布池、水嘴、镜子等,应注意看护,防止被

毁、被盗；施工人员禁止使用楼内厕所；楼内下水管线部分为排水铸铁管材，后续施工时注意保护，防止碰坏。

(16)厕所防水的成品保护

1)厕所防水为聚合物—水泥基防水涂料。

2)进行保护层施工时运送砂浆的手推车车腿要用软物包裹，以防刮伤防水层。

3)防水层施工过程中，未固化前不得上人走动，以免破坏防水层。

4)防水施工前水专业的套管、托吊工作必须做完，以避免后期剔凿。

(17)配电箱、盘、柜、开关、插座、灯具、吊扇等电气设备的成品保护

1)注意看护，防止被毁、被盗。

2)进行涂料等施工时注意防止污染。

3)非电工禁止乱动电气设备。

4.《施工机具进场验收记录》填写范例

施工机具进场验收记录

机械编号:×××　　　　No.×××

<table>
<tr><td>工程名称</td><td colspan="3">××小区×号楼工程</td><td colspan="2">施工单位</td><td colspan="2">××建筑工程有限公司</td></tr>
<tr><td>生产单位</td><td colspan="2">××机械厂</td><td>进场时间</td><td colspan="2">××年×月×日</td><td>合格证号</td><td>×××</td></tr>
<tr><td>项目经理</td><td colspan="2">×××</td><td colspan="2">参加验收人员</td><td colspan="3">×××、×××、×××</td></tr>
<tr><td>序</td><td>项目</td><td colspan="6">验收情况</td></tr>
<tr><td>1</td><td>有关资料</td><td colspan="6">应填写:
1. 生产许可证、编号、发证单位、发证、年检日期;
2. 产品合格证。编号、发证单位、发证日期;
3. 检验报告。编号、发证单位、发证日期;
4. 产品说明书与有关图纸资料;
5. 其他</td></tr>
<tr><td>2</td><td>各类部位</td><td colspan="6">应填写:
1. 机械设备整机完好无损;
2. 钢丝绳规格正确,符合使用标准要求;
3. 结构无开焊、断裂、变形损坏;
4. 各部件、附件安装,齐全准确,符合规定;
5. 无严重锈蚀情况</td></tr>
<tr><td>3</td><td>动力系统</td><td colspan="6">应填写:
1. 电机符合说明书要求;
2. 减速器、传动机构润滑良好;
3. 传动皮带规格、数量正确无破损;
4. 其他</td></tr>
<tr><td>4</td><td>安全装置</td><td colspan="6">应填写:
1. 各传动部位的安全防护装置,齐全有效;
2. 制动器、离合器、控制手柄,灵敏可靠;
3. 各限位连锁保险装置,灵敏可靠;
4. 上料斗保险挂钩,齐全有效</td></tr>
<tr><td>5</td><td>其他</td><td colspan="6"></td></tr>
<tr><td>验收结果</td><td colspan="7">经验收××号机械符合《建筑施工安全检查标准》(JGJ 59－2011)的要求。同意进场

设备负责人:×××　　　　安全负责人:×××
×年×月×日　　　　×年×月×日</td></tr>
</table>

注:本表适用于施工现场各类施工机具、机械进场验收记录。

5.《施工机具(设备)安装验收表》填写范例

施工机具(设备)安装验收表

机械编号:×××　　　　No.×××

<table>
<tr><td colspan="2">工程名称</td><td colspan="2">××小区×号楼工程</td><td colspan="2">施工单位</td><td colspan="2">××建筑工程有限公司</td></tr>
<tr><td colspan="2">机具(设备)型号</td><td>×××</td><td>台数</td><td>×</td><td>验收日期</td><td colspan="2">××年×月×日</td></tr>
<tr><td>项目经理</td><td>×××</td><td colspan="2">参加验收人员</td><td colspan="4">×××、×××、×××、×××</td></tr>
<tr><td colspan="2">安装标准要求</td><td colspan="6">验收情况</td></tr>
<tr><td colspan="2">结构、传动部分</td><td colspan="6">应填写:
1. 外观整机检查完好无损。
2. 传动轴、齿轮、皮带完好无损,传动无异响。
3. 结构无开焊、断裂、变形损坏情况</td></tr>
<tr><td colspan="2">电气系统</td><td colspan="6">应填写:
1. 使用的专用开关箱,漏保电流 30mA,时间为 0.1s。
2. 电气绝缘电阻×MΩ,有接零保护</td></tr>
<tr><td colspan="2">安装装置</td><td colspan="6">应填写:
1. 皮带、齿轮、离合器、电机安全罩齐全。
2. 离合器、制动器完好有效。
3. 料斗保险挂钩齐全完好,钢丝绳合格。
4. 上料斗完全连锁装置灵敏可靠</td></tr>
<tr><td colspan="2">搭设与操作棚</td><td colspan="6">应填写:
1. 整机塔设平稳牢固,轮胎悬空,地面为水泥地面。
2. 搅拌机棚塔设符合三防要求。(防晒、防雨、防砸)
3. 有排水沟、回水池、沉降井</td></tr>
<tr><td colspan="2">其他</td><td colspan="6"></td></tr>
<tr><td rowspan="3">验收结果</td><td colspan="7">经验收××号塔吊安装符合标准要求,同意使用</td></tr>
<tr><td>安装负责人</td><td>×××</td><td>项目负责人</td><td>×××</td><td>安全技术主管部门</td><td colspan="2">×××</td></tr>
<tr><td colspan="2">××年×月×日</td><td colspan="2">××年×月×日</td><td colspan="3">××年×月×日</td></tr>
</table>

注:1. 凡在施工现场安装的施工机具均用本表验收。

2. 表中验收情况栏内填写时应与前项施工方案要求内容相对应,用文字和数据表述。

3. 此表为验收结论性表格,应与部颁检查标准相应的表配套使用,并按市建委相关文件要求进行。

4. 分包单位自带的机具,应由施工总承包单位负责验收。

6.《施工机具检查记录》填写范例

施工机具检查记录

No. ×××

<table>
<tr><td>工程名称</td><td>××小区×号楼工程</td><td>检查时间</td><td>××年×月×日</td><td rowspan="2">部位</td><td rowspan="2">主体</td></tr>
<tr><td>施工单位</td><td>××建筑工程有限公司</td><td>检查负责人</td><td>×××</td></tr>
<tr><td>参加检查人</td><td colspan="5">×××、×××、×××、×××、×××、×××</td></tr>
<tr><td colspan="6">检查记录
应填写如下内容：
1. 现场每周定期对现场安全达标、文明施工进行检查和记录情况。记录工程存在的隐患问题，下达隐患整改通知单，隐患整改反馈表，复查意见情况。
2. 安全保证资料的审查情况。
3. 上级主管部门的检查情况。
4. 其他

检查负责人：×××　　　　××年×月×日</td></tr>
</table>

7.《施工机具作业人员登记表》填写范例

施工机具作业人员登记表

No.×××

单位名称		××建筑工程有限公司			登记日期	××年×月×日	
序	姓名	工种	工龄	等级	发证单位	证件编号	备注
1	×××	机械工	5年	特	×××	××××	
2	×××	机械工	7年	特	×××	××××	
3	×××	机械工	8年	特	×××	××××	

填表人:××× 日期:××年×月×日

8.《施工机具作业人员操作证复印件》范例

施工机具作业人员操作证复印件

No.×××

序号	××	所属单位	××建筑工程有限公司	项目部名称	××项目部	工种	机械工
操作证复印件粘贴处							

序号	××	所属单位	××建筑工程有限公司	项目部名称	××项目部	工种	机械工
操作证复印件粘贴处							

填表人:×××　　　　日期:××年×月×日

9.《施工机具产品登记表》填写范例

施工机具产品登记表

No.×××

<table>
<tr><td colspan="2">生产经销单位</td><td colspan="2">××机电工程公司</td><td rowspan="2">产品类别
及型号</td><td>×××</td></tr>
<tr><td colspan="2">经销负责人</td><td colspan="2">×××</td><td>×××</td></tr>
<tr><td colspan="2">四证名称(编号)</td><td colspan="4">×××、×××、×××、×××</td></tr>
<tr><td rowspan="2">序号</td><td colspan="2">产品进货情况</td><td rowspan="2">使用部位</td><td rowspan="2">使用情况</td><td rowspan="2">负责人签字</td></tr>
<tr><td>时间</td><td>数量</td></tr>
<tr><td>1</td><td>×年×月×日</td><td>×个</td><td>施工现场</td><td>达到标准要求</td><td>×××</td></tr>
<tr><td>2</td><td>×年×月×日</td><td>×个</td><td>施工现场</td><td>达到标准要求</td><td>×××</td></tr>
<tr><td>3</td><td>×年×月×日</td><td>×个</td><td>施工现场</td><td>达到标准要求</td><td>×××</td></tr>
<tr><td></td><td></td><td></td><td></td><td></td><td></td></tr>
<tr><td></td><td></td><td></td><td></td><td></td><td></td></tr>
<tr><td></td><td></td><td></td><td></td><td></td><td></td></tr>
<tr><td></td><td></td><td></td><td></td><td></td><td></td></tr>
<tr><td></td><td></td><td></td><td></td><td></td><td></td></tr>
<tr><td></td><td></td><td></td><td></td><td></td><td></td></tr>
<tr><td></td><td></td><td></td><td></td><td></td><td></td></tr>
<tr><td></td><td></td><td></td><td></td><td></td><td></td></tr>
<tr><td></td><td></td><td></td><td></td><td></td><td></td></tr>
<tr><td></td><td></td><td></td><td></td><td></td><td></td></tr>
<tr><td></td><td></td><td></td><td></td><td></td><td></td></tr>
<tr><td></td><td></td><td></td><td></td><td></td><td></td></tr>
<tr><td></td><td></td><td></td><td></td><td></td><td></td></tr>
<tr><td></td><td></td><td></td><td></td><td></td><td></td></tr>
<tr><td></td><td></td><td></td><td></td><td></td><td></td></tr>
<tr><td></td><td></td><td></td><td></td><td></td><td></td></tr>
</table>

10.《施工机具及配件检查维修保养记录表》填写范例

施工机具及配件检查维修保养记录表

工程名称:××小区×号楼工程

班组:混凝土班

施工机具及配件	规格型号	自编号码	出厂年限	使用年限	上次维修保养时间
插入式震动器	H_2-50	×××	××年×月×日	××年×月×日	××年×月×日
检查维修保养记录	经检查发现该震动器电源经老电源线接部位出现“羊尾巴”现象,机电检修人员重新更换电线,并正确接线				
更换主要配件记录	更换电源线长度 3m				
记录人:×××					××年×月×日

注:此表适用于施工现各类型施工机具及配件检维修保养记录。

4.11.3 工程项目环境保护资料

1.项目环境管理方案

(1)基本要求

1)工程的施工组织设计中应有防治扬尘、噪声、固体废物和废水等污染环境的有效措施,并在施工作业中认真组织实施。

2)施工现场应建立环境保护管理体系,责任落实到人,并保证有效运行。

3)对施工现场防治扬尘、噪声、水污染及环境保护管理工作进行检查。

4)定期对职工进行环保法规知识培训考核。

(2)施工现场环境保护管理网控制图

施工现场环境保护管理网控制图,见图 4-25:

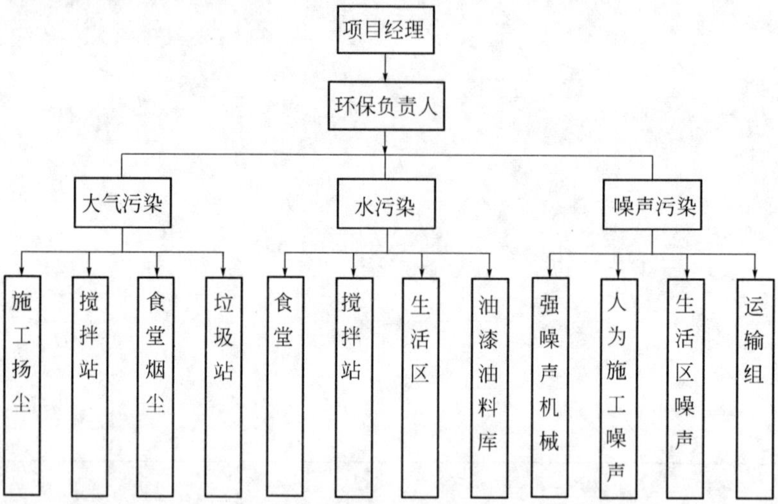

图 4-25 施工现场环境保护管理网控制图

(3)废弃物的管理措施

1)废弃物分类放置

各产生废弃物的单位、部门均设置废弃物临时置放点,并在临时存放场地配备有标识的废弃物容器并分类放置废弃物。有毒有害废弃物要单独封闭放在一个地方,防止再次污染,对于废电池还要与其他有毒有害废弃物分开单独放在密闭的容器内。

2)废弃物的处理

①分包方的施工、生活垃圾由分包方自行处理,项目部检查其执行情况。

②与废弃物单位签订《废弃物清运协议书》。

③项目部对废弃物的处置要进行检查,确保废弃物按协议要求得到处理。

④有毒有害废弃物委托外单位处理,要求接纳处置单位出示资质证明和经营许可证。

3)废弃物的运输

场内废弃物的临时存放点指定专人管理,并负责将废弃物运输到场内废弃物指定堆放点并分类放置;废弃物外运必须由有准运证、合法的单位进行,在运输出卖前必须覆盖,严防遗洒;对于有毒有害废弃物必须遵循国家有关法规,利用密闭容器装存。

(4)防治水污染的管理措施

1)搅拌机前台、混凝土输送泵及运输车辆清洗处应当设置沉淀池,废水不得直接排入市政污水管网,经二次沉淀后循环使用或用于洒水降尘。

2)施工现场设置的食堂,用餐人数在 100 人以上的,应设置简易有效的隔油池,加强管理,专人负责定期掏油,防止污染。

3)现场存放油料,必须对库房进行防渗漏处理,储存和使用都要采取措施,防止油料泄漏,污染土壤水体。

(5)防潮施工噪声污染管理措施

1)施工现场应遵照《中华人民共和国建筑施工场界噪声限值》制定降噪措施。在城市市区范围内,建筑施工过程中使用的设备,可能产生噪声污染的,施工单位应按有关规定向工程所在地的环保部门申报。

2)因生产工艺上要求必须连续作业或者特殊需要,确需在 22 时至次日 6 时期间进行施工的,建设单位和施工单位应当在施工前到工程所在地的区、县建设行政主管部门提出申请,经批准后方可进行夜间施工。

3)对人为的施工噪声应有管理制度和降噪措施,并进行严格控制。承担夜间材料运输的车辆,进入施工现场严禁鸣笛,装卸材料应做到轻拿轻放,最大限度地减少噪声扰民。

4)施工现场应进行噪声值监测,监测方法执行《建筑施工场界噪声测量方法》,噪声值不应超过国家或地方噪声排放标准。

5)进行夜间施工作业的,应采取措施,最大限度减少施工噪声,可采用隔音布、低噪声震捣棒等方法。

6)施工现场的电锯、电刨、搅拌机、固定式混凝土输送泵、大型空气压缩机等强噪声设备应搭设封闭式机棚,并尽可能设置在远离居民区的一侧,以减少噪声污染。

7)不同施工阶段作业噪声限值如表 4-3 所示。

表 4-3　等效声级(LA_{eq}/dB)

施工阶段	主要噪声声源	噪声限值	
		昼间	夜间
土石方	推土机、挖掘机、装载机等	75	55
打桩	各种打桩机等	85	禁止施工
结构	混凝土搅拌机、振捣棒、电锯等	70	55
装修	吊车、升降机等	65	55

注:表中噪声值是指与敏感区域相应的建筑施工场地边界线处的限值。在建筑施工场地边界线处进行。

(6)防治大气污染管理措施

1)施工现场主要道路必须进行硬化处理。施工现场应采取覆盖、固化、绿化、洒水等有效措施,做到不泥泞、不扬尘。施工现场的材料存放区、大模板存放区等场地必须平整夯实。

2)建筑物内的施工垃圾清运必须采用封闭式专用垃圾道或封闭式容器吊运,严禁凌空抛撒。施工现场应设密闭式垃圾站,施工垃圾、生活垃圾分类存放。施工垃圾清运时应提前适量洒水,并按规定及时清运消纳。

3)从事土方、渣土和施工垃圾的运输,必须使用密闭式运输车辆。施工现场出入口处设置冲洗车辆的设施,出卖时必须将车辆清理干净,不得将泥沙带出现场。

4)规划市区内的施工现场，混凝土浇注量超过 $100m^3$ 以上的工程，应当使用预拌混凝土，施工现场设置搅拌机的机棚必须封闭，并配备有效的降尘防尘装置。

5)市政道路施工铣刨作业时，应采用冲洗等措施，控制扬尘污染，灰土和无机料拌合，应采用预拌进场，碾压过程中要洒水降尘。

6)水泥和其他易飞扬的细颗粒建筑材料应密闭存放，使用过程中应采取有效措施防止扬尘。施工现场土方应集中堆放，采取覆盖或固化等措施。

7)施工现场应有专人负责环保工作，配备相应的洒水设备，及时洒水，减少扬尘污染。

8)施工现场使用的热水锅炉、炊事炉灶及冬施采暖锅炉等必须使用清洁燃料。施工机械、车辆尾气排放应符合环保要求。

9)遇有四级风以上天气不得进行土方回填、转运以及其他可能产生扬尘污染的施工。

10)拆除旧有建筑时，应随时洒水，减少扬尘污染。渣土要在拆除施工完成之日起三日内清运完毕，并应遵守拆除工程的有关规定。

(7)本工程重大环境因素控制重点

重大环境因素控制如表 4-4 所示。

表 4-4　　重大环境因素控制表

环境因素	活动点/工序/部位	环境影响	控制方式
1. 有毒有害废弃物的排放	施工现场(废化工材料及其容器等，废玻璃丝布，废铝箔纸，工业棉布，油手套，含油棉纱棉布，漆刷，废旧测温计)	污染土地、水体	执行《环境管理方案》
	中心试验室有毒有害容器清洗液及废试液瓶、油布及油手套	污染土地、水体	
	现场清洗工具废渣机械维修保养废渣	污染土地、水体	
	办公区废复写纸、复印机废墨盒和废粉、打印机废硒鼓、废色带、废电池、废磁盘、废计算器、废日光灯、废涂改液瓶	污染土地、水体	
2. 运输的遗洒	运输渣土、商品混凝土、生活垃圾	污染路面、影响居民生活	执行《环境管理方案》
3. 污水的排放	食堂、现场搅拌站、厕所、现场洗车处	污染水体	
4. 粉尘的排放	施工场地平整作业、土堆、砂堆、石灰、现场路面、进出车辆车轮带泥砂、水泥搬运、混凝土搅拌、木工房锯末、拆除作业	污染大气、影响居民身体健康	

续表

环境因素	活动点/工序/部位	环境影响	控制方式
5. 噪声的排放	施工机械：推土机、挖掘机、装载机、钻孔桩机、打夯机、混凝土输送泵；运输设备：翻斗车；电动工具：电锯、压刨、空压机、切割机、混凝土振捣棒、冲击钻	影响人体健康、社区居民休息	执行《环境管理方案》
	脚手架装卸、安装与拆除	影响人体健康、社区居民休息	
	模板支拆、清理与修复	影响人体健康、社区居民休息	
6. 化学危险品的使用排放	装饰、防水、焊接作业现场	大气、土地、光污染	
7. 甲醛、氨、放射性核素及各咱有害物质的超量排放	各种室内建筑装饰材料、混凝土外加剂(氨)、建筑材料作业和使用	影响用户健康	
8. 火灾、爆炸的发生	油漆、易燃材料库房及作业面、木工房、电气焊作业点、氧气瓶(库)、乙炔气瓶(库)、液化气瓶、油库、建筑垃圾、冬季混凝土养护作业、施工现场配电室、试验室使用的乙醇、松节油、燃煤取暖	污染大气	

2.区域环境保护措施

(1)施工作业现场环境保护措施

1)施工现场大门明显处应设置工程概况牌、管理人员名单及监督电话牌、安全生产牌、消防保卫牌、文明施工牌和施工现场平面图等五牌一图，有条件的可增设安全宣传栏、读报栏、黑板报等。

2)施工现场应设置良好的排水系统及废水回收利用设施。如采用明沟排水的，沟顶应设置盖板。严禁污水直接排放市政管道或江河。

3)施工现场设置的安全标志应符合《安全标志及其使用导则》(GB 2894－2008)的要求。夜间或者光线不好的部位应增设警示灯。

4)施工现场物料实行定置管理。各种设施、建筑材料、设备器材、现场制品、成品半成品、构配件等按照现场平面图定置堆放，并悬挂标签。

5)施工现场入口处，应设置长度不少于 30m 的混凝土路面和冲车设备。施工现场内道路坚实畅通，且两侧有排水设施。在场内的迎门口适当位置设立旗杆，悬挂企业旗帜和彩旗。

6)施工作业面应保持良好的安全作业环境，余料及时清理和清扫。严禁随意丢弃。

(2)生活区、办公区环境保护措施

1)施工现场生活区、办公区、施工区必须隔离设置,实行区划管理。生活、办公设施应统一规划、整齐划一、搞好绿化,符合有关安全卫生的规定。

2)设置的食堂距离有毒有害等污染源不得少于30m,有卫生许可证;炊事人员应持有健康合格证和卫生培训上岗证,并每年进行体检,穿白色工作服操作。在外购买食品应选择具有卫生条件定点单位,确保饮食安全。

3)宿舍内应经常清扫和消毒,保持室内及环境清洁卫生 。生活垃圾采用封盖密闭容器,宿舍间通道应采取硬化铺装,有良好排水系统,严禁乱泼乱倒垃圾、污水。

4)宿舍内应具备良好的照明。如果灯具距地面低于2.4m或者采用上下铺人员易接触电气线路和灯具的,照明电源必须采用36V电压,按规范要求架设。严禁私拉乱接用电器、利用电线晾挂衣物。宿舍严禁使用明火、电炉和电褥子取暖。

5)宿舍应具备良好的通风条件,宿舍内每人占地面积不得小于$2m^2$,每间住宿不得超过15人。可采用定型的上下床,留有行走通道。严禁睡通铺、或利用地下室、在建工程做宿舍。

6)施工现场必须设置符合卫生要求的饮水设备,淋浴、洗手、消毒设施,有健全的生活卫生和预防食物中毒管理制度。有适当的就餐场所,严禁利用现场围挡搭设临建设施。

7)在施工现场外设置生活区的,应实行封闭管理,建立各项管理制度,有条件实行物业化管理。

8)凡坐落在居民区内的施工现场厕所,必须采用水冲式,设专人清扫。严禁旱厕和随地大小便。高层建筑施工时必须隔层设置移动式简易厕所。

9)施工现场必须配备保健医药箱和急救器材、培训合格的急救人员。建筑面积5万方以上或者施工人员平均人数200人以上较大工地应设医务室,具有医务和急救知道的专职人员值班。

(3)公共环境保护措施

1)建设工程施工单位采取防止因施工可能造成毗邻建筑物、地下管线、社会交通、居民出入等造成危害的专项防护措施应符合有关法律、法规和强制性标准。严禁在未探明对地下管线准确位置前盲目施工。

2)施工单位向周围生活环境排放噪声,应当符合国家和本市规定的环境噪声施工场界排放标准,建设单位和施工单位签订的工程承包合同中,应明确在环境保护方面的义务和责任。

3)施工超过环境噪声场界排放标准,确因经济技术条件所限不能消除噪声污染的,必须采取有效措施,把噪声减少到最低程度,并与受污染的居民组织和有关单位协商达成协议,报经施工现场所在地区、县环境保护行政主管部门同意后,方可施工。

4)施工单位应将作业时间向周围居民通告。禁止当日23时至次日6时(禁止打桩作业为当日22时至次日7时)在居民区、文教区、疗养区和其他对噪声敏感的区域进行产生噪声污染的施工作业(抢修、抢险作业除外)。必须连续作业的应当经所在地区、县环境保护行政主管部门批准。

5)在建筑物或构筑物内清理垃圾、渣土及易产生扬尘的废弃物,必须采用容器卸地,严禁抛洒。施工现场内集中堆放的渣土、砂石堆必须采取底脚砌筑不低于500mm高度的围挡,表面苫盖等防尘措施。

6)在规定区域内应采用商品混凝土和成品灰。严禁现场搅拌混凝土和灰土、露天堆放散装水泥。

7)在规定区域内施工现场设置的伙房应采用清洁能源,严禁使用燃煤和木材。施工现场内不得焚烧垃圾等有毒有害物质。

8)拆除工程应当采取围挡、喷淋、遮蔽等防尘措施,工程废土应及时清运。

9)工程垃圾和工程渣土及产生扬尘的废弃物装载过程中,应采取喷淋压尘等措施。运输时必须采取封盖严密的工程车辆。严禁沿路泄漏污染市容。

10)施工现场应采取控制施工扬尘的措施。施工现场内的地坪应当平整、硬化、裸露地面应用绿色防尘网遮盖,做到黄土不见天,并经常保持洒水,清扫降尘。在市内建成区、城镇居民区、风景旅游区、市容景观道路、交通主要干线、机场、码头、车站和广场,或者有其他特殊要求的地区的施工现场,应采取混凝土硬地坪。有条件的应进行绿化。

(4)消防保卫措施

1)施工现场必须建立消防、保卫管理体系和制度,制定消防应急救援预案和保卫预控方案并进行演练,进行治安消防知识教育和日常治安消防巡查。防止火灾、盗窃及治安案件发生。禁止斗殴、赌博和酗酒。

2)明火作业应执行申报、审查、批准制度。在使用易燃易爆危险化学品作业,电气焊作业前,应对作业环境进行检查,符合安全作业距离,专人监护,配备符合规定、灵敏有效的灭火器材后方可作业。

3)施工现场的办公、生活用房,以及临时设施使用的建筑材料必须符合消防安全规范要求,且设有防火通道和吸烟室。严禁场内吸烟。

4)施工现场必须在易燃易爆重点危险源点设置明显的禁火标识,并在其附近明显处设置符合规定、灵敏有效的灭火器材。高层建筑 30m 以上的建筑物、构筑物必须随楼层设置消防水源管道,用直径 50mm 以上立管,设置加压泵,每层应留有消防水源接口。严禁消防器材挪做他用。

5)施工现场大门处应设门卫,出入人员进行登记,现场人员花名册应齐全,并具有追溯性;所有人员必须佩戴表明身份的胸卡。严禁使用无身份证件的人员。

(5)施工噪声污染控制措施

1)施工现场应遵照《中华人民共和国建筑施工场界噪声限值》制定降噪措施。在城市市区范围内,建筑施工过程中使用的设备,可能产生噪声污染的,施工单位应按有关规定向工程所在地的环保部门申报。

2)因生产工艺上要求必须连续作业或者特殊需要,确需在 22 时至次日 6 时期间进行施工的,建设单位和施工单位应当在施工前到工程所在地的区、县建设行政主管部门提出申请,经批准后方可进行夜间施工。

建设单位应当会同施工单位做好周边居民工作。并公布施工期限。

3)对人为的施工噪声应有管理制度和降噪措施,并进行严格控制。承担夜间材料运输的车辆,进入施工现场严禁鸣笛,装卸材料应做到轻拿轻放,最大限度地减少噪声扰民。

4)施工现场应进行噪声值监测,监测方法执行《建筑施工场界噪声测量方法》,噪声值不应超过国家或地方噪声排放标准。

5)进行夜间施工作业的,应采取措施,最大限度减少施工噪声,可采用隔音布、低噪声震捣棒等方法。

6)施工现场的电锯、电刨、搅拌机、固定式涨凝土输送泵、大型空气压缩机等强噪声设备应搭设封闭式机棚,并尽可能设置在远离居民区的一侧,以减少噪声污染。

7)不同施工阶段作业噪声限值如表 4-5 所示。

表 4-5 等级声级(LA_{eq}/dB)

施工阶段	主要噪声源	噪声限值	
		昼间	夜间
土石方	推土机、挖掘机、装载机等	75	55
打桩	各种打桩机等	85	禁止施工
结构	混凝土搅拌机、振捣棒、电锯等	70	55
装修	吊车、升降机等	65	55

注:表中噪声值是指与敏感区域相应的建筑施工场地边界线处的限值。在建筑施工场地边界线处进行。

(6)施工现场大气污染控制措施

1)施工现场主要道路必须进行硬化处理。施工现场应采取覆盖、固化、绿化、洒水等有效措施,做到不泥泞、不扬尘。施工现场的材料存放区、大模板存放区等场地必须平整夯实。

2)建筑物内的施工垃圾清运必须采用封闭式专用垃圾道或封闭式容器吊运,严禁凌空抛撒。施工现场应设密闭式垃圾站,施工垃圾、生活垃圾分类存放。施工垃圾清运时应提前适量洒水,并按规定及时清运消纳。

3)从事土方、渣土和施工垃圾的运输,必须使用密闭式运输车辆。施工现场出入口处设置冲洗车辆的设施,出场时必须将车辆清理干净,不得将泥沙带出现场。

4)规划市区内的施工现场,混凝土浇筑量超过 $100m^3$ 以上的工程,应当使用预拌混凝土,施工现场设置搅拌机的机棚必须封闭,并配备有效的降尘装置。

5)市政道路施工铣刨作业时,应采用冲洗等措施,控制扬尘污染,灰土和无机料拌合,应采用预拌进场,碾压过程中要洒水降尘。

6)水泥和其他易飞扬的细颗粒建筑材料应密闭存放,使用过程中应采取有效措施防止扬尘。施工现场土方应集中堆放,采取覆盖或固化等措施。

7)施工现场应有专人负责环保工作,配备相应的洒水设备,及时洒水,减少扬尘污染。

8)施工现场使用的热水锅炉、炊事炉灶及冬施采暖锅炉等必须使用清洁燃料。施工机械、车辆尾气排放应符合环保要求。

9)遇有四级风以上天气不得进行土方回填、转运以及其他可能产生扬尘污染的施工。

10)拆除旧有建筑时,应随时洒水,减少扬尘污染。渣土要在拆除施工完成之日起三日内清运完毕,并应遵守拆除工程的有关规定。

(7)废弃物管理措施

1)废弃物分类放置

各产生废弃物的单位、部门均设置废弃物临时置放点,并在临时存放场地配备有标识的废弃物容器并分类放置废弃物。有毒有害废弃物要单独封闭放在一个地方,防止再次污染,对于废电池还要与其他有毒有害废弃物分开单独放在密封的容器内。

2)废弃物的处理

①分包方的施工、生活垃圾由分包方自行处理,项目部检查其执行情况。

②与废弃物单位签订《废弃物清运协议书》。

③项目部对废弃物的处置要进行检查，确保废弃物按协议要求得到处理。

④有毒有害废弃物委托外单位处理，要求接纳处置单位出示资质证明和经营许可证。

3)废弃物的运输

场内废弃物的临时存放点指定专人管理，并负责将废弃物运输到场内废弃物指定堆放点并分类放置；废弃物外运必须由有准运证、合法的单位进行，在运输出场前必须覆盖，严防遗洒；对于有毒有害废弃物必须遵循国家有关法规，利用密闭容器装存。

(8)施工现场水污染控制措施

1)搅拌机前台、混凝土输送泵及运输车辆清洗处应当设置沉淀池，废水不得直接排入市政污水管网，经二次沉淀后循环使用于洒水降尘。

2)施工现场设置的食堂，用餐人数在 100 人以上的，应设置简易有效的隔油池，加强管理，专人负责定期掏油，防止污染。

3)现场存放油料，必须对库房进行防渗漏处理，储存和使用都要采取措施，防止油料泄漏，污染土壤水体。

3.《文明施工达标检查记录》填写范例

文明施工达标检查记录

序号	检查项目		扣分标准		应得分数	扣减分数	实得分数
1	保证项目	现场围挡	在市区主要路段的工地周围未设置高于 2.5m 的围挡,扣 10 分		10		10
			一般路段的工地周围未设置高于 1.8m 的围挡,扣 10 分				
			围挡材料不坚固、不稳定、不整洁、不美观,扣 5~7 分				
			围挡没有沿工地四周连续设置的,扣 3~5 分				
2		封闭管理	施工现场进出口无大门的,扣 3~5 分		10	3	7
			无门卫和无门卫制度的,扣 3 分				
			进入施工现场不佩戴工作卡的,扣 3 分	√			
			门头未设置企业标志的,扣 3 分				
3		施工现场	工地地面未做硬化处理的,扣 5 分		10	2	8
			道路不畅通的,扣 5 分				
			无排水设施、排水不通畅的,扣 4 分				
			无防止泥浆、污水、废水外流或堵塞下水道和排水河道措施的,扣 3 分				
			工地有积水的,扣 2 分				
			工地未设置吸烟处、随意吸烟的,扣 2 分	√			
			温暖季节无绿化布置的,扣 4 分				
4		材料堆放	建筑材料、构件、料具不按总平面布局堆放的,扣 4 分		10		10
			料堆未挂名称、品种、规格等标牌的,扣 2 分				
			堆放不整齐的,扣 3 分				
			未做到工完场地清的,扣 3 分				
			建筑垃圾堆放不整齐、未标出名称、品种的、扣 3 分				
			易燃易爆物品未分类存放的,扣 4 分				
5		现场住宿	在建工程兼作住宿的,扣 8 分		10	2	8
			施工作业区与办公、生活区不明显划分的,扣 6 分				
			宿舍无保暖和防煤气中毒措施的,扣 5 分				
			宿舍无消暑和防蚊虫叮咬措施的,扣 3 分				
			无床铺、生活用品放置不整齐的,扣 2 分	√			
			宿舍周围环境不卫生、不安全的,扣 3 分				
6		现场防火	无消防措施、制度或无灭火器材的,扣 10 分		10	5	10
			灭火器材配置不合理的,扣 5 分	√			
			无消防水源(高层建筑)或不能满足消防要求的,扣 8 分				
			无动火审批手续和动火监护的,扣 5 分				
		小计			60	12	48
7	一般项目	治安综合治理	生活区未给工人设置学习和娱乐场所的,扣 4 分		8		8
			未建立治安保卫制度的、责任未分解到人的,扣 3~5 分				
			治安防范措施不利,常发生失盗事件的,扣 3~5 分				
8		施工现场标牌	大门口处挂的五牌一图,内容不全、缺一项,扣 2 分	√	8	2	6
			标牌不规范、不整齐的,扣 3 分				
			无安全标语,扣 5 分				
			无宣传栏、读报栏、黑板报等的,扣 5 分				
9		生活设施	厕所不符合卫生要求,扣 4 分		8	3	5
			无厕所,随地大小便,扣 8 分				
			食堂不符合卫生要求,扣 8 分				
			无卫生责任制,扣 5 分				
			不能保证供应卫生饮水的,扣 10 分				
			无淋浴室或淋浴室不符合要求,扣 5 分				
			生活垃圾未及时清理,未装容器,无专人管理的,扣 3~5 分	√			
10		保健急救	无保健医药箱的,扣 5 分		8		8
			无急救措施和急救器材的,扣 8 分				
			无经培训的急救人员,扣 4 分				
			未开展卫生防病宣传教育的,扣 4 分				
11		社区服务	无防粉尘、防噪音措施,扣 5 分		8		8
			夜间未经许可施工的,扣 8 分				
			现场焚烧有毒、有害物质的,扣 5 分				
			未建立施工不扰民措施的,扣 5 分				
		小计			40	5	35
检查项目合计					100	17	83

检查人员:×××、×××、×××、×××、×××、×××、×××、×××

××年×月×日

4.环境保护管理机构及职责划分

(1)各管理人员环境保护岗位职责

1)项目经理

①保障环境管理体系运行所需资源。

②负责本项目部环境管理体系的建立、保持和实施。

③负责组织进行环境因素和危险源的识别,控制重大环境因素和安全风险。

④负责贯彻执行国家环境方面的法律、法规、方针、政策。

2)环境管理员

①负责收信整理有关记录,以备查阅。

②负责制定环境管理方案,并保存记录。

③负责与外部、本部门各层次之间的信息交流,并保持渠道畅通。

④负责环境管理体系文件收发工作,及时传递到有关人员手中,保证运行有效。

⑤对项目经理负责,贯彻实话环境方针和环境目标,协助建立、完善环境管理体系确保其有效运行。

3)工长

①保存有关活动记录以备查阅。

②识别环境因素,并协助制定环境管理方案。

③负责对本专业人员及相关方的环境意识培训,并施加直接影响。

④及时反馈该专业所涉及到的有关环保方面的信息,以便作出响应。

4)技术负责人

①负责制定纠正和预措施,并验证结果。

②负责运行程序和对有关环境人员的培训、意识和能力的评价。

③负责施工过程所涉及的有关环境的法律、法规及其他要法语的识别与传递。

④对项目经理负责,贯彻实施环境方针和环境目标,协助建立、完善环境管理体系,确保其有效运行。

5)安全员

①负责纠正和预防措施。

②负责制定环境管理方案。

③负责对有关环境方面法律、法规及其他要法语等的识别与传递。

④对项目经理负责,贯彻实话环境方针和环境目标,协助建立、完善环境管理体系确保其有效运行。

6)班组长

①遵守工地各项有关环境方面的规章制度。

②负责向职工传达有关环保方面的知识,协助作好培训工作。

③协助各层次人员工作,对异常事件作出应急准备和响应,如火灾、地震等。

7)质检员

①协助做好体系运行控制工作。

②协助本部门各层次人员的工作并作出响应。

③协助识别本工程的环境因素,制定环境管理方案。

④负责工程劳务分包方对环境管理协议的履行监督工作,并施加直接影响。

⑤遵守有关环境方面的法律法规,贯彻执行总公司的环境方针,保证目标和指标的顺利实现。

8)库管员

①参加环境管理体系审核。

②协助本部门各层次人员的工作,并作出响应。

③负责对油漆类、化学危险品、油类等物资的妥善保存,并做好应急准备与响应。

④遵守有关环境方面的法律法规,贯彻执行总公司的环境方针,保证目标和指标的顺利实现。

9)试验员

①识别本岗位的环境因素并进行控制。

②协助本部门各层次人员的工作并作出响应。

③遵守有关环境方面的法律法规、贯彻执行总公司的环境方针,保证目标和指标的顺利实现。

(2)各职能部门环境保护岗职责

1)工会

①每季度组织有关人员进行现场环境安全检查工作。

②负责公司环境、安全方针的宣传、教育,负责有关法律法规的宣传教育工作。

2)项目经理部

①对环境保证体系的实施进行连续监控。

②组织进行三级安全教育,进行环境安全交底,进行分包方环境管理的考核和评定。

③负责建立项目环境保证管理方案,作业指导书、应急响应预案及安全技术交底。

④是公司环境保证体系的具体落实者,负责执行公司环境安全方针和相关的法律法规。

⑤负责配备满足要求的各类管理人员,建立健全项目各级人员环境职责分工、明确各级人员的责任。

⑥负责组织项目每月进行环境管理体系的运行自检,进行内部沟通,负责纠正措施的制定、实施与跟踪验证。

⑦负责配备足够的工程项目施工管理过程的环境保证资源,进行生产进度、成本的管理,保证 项目环境,保证体系的运行。

⑧负责项目部环境因素、重大环境因素的识别、危险源、重大安全风险的识别与评定,建立项目部环境因素台账、重大环境因素清单、危险源台账和重大安全风险清单及控制计划。

3)技术部

①负责获取、评价、更新公司适用的环境、安全法律法规与其他要求。

②负责组织环境、安全严重不合格的纠正与预防措施的制定,并跟踪其实施的结果。

③负责组织环境、安全管理的数据收信与分析,指导进行统计技术的应用,建立和保持《数据分析程序》。

4)质量部

①组织编制公司环境保证体系文件。

②负责环境管理文件和记录的控制管理。

③负责公司环境管理体系的内、外部信息交流。

④负责公司环境保证体系的策划、建立与实施。

⑤负责每季度组织公司有关部门监督检查公司的体系运行情况。

⑥协助人力资源部组织举办环境保证体系标准、相关法律法规、专业知识和文件要求的培训或讲座。

5)工程部

①负责公司安全监视和测量装置管理。

②负责环境因素的识别、评价、更新管理。

③负责施工全过程环境保证体系的控制。

④负责公司环境目标指标管理方案的制定与审判庭跟踪。

⑤参加质量管理部组织的体系运行季度考核,重点检查环境运行控制绩效。

⑥负责公司环境管理的具体动作,负责施工场界噪声的监测和控制管理。

5.《环境保护资金使用情况登记表》填写范例

环境保护资金使用情况登记表

工程项目:××小区×号楼工程

施工单位:××建筑工程有限公司 No.×××

序号	日期	费项名称	金额	收费单位	经办人	备注
1	××年×月×日	购买相关设施	××元	××	××	
2	××年×月×日	购买消毒液	××元	××	××	
3	××年×月×日	外运垃圾车费	××元	××	××	
4	××年×月×日	购买环保宣传教材	××元	××	××	

记录人:××× 日期:××年×月×日

6.《现场环卫卫生检查、整改记录表》填写范例

现场环卫卫生检查、整改记录表

工程项目:××小区×号楼工程　　　　施工单位:××建筑工程有限公司

参加检查人员: ×××　×××　×××　×××　×××
存在问题(隐患): 1. 一木工圆盘锯移出木工房正进行锯割作业,其噪声影响周边社区居民; 2. 现场土方露天堆放,未加覆盖; 3. 生活区有两个自来水龙头破损,漏水严重
整改措施: 1. 责令立即停止圆盘锯工作,并将圆盘锯移入木工房内。责任人:××× 2. 令普工班做好对土方表面覆盖工作,限当天完成。责任人:××× 3. 令机修工立即更换破损水龙头,限 2h 完成。责任人:×××
复查结论: 1. 圆盘锯已移入房内(当天即改)。 2. 土方堆放处已做好覆盖(当天即改)。 3. 破损水龙头更换(当天即改)

记录人:×××　　　　日期:××年×月×日

7.《施工现场环境与卫生评分记录表》填写范例

施工现场环境与卫生评分记录表

工程名称:××小区×号楼工程

时间:××年×月×日

序号	类目	得分	扣分项 扣分内容	扣分	检查情况	实扣分
1	现场卫生	15	施工现场不整齐、不清洁、有积水。有一项扣	3	有积水	3
			泥浆、污水外流或堵塞下水道	10	√	
			场地外围不清洁、大门口随意堆放建材及垃圾。有一项扣	5	√	
2	生活区卫生	10	宿舍周围不清洁卫生,有积水	2	有积水	2
			二层以上无倒水斗和水原	2	√	
			宿舍不通风、不明亮、不整洁、不整齐。每一项扣	2	√	
			生活区无卫生垃圾箱、垃圾箱无盖、垃圾不及时清运。每一项扣	2	√	
			无灭“四害”设施、无投药记录。每一项扣	4	√	
3	食堂卫生	26	工作人员无健康证、食堂无卫生话可证,每一项扣	10	√	
			无消毒、灭“四害”设施及无投药记录。每一项扣	6	√	
			工作人员不清洁卫生,未做到“三白”。查有一人扣	2	√	
			冰箱生熟不分或有异味、熟菜无留样记录。每 项扣	5	√	
			无泔脚桶、泔脚桶无盖、泔脚不及时清运。每一项扣	2	不及时	2
			用铝制锅、盆盛装熟菜;使用再生塑料桶、盆。每一项扣	3	√	
4	饮水卫生	8	高层作业区无茶水供应	5	√	
			茶水桶不清洁卫生,茶水桶无盖、无锁。每一项扣	3	√	
5	浴厕卫生	18	厕所无冲洗设备和水源	2	√	
			浴室无淋浴设备或淋浴室不符合要求	3	√	
			高层作业区无便桶,小便不及时清运	3	无便桶	3
			粪便、污水直接排入下水道	10	√	
			厕所有垃圾臭味、有积垢;浴室不清洁。每一项扣	3	√	
6	管理与保健	11	工地无各项卫生管理制度、无值勤制度	5	√	
			无卫生管理网络	3	√	
			卫生责任区划分不明确	2	不明确	2
			无医务室或急救箱、无卫生检查记录。每一项扣	3	√	
总分		100	实得分			88

项目经理签名:××× 检查人签名:×××

参考文献

1 中华人民共和国住房和城乡建设部. GB 50870－2013 建筑施工安全技术统一规范. 北京：中国计划出版社，2014

2 中华人民共和国住房和城乡建设部. JGJ 59－2011 建筑施工安全检查标准. 北京：中国建筑工业出版社，2012

3 中华工程建设标准化协会. CECS 266－2009 建设工程施工现场安全资料管理规程. 北京：中国计划出版社，2010

4 中华工程建设标准化协会. CECS 326－2012 既有村镇住宅建筑安全性评定标准. 北京：中国计划出版社，2013

5 中华人民共和国住房和城乡建设部. JGJ 33－2012 建筑机械使用安全技术规程. 北京：中国建筑工业出版社，2012

6 李坤宅. 建筑施工安全资料手册(第二版). 北京：中国建筑工业出版社，2008

7 北京土木建筑学会. 建筑施工安全资料管理与表格填写范例. 北京：中国建材工业出版社，2015

8 李坤宅. 建筑施工安全资料及填写表格大全. 北京：中国建筑工业出版社，2008